中华译学佳主倡守与

以中华为根 译与学并重

弘扬优秀文传 促进中外交流

拓展精神疆域 驱动思想创新

丁酉年冬月许钧撰 罗卫东书

"十四五"时期国家重点出版物出版专项规划项目

中华译学馆·中华翻译研究文库

许 钧 ◎ 总主编

异域"心"声

阳明学在西方的译介与传播研究

辛红娟 费周瑛 ◎ 主编

ZHEJIANG UNIVERSITY PRESS
浙江大学出版社
·杭州·

浙江省哲学社会科学规划年度课题
"阳明心学海外传播研究"（22NDJC067YB）成果

浙江省新型重点专业智库宁波大学东海战略研究院资助成果

总　序

　　改革开放前后的一个时期,中国译界学人对翻译的思考大多基于对中国历史上出现的数次翻译高潮的考量与探讨。简言之,主要是对佛学译介、西学东渐与文学译介的主体、活动及结果的探索。

　　20 世纪 80 年代兴起的文化转向,让我们不断拓宽视野,对影响译介活动的诸要素及翻译之为有了更加深入的认识。考察一国以往翻译之活动,必与该国的文化语境、民族兴亡和社会发展等诸维度相联系。三十多年来,国内译学界对清末民初的西学东渐与"五四"前后的文学译介的研究已取得相当丰硕的成果。但进入 21 世纪以来,随着中国国力的增强,中国的影响力不断扩大,中西古今关系发生了变化,其态势从总体上看,可以说与"五四"前后的情形完全相反:中西古今关系之变化在一定意义上,可以说是根本性的变化。在民族复兴的语境中,新世纪的中西关系,出现了以"中国文化走向世界"诉求中的文化自觉与文化输出为特征的新态势;而古今之变,则在民族复兴的语境中对中华民族的五千年文化传统与精华有了新的认识,完全不同于"五四"前后与"旧世界"和文化传统的彻底决裂与革命。于是,就我们译学界而言,对翻译的思考语境发生了根本性的变化,我们对翻译思考的路径和维度也不可能不发生变化。

变化之一,涉及中西,便是由西学东渐转向中国文化"走出去",呈东学西传之趋势。变化之二,涉及古今,便是从与"旧世界"的根本决裂转向对中国传统文化、中华民族价值观的重新认识与发扬。这两个根本性的转变给译学界提出了新的大问题:翻译在此转变中应承担怎样的责任? 翻译在此转变中如何定位? 翻译研究者应持有怎样的翻译观念? 以研究"外译中"翻译历史与活动为基础的中国译学研究是否要与时俱进,把目光投向"中译外"的活动? 中国文化"走出去",中国要向世界展示的是什么样的"中国文化"? 当中国一改"五四"前后的"革命"与"决裂"态势,将中国传统文化推向世界,在世界各地创建孔子学院、推广中国文化之时,"翻译什么"与"如何翻译"这双重之问也是我们译学界必须思考与回答的。

综观中华文化发展史,翻译发挥了不可忽视的作用,一如季羡林先生所言,"中华文化之所以能永葆青春","翻译之为用大矣哉"。翻译的社会价值、文化价值、语言价值、创造价值和历史价值在中国文化的形成与发展中表现尤为突出。从文化角度来考察翻译,我们可以看到,翻译活动在人类历史上一直存在,其形式与内涵在不断丰富,且与社会、经济、文化发展相联系,这种联系不是被动的联系,而是一种互动的关系、一种建构性的力量。因此,从这个意义上来说,翻译是推动世界文化发展的一种重大力量,我们应站在跨文化交流的高度对翻译活动进行思考,以维护文化多样性为目标来考察翻译活动的丰富性、复杂性与创造性。

基于这样的认识,也基于对翻译的重新定位和思考,浙江大学于 2018 年正式设立了"浙江大学中华译学馆",旨在"传承文化之脉,发挥翻译之用,促进中外交流,拓展思想疆域,驱动思想创新"。中华译学馆的任务主要体现在三个层面:在译的层面,推出包括文学、历史、哲学、社会科学的系列译丛,"译入"与"译出"互动,积极参与国家战略性的出版工程;在学的层面,就翻译活动所涉及的重大问题展开思考与探索,出版系列翻译研究丛书,举办翻译学术会议;在中外文化交流层面,举办具有社会影响力的翻译家论坛,思想家、作家与翻译家对话等,以翻译与文学为核心开展系列活动。正是在这样的发展思路下,我们与浙江大学出版社合作,集合全国译学界的力量,推出具有学术性与开拓性的"中华翻译研究文库"。

积累与创新是学问之道,也将是本文库坚持的发展路径。本文库为开放性文库,不拘形式,以思想性与学术性为其衡量标准。我们对专著和论文(集)的遴选原则主要有四:一是研究的独创性,要有新意和价值,对整体翻译研究或翻译研究的某个领域有深入的思考,有自己的学术洞见;二是研究的系统性,围绕某一研究话题或领域,有强烈的问题意识、合理的研究方法、有说服力的研究结论以及较大的后续研究空间;三是研究的社会性,鼓励密切关注社会现实的选题与研究,如中国文学与文化"走出去"研究、语言服务行业与译者的职业发展研究、中国典籍对外译介与影响研究、翻译教育改革研究等;四是研究的(跨)学科性,鼓励深入系统地探索翻译学领域的任一分支领域,如元翻译理论研究、翻译史研究、翻译批评研究、翻译教学研究、翻译技术研究等,同时鼓励从跨学科视角探索翻译的规律与奥秘。

　　青年学者是学科发展的希望,我们特别欢迎青年翻译学者向本文库积极投稿,我们将及时遴选有价值的著作予以出版,集中展现青年学者的学术面貌。在青年学者和资深学者的共同支持下,我们有信心把"中华翻译研究文库"打造成翻译研究领域的精品丛书。

许　钧

2018 年春

前　言

明清时期,以利玛窦(Matteo Ricci)为代表的传教士群体在给中国带来西方科技知识的同时,将目光转向中华文明的精神文化,通过翻译中华典籍如"四书""五经"等将中国古老的智慧送往西方,直接或间接地影响了西方哲学、政治等领域的发展。进入 21 世纪以后,中国文化"走出去"这一时代议题被明确提出,文化输出份额大幅提升,文化外译这一有别于传统翻译方向的行为也逐步走向前台。中国翻译协会常务副会长黄友义先生指出,目前的新趋势是"从过去的'翻译世界'转为在继续'翻译世界'的同时,更加重视'翻译中国'"①。因此,在国家软实力与话语权日益受到重视的国际形势下,"讲好中国故事",提升我国国际话语权和维护国家形象成为翻译学界和传播学界的重大关切。

中国故事之"故事"并非指固定的体裁形式,而是对中华文化叙事方式的浪漫喻指,是中国人对历史的记忆,蕴含着中华民族的精神内涵与人文素养。讲好中国故事即讲好中国文化,讲好中国人民,讲好中国与世界的故事,在文化传播中夯实家国意识的深厚底蕴。自新冠肺炎疫情暴发以来,面对西方一贯的舆论攻势以及国内对外传播的劣势,"曾经'让世界了解中国'的目标,在疫情常态化的社会化媒体场域中,逐渐变为'向世界说明中国',即以对外传播建构本土具有信服力的对外传播话语,消除化解疫情期间的谣言、误会和偏见"②。讲好中国故事,就是通过"好"故事把

---

① 黄友义. 从翻译世界到翻译中国. 光明日报,2018-12-09(05).
② 胡正荣,李涵舒. 图景·逻辑·路径:2021 年的中国对外传播新变局. 对外传播, 2021(12):5.

中国之"道"展示出来,提升亲和力,矫正西方对中国的认知错位。

作为中国故事的核心组成部分,中国传统文化是文化传承与发展的重要资源,而典籍则是传统文化的重要载体。许钧教授指出,"典籍外译是中华文化走出去首先要解决的问题。……应当秉承文化自觉与自信,把握好中国文化最核心的内容,在对中国思想、文化、文学进行深入与全面的研究与整体把握的基础上,推动中国历史中形成的最本质、最优秀、最精华的部分'走出去',使对外译介形成一种主流文化体系,形成中国文化价值观的合力"①。基于此,倡导文明互鉴、促进民心相通、实现平等对话、构建人类文化共同体正当其时。

综观中国哲学发展史,以儒释道三家发展最盛,其中儒家思想影响甚广,后期以王阳明为代表的新儒家思想再创高峰。阳明学集儒、释、道三家之大成,以其强大的活力和创造力为中国哲学的发展注入了新生力量。阳明学,又称王学、心学,是由明代大儒王阳明发展起来的儒家学说,其思想精髓在于,它既是一种认知哲学,还是一种生存哲学,更是一门实践哲学。在认知层面,阳明学强调"万事万物皆有心",主张平等、客观地看待万事万物;作为生存哲学,阳明学强调"心外无物、心外无事、心外无理",主张向内求心,倡导"为天地立心";在实践层面,阳明学强调"知行合一",主张格物致知,充分体现了中国传统文化"和合共生"的精神内核。

阳明先生在世之时,阳明学就已走出国门,率先走进东亚世界。相近的地理位置,相似的文化起源,使得日本和朝鲜半岛在传承吸收中国文化方面具有得天独厚的优势,自主性强,主体意识也十分鲜明。就本土化程度而言,日本和朝鲜半岛充分借鉴阳明学中适合本国国情的思想,并加以适应性转化与发展,颇为成功地与其自身的各种社会思潮相融合,成为反对各自当时体制的一种精神武器,堪称阳明学他国化的典范。当下,中国阳明学、日本阳明学、朝鲜(韩国)阳明学三大学派鼎立之相已俨然形成,东亚阳明圈发展已颇具规模,共同推动着阳明学的研究、交流和传承。

与上述情况形成鲜明对比的是,阳明学直至 20 世纪初才开始系统进

---

① 许钧. 坚守、应变与创新——关于"中华文化走出去". 中国社会科学报,2021-12-17(A04).

入文化背景截然不同的西方世界。虽然阳明学说形成之际,欧洲与中国已开始了真正意义上的文化、学术的接触与交流,大批来华传教士开始向欧洲介绍、翻译中国的文化典籍。传教士为了便利在华开展传教事业,将目光投向中国的儒道学说寻求本土文化支持,《论语》《道德经》等因而成为译介的首选。阳明学提倡“知行合一”“致良知”,是“圣学”“心学”与“实学”的统一,有别于儒、佛、道之学,因此并未进入明末之际西方研究者的视野。

研究发现,1826 年密歇根大学图书馆出版的 16 卷本中文版《王阳明先生全集》(*Wang Yangming xian sheng quan ji*),堪称阳明学西传史上的一桩盛事,但由于语言上的障碍与阻隔,全集并未对汉学家之外的西方受众产生太大的影响。除日本学者羽贺(T. Haga)1892 年在《日本亚洲学会会刊》(*Transactions of the Asiatic Society of Japan*)发表的一篇有关日本哲学流派的英文文章“Note on Japanese Schools of Philosophy”中曾简要提到王阳明,整个 19 世纪西方世界几乎没有阳明学的声音。阳明学在西方世界的传播肇始于《传习录》的英译。《传习录》由王门弟子徐爱与钱德洪等编辑,是王阳明问答语录和论学书信的简集。该书全面涵盖王阳明思想,体现其授课方法和语言艺术,被视为阳明学派的“教典”,是研究阳明学的重要资料。1916 年,美国哲学与心理学教授、传教士弗雷德里克·G. 亨克(Frederick G. Henke)完成了《传习录》的首次英译,以 *The Philosophy of Wang Yang-ming*(《王阳明哲学》)为名由敞院出版社(The Open Court Publishing Co.)出版。该书正文包括《王阳明传》和部分著作摘译,《王阳明传》主要以钱德洪所撰《年谱》为依据对王阳明的生平进行了较为详细的介绍,而著作摘译则包含《传习录》《大学问》中的部分语录,以及 62 封/篇书信和序跋文字等,“使王阳明的哲学思想第一次完整地进入西方”[①]。

20 世纪上半叶,除英法学者零星的著述文章外,阳明学译介与研究并无太大进展,欧美没能出现在篇幅和深度上与亨克的《王阳明哲学》相媲

---

① Chan, Wing-tsit. Wang Yang-ming: Western Studies and an Annotated Bibliography. *Philosophy East and West*, 1972, 22(1): 77.

美的著作。动荡的战争境遇中,学者们主要选取阳明思想中有望在战乱时期召唤人性的良知学说进行译介,因此,这一时期西方世界并未真正窥得阳明学说之全貌。二战后,经历了严重的战争创伤的人们面临信仰危机,急于寻求现代文明的出路。众多学者认为,西方哲学在追求真理的过程中无限偏离了本质,成为让人无法捉摸的哲学说教。法国当代著名哲学家弗朗索瓦·于连(François Jullien)在《圣人无意——或哲学的他者》(*Un sage est sans idée : Ou l'autre de la philosophie*)一书的前言中说:"我必须让智慧重新充实起来,同时表达出她的逻辑。……希望能够在另一种光(一种斑驳之光,斜射之光)的照耀之下,慢慢揭示出另一种思想的可能性,……如果智慧突然站出来与理性对峙,便能让我们重新审视理性的偏见。"①正是在西方社会面临信仰重建的历史情境中,倡导"知行合一"和"致良知"的阳明学才真正引起西方社会学术意义上的关注。

1951 年,美国历史学家、中国学研究专家芮沃寿(Arthur F. Wright)发起成立了美国的中国思想委员会,并于次年 9 月召开了首次学术会议,此后出版的论文集中发表了倪德卫(David S. Nivison)的《王阳明以来中国思想中的"知"与"行"问题》("The Problem of 'Knowledge' and 'Action' in Chinese Thought since Wang Yang-ming")。中国学者张君劢(Carsun Chang)1955 年在《东西方哲学》期刊上发表了《王阳明的哲学》("Wang Yang-ming's Philosophy")一文,1957—1962 年出版了两卷本专著《新儒家思想史》(*The Development of Neo-Confucian Thought*),以四章的篇幅详述了王阳明的生平、学说、论辩、后学。1962 年,张君劢还出版了《王阳明:中国十六世纪的唯心主义哲学家》(*Wang Yang-ming, Idealist Philosopher of Sixteenth-Century China*)一书,围绕王阳明思想中最核心的两个概念——"心"和"致良知",对阳明思想进行了较为全面的论述,书末附有涉及王阳明研究的英文参考书目。此书被视为西方世界对王阳明讨论最全面的一部著作。1963 年,美籍华人学者、哲学史家陈荣捷(Wing-tsit Chan)出版了《传习录》新译本,引起了新一轮研究热潮。

---

① 弗朗索瓦·于连. 圣人无意——或哲学的他者. 闫素伟,译. 北京:商务印书馆,2004:2.

此后 20 年间涌现出了诸多阳明学学者，产生了不少颇具影响力的成果。如加拿大华人学者秦家懿(Julia Ching)把王阳明的 67 封重要书信译为英文；现代新儒家代表人物杜维明(Tu Weiming)将波士顿打造成美国新的阳明学研究中心。正是这些学者的不懈努力，使得阳明学研究在海外蔚然成风。1972 年，夏威夷大学为纪念王阳明诞辰五百周年举办的王阳明思想国际研讨会，产生了极为广泛的学术影响。

进入 20 世纪八九十年代后，年轻一代的阳明学者迅速成长起来，国际上涌现出一批颇具学术价值的专著与博士论文。其中，最为典型的当属师从中国哲学研究专家倪德卫和李耶立(Lee H. Yearley)的美国学者艾文贺(Philip J. Ivanhoe)。1990 年，艾文贺在其博士论文基础上出版的专著《儒家传统中的伦理学：孟子和王阳明的思想》(*Ethics in the Confucian Tradition：The Thought of Mencius and Wang Yang-ming*)，分析了孟子思想与阳明心性学说的内在传承，认为王阳明的心性论是在吸收儒道思想基础上建构起来的道德形而上学。2009 年，艾文贺出版的《"陆王学派"儒家文献选读》(*Readings from the Lu-Wang School of Neo-Confucianism*)一书，选译了《传习录》《大学问》(节选)以及部分论学书信、诗歌等，被认为是英语世界陆王学派研究领域的权威著作。

经过中外哲学家半个多世纪的努力，阳明学在西方世界的研究虽然不像过去那样边缘化，但由于汉语语言的弹性以及中西话语体系的差异，现有的阳明学研究仍未能够以更积极的形态参与到世界哲学的体系建构中去。亨克译本在英语世界享有盛誉，被尊为开山之作，而其作为传教士的身份及其宗教学术背景使得他的译文呈现出比较浓厚的西方宗教学色彩，如将"道"译为"Doctrine"(教义)、"天"译为"Heaven"(天堂)等等。实际上，中华文明有一套与西方截然不同的预设观念，"道"与"Doctrine"、"天"与"Heaven"的错配，极易导致西方学者对中国的思想体系形成一种文化类同的错觉，构建出一套披着中国思想外衣的西方阳明学说。

阳明学西传史揭示了中国哲学走向异域过程中遭遇到的"水土不服"现象，若不能妥善处理，中国哲学将在国际文化场域中被迫失语，或面临被强势文化吞噬的困境。"以西释中"终究不是长久之道。国际著名汉学家安乐哲（Roger T. Ames）曾呼吁，"停止将中国文化随意地、不负责任地塞进西方哲学的框架中"，中国哲学不应由西方哲学来定义，"必须试着从中国哲学本身出发去理解它"。① 虽然在中西对话加强的当下，西方对阳明思想的文化误读有所消解，然而阳明学对西传播仍面临两大困境。首先，新媒体、移动化、社交化布局成为国际传播新兴动能，而阳明学仍然通过单一的纸质媒介和文字模态对外传播，没能积极争取众多喜欢利用多种媒介在网络空间进行多模态阅读的读者，在一定程度上降低了阳明学对外传播的效果，传播效度、广度、深度等受到圈限。其次，哲学家群体对《传习录》的专业解读，主要针对英美高校东亚研究或宗教学研究的专业人士，未能充分关注西方普通民众对阳明思想的阅读期待，由此心学智慧未能达到其应有的影响力，间接导致阳明学尚未能够以更加积极的形态参与到世界哲学的体系建构中去。中国文化外译旨在激发国外读者对中国文化的兴趣和爱好，进而建立起对中国全面、正确的认识，但其中存在的语言差与时间差问题不容忽视，因此西方读者在接受中国文学和文化时的特点理应得到关注。②

2022年，时逢王阳明诞辰五百五十周年，其所创立的阳明学经历史洗礼仍活力依旧，所蕴含的思想观念、道德哲学、人文关怀，不仅是中华文化的内核所在，对于解决当下人类共同的问题也具有独特价值。阳明学强调"万物一体之仁"，对天下、时事、民生有着最深切的关怀和忧思。在疫情尚未消退、国际局势风云变幻的当下，优秀的民族传统文化能够构筑起强大的认同感，抵御各种挑战与磨难，阳明学或可成为文化纽带，成为中国与世界对话的一个窗口，推进中华文明与世界文明的交流互鉴、互利互助，从而赢得更为广阔的生存与发展空间。而阳明学要走出国门，迈向世界，必须找到合适贴切的表达方法和传播方式，才能成为世界文化秩序变革的资源。

《异域"心"声：阳明学在西方的译介与传播研究》汇集阳明学在欧美

---

① 安乐哲. 儒家角色伦理学：克服文化比较中的不对称性. 刘英，译. 求是学刊，2014(4)：5.
② 谢天振. 译介学概论. 北京：商务印书馆，2020：317.

译介传播研究的优秀成果，充分凝聚、整合阳明学传播研究力量，力求全景式地呈现阳明学在西方世界的译介与传播情况。本书中的"西方"一般是指地理概念上的欧美各国，所选文章主要涉及阳明学在美国、加拿大、法国、德国、荷兰、瑞士、俄罗斯等国学者中的译介与传播。与明末清初来华传教士选作襄助《圣经》汉译事业的其他中国文化典籍外译不同，阳明学走出国门、在世界范围内的传播是经由日本和朝鲜半岛实现的，因此本书所选部分文章也会涉及阳明学在日本和朝鲜半岛的传播情况。全书由三部分构成：上编为阳明学在西方世界的传播概览，中编介绍阳明学在欧美的传播与影响，下编聚焦阳明学经典《传习录》英译研究，附录则为伊来瑞（George L. Israel）整理的西方阳明学研究英文文献总览。

上编围绕阳明学在西方世界的传播概貌进行描绘。所选论文或以文献梳理为依归，总结阳明学在西方世界的发展脉络及相关研究成果；或以时间发展为主线，梳理阳明学在西方传播的不同阶段，归纳其发展特点及其存在的问题；或以阳明学走出国门的路径为核心，描画进入西方世界的阳明学与中国阳明学存在的学理差异；也有跳出史料梳理的研究范式，以研究主题为依据，从"良知"和"知行合一"等核心概念、王阳明与西方思想家的比较、阳明后学等视角评述西方阳明学研究的成果，力求多维度审视阳明学在西方世界的传播现状及其研究深度与广度。

中编聚焦于阳明学在欧美的传播与影响。欧美作为过去几个世纪以来的汉学研究重镇，已然形成一套自成系统的研究方法，也积累了相当丰厚的学术资源。以陈荣捷教授率先撰文介绍当时欧美阳明学研究逐渐兴盛之缘由及具体研究内容为起点，阳明学在欧美世界的发展现状日益受到关注，且侧重点多有不同。本编既有对阳明学在欧美传播历程中重要译本文献的细读，也有对关键事件和人物的深度挖掘，对阳明学在接受国的影响与未来研究空间进行了充分的学理剖析。

下编为基于阳明学经典《传习录》英译本的个案分析。本编论文或梳理《传习录》英译史，概述英译本出现前后西方学者对阳明学的关注与研究情况；或通过对某一具体译本的文本分析或两译本的对比分析，从术语的翻译、翻译策略的选择、译者身份对译文的影响等角度，立足副文本、比较哲学、翻译转喻、语用学等不同维度,考察译者的翻译理念及策略等,归纳、提炼其对典籍外译乃至文化外译的借鉴意义。

附录为阳明学研究专家伊来瑞整理的一份西方阳明学研究英文文献总览,为阳明学研究后继者提供了较为全面的文献参考和索引。

随着中国"一带一路"倡议的实施,阳明学的国际传播进入了一个多元发展的新时期,国内学者的阳明学研究开始走出国门,积极参与国际阳明学对话。2018 年 1 月,《走向良知——〈传习录〉与阳明心学》一书由上海外语教育出版社出版,该书系国内阳明学研究领域知名学者杨国荣教授所著,由龚海燕译成英文。书中设有重要术语英汉对照一章,颇具研究价值。在如今构建中国哲学海外话语体系的时代议题下,阳明学在西方的译介与传播研究对于进一步推动阳明学走进世界哲学中心、参与世界哲学体系构建等具有积极意义,也能在一定程度上有助于反思并促进中国哲学典籍的外译、传播与接受,最终达到对"外译"这一颇具中国特色的翻译实践现象的本质揭示,深化译论认识,丰富译学研究。本书编者在与所收录论文作者的联系过程中得知,闽江学院吴文南博士已将伊来瑞教授的阳明学系列研究论文翻译成稿,由学苑出版社以《阳明学之欧美传播与研究》为题出版。该书获新汉学计划出版项目资助,系阎纯德教授担任总主编的"汉学研究大系"之一部。中国学者的阳明学著作外译与西方学者的阳明学研究著述汉译,已然迎来了阳明学东西互动、互鉴的新时代。

季羡林先生在获得"翻译文化终身成就奖"的表彰大会上说:"在世界文明发展的历史长河中,在中华民族伟大复兴的进程中,翻译,始终都是不可或缺的先导力量……可以说,没有翻译,就没有社会的进步;没有翻译,世界一天也不能生存。"[1]东汉至唐宋的佛经翻译、明末清初的科技翻译、鸦片战争至五四运动时期的西学翻译,以及改革开放至今的全方位翻译,每一次翻译高潮都意味着大规模的文化及思想交流。伴随翻译活动而来的文化交流与碰撞,不仅推动阳明思想中所蕴含的中国精神和中国智慧实现创造性转化、创新性发展,更能够助益中国以全新的姿态广泛参

---

① 季羡林. 季羡林先生在"翻译文化终身成就奖"表彰大会上的书面发言. 中国翻译,2006(6):4.

与世界文明对话，从而逐步实现构建中国哲学海外话语体系的美好愿景。正如浙江省儒学学会名誉会长吴光研究员所言："阳明学确立以'良知'为核心的道德自觉，对于救治当今社会不同程度存在的道德滑坡、唯利是图、物欲横流的非人性化弊端无疑是一剂对症良药。"①因此，世界人民对于道德良知的呼唤，正是进一步推动阳明学翻译及研究工作的最佳契机。

　　本书辑录的所有论文已在不同学术期刊发表，部分文章由于刊发时间较早，缺少摘要、关键词等内容，为保持原貌，未做后期补充。根据"中华译学馆·中华翻译研究文库"的统一编辑规范，本书对所涉外国学者、外文著述的中文译名和括注形式做了统一调整；对相关的文献使用及格式、引文表述、关涉阳明学研究的部分表达等出于全书前后一致的考虑，在不少地方进行了表达替换或相应增删；同时，已在本书收录的文章被其他文章引用时，引文内容遵照本书修改。在此，特别感谢本书辑录所有论文作者授权收录并同意我们根据书稿的统一要求对原发论文进行基于学术规范的修订和调整。感谢已故华国学先生长子华夏先生授权使用其父所译陈荣捷教授关于欧美阳明学研究的文稿。感谢伊来瑞教授同意我对照其英文论文对辑录的汉语译稿进行修订甚至改译。感谢广东外语外贸大学博士生费周瑛多年来与我一起从事阳明学译介的学术研究。我所指导的宁波大学外国语学院 2021 级研究生陈梓茵、刘苏熠、卢佳秋、孟佳蓉、陶倩倩、魏薇每人承担约 4 万字的文本转录和初稿辑定，感谢他们以学术的方式与我一同参与阳明学国际传播的事业。

辛红娟

2022 年 1 月于宁波大学

---

① 吴光. 王阳明良知心学：结构·精神·启示. 光明日报,2017-02-04(11).

目　录

下　编　阳明学经典《传习录》英译研究

附　录

上　编　阳明学在西方世界的传播概览

1916 年前西方文献中的王阳明

伊来瑞 中佐治亚州立大学

王 英 译 绿竹翻译公司

颜任光 1917 年在《国际伦理学杂志》上发表的对《王阳明哲学》的书评中指出:"此书首次向说英语的哲学专业学生介绍了最具影响力的中国思想家之一。在亨克(Frederick G. Henke)博士的著作发表以前,这些学生是否知道王阳明都值得怀疑,哪怕是以最间接的方式。"[1]的确,亨克于 1916 年出版施邦曜辑评的《阳明先生集要·理学编》[2]英文译本,成为王阳明研究方面的重要转折点。之前,在欧洲和北美,王阳明的著作鲜少受人关注。[3] 陈荣捷在其 1972 年的《王阳明:西方研究与文献》中,仅列出了关于王阳明的两部早期出版物。[4] 事实上,若将搜索参数定义为论文和专著,则陈荣捷列的清单是准确的。但是如果将这些参数放宽,纳入 1916 年前在欧洲和北美出版的各种类型的讨论王阳明的文献,那么我们发现,尽管较之中国其他哲学人物,王阳明受到的关注很少,但他在学术著作中并非全无一席之地。

众所周知,自 16 世纪末耶稣会传教士开始翻译和介绍中国哲学起,

① Yen, Kia-Lok. Book Review: *The Philosophy of Wang Yang-ming* by Frederick Goodrich Henke. *International Journal of Ethics*, 1917, 27(2): 241-244.

② 参见: Nivison, David S. Book Review: *Instructions for Practical Living and Other Neo-Confucian Writings by Wang Yang-ming*, trans. Wing-tsit Chan, *The Philosophy of Wang Yang-ming* by Frederick Goodrich Henke. *Journal of the American Oriental Society*, 1964, 84(4): 436-442.

③ 就这篇文章而言,欧洲和北美主要是指用英语、法语和德语开展学术研究的区域。

④ Chan, Wing-tsit. Wang Yang-ming: Western Studies and an Annotated Bibliography. *Philosophy East and West*, 1972, 22(1): 82-87.

直到 20 世纪后半叶,整个中国思想史及思想范畴均在西方得到广泛推广,但其中宋明儒学思想所引起的关注要远低于古代中国哲学。① 即便在引起关注的那部分宋明儒学思想中,耶稣会传教士也更多讨论宋代道统思想,而明代哲学,尤其是王阳明及其追随者的思想被极大地忽略了。② 亨克译著之前那些有关中国历史上的儒家思想的文献通常认为,儒家传统的发展继经典阶段后就已走向衰落,并且在宋代以后彻底终结。

20 世纪初的首篇有关中国哲学历史和特征的英文简介仍未将王阳明及其心学学派录入。铃木大拙(Daisetz Teitaro Suzuki, 1870—1966)在其 1914 年出版的《早期中国哲学简史》的前言中做出了简要的历史概述。关于"宋代中国哲学的重新唤醒"的问题,他评判道:"中国的这一复兴时期并未在早期儒家开拓的狭窄道路上拓展出任何新的哲学问题。"③事实上,他仅在尾注中对周敦颐、程颢和朱熹进行了讨论。至于明代的哲学发展,他虽然正面评价王阳明为"正派睿智的伟大人物",但是关于王阳明,他只做了以下评论:

> 他不愧是宋代复兴时期激发起来并焕发青春的中国思想的一位伟大的继承者。从新儒家思想意义上来说,他不是一个独立的思想家,但他很有独创性,能够找到一条新的路径来确认和实现那些古老的学说。在这个杰出大师逝世以后,中国的知识天堂又一次被阴云所笼罩。从那时到现在,没有什么重大的或值得特别提及的事件来打破中国知识天堂的宁静。④

的确,由于铃木大拙认定最重要的中国哲学存在于道教、佛教和先秦的儒家思想中,因此他的论述并没有纳入有关宋明哲学思潮的讨论,这也

---

① 崔玉军. 陈荣捷与美国的中国哲学研究. 北京:社会科学文献出版社,2010:38-52.

② 在本篇综述中,"宋代道统思想"主要指周敦颐、程颢、程颐、张载和朱熹的学说。

③ Suzuki, Daisetz Teitaro. *A Brief History of Early Chinese Philosophy*. London: Probsthain, 1914:6. 他的书最早分为三篇文章发表于 1907 年和 1908 年的 *The Monist*(《一元论者》)。

④ Suzuki, Daisetz Teitaro. *A Brief History of Early Chinese Philosophy*. London: Probsthain, 1914:6.

是他著作的标题中也未涉及的原因。

英国传教士、教育家兼汉学家苏慧廉（William Soothill，1861—1935）在牛津大学所做的题为"儒释道三教"的讲座中，遵循了相似的模式介绍儒家思想史。在其有关"孔子及其学派"的讲座中，苏慧廉称："中国孔孟时代后，在汉代、宋代和清代兴起了'三大注解学派'（three schools of commentators）。"①令人惊讶的是，他没有提及明代的哲学家。他的论述集中在孔子、孟子和朱子身上。苏慧廉对孔子和孟子进行了大量的讨论，对朱子却没有发表多少评论。他指出："他很少有著作被翻译成英文，欧洲人也从没有仔细研究过他。"②尽管苏慧廉找到依据说"他（朱熹）没有为国家的宗教生活添砖加瓦"，但还是有保留地对朱子进行了评判，呼吁对朱熹展开研究。

更早的一个例子是保罗·卡鲁斯（Paul Carus，1852—1919）出版于1902年的《中国哲学：关于中国思想主要特征的论述》。卡鲁斯综合考察了中国哲学史的趋势，论述道：

> 它为我们展现了一个高贵的开端和一段跛足的进程；一个伟大的开始和沉闷的停滞；一个充满希望的播种时期和令人可怜的收成。思想的英雄奠定了基础，他们受到顶礼膜拜，无人敢超越他们，因此，面对赫然出现于史前的先圣们的伟大，所有后代的哲学都相形见绌，变得卑微。③

卡鲁斯在著述的开始部分详细讨论了古代中国宇宙论④，然后转向讨论周敦颐和朱熹，说明是周敦颐研究出了太极的统一原理中所隐含的一

---

① Soothill，William E. *The Three Religions of China：Lectures Delivered at Oxford*. London：Hodder and Stoughton，1913：40.

② Soothill，William E. *The Three Religions of China：Lectures Delivered at Oxford*. London：Hodder and Stoughton，1913：42.

③ Carus，Paul. *Chinese Philosophy：An Exposition of the Main Characteristic Features of Chinese Thought*. Chicago：The Open Court Publishing Co.，1902：1. 他的书最早作为一篇文章发表于 *The Monist*（《一元论者》）1896 年第 6 期。

④ Carus，Paul. *Chinese Philosophy：An Exposition of the Main Characteristic Features of Chinese Thought*. Chicago：The Open Court Publishing Co.，1902：27.

元论,是朱熹及其学派"系统化并完善了中国的哲学世界概念"①。基于《太极图说》和《通书》,他阐述了周敦颐的宇宙论;利用《朱子全书》中的节选内容,他解释了朱熹的理气论。他断言:"周子和朱子的一元论学派在中国思想史上的地位就相当于康德在西方世界的地位。"②然而,卡鲁斯也未提及任何明代哲学家。

在此必须注意的是,卡鲁斯不能熟练地阅读中文。他依赖的是德文和英文译本的学术著作。对于周敦颐,他参看了德国汉学家嘎伯冷兹(Georg von der Gabelentz)的 *Thai-kih-thu*, *des Tscheu-Tsï Tafel des urprinzipes*,即朱子批注的《太极图说》的译本③,以及德国汉学家顾路柏(Wilhelm Grube)译的朱子批注的《通书》④。这是从《性理精义》中摘录而来的。⑤ 对于朱熹,他参看了几部英文著作中的译文和阐述,但主要是密迪乐(Thomas Taylor Meadows)的《中国人及其叛乱》⑥。密迪乐 1856

---

① Carus, Paul. *Chinese Philosophy*: *An Exposition of the Main Characteristic Features of Chinese Thought*. Chicago: The Open Court Publishing Co., 1902: 29.

② Carus, Paul. *Chinese Philosophy*: *An Exposition of the Main Characteristic Features of Chinese Thought*. Chicago: The Open Court Publishing Co., 1902: 35.

③ von der Gabelentz, Georg. *Thai-kih-thu*, *des Tscheu-Tsï Tafel des urprinzipes*, *mit Tschu-Hi's commentare nach dem Hoh-pih-sing-li*. Dresden: im Commissions-Verlag bei R. V. Zahn, 1876.

④ Grube, Wilhelm. *Ein Beitrag zur Kenntnis der Chinesischen Philosophie*: *T'ŭng-šŭ des Čeŭ-tsï mit Čŭ-hì's Commentar nach dem Śing-lì Tsïng-í*. Wien: Druck von Adolf Holzhausen, 1880.

⑤ Carus, Paul. *Chinese Philosophy*: *An Exposition of the Main Characteristic Features of Chinese Thought*. Chicago: The Open Court Publishing Co., 1902: 29. 关于德国对朱熹研究的讨论,参见:张柯. 德文语境中的朱熹思想. 孔子研究,2013(3):98-110.

⑥ Meadows, Thomas Taylor. *The Chinese and Their Rebellions*: *Viewed in Connection with Their National Philosophy*, *Ethics*, *Legislation*, *and Administration*. London: Smith, Elder, and Co., 1856. 卡鲁斯还参考了以下出版物中关于朱熹的信息:Williams, Samuel Wells. *The Middle Kingdom*: *A Survey of the Geography*, *Government*, *Education*, *Social Life*, *Arts*, *Religion*, *&c.*, *of the Chinese Empire and Its Inhabitants*, vol. 1. New York & London: Wiley and Putnam, 1848: 550-552;参考了以下出版物中关于朱熹和周敦颐的信息:Mayers, William Frederick. *The Chinese Reader's Manual*. Shanghai: American Presbyterian Mission Press, 1874: 23-26.

年在英国行政部门担任中文翻译前就已经出版了有关中国哲学的详细介绍和说明，其中包括周敦颐和朱熹的形而上学和宇宙论。据他本人所言，此书参考了 1717 年的《御纂性理精义》和 1718 年的《御纂朱子全书》。

从对卡鲁斯著作的检视中得出的重要结论是：尽管存在语言障碍，他仍对两位宋代道统论者提出了颇有见地的评价。19 世纪的欧洲和美国汉学家对于朱熹的重要性已有一定的了解，翻译了一些他的著作，并且对他的生平和思想做了书面介绍。[①] 卡鲁斯并不了解王阳明及其哲学活动，这毫无疑问是因为他所遇到的德文和英文学者并未讨论过王阳明的哲学及其影响。还有更多例子证实：20 世纪初，欧洲和美国关于中国哲学和宗教的文献中缺乏对王阳明的讨论。[②]

这种文献的缺乏在 19 世纪同样存在，但却有几个值得注意的例外。过去的研究已经充分表明了不平等条约是如何引发西方研究中国的热潮的。越来越多的西方外交官和传教士，尤其是来自英国和美国的新教传教士，在中国工作和生活，并且进行学术研究。[③] 因此，对中国的学术研究激增，专门进行汉学方面研究的机构也大量涌现。这些学术研究标志着汉学的奠基始于 19 世纪，当时欧洲和美国的一些高校开始建立研究中国的教授体系并开设相关课程。

尽管对于先秦的儒家和道家思想，以及其他先秦哲学家，如墨家和兵家，还有一些宋代哲学家的翻译和研究已大量产生，但是王阳明及其追随

---

① 参见：Le Gall, Stanislas. *Le Philosophe Tchou Hi*：*sa doctrine*，*son influence*. Chang-Hai：Imprimerie de la Mission Catholique，1894. 该书介绍了朱熹的思想。

② 翟理思 1914 年在伦敦举办的“赫伯特讲座”中提到了朱熹的形而上学，并将其称为唯物主义。他没有讨论明代哲学。参见：Giles, Herbert A. *Confucianism and Its Rivals*：*Lectures Delivered in the University Hall of Dr. Williams's Library*. London：Williams and Norgate，1915：233-241.

③ Bays, Daniel H. *A New History of Christianity in China*. Malden：Wiley-Blackwell，2012：66-92. 相关研究请参见：崔玉军. 陈荣捷与美国的中国哲学研究. 北京：社会科学文献出版社，2010：22-92；莫东寅. 汉学发达史. 郑州：大象出版社，2006：68-96；Wilson, Ming, and John Caley (eds.). *Europe Studies China*：*Papers from an International Conference on the History of European Sinology*. London：Han-Shan Tang Books，1995.

者却并未引起多少关注。诸如艾约瑟(Joseph Edkins)、理雅各(James Legge)、高延(J. J. M. de Groot)、沙畹(Edouard Chavannes)和鲍狄埃(Guillaume Pauthier)这类学者的主要研究中都未提到过王阳明。例如,鲍狄埃在《中国哲学史要略》中用大量篇幅谈论周子和朱子的形而上学和宇宙论,却断言在他们之后没有出现过重要的思想家。①

　　然而,这并不意味着王阳明在文献中不为人知。我们在对 19 世纪英国、德国、法国针对中国所做的学术研究进行初步搜索中有所发现。② 有意思的是,一些 19 世纪的中国通史(主要是关于历朝历代的政治史和军事史),提及正德皇帝统治期间的宁王叛乱。郭实腊(Karl Gützlaff,1803—1851)和包罗杰(Demetrius Boulger,1853—1928)提起过这一事件,但仅仅指出朝廷派兵大力镇压叛乱,却忽略了王阳明的作用。③ 麦嘉温(John Macgowan,1835—1922)在其《中国史》一书中解释说,叛乱开始时,某位 Wang Shen 正在福建平定叛乱,然后率领队伍挺进江西,与宁王作战并将其俘虏。④ 尽管麦嘉温花了一定篇幅谈及朱熹在宋代的重要地位,却也没有讲到王阳明及其学派。卫三畏(Samuel Wells Williams,1812—1884)在《中国总论》一书中讨论"儒佛之辩"的部分涵盖了关于王阳明向武宗规谏派送使节"到印度求取佛经、恭迎活佛"。卫三畏指出,王阳明将佛教与儒教做了对比,"证明后者拥有前者的全部益处,却没有前

---

① Pauthier, Guillaume. *Esquisse d'une histoire de la philosophie chinoise*. Paris: Imprimerie de Schneider et Langrand, 1844:66.

② 参见:Cordier, Henri. *Bibliotheca sinica*:*dictionnaire bibliographique des ouvrages relatifs à l'empire chinois*, vol. 1 (1904; repr., New York: Burt Franklin, 1968)(考狄编撰的《西人论中国书目》);Bibliothecasinica 2.0, accessed March 13, 2017, http://www. univie. ac. at/Geschichte/China-Bibliographie/blog/; Chine ancienne, accessed March 13, 2017, https/www. chineancienne. fr/.

③ 参见:Gützlaff, Karl Friedrich August. *A Sketch of Chinese History*, *Ancient and Modern*, vol. 1. London: Smith and Elder & Co., 1834:272; Boulger, Demetrius Charles. *A Short History of China*, vol. 1. London: W. H. Allen, 1881:468.

④ Macgowan, John. *A History of China*:*From the Earliest Days down to the Present*. London: Kegan Paul Trench, Trübner and Co. Ltd., 1897:493-494.

者邪恶和无稽的部分"。①

幸运的是，王阳明的确出现在其他类型的文献中。其中一部是由翟理思（Herbert Giles，1845—1935）编撰的《古今姓氏族谱》。这部词典收录 2579 个条目，包括"王守仁（Wang Shou-jen）"和"陈献章（Chen Hsien-chang）"等其他明代学者的条目。关于王阳明的条目很简短，不足 1 页，但是仍提供了其生平和重要地位的客观概要。② 更重要的是倭妥玛（Thomas Watters，1840—1901）的《孔子庙碑》一书对于王阳明所做的较长讨论。1863 年至 1895 年，倭妥玛担任英国政府驻中国和朝鲜王朝领事，其间出版了有关中国的许多学术著作。该书对文庙的格局和历史做了详细介绍，同时对立碑的每个人提供了出色的传记。王阳明的条目有 6 页之长，可以称作有关其生平、思想和在中国思想史上的地位的首篇重要英文文章。倭妥玛具有很强的中文阅读能力，他直接研究第一手资料，对于王阳明，他所参考的就是 1826 年版的《王文成公全书》。③

倭妥玛从《王文成公全书》第一卷中摘取部分内容做了简要的事实性传记。他随后解释了所使用全集的来源，并赞美了王阳明的写作风格："他的措辞简洁明了，充满魅力，行文大方流畅，自成一体。解释通常清晰准确，议论出色，通篇公正合理。甚至是当维护看起来危险且具有分裂性的观点时，他也不畏结论，不惧后果。"④倭妥玛继而阐述了王阳明在中国

---

① Williams，Samuel Wells. *The Middle Kingdom：A Survey of the Geography，Government，Education，Social Life，Arts，Religion，& c.，of the Chinese Empire and Its Inhabitants*，vol. 1. New York & London：Wiley and Putnam，1848：227. 然而，他并没有解释这个奏疏（《谏迎佛疏》，《王阳明全集》卷九：别录一）为何并未提交给明代朝廷。

② Giles，Herbert A. *A Chinese Biographical Dictionary*. Shanghai：Kelly and Walsh，1898：839-840. 关于另一个简短的条目，请参见：Mayers，William Frederick. *The Chinese Reader's Manual*. Shanghai：American Presbyterian Mission Press，1874：246.

③ Watters，Thomas. *A Guide to the Tablets in a Temple of Confucius*. Shanghai：American Presbyterian Mission Press，1879：211-216. 他查阅了清道光六年重刻的《王文成公全书》。

④ Watters，Thomas. *A Guide to the Tablets in a Temple of Confucius*. Shanghai：American Presbyterian Mission Press，1879：214.

哲学史上的重要地位,例如,王阳明如何试图调停学者之间在比较朱熹和陆九渊的优点时所引发的无休止的争论。倭妥玛分析指出:"王阳明在维护陆九渊方面非常有勇气并且取得了成功,用他自己的形象清除了对陆九渊哲学声誉的污蔑。他因此赢得了所有文人和忠实的儒家弟子长久不衰的感激。"①

倭妥玛还细致地阐述了王阳明哲学中良知的含义。他质疑理雅各在《孟子》中将此术语翻译成"直觉"是不充分的,因为"这个词对于王阳明而言用法多变,有时意指良心,有时又意指知觉,还有些时候则明显指本能"②。倭妥玛还指出,王阳明被指责为佛教徒,被指责放弃了对圣人的忠诚,但是他坚持认为,王阳明绝对正统并且采用了对孔子和孟子的言语的适当合理的解释。③ 倭妥玛强调了王阳明多教合一的思想,还指出,王阳明不愿意仅仅因为佛教和道教是非正统的就拒绝它们当中的"美德的触碰和对真理的提示"。最后,他解释道,尽管该全集的编纂者为王阳明强烈辩护,反对说他信奉邪说的指责,但是却"因为王阳明批评了朱熹的文章和批注而使他的合集并没有多少人阅读"。倭妥玛通过将王阳明和勒内·笛卡尔(René Descartes, 1596—1650)进行对比得出结论,宣称"二人均认为心具有先天感知真理的能力,心能够让人知悉自主的重要性"。④

倭妥玛百科全书式的条目准确地概括了王阳明的生平与其思想的主要特征以及他在中国思想史上的地位。就这一点而言,它是 19 世纪的一个重要例外。回顾更早的 17 世纪和 18 世纪,我们发现有关宋明理学的文献具有相似的情形。宋代道统论者及其形而上学和宇宙论在欧洲文献中获得了一些注意,而王阳明及其学派则几乎完全不存在。因此,许多学

① Watters, Thomas. *A Guide to the Tablets in a Temple of Confucius*. Shanghai: American Presbyterian Mission Press, 1879: 214.
② Watters, Thomas. *A Guide to the Tablets in a Temple of Confucius*. Shanghai: American Presbyterian Mission Press, 1879: 215.
③ Watters, Thomas. *A Guide to the Tablets in a Temple of Confucius*. Shanghai: American Presbyterian Mission Press, 1879: 215.
④ Watters, Thomas. *A Guide to the Tablets in a Temple of Confucius*. Shanghai: American Presbyterian Mission Press, 1879: 216.

术研究,尤其是对诸如克里斯蒂安·沃尔夫(Christian Wolff,1679—1754)和戈特弗里德·威廉·莱布尼兹(Gottfried Wilhelm Leibniz,1646—1716)这样的德国哲学家的研究,都已经论证了宋明理学对启蒙运动具有轻微影响。① 但是这种影响仅限于宋代道统论,因为它是通过耶稣会对中国哲学文献的翻译和说明呈现给欧洲的。

孟德卫(David Mungello)曾指出,启蒙运动的哲学家和学者与中国并无直接接触,因此要依赖手稿、出版的著作和耶稣会士的札记。所以,当时欧洲对中国的认知是通过耶稣会的三棱镜折射出来的。② 然而,耶稣会传教士切入中国研究的路径特点已大大降低了王阳明哲学受到密切关注的可能性。许多学术研究已经证明,耶稣会传教士最初主要通过朱熹对经典著作的评注和永乐刊本《新刻性理大全》而开始接触宋代道统论哲学家。这些就是耶稣会了解儒家思想史后期发展的主要途径,也是他们的讨论几乎完全局限于朱熹及其前人的原因。另外,耶稣会传教士把先秦(古代)儒家思想与这些后期儒学著作区分开来,对于后者,他们贬抑地

① 参见：Mungello,David E. *Leibniz and Confucianism：The Search for Accord*. Honolulu：University of Hawai'i Press,1977；Mungello,David E. Confucianism in the Enlightenment：Antagonism and Collaboration Between the Jesuits and Philosophers. In Thomas H. C. Lee（ed.）. *China and Europe：Images and Influences in the Sixteenth to Eighteenth Centuries*. Hong Kong：The Chinese University of Hong Kong Press,1991：99-127；Lundbaek,Knud. The Image of Neo-Confucianism in *Confucius Sinarum Philosophus*. *Journal of the History of Ideas*,1983,44（1）：19-30. 撰写 *Oratio de sinarum philsophia practica*（《中国人实践哲学演讲》）时,沃尔夫依赖于法国耶稣会士卫方济（François Noël）所译《中华帝国六部经典》（*Sinensis imperii libri classici sex*,1711）,该译作收录了《四书》、《四书集注》中朱熹的前言、张居正的注释、《孝经》和朱熹的《小学》等的译文［Lundbaek,Knud. The Image of Neo-Confucianism in *Confucius Sinarum Philosophus*. *Journal of the History of Ideas*,1983,44（1）：29］。

② Mungello,David E. Confucianism in the Enlightenment：Antagonism and Collaboration Between the Jesuits and Philosophers. In Thomas H. C. Lee（ed.）. *China and Europe：Images and Influences in the Sixteenth to Eighteenth Centuries*. Hong Kong：The Chinese University of Hong Kong Press,1991：100.

称之为"现代注解家"①。他们发现,古代儒家思想包含与自然神学等同的思想和值得赞赏的道德哲学,但是他们相信,宋代道统论思想家背离了古代更真实的儒家思想。根据传教士的见解,宋代道统论是唯物论和无神论。

此外,耶稣会传教士在撰写有关中国的著作时也会受到各种外在因素的影响。关于中国哲学和历史的首部著作可追溯到 16、17 世纪之交。在这一时期的政治文化环境中,士大夫对王阳明学派的拥护正在减弱。因此,当考虑到历史、文献、哲学、宗教这些更广的因素时,三阳明的著作没有获得密切关注这一点就可以理解了。在 20 世纪 80 年代的一项研究中,龙伯格(Knud Lundbaek)得出结论:"在 17 世纪耶稣会印刷的著作中王阳明并不存在。"②

既然王阳明的名字未出现在 17 世纪的耶稣会文献中,他的理念有多少为耶稣会士所知,且在他们的文字中被间接提及呢? 这一问题近些年受到了较多关注并取得了一些研究成果。尽管王阳明的哲学在明末和清代不受欢迎,明末来到中国的那些耶稣会传教士却与阳明后学有过交流。例如,利玛窦(Matteo Ricci)结识了阳明后学的章潢、李贽、祝世禄、焦竑,以及邹元标等人,并与他们开展讨论。比如,主持白鹿洞书院的江右王门学派章潢,曾屡次邀请利玛窦到书院与士子研讨学问。这些交流表明利玛窦应该已经熟悉王阳明哲学的要义。③ 的确,最近的一部对利玛窦《天主实义》的译著,证实他曾多次引用过王阳明的哲学观点,尽管没有提及王的姓名。④

---

① Mungello, David E. Confucianism in the Enlightenment: Antagonism and Collaboration Between the Jesuits and Philosophers. In Thomas H. C. Lee (ed.). *China and Europe: Images and Influences in the Sixteenth to Eighteenth Centuries*. Hong Kong: The Chinese University of Hong Kong Press, 1991: 115.

② Lundbaek, Knud. The Image of Neo-Confucianism in *Confucius Sinarum Philosophus*. *Journal of the History of Ideas*, 1983, 44(1): 28.

③ 黄文树. 阳明后学与利玛窦的交往及其涵义. 汉学研究, 2009, 27(3): 127.

④ Ricci, Matteo. *The True Meaning of the Lord of Heaven*. Rev. ed. Thierry Meynard, S. J. Trans. Douglas Lancashire and Peter Hu Kuo-chen, S. J. Boston: Institute of Jesuit Sources, 2016.

至于 17 世纪末到 18 世纪初,当清朝廷依赖法国耶稣会传教士开展文化交流时,我们略微具有更可靠的历史数据。虽然,对以法文、德文、英文撰写的有关中国最具影响力的哲学和历史著作进行初步搜索,得出的结果寥寥无几,但是其中一个结果足以证明:至少有一些耶稣会传教士知道王阳明的著作,且对他的道德哲学十分钦佩。重要程度次之的是《中国通史》法文版(*Histoire générale de la Chine*)①。这部 12 卷本的中国史是由冯秉正(Joseph-Anne-Marie de Moyriac de Mailla,1669—1748)编译的。17 世纪 80 年代,法国官方启动资助派送传教团前往中国,冯秉正系后来派往中国的耶稣会成员之一。他于 1701 年抵达中国,在清朝宫廷任职,余生都在中国生活。他于 18 世纪 30 年代编译了《中国通史》并发送到法国,直到 18 世纪 70 年代才在法国出版。这部著作一度成为中国史方面最重要的参考文献。

《中国通史》中之所以讨论到王阳明,仅仅是因为他平息了宁王朱宸濠发起的叛乱。② 然而,冯秉正用长达 4 页的篇幅提供了 20 世纪前对王阳明最完整的记述,包括王阳明的战略运用,他就占领南昌(宁王府的地点)一事与官员们之间的商议,以及平定宁王叛乱。关于惨烈的鄱阳湖之战,他写道:"从没有过更彻底、更具有决定性的胜利。(Jamais victoire ne fut plus complète ni plus decisive.)"③

更值得注意的是杜赫德(Jean-Baptiste du Halde,1674—1743)的《中华帝国全志》。这部 4 卷本的中国百科全书首次出版于 1735 年。当时,法国已成为欧洲研究中国学的重镇。杜赫德是居住在巴黎的一位耶稣会

① 编者注：这部著作名为 *Histoire générale de la Chine*，*ou Annales de cet empire*，traduites du *Tong-Kien-Kang-Mou*，直译是"《中国通史,帝国编年史》,译自《通鉴纲目》"。目前虽已有研究证明,作者所言《通鉴纲目》并非朱熹改编自《资治通鉴》的著述,但具体出处尚不可考。

② Mailla，Joseph-Anne-Marie de Moyriac de. *Histoire générale de la Chine*，*ou Annales de cet empire*，traduites du *Tong-Kien-Kang-Mou*，vol. 10. Paris：P. D. Pierres，1779：294-298.

③ Mailla，Joseph-Anne-Marie de Moyriac de. *Histoire générale de la Chine*，*ou Annales de cet empire*，traduites du *Tong-Kien-Kang-Mou*，vol. 10. Paris：P. D. Pierres，1779：297.

传教士,正在撰写有关中国的文章。编撰此著作时,他居住在建成于 1580 年的耶稣会圣心书院(La Maison professes de jésuites)。书院的环境能够让耶稣会神父静心研究当时急迫的宗教和社会问题,并撰写相关著作。杜赫德将他的精力集中到汇编、编辑和出版来自世界各地的耶稣会传教士的资料上。他工作的主要目的是通过促进跨文化的研究而推进耶稣会的传教活动。①

杜赫德从未到过中国,他把长期居留中国的 27 位耶稣会传教士的报告、信札及译自中文的文稿编纂成皇皇 4 卷本《中华帝国全志》。第一卷专论地理和旅游,也包括部分中国经典的摘译。第二卷包括 6 篇关于中国的文章和 18 篇/部中国经典的摘译。② 其中就有选自 1538 年版《王阳明文集》的 10 段译文。③ 它们来自:《梁仲用默斋说》(卷七,文录四)、《杂著·书黄梦星卷》(卷八,文录五)、《传习录中·乐是心之本体》(卷二)、《赠郭善甫归省序》(卷七,文录四)、《启问道通书》(卷七,文录四)、《杂著·书中天阁勉诸生》(卷八,文录五)、《传习录下·人生大病只是一个傲字》(卷三)、《教条示龙场诸生》(卷二十六,续编一)、《书一·寄诸弟》(卷四,文录一)、《书·答佟太守求雨》(卷二十一,外集三)。④

杜赫德是从耶稣会传教士赫苍璧(Julien-Placide Herrieu, 1671—1746)那里获得的《王阳明文集》译本。赫苍璧作为法国赴中国传教团的

---

① Foss, Theodore N. A Jesuit Encyclopedia for China: A Guide to Jean-Baptiste du Halde's *Description géographique*, *historique*, *chronologique*, *politique*, *et physique de l'empire de la Chine et de la Tartarie chinoise* (1735). PhD Diss., University of Chicago, 1979: 56-60.

② Löwendahl, Björn. *China Ilustrata Nova*. Hua Hin: The Elephant Press, 2008: 180-181.

③ du Halde, Jean-Baptiste. *Description géographique*, *historique*, *chronologique*, *politique*, *et physique de l'empire de la Chine et de la Tartarie chinoise*. Paris: chez P. G. Lemercier, 1735: 654-667.

④ 参见:Landry-Deron, Isabelle. *La Preuve par la Chine*: *La "Description" de J. B. du Halde*, *jésuite*, *1735*. Paris: Editions de l'École des Hautes Études en Sciences Sociales, 2002: 227-228. 她的著作是对《中华帝国全志》的权威性研究, 已被翻译成中文。参见:蓝莉. 请中国作证:杜赫德的《中华帝国全志》. 许明龙, 译. 北京:商务印书馆,2015: 230-231.

成员前往中国，并在那里度过了余生 45 年。他翻译了大量的中国文献并将之送往巴黎。杜赫德收录进《中华帝国全志》的正是这些文献。王阳明著作的法文翻译原稿目前保存在法国国家图书馆的手稿区。[①]

据蓝莉(Isabelle Landry-Deron)称，赫苍璧翻译这些文献以及杜赫德将它们收录进《中华帝国全志》中的主要原因是耶稣会对儒家道德哲学的兴趣。确实，道德哲学始终是耶稣会和文人学士对各自的传统产生兴趣的重要途径。要了解是什么特别吸引了这些耶稣会传教士挑选出这些文献，应该对蓝莉的分析进行大篇幅的引用：

> 编排在《荆川先生稗编》之后的是《王阳明文集》。不知道是否由于疏忽而未加标题说明，这两部书之间没有明显的分隔，只有一个小小的边注表明，以下不再是《荆川先生稗编》的摘译。赫苍璧在手稿中用一条连贯的线条区分前后两部书。《王阳明文集》摘译以王阳明回复其弟子梁仲用的一封信开端，谈的是"默"的价值。《全志》中的这篇摘译与前面苏辙论述隐退理由的一篇文章连在一起，中间没有过渡。从赫苍璧的手稿看不出他是否认为这两篇文章有思想上的内在联系。这篇文章的摘译强调的是内省的必要性，这一点倒是与马若瑟的想法比较接近，他认为中国人道德的终极目标就是自我完善。谈论"默"的这篇文章揭示了杜赫德们竭力寻找的西方思想和中国思想的交汇点，论述了"默"在僧人生活中的价值，而"默"对于僧人而言便是宗教心愿。
>
> 中国的奉教者发现，王阳明的不幸遭遇和体现在他的行为中的严格恪守道德、勇气和坚定，与基督教的价值观之间存在着某种联系。马若瑟的信息提供者之一刘凝(1625—1715)是王阳明的一部著作的编者。《全志》选录的王阳明的著述摘译，置于突出地位的是坚定的道德格言："仁者言也讱，非以为默而默存焉。"1604 年在北京刻印的耶稣会传教士庞迪我(Diego de Pantoja，1571—1618)神甫所著《七克》，引起中国文人的巨大关注，此书论述的是如何制伏内心的私

---

① 手稿存放信息：法国国家图书馆，Ms. Fr.17240，f235-242，f245（2—9 的续篇）。

欲。谢和耐(Jacques Gernet)说,在明朝颇为兴盛的许多书院中,克己复礼是与整肃政府机构、清除腐败分子的决心分不开的;他还指出,内省是当时流传颇广的做法。

这些情况告诉我们,在中国确实存在着一种对于精神的追求,与西方观念框架颇为接近。在王阳明著述的摘译中,"圣贤之学"字样出现了十余次。圣贤之学犹如蜿蜒曲折的理性之路,王阳明借用农耕中的耕地、烧荒、耙地、灌溉,形象地比喻在哲学上追求理性时的学习、思考、推理、实践。不少实例表明,事事均须付出努力,即所谓"亦须破冗一会于此"。纠正自己的错误犹如清除污秽,必须由"我"不懈努力。因为,"人心本是天然之理",败坏此理的也正是"我",何况,"人生大病只是一个傲字"。尧和舜都被视为完美无缺的楷模,也是自我完善和清除内心"我"的理想典范。傲这种病只能用其对立面"谦"来医治。《王阳明文集》中有一句话与杜赫德写在序言中的一句话完全一样:"谦者众善之基。"①

据蓝莉称,当时让耶稣会对这些特别的文献感兴趣的原因是王阳明道德哲学中的要义和令他们钦佩的实践。

总之,在 1910 年以前,王阳明在西方并非文章或书籍中的特别主题。然而,他的生平和哲学,甚至是他的一些作品,的确出现在其他类型的文献中,例如历史、词典、百科全书性质的著作和专著。20 世纪 20 年代,这一局面被打破:由于王阳明在日本思想史上的重要地位,以及对他著作的兴趣在中国复苏,王阳明日益受到生活在中国和日本的传教士和学者们的关注,并且通过他们的著作,也受到了生活在欧洲和北美的学者的关注。

(原载于《第十八届明史国际学术研讨会暨首届阳明文化国际论坛论文集(下)》,2017 年,未出版)

---

① 　3 段引文引自:蓝莉. 请中国作证:杜赫德的《中华帝国全志》. 许明龙,译. 北京:商务印书馆,2015:328-329, 329-330, 330-331.

域外阳明学的传播、展开与影响[①]

钱　明　浙江工商大学

一、域外阳明学概述

(一)总　论

在阳明学的传播发展过程中,存在着"地域性"和"区域性"两种形态:前者指的是阳明学在中国十余省(区、市)的传播和发展,后者指的是阳明学在中国周边国家的传播和发展。这两种传播、发展形态有不同的路径、规律与结果,不可相提并论,但可进行比较互鉴。

"域外阳明学"主要是指日本、朝鲜半岛和欧美等地对中国阳明思想的研究,在学理上多被称作日本阳明学、朝鲜(韩国)阳明学和欧美阳明学。

所谓日本阳明学、朝鲜阳明学,其实就是日本人的阳明学、朝鲜半岛的阳明学,这与阳明学在中国内部的展开有本质区别。对于阳明学在中国的展开,我们只能说江右王门、南中王门,而不能说江西人的阳明学、江苏人的阳明学。江右、南中等王门与阳明学发生地的关系,是辐射与被辐射、教化与被教化的关系,靠师徒传授、讲学教化等方式实现;而日本和朝鲜半岛的阳明学,则是通过文本解读、自我消化的方式实现的。除了僧

[①] 本文根据作者的讲课内容整理而成。

侣了庵桂悟,日本人连王阳明的弟子都没见过,中国式的体悟、感化过程,在他们身上很难重现,王阳明及其弟子的著作几乎是他们进入王门的唯一通道。朝鲜阳明学者的情况也大致如此,他们尽管与中国阳明学者有过接触,但并无直接的师徒传授关系。在这点上,阳明学与朱子学等传统儒学有很大不同,后者除了典籍输入,还有人员交流甚至直接面授。所以,比较而言,阳明学在东亚诸国的传播过程,自主性更强,主体意识更鲜明,其正面意义或负面意义也更加突出。换言之,至少就阳明学而言,"多中心论"应该是我们的不二选择,若简单地将其划入某某文化圈,不仅说明不了问题,甚至会引起误解。这也是日本学者主张把日本阳明学派直接根据其创始人中江藤树而命名为"藤树学派"、朝鲜半岛的学者主张把朝鲜阳明学派直接根据其创始人郑霞谷而命名为"霞谷学派"的主要原因。

(二)日本阳明学

阳明学说进入日本的时间,应该是在王阳明去世后 80 年左右。王阳明的代表作《传习录》在 1602 年已经传入日本,但一直到 1650 年才在日本出版,比朝鲜晚了 50 多年。虽然朝鲜先出版了《传习录》,但日本却在 1712 年刊行了影响很大的由阳明学者三轮执斋编注的《标注传习录》,这对阳明学普及到中下武士阶层起到了相当重要的推动作用。朝鲜不仅缺乏类似的普及性读物,而且广为流行的是批判王阳明的书籍。王阳明的著作传到日本后,通过诠释注解很快就被日本化、通俗化了,然而传到朝鲜后却被作为论辩、批判的对象。

与阳明学的发源地中国及最早传播地朝鲜相比,日本人对阳明学表现出了近乎狂热的喜爱,尤其是进入近代之后,阳明学逐渐成为一股社会思潮或一种社会运动。有人认为,发生在 19 世纪末 20 世纪初日本社会的"阳明学"运动,"既不是中国明代王阳明思想在近代日本的深化和再现,也并非学术思想流派,更和中国没有什么关系。说穿了是几个日本人利用了'阳明'这个名号为自己发动的社会运动取的名字"①。笔者不太认同这种看法，因为此说并没有回答这场运动为什么要以"阳明学"来命名而不是用儒教、朱子学或其他学说来命名，也没有回答"日本阳明学"与原生态的"中国阳明学"之间的内在联系以及学理上的相通性。应该说，阳明学自身所具有的主体性(即代表主体的自由意志、独立人格的心力论)、行动力(即代表知行合一、事上磨炼、简易工夫的行动力)以及怀疑变革精神(即代表破除朱学藩篱、打破传统桎梏、追求圣凡同一的狂者气质)等特质，是能够与明治时期的社会思潮相适应的，也能够为这种思潮提供思想资源。尽管近代日本的阳明学与原生态的阳明学乃至江户时期的阳明学有很大区别，但对其进行全然切割，却有悖实情。

在东亚，中国儒学历来给人以温文尔雅、谦谦君子之形象。王阳明的出现给东亚尤其是日本耳目一新的感觉，这不仅在于其打破思想禁锢的精神力量，更在于其"儒者之功，仁人之勇"的政治气魄。冯梦龙的《王阳明出身靖乱录》说："先生十四岁，习学弓马，留心兵法，多读韬钤之书。尝曰：'儒者患不知兵。仲尼有文事，必有武备。区区章句之儒，平时叨窃富贵，以词章粉饰太平，临事遇变，束手无策，此通儒之所羞也。'"《王阳明出身靖乱录》似乎要比《阳明年谱》更受日本人喜爱(此书唯一版本即存于日本)。阳明文武双全形象的出现，对东亚的儒学界不啻一场地震，它颠覆了传统儒学的形象。

与此相应，日本阳明学者还比较关注阳明著作中的奏疏、公移。清代也有人重视这些，因为当时阳明学说遭到打压，故用突出事功的办法来提升阳明形象，如魏禧《阳明别录选序》。因为奏疏、公移不是空言虚文，而是阳明著作中实学成分最重的部分，有可圈可点的阳明治国安民的经术功业，日本文化注重"事功"的传统，可在这里得到有效放大。

日本人之所以喜爱阳明学，还与阳明学的自身特点有很大关系。如果说朱熹从总体上看是个理智型、学者型的思想家，因而相对地为知性的大韩民族所喜爱，那么王阳明便可以说是个情感型、事功型的思想家，故

---

① 邓红. 日本的阳明学与中国研究. 桂林：广西师范大学出版社，2018：10.

而相对地为感性的大和民族所喜爱。阳明所建立的卓越功勋及其学说中所蕴含的丰富的兵学智慧,迎合了日本武士的阅读期待,而其思想中的"变"(即时宜性、变通性)、"动"(即行动性、活泼性)、"易"(即简易性、一体性)、"实"(即实践性、实用性)之学术品格,则契合了日本的武士文化性格。这也许正是幕末维新期的日本汉学家大都信奉阳明学的重要原因。

后来日本武士道中体现出来的基本精神,其实也与以上所说的阳明学的四大学术品格有关。这种基本精神可以概括为四个字:一是"武"字,对应于武士道所强调的文武合一;二是"行(事)"字,对应于武士道所强调的道术合一;三是"心"字,对应于武士道所强调的心剑合一;四是"简(易)"字,对应于武士道所强调的简素精神。以上四个方面,文武合一、道术合一,再加上知行合一、义利合一,可以说是日本阳明学的基本特征。

日本阳明学还有个特质,就是往往突出某一具象的道德范畴(如孝、忠、诚等),而不是相对抽象的道德范畴(如仁、良知等)。所以,对于日本阳明学,笔者提出了一种分疏研究方法,即不按照时间或地域,而是按照思想家所特别强调的道德范畴来做区分,这也与日本人所擅长的具象、实用的思维方式有一定关系。按照这种方法,日本阳明学大致可分为以下六类:第一,孝的阳明学,以中江藤树为代表,突出武士精神;第二,行的阳明学,以大盐中斋为代表,突出市民精神;第三,诚的阳明学,以山田方谷为代表,突出商人精神;第四,气的阳明学,以三岛中洲为代表,突出士人精神;第五,忠的阳明学,以吉田松阴为代表,突出尊皇精神;第六,身的阳明学,以冈田武彦为代表,突出简素精神。以上划分方式,尚有许多勉强、不合理之处,还需要做进一步研究。

关于具象化的问题,这里以日本阳明学中兴之祖三轮执斋的"四句教"论为例进行说明。执斋的最大功绩是标注出版了连当时中国也未标注的《传习录》,推动了日本阳明学理论水平的提高与普及。但是,执斋的阳明学论主要反映在其所著的《四言教讲义》中,他把阳明的"四言教"奉为"圣人之道",但他解释"四言教"与王畿等人不同,如他对首句"无善无恶心之体"的解释是:"心者,无声无臭也,故无善恶之名也。此即心之体也,而至善也。人必努力达于真正之体矣。"①这与朱熹用"无声无臭"解释周敦颐的"无极"概念极为相似,而与王畿用"无善无恶"解释阳明的"四言教"大相径庭。比较而言,"无声无臭"没有"无善无恶"之"至善"那么抽象。由此也可以看出日本人注重具象、实际,而不喜抽象、空谈的特质。

(三)朝鲜阳明学

历史上朝鲜半岛因地理位置的关系,与中国的北方交流比较多。中国南北学风有所不同,这自然也会影响到朝鲜。北方长期处于政治文化的中心,相对而言有正统、守成的文化心态,而朝鲜历史上的"小中华"意识、文化道统意识、事大主义等,皆与这种地理位置有一定联系。

朝鲜阳明学又称韩国阳明学。阳明学于 1520 年左右传入朝鲜半岛,比传入日本早了半个多世纪,当时王阳明还在世。权得已《格物论辩说》:"违朱训一步,则逆天理亦一步,二步则亦二步矣。"②矢子学的威势到了令人恐怖的地步。但阳明学的理气、心物一元论以天地万物一体说为理论根据,所以朝鲜阳明学者从一开始就具"圣凡一也""华夷一也"的平等思想。这种思想显然对维护封建身份等级制和正统朱子学的地位构成了威胁,因此在朝鲜王朝时期,阳明学受政治强权的迫害而被视作"异端"和"斯文乱贼"。当时,对"斯文乱贼"的惩处极为严酷,甚至株连子孙后代,哪怕再有才华,也被排斥在科举及第之外。在这种背景下,阳明学遭到了严厉排斥,无立足之地。当时的有识之士,不得不表面上标榜朱子学,而暗地里研究阳明学。所以,朝鲜阳明学在思想方法上大都采用了隐晦、迂回、暗通、包装等形式,并且是在"阳朱阴王"的思想形态下获得发展的。朝鲜王朝时期的学者,大部分只字不提象山学和阳明学,或者只是部分地支持和接受陆王学。他们的思想体系模糊而难以分析和研究,加上他们的后代和学者们也不愿意把他们划入阳明学中,所以研究朝鲜阳明学一

---

① 参见:冈田武彦. 简素的精神——日本文化的根本. 钱明,译. 杭州:西泠印社出版社,2000:251.

② 参见:金吉洛. 韩国象山学与阳明学. 李红军,译. 北京:社会科学文献出版社,2016:128.

直困难重重。至于朝鲜阳明学的特质,大致可概括为以下四个方面。

一是"阳朱阴王"或"朱王两可"(隐晦性)。朝鲜阳明学者一般不凸显朱王的对立性,而是突出朱王的关联性。换言之,朝鲜阳明学和朝鲜性理学都是以朱子学为根本的思想体系,所以朝鲜阳明学虽然以对朱子学的反省为出发点,但其根基仍是朱子学。从根本上说,朝鲜朱子学和阳明学比任何思想体系都呈现出同质性。所以,朝鲜阳明学和朝鲜性理学不应从对立的观点去考察,而应从相互影响、发展与变化的角度去考察。比较而言,中国的"阳朱阴王"论者往往是在不知不觉中、在思想感情上倾心阳明学,而朝鲜的"阳朱阴王"论者都是有意为之,是被迫的自我保护措施。

二是性理中心(义理性)。朝鲜阳明学都是从朱子学而不是从象山学发展而来的。

三是家族主导(家族性)。朝鲜阳明学都是一个个家族在暗中研究、宣传阳明学,比较有代表性的两大家族是郑氏家族和李氏家族。

四是党争恶斗(政治性)。学派成了党派,学问上的对手即政治上的敌人,学术争论变成你死我活的恶斗。

朝鲜阳明学的最大特点,是始终围绕朱子学的话语,在朱子学派的羽翼下获得了隐蔽而单一的发展,并没有中、日阳明学所具有的多元化特质。所以,中、日阳明学派早在阳明以后或中江藤树以后就已开始分疏,分成若干派;而朝鲜直到近代才开始由江华学派的最后一个继承人郑寅普从形式上把朝鲜阳明学派分为三种类型,而且是按照思想倾向而不像中、日两国是首先按照地域来分疏的。第一种是有著述或在言论上有确凿证据的确实的阳明学派学者,如崔鸣吉、张维、郑齐斗及其"江华学派"中的部分学者;第二种是在表面上批判阳明学,本质上却主张阳明学的学者,如同属江华学派的李匡师、李令翊、李忠翊等人;第三种是只字不提阳明学,只信奉朱子学,但其一生所主张的主要精神是阳明学的学者。

比较而言,中国朱子学在宇宙论方面发展得比较精细,而朝鲜朱子学则在性理学方面特别发达。相应地,朝鲜阳明学也把重心放在以性理学为核心的义理思辨上,而不像中国阳明学那样把重心放在内心修炼、本体工夫上,也不像日本阳明学那样把重心放在实践工夫、行动力上。因此,从中、日、朝三国比较的角度看,无论是朱子学还是阳明学,如果说中国偏重于宇宙论的"天理",日本偏重于实践论的"实理",那么可以说,朝鲜偏重于人性论的"性理"。

就普遍性而言,阳明学虽无不具有实践性品格,但这种品格的表现形态,在"在地化"后的地域阳明学(如中国阳明学中的浙中、江右等)那里各有不同,而在本土化后的国别阳明学(如日本、朝鲜的阳明学)那里更是差别巨大。如果说中国阳明学者较多关注并直接参与了地方自治、乡村建设、族群重构等政治、经济、教育、文化活动,从而使中国阳明学普遍带有一种乡村情结乃至某种程度的地方主义色彩,那么日本阳明学则可以说发展到后来,已越来越明显地染上了强烈的国家主义色彩。中日阳明学的这种不同发展路径,是由两国不同的国体及历史发展模式决定的。在这一方面,朝鲜阳明学近于中国。

(四)欧美阳明学

综观整个西方的阳明学研究史,尽管《王阳明先生全集》(*Wang Yangming xian sheng quan ji*, 16 卷本)早在 1826 年已由密歇根大学图书馆出版发行,但由于语言上的障碍与阻隔,全集并未对汉学家之外的西方受众产生太大影响。可以说,1910 年代以前,王阳明的生平事迹、哲学观念和一些作品仅停留在西方百科全书性质的辞典类著述中,尚未成为西方社会主流书刊中的"话题人物"。20 世纪 20 年代以后,这一局面才开始被打破,王阳明的思想不仅在中国的影响力日渐扩大,更重要的是受到了日本社会的广泛追捧甚至"致用"。当欧美人士看到日本幕末维新时期出现的阳明学思潮乃至运动,以及中国在 19 世纪末期开始掀起的"阳明热",才开始逐渐涌现出一批关涉王阳明及阳明学的重要研究者,使得王阳明成为当时驻东亚的传教士和研究东亚的专业学者的关注焦点。存在主义哲学家卡尔·雅斯贝尔斯(Karl Jaspers, 1883—1969)曾在这个层面上评价过王阳明,称其为"中国古代以来最后的形而上学者"①。

根据美国学者伊来瑞(George L. Israel)教授的研究,首先向西方国家介绍王阳明的是 20 世纪初期居住在日本的西方传教士。比如有一位叫罗伯特·阿姆斯特朗(Robert Armstrong)的人,1903 年以传教士的身份去了日本,后来担任关西学院大学教授,1913 年完成了《来自东方的光:日本儒学研究》(*Light from the East: Studies in Japanese Confucianism*)一书。在此书中,他花了 100 页的篇幅介绍王阳明和日本的阳明学,井上哲次郎为该书写了序言。另外还有一种说法认为,在亨克 1916 年编著出版《王阳明哲学》以前,西方人几乎不知道王阳明。亨克是美国卫理公会传教士,曾在中国江西和日本横滨传教,1910 年获得芝加哥大学博士学位。在出版《王阳明哲学》之前,亨克曾于 1913 年在《皇家亚洲文会北华支会会刊》发表《王阳明生平与哲学研究》一文,并且把《阳明年谱》《传习录》以及部分阳明书信译成英文出版,这几乎与阿姆斯特朗出版《来自东方的光:日本儒学研究》同时。因而从时间上说,以上两种说法都能成立。由此可以推断,西方人知道王阳明,日本阳明学是其中的重要媒介,甚至可以说,西方人了解王阳明首先是通过日本阳明学才实现的。

需要指出的是,除了少数人,西方研究阳明学的学者绝大多数是海外的汉学家或长期居住在欧美的华人,即生活在西方的具有中西方文化和思想背景的华人学者(如陈荣捷、张君劢、秦家懿、黄秀玑、杜维明等,其中陈荣捷做了许多开拓性工作)。尽管通过他们的努力,使西方人对王阳明及阳明学有了更多的了解和兴趣,但在西方世界缺少像美国的狄百瑞(William Theodore de Bary, 1919—2017)教授、瑞士的耿宁(Iso Kern)教授、俄罗斯的科布杰夫(1953—)教授等一批西方的阳明学研究专家,却是不争的事实。

狄百瑞是继费正清(John K. Fairbank)之后美国汉学界的领军人物之一,也是西方学术界"新儒家"的开创性人物,先后担任哥伦比亚大学东

---

① 雅斯贝尔斯对日本近代哲学家野田又夫(1910—2004)说过:"王阳明是中国古代之后形而上学者中的最后一位。……在儒家中具有强大的革命活力的学派就是王阳明学派。"参见:野田又夫. 自由思想の歴史. 東京:河出書房,1957:176.

亚系系主任、副校长,美国亚洲学会主席等职。狄百瑞著作等身,已被译为中文版的有《东亚文明:五个阶段的对话》《儒家的困境》《亚洲价值与人权》《中国的自由传统》等。1966 年,在哥伦比亚大学举办的"明代思想研讨会"上,参加者有美国的陈荣捷教授、中国香港的唐君毅教授、澳大利亚国立大学的柳存仁教授以及日本的冈田武彦教授,会议发起人是狄百瑞教授,会后出版了狄百瑞主编的《明代思想中的自我与社会》(*Self and Society in Ming Thought*)。1972 年 6 月,为纪念王阳明诞辰五百周年,美国夏威夷大学哲学系在檀香山举办了一次在今天看来相当具有历史意义的王阳明学术研讨会。当时欧美及中国港台地区一大批新儒家的著名学者,如陈荣捷、成中英、方东美、牟宗三、杜维明,以及日本当代阳明学大师冈田武彦等参加了研讨会,在相当程度上推进了包括阳明学在内的新儒学研究。

瑞士汉学家耿宁是著名的现象学家,也是著名的阳明学家。他于1964 年出版了《胡塞尔与康德:关于胡塞尔与康德及新康德学派之关系的探讨》,1973 年编纂了《胡塞尔全集》第 13—15 册,从而奠定了他在西方哲学界作为现象学家的地位。此后,他的研究兴趣转向中国哲学,花费大量工夫研读中国哲学尤其是唯识宗和阳明学的文献,并借助现象学方法诠释王阳明的"良知"概念。其论文集《心的现象——耿宁心性现象学研究文集》中文版于 2012 年出版。2013 年 12 月 4 日至 8 日,上海社科院哲学所、中山大学现象学研究所和商务印书馆学术出版中心在广东江门联合举办"第九届《哲学分析》论坛——耿宁心性现象学学术研讨会",对耿宁的"王阳明良知说的现象学诠释"做了专题研讨。接着,耿宁研究阳明心学的代表作《人生第一等事:王阳明及其后学论"致良知"》于 2014 年由商务印书馆出版。2014 年 11 月 1—3 日,中山大学人文学院、贵州大学中国文化书院、商务印书馆学术出版中心又在贵州大学中国文化书院联合举办了"耿宁《人生第一等事》研究——王阳明及其后学论'致良知'"国际学术讨论会。在这次研讨会上,海峡两岸学者纷纷从现象学之现象,以及耿宁基于现象学的呈现方法重新建构阳明学说体系,阐释了作者研究阳明学的独特路径。

作为儒家学说延伸和发展的阳明学自 20 世纪 30 年代传入苏联后，在当时的社会背景下饱受争议，至 70 年代末随着中苏关系的解冻，阳明学研究才迎来了"春天"。其间，出现过以阿列克谢耶夫（1881—1951）、休茨基（1897—1938）、杜玛（1907—1979）、彼得罗夫（1907—1949）、扎杜罗夫斯基（1903—1987）等为代表，后来又出现了以谢宁（1918—2001）、布罗夫、贝科夫等为代表的儒学研究专家。在当时的政治背景下，他们分别在自己的著作中侧面或正面、隐晦或公开地表达了对王阳明学说的认知和看法。进入 70 年代以后，对阳明学的研究进入了系统、全面、公开的时期，其中最为杰出的代表是汉学家科布杰夫。科布杰夫 1977 年开始公开发表一系列专门论述王阳明哲学思想的论文，1978 年在莫斯科国立大学以《王阳明哲学》为题获得博士学位。此后，他领衔的研究团队陆续出版了一系列有关王阳明的专著，如《王阳明哲学和术语"у"》（1978）、《王阳明哲学思想中传统认识论综述》（1981）、《理学的理论创新（王阳明和道学的思想斗争/儒学在中国：理论和现实问题）》（1982）、《王阳明和道家》（1982）、《理学今注和现阶段研究》（1983）、《儒家学说中人之本性问题（从孔夫子到王阳明）》（1983）、《阳明学和传统中国哲学》（1983）、《中国当代专家学者中的理学》（1984）、《王阳明和禅宗佛教》（1984）、《王阳明/哲学百科词典》（1989）、《王阳明和中国精神文化》（2006）、《王阳明的东林学派遗产》（2011）、《论阳明学派的政治向度和东林学派》（2011）、《〈大学问〉和孔子学说》（2011）、《阳明学在俄罗斯的研究和中国哲学的特点》（2012）、《王阳明和〈大学问〉》（2012）、《阿列克谢耶夫及其有关王阳明的翻译》（2013）、《神圣学派的〈大学问〉》（2014）等。

二、阳明学在日本的传播与展开

（一）江户早中期的日本阳明学

日本最早接受阳明学的是藤原惺窝（Seika Fujiwara，1561—1619），而藤原惺窝又是通过与被日方俘虏的朝鲜儒者姜沆的接触和交往才开始从汉儒注疏转向宋儒义理学的。姜沆是成浑的弟子。成浑是朝鲜王朝除李晃、李珥之外最重要的朱子学者,曾与明朝使者袁黄有过接触。袁黄是阳明高足王畿的弟子,对朱陆之争发表过重要意见,这些对姜沆是否产生过影响,而这种影响又是否传递给了藤原惺窝,值得研究。不管怎么说,与朝鲜儒者交往密切的藤原惺窝,在朱陆之辩上不以正统朱学作为判教的立场,表现出朱陆调和的倾向,与"辩陆不遗余力"的江户初期朱子学总代表林罗山有很大区别。藤原惺窝从林罗山那里得到王阳明作序的《陆象山集》,读过阳明著作。日本阳明学鼻祖中江藤树也是通过读中国阳明学学者的著作才转而信奉阳明学的,中江藤树与藤原惺窝没有师承关系,但两人在思想上的联系值得注意。

中江藤树门下有被誉为藤门双璧的熊泽蕃山和渊冈山。熊泽蕃山曾仕事于冈山藩(今冈山市)的池田光政,具有经世之才;而渊冈山则努力传播藤树学的真谛,建立了藤树教,并将其传至会津藩(今福岛县西部)。

江户中叶开始,阳明学受到了庶民阶层的喜爱。18世纪以后,日本兴起了以心为本、以神儒佛为一体的石门心学,形成了所谓的"町人哲学"。这种心学起源于中江藤树,这只要看一下中江藤树所撰的《翁问答》《鉴草》等著作就能清楚。

日本阳明学的蓬勃发展是到幕末以后才出现的现象。这时阳明学者无论在学术思想方面,还是在实践业绩方面,都有令人震惊的表现。究其原因,可以说与当时的时势有深刻联系,阳明学正好适应了当时的时势。活跃于这个时期的阳明学者是佐藤一斋和大盐中斋以及他们的门人、学友,其中尤以佐藤一斋的门人、学友为多。

(二)幕末维新期的日本阳明学

与中国阳明学在展开过程中所形成的社会化运动相似的是,阳明学在幕末维新期的日本亦成为被中下层武士及町人所接受的社会思潮。相对于温水般的朱子学,烈火般的阳明学较为符合切盼改变现状的社会中下层人的心理需要,但凡主张改革的、思想激进的、不满现实的人,大都会倾心于阳明学。由于阳明学的"低层次性",使其更易于从思潮转化为社会运动。发生在中国明代中后期的讲会运动和日本幕末维新期的心学运动即为明证。这一时期可谓日本阳明学最为辉煌的时期。

从幕府后期开始,阳明学已逐渐成为各藩校的主要学问形态之一,同时也是各藩的大名推进藩政改革的主要思想资源之一。当时信奉阳明学的中下武士阶层中,既有与武将德川家康无血缘关系或以江户为中心的地处边缘的外样大名(如倒幕四强藩,即萨摩、长州、土佐、肥前),又有与德川家康血缘较近或地处中心地带的谱代大名;既有倒幕派志士,如西乡隆盛、大久保利通、东乡平八郎是萨摩藩武士,吉田松阴、高杉晋作、伊藤博文是长州藩武士,两藩组成"萨长同盟",成为尊王倒幕派的急先锋,又有保幕派(协幕派)志士,如松山藩的山田方谷、冈山藩的河井继之助等;既有主张"和魂洋才"的激进派,如佐久间象山、木户孝允,又有主张"和汉习合"(神儒习合)的保守派,如佐藤一斋、三岛中洲等。也就是说,当时在日本的中下武士阶层中,虽有各种政治理念和改革路径,但信奉或倾心阳明学实为他们共同的特点。由于阳明学本身就是一门主张政治革新,以图打破传统习俗、改变既有秩序的学问,所以无论倒幕派还是保幕派,只要是主张革新(包括藩政改革和幕政改革)的,大都信奉阳明学,阳明学几乎成为主张改革的仁人志士们共同的思想武器。

换言之,在近现代的日本,除了中国人耳熟能详的"尊王攘夷""王政复古""明治维新"等声音,还存在着另一种声音,这就是当时被倒幕派或尊攘派所反对和打倒的保幕派或协幕派。保幕派(协幕派)中也有主张开国革新的,主张维新的并非只有倒幕派、尊攘派。除了积极倒幕的四强藩、"萨长同盟"等,当时大多数藩均站在幕府一边。为幕藩服务的藩士,有部分人是相当有才干的阳明学者,他们一点也不亚于倒幕派、尊攘派的急先锋。在主张维持幕藩体制或革新幕藩体制的一批人中,也有许多杰出的阳明学者,山田方谷就是其中的佼佼者。

在日本阳明学派中,山田方谷在实践品格上的表现最具代表性。他与中江藤树及其先师佐藤一斋的最大不同点在于,山田方谷是一位"活用王学于实际"的实干家,尤其是在财政、经济领域。他所取得的业绩,使之成为"经济实用"型的阳明学者。山田方谷强调"王学大旨不出养气一章"，认为"气之直者，莫非良知"。其弟子三岛中洲承其后，也不以阳明学为"心学"，而为"气学"；不为"致良知之学"，而为"诚意之学"。故有人把三岛中洲的学问取名为"气学的阳明实践之学"。

同样是实践精神和庶民化倾向，日本阳明学似乎要比中国阳明学更加明显和具象化。比如对经济、财政、农业、商业等所有民生问题，日本阳明学者不仅相当关注，而且直接参与。在中国，像张履祥这样主张"耕读相兼"，强调"读书是士人恒业"的理学真儒可谓凤毛麟角，而在日本这样的人不胜枚举，尤其是在阳明学者中。如果说中国阳明学者重点关注的是"成己之学"，那么日本阳明学者重点关注的则是"成物之学"。"成己之学"专务于"心性"，"成物之学"专务于"民政"。

特别需要指出的是，从山田方谷的"诚"的阳明学中衍化出来的"义利并举"论，后被三岛中洲继承和发展。三岛中洲在 1886 年和 1908 年，曾分别以"义利合一论"和"道德经济合一论"为题，在东京学士会及哲学会上对山田方谷的"义利并举"思想做了宣示和诠释。而三岛中洲的"道德经济合一论"，后来又成为二松学舍大学的办学理念与经营理念。与三岛中洲及二松学舍大学有着非同寻常关系、被誉为"日本近代企业之父"的涩泽荣一，在经营方式上完全践行了从山田方谷到三岛中洲的"义利合一"思想。涩泽荣一将这种"义利合一"的思想概括为"论语加算盘"，强调在武士道"忠君爱国"精神指导下，用经营管理资本主义工商业的务实方式来发展日本经济。而像山田方谷、三岛中洲、涩泽荣一、岩崎弥太郎（三菱集团创始人）、大仓喜八郎，乃至松下电气创始人松下幸之助和京瓷公司创始人稻盛和夫等经济实用型的阳明学者，是日本阳明学的重要方面。这便是日本的阳明学者不是成为政治家、军事家，就是成为企业家、实业家，真正成为学问家的人似乎并不多的重要原因。

一般来说，近代日本阳明学的奠基人是井上哲次郎。井上哲次郎于1892 年 12 月 5 日在东京所做的"论王阳明学"的演讲中首次提出"王阳明学"的概念，可以说是近代"阳明学"概念的萌芽。1896 年 7 月 5 日，以吉本襄为首的铁华书院在东京创办《阳明学》杂志（停刊于 1900 年 5 月 20日），"阳明学"的概念遂开始被广泛使用。井上哲次郎、高濑武次郎等著名阳明学者发表于该杂志上的文章,皆频繁使用了"阳明学"一词,自此以后,"阳明学"的概念逐渐被日本人普遍接受,不仅学者之论著大都使用这一概念,相关杂志、学会也纷纷改称"阳明学"。明治、大正、昭和时期,日本总共编纂了五种阳明学杂志,据冈田武彦说,编辑这五种杂志都是为了革新被欧化污染了的世道人心,振作国民精神,维护国体,以发扬国威于海外。

(三)明治中后期的日本阳明学

仔细考量可以看出,近代日本阳明学的发展与日本的地理位置有一定关系。长州藩(今山口县)位于日本本州岛最西端,形如半岛,是连通日本本州岛与朝鲜半岛乃至中国的交通要冲。当时长州藩的武士对中国、朝鲜半岛最为关注;因距离最近,交往最多,了解最多,征服欲也最强,在政治上也最为激进,军事上也最为冒进。

明治新政府成立后,其权力大都集中在旧萨摩、长州、土佐和肥前藩四大强藩手中,政界领袖都出身于萨、长、土、肥。后来从这四大强藩中渐渐孕育出极端主义倾向,它以明治维新的主将们为代表,并在政界、军界和思想界中形成了强大的势力范围。与之不同的是,从幕藩体制中孕育出的保守主义倾向,以幕末期的保幕派(协幕派)为代表,明治维新后,由于政治上受到冷落或排挤,于是选择退隐讲学,在教育、文化乃至经济界延续了自己的影响力。

实际上,阳明学本身就具有保守性与批评性,或者说守成性与革命性的双重品质。就其守成性而言,阳明所言之"心"或"良知"乃是普遍必然的道德本体,即以天理为心,他所主张的"破心中贼"实与程朱主张的"存天理、灭人欲"是一致的;就其革命性而言,阳明以"心外无理"破除了程朱理学的"天理"对个体的束缚,确立个体良知就是天理,即以心为理,由此开启了一种通往现代性的可能。幕末维新期的日本阳明学,更多的是发扬了阳明学的批评性品格。而明治中后期的日本阳明学,则更多的是继承了阳明学的保守性品格,使之与国家意识形态之构成部分的"道德至上主义"直接联系在一起,并与天皇意识形态发生了紧密的关系,其主旨就是将阳明学重构为以天皇为中心的国家神道国体论的一部分。如创办于东京的《王学杂志》就有国家主义的倾向,而大阪的《阳明》杂志则坚持世界人道平等主义之立场。

(四)昭和时期的日本阳明学

昭和时期(即二战后)的日本阳明学可以用"三种人"和"三个平台"来概括。"三种人"即学界、商界和民间。学界以楠本正继、岛田虔次、冈田武彦、荒木见悟、沟口雄三、山下龙二、吉田公平等为代表,除吉田公平外,都已去世,这标志着一个时代的结束,这个时代的日本阳明学研究达到了最高水平;商界以松下幸之助、三菱集团的岩崎家族、稻盛和夫、矢崎胜彦等为代表;民间以安冈正笃、冈田武彦等为代表。"三个平台"即东京大学、京都大学和九州大学。

另外,在反省侵略战争的背景下,日本阳明学还从国家主义转向了地方主义。日本、德国等国都曾经历过从国家主义向地方主义的回归,即使在思想文化领域亦是如此。比如楠本端山的研究。

三、阳明学在朝鲜(韩国)的传播与展开

(一)朝鲜王朝中期的阳明学

朝鲜王朝即李朝,差不多与中国的明清两代同时。朝鲜阳明学一般以 17 世纪的郑齐斗为分水岭,在他之前是接受期,在他之后为形成发展期。与日本略有不同,朝鲜是既有间接的书籍交流,如道统意识非常强的胡炳文《四书通》的传入,更有直接的人员交流,如燕行使就是为科考而赴华学习的儒者。

朝鲜最早接受阳明学的是徐敬德,他以"气"的哲学而著称。他是畿湖学派也就是栗谷学派的鼻祖,对栗谷的性理学有重要影响。徐敬德的门人南彦经曾接受过李退溪的书信指导,因为对阳明学持有好感而受到李退溪的责备和警告。

栗谷学派的创始人李珥,曾隐然表示过对陆王学的好感,甚至还部分地接受了陆王学。李珥与王阳明一样,指出朱子学把心分为人心与道心的二心说的不合理性,支持一心说,主张心理一元说。在格物论、知行合一说方面,栗谷也与阳明的主张比较类似。栗谷虽从未提及王阳明或阳明学,但他批评罗钦顺、陈建等反阳明学者的观点被认为开了朝鲜"阳朱阴王"的先河。后来栗谷学派中出了崔鸣吉、张维等广为人知的阳明学者,通过他们可以确认该学派领袖李珥与阳明学之间的关联性。崔鸣吉与早期阳明学者南彦经、张维是连襟关系,郑齐斗则是崔鸣吉兄长崔来吉的外孙。崔鸣吉是朝鲜王朝时期仅有的公开宣扬阳明学的学者之一(他后来在内外压力下又放弃了)。张维是朝鲜王朝时期阳明学造诣比较深的学者,他曾批评说,17世纪的朝鲜学界太过于"一边倒",即过于倾向朱子学,以至于学问领域太狭窄,主张开展阳明学研究,以发展朝鲜儒学。

可以说,阳明学是通过徐敬德门下南彦经等人开始落根,到崔鸣吉、张维、许筠等那里才逐渐形成并发展为阳明学派的。这些人都属于栗谷学派,所以说朝鲜阳明学派与栗谷学派有很深的联系。

但是,被誉为"朝鲜的朱子",对朝鲜儒学影响最深的李退溪,则是一位严正而系统地辩斥阳明学的正统的朱子学者。他对阳明学的态度深深地影响了其他朱子学者对阳明学的看法。这种辩斥到柳成龙时达到了顶峰。

朝鲜阳明学由于李退溪的排斥而遭到了崇程朱学派的猛烈攻击,阳明学是在李珥的主气学派的呵护下才被接受的。

(二)朝鲜王朝后期的阳明学

到了江华学派的郑齐斗时,朝鲜阳明学才进入了发展阶段。郑齐斗,号霞谷,在朝鲜阳明学者中著述最多,被尊为朝鲜阳明学史上唯一的阳明学者,所以朝鲜阳明学又称"霞谷学"。据《英祖实录》记载,郑齐斗年轻时喜好阳明之说,前辈和同门师兄弟多次写书信责备他,最终他又回到了程朱的法门中。但这只是一种说法而已,不可完全采信。正因为他隐蔽得很严实,所以没有像伊镈、朴世堂那些被斥为"斯文乱贼"的人一样被处死。当然,郑齐斗隐居在家,未参与过任何政治活动,也是他未被处死的原因之一。如郑齐斗的行状、墓表及年谱等传记类文字都是以程朱学的价值观或与王室的关系为重点撰述的,而他大量撰述阳明学的东西则被忽略了,或者故意用程朱学掩盖了。

比较而言,栗谷学派的阳明学思想几乎都是片断的,而霞谷学派则完成了某种体系。霞谷移居到江华岛之后,形成了江华学派即霞谷学派,并一直传承到现代朝鲜(韩国)阳明学的代表人物郑寅普。

江华学派的李匡师、李匡臣、李匡明一家人都信奉阳明学,李匡师的儿子李肯翊、李令翊整理了朝鲜朝学术史。李匡明的儿子李忠翊、孙子李勉伯著述了《海东惇史》。李勉伯的儿子李象学也继承了阳明学,与孙子李建昌、李建昇及李建芳等,成为江华学派的中心人物。

江华学派的阳明学被霞谷的儿子郑厚一所继承,被霞谷的外孙申绰实质性地继承下来。李匡师的门人郑东愈、霞谷的玄孙郑文升和他的儿子郑箕锡,都可说是继承家学的学者。总之,郑齐斗的延日郑氏、李建昌的全州李氏、郑东愈的东莱郑氏,实际上成了江华学派的支柱。这些人虽然没能公开形成学派,并展开旺盛的活动,但从他们留给后人的、为维护家学而留下的大量著作中可以看出,他们实际上已形成了学派。

朝鲜阳明学不屈从于政治压迫,通过南彦经、李瑶、张维、崔鸣吉等前辈延续了学脉,一直到郑齐斗时,才形成了微弱而完整的阳明学思想体系。江华学派的思想从郑齐斗开始到郑寅普为止,延续了约 200 年,他们并没有向世俗妥协,在朱子学繁荣茂盛的背景下,使阳明学在地下维持着自己的命脉。直到 20 世纪 30 年代,随着《霞谷集》手抄本向世人公开,朝鲜阳明学才走到了台前。即使如此,在 21 世纪之前,研究郑齐斗及江华学派的著述仍几乎是空白。

(三)近现代的朝鲜(韩国)阳明学

近现代朝鲜(韩国)阳明学由朴殷植和郑寅普开始。

朝鲜阳明学派虽然流向了地下,却逐渐与实学派、西学(天主教)达成了和谐。进入近代之后,在民族生死存亡的历史关头,朝鲜阳明学成为救亡启蒙运动的思想武器。如江华学派的李建昇在江华道创建"启明义塾",积极支持"大韩自强会",开展救亡启蒙运动;江华学派李建芳的门人郑寅普试图通过阳明学开展民族独立运动,而且郑寅普在阐述阳明生平时,主要考察了阳明的军旅生涯,这或许是受到了日本阳明学的影响。

当时最具代表性的阳明学者是朴殷植,他与郑齐斗被并称为朝鲜阳明学的两大人物。朴殷植最初学习朱子的义理之学,参加独立运动后转而学习阳明学,公开打出了拥护和赞成阳明学的旗帜,根据阳明学的精神著述了《儒教求新论》。

需要强调的是,在中国和朝鲜半岛向日本学习近代化的过程中,分别受到过日本近代阳明学的影响,就连"阳明学"概念的近代意义也是从日本开始,然后才为中国和朝鲜半岛追求救亡启蒙的知识分子所接受的。从朴殷植所撰的《王阳明实记》的按文及其体例和部分见解来看,受梁启超的影响,他开始接受日本阳明学,对日本维新人物皆深受阳明学影响这一事实反思尤深。他不但阅读日本阳明学会的学报,还与其三编通信联系,交换钻研阳明学的心得。朴殷植所著《王阳明实记》,从时间上来看,是介于江华学派的阳明学传统及其现代继承者郑寅普的《阳明学演论》之间的宝贵资料。

同时需要说明的是,朝鲜阳明学之所以被长期忽视,日本跨越战前与战后、活跃于朝鲜思想研究领域的高桥亨等人也应承担部分责任。高桥亨1904年到韩国,后在京城帝国大学(1926年设立)任教,1946年返回日本。他研究朝鲜儒学,把阳明学排除在外,为朝鲜儒学定了"固着性""从属性""党派性"三大特征,忽略了朝鲜儒学的创造性。高桥亨认为朝鲜只有朱子学,并将日本朱子学评判论扩大到对朝鲜儒学的全盘批判。他认为,在中国,儒学学派并非只有朱子学一派。唯独朝鲜,自从信奉朱子学以来,便对其他学派不屑一顾,将其他学派一概视为异端而排斥之;约700年间,一直满足于、盲从于朱子学理气二元的学说,认为其他合理的哲学是不存在的,从而导致朝鲜哲学不能进步、不能发达,从一开始就成为化石。在他看来,朝鲜的儒教即朱子学,朱子学以外的儒教是不存在的。高桥亨的看法在日本有广泛的影响,成了日本学术界评价朝鲜儒学的成见。

继高桥亨之后,京城帝国大学中国哲学讲座教员阿部吉雄也认为,朝鲜王朝是清一色的朱子学思想统治,由于朱子学者的洁癖性和喜欢论辩,朝鲜党争的情形也就一目了然了。

四、结　语

总而言之,首先,阳明学并不仅仅是一门单独的学问,从明代、清代、近代、现代走过来,它跟政治有千丝万缕的联系。其次,阳明学在社会层面是很接地气的,所以它会在中国、日本都形成一种社会思潮。最后,我们不能简单地用一种阳明学把我们周边国家打造成一种文化圈——阳明学文化圈。中国、日本、朝鲜半岛的阳明学尽管在一些基本价值、理念上是一致的,有一些共性,但也存在本质的区别,这一点与其他传统儒学有很大不同。

（原载于《人文天下》2017 年第 23 期）

王阳明研究在西方

司马黛兰　盖茨堡学院

倪　超　译　贵州大学

摘要：本文对 20 世纪 90 年代以来西方王阳明以及阳明后学研究的专著、论著相关章节和期刊文章进行了归纳，从文献研究，翻译作品，良知的概念，知行合一的概念，对特定文本、短语或概念的其他研究，王阳明与生态环境，地方史和社会史，王阳明与西方思想家的比较视角，王阳明后学及其身后声名，王阳明的军政生涯，日本的王阳明思想等角度评述了西方的王阳明研究成果。

关键词：王阳明，西方，良知，知行合一

与中国国内出版发表的众多王阳明研究著述相比，西方的王阳明研究著述相对较少。也正因为如此，笔者才可以在这篇简短的综述性文章中将近年来西方发表的关于王阳明的主要研究著述全部涵括进来。这里所说的"西方"，是指任一国籍的作者用英语发表的作品。本文聚焦于王阳明及阳明后学研究的专著、论著相关章节和期刊文章。论述的对象排除了以下几类：(1) 非王阳明研究的专门文献，如中国哲学史概览之类；(2) 参考著作中的论述较简单的文献材料；(3) 博士学位论文和硕士学位论文；(4) 仅以在线电子文本形式存在的文献材料。鉴于 20 世纪 80 年代末以前的研究已有学者做了较好的归纳总结，本文将着重讨论 20 世纪 90 年代以来出版或发表的作品。本文是按主题来编排的，并对作品的文献要素给出了详尽的脚注。

一、20 世纪 80 年代末之前的文献研究

西方关于王阳明的文献研究很早就出现了,如陈荣捷于 1972 年发表的《王阳明:西方研究与文献》①一文。该文并不局限于文献学研究,实际上也是对当时西方和亚洲学者以英语发表的关于王阳明研究的状况分析。陈荣捷并未将一些不甚重要的早期作品纳入文献中。

陈荣捷的论文发表在《东西方哲学》杂志上,该杂志在王阳明研究领域颇具影响力。事实上,《东西方哲学》从 1973 年第 23 卷第 1 期就开始发表相关王学研究的文章,刊登了牟宗三、倪德卫、冈田武彦、唐君毅和杜维明等学者的研究论文②。这些文章最初是在 1972 年 6 月夏威夷大学举办的王阳明思想国际研讨会上发表的。如同其他有关亚洲的研究一样,直到 20 世纪 60 年代至 70 年代,王阳明研究才在北美有了重大的发展,而夏威夷大学的这次主题研讨会正是一个重要的里程碑。

近 50 年之后,另一项文献研究才问世,那就是伊来瑞的《1960—1980 年代西方王阳明研究流变》③。伊来瑞聚焦 20 世纪 60 年代至 80 年代西

---

① Chan,Wing-tsit. Wang Yang-ming:Western Studies and an Annotated Bibliography. *Philosophy East and West*,1972,22(1):75-92.

② Mou,Tsung-san. The Immediate Successor of Wang Yang-ming:Wang Lung-hsi and His Theory of ssu-wu. *Philosophy East and West*,1973,23(1/2):103-120;Nivison,David S. Moral Decision in Wang Yang-ming:The Problem of Chinese "Existentialism". *Philosophy East and West*,1973,23(1/2):121-137;Okada,Takehiko and Robert J. J. Wargo. The Chu Hsi and Wang Yang-ming Schools at the End of the Ming and Tokugawa Periods. *Philosophy East and West*,1973,23(1/2):139-162;T'ang,Chün-i. The Criticisms of Wang Yang-ming's Teachings as Raised by His Contemporaries. *Philosophy East and West*,1973,23(1/2):163-186;Tu,Weiming. Subjectivity and Ontological Reality:An Interpretation of Wang Yang-ming's Mode of Thinking. *Philosophy East and West*,1973,23(1/2):187-205.

③ Israel,George L. The Transformation of the Wang Yang-ming Scholarship in the West,ca. 1960—1980:A Historical Essay. *Asian Philosophy*,2018,28(2):135-156.

方发表的王阳明研究成果,撰写了关于王阳明的大量著述。[①] 伊来瑞系统考察了 1972 年夏威夷学术会议上的主要思想家如陈荣捷、狄百瑞、秦家懿、杜维明、张君劢、倪德卫等的观点。除了分析这些学者的著作,伊来瑞还提供了他们的生平背景资料。由于伊来瑞的研究主要集中在 20 世纪 80 年代末之前,所以本文将着重关注 20 世纪 90 年代至今发表的作品。

有两篇关注中国当代阳明学研究的论文也被纳入本文考察范围,虽然这两篇文章关注的是中国而不是西方的学术研究,但由于它们是针对西方读者且用英语发表的,所以也被收了进来。彭国翔的《中国大陆关于王阳明及其后学的当代研究》总结了中国学术界中一些最重要的成果,并让这些研究为更多的西方读者所了解。[②] 他的论文发表在另一份王阳明研究的重要刊物——《道:比较哲学杂志》上。

如果说彭国翔的文章侧重于学术探讨,伊来瑞的论文《中国阳明学的复兴》则描述了王阳明思想是如何通过文化机构和事件得以推广的,全面呈现出 20 世纪 80 年代至 2015 年中国王阳明研究的复兴图景。[③] 他探讨了王阳明的思想是如何在地方性和区域性的文化教育组织中传播的,考察了政府和学术机构是如何通过出版物和会议来支持王阳明思想研究的。

---

① Israel, George L. The Prince and the Sage: Concerning Wang Yang-ming's "Effortless" Suppression of the Ning Princely Establishment Rebellion. *Late Imperial China*, 2008, 29(2): 68-128; Israel, George L. To Accommodate or Subjugate: Wang Yang-ming's Settlement of Conflict in Guangxi in Light of Ming Political and Strategic Culture. *Ming Studies*, 2009, 60: 4-44; Israel, George L. *Doing Good and Ridding Evil in Ming China: The Political Career of Wang Yang-ming*. Leiden: Brill, 2014.

② Peng, Guoxiang. Contemporary Chinese Studies of Wang Yang-ming and His Followers in Mainland of China. *Dao: A Journal of Comparative Philosophy*, 2003, 2(2): 311-329.

③ Israel, George L. The Renaissance of Wang Yang-ming Studies in the People's Republic of China. *Philosophy East and West*, 2016, 66(3): 1001-1019.

二、翻译作品

20 世纪 60—70 年代，率先将王阳明的著作翻译戎英文的是陈荣捷和秦家懿。虽然部分翻译作品已经不再出版，但他们的翻译作品仍然是迄今为止有关王阳明思想研究中最具影响力的。陈荣捷翻译的王阳明《传习录》以《〈传习录〉以及王阳明的其他新儒学著作》①之名出版，这是对《传习录》翻译得最为完整的版本。《〈传习录〉以及王阳明的其他新儒学著作》针对的是专业读者，同时陈荣捷也为普通读者提供翻译作品，最著名的是 1963 年出版的《中国哲学文献选编》，其中有近 40 页的王阳明作品②。这部文献选编在北美拥有非常广泛的读者群，至今仍在出版。另一位主要研究王阳明思想的学者秦家懿于 1976 年出版了《获取智慧：王阳明之道》③一书。该书主要是对王阳明哲学思想的研究，其中她也节选了一些较为重要的王阳明哲学著作和诗歌进行翻译。秦家懿关于王阳明哲学研究的另一项成果是她于 1972 年出版的《王阳明哲学书信》④，收录了王阳明 67 封书信的翻译。这是一部不同寻常的作品，因为王阳明的书信文字此前在西方学术界中并没有得到很好地呈现。

20 世纪的最后 25 年，鲜有王阳明作品的译文出版，直到世纪之交这种状况才有所改变。20 世纪末出版的几部著作使王阳明的思想不仅为大学生而且为更广泛的读者所接受。此际在美国使用最广泛的有关中国思想研究的选集是狄百瑞和华霭仁（Irene Bloom）在 1960 年狄百瑞与陈荣捷、华兹生等人编译基础上的拓展版《中国传统诸源》，其中收集翻译了从

① Chan，Wing-tsit. *Instructions for Practical Living and Other Neo-Confucian Writings by Wang Yang-ming*. New York：Columbia University Press，1963.

② Chan，Wing-tsit. Dynamic Idealism in Wang Yang-ming. In Chan Wing-tsit. *A Source Book in Chinese Philosophy*. Princeton：Princeton University Press，1963：654-691.

③ Ching，Julia. *To Acquire Wisdom：The Way of Wang Yang-ming*. New York：Columbia University Press，1976.

④ Ching，Julia. *The Philosophical Letters of Wang Yang-ming*. Columbia，SC：University of South Carolina Press，1972.

古代到现代的中国思想研究资料。①

　　21 世纪的学生也可以在艾文贺(Philip J. Ivanhoe)的《儒家传统中的伦理学：孟子和王阳明的思想》这本书中读到王阳明思想研究的选篇，书中将孟子和王阳明的思想进行了比较研究。② 艾文贺的《"陆王学派"儒家文献选读》是包括了《传习录》和其他相关材料的一个新译本。③ 这两部著作都是由印第安纳波利斯的哈克特出版公司出版的。值得注意的是，这家出版社专门为大学生提供价格低廉的亚洲经典译作。

三、良知的概念

　　有关王阳明的研究大都集中在一个术语或主题上。这些研究中有一些是概念性的，侧重于在王阳明自己的文章语境中理解某个术语；而其他研究则是从比较的视野出发，比如将王阳明的思想与中国其他思想家的思想进行比较，或者将之与西方思想家的思想进行比较。这些研究大多是从思想史或比较哲学的角度展开的。

　　西方人最感兴趣的话题是王阳明"良知"的概念，这个词以不同的方式被翻译成英文。迄今为止，有关"良知"最全面的研究是耿宁 2010 年出版的《人生第一等事：王阳明及其后学论"致良知"》④，该书共有 800 多页。耿宁是瑞士现象学家，他的作品已经被翻译成了中文。鲍永玲和马恺之

---

① de Bary，William Theodore and Irene Bloom (eds.). *Sources of Chinese Tradition：From Earliest Times to 1600*. 2nd ed. New York：Columbia University Press，1999.

② Ivanhoe，Philip J. *Ethics in the Confucian Tradition：The Thought of Mengzi and Wang Yang-ming*. 2nd ed. Indianapolis：Hackett，2002.

③ Ivanhoe，Philip J. *Readings from the Lu-Wang School of Neo-Confucianism*. Indianapolis：Hackett，2009.

④ Kern，Iso. *Das Wichtigste im Leben：Wang Yangming（1472—1529）und seine Nachfolger über die "Verwirklichung des ursprünglichen Wissens"*. Basel：Schwabe Verlag，2010.

为此书撰写了英文评论。① 根据鲍永玲和马恺之的观点，耿宁从王阳明人生的三个不同时期考察了他对良知的看法。鲍永玲认为，耿宁的研究是西方对王阳明最精细的分析研究之一。

许多期刊文章也考察了王阳明关于"良知"的概念。与耿宁的研究一样，卢盈华的文章《良知作为道德情感与道德认知：王阳明的是非现象学》以现象学的视角切入研究。② 卢盈华将"良知"置于现象学背景下来分析"是非之心"，不同寻常地把心翻译为"感觉"，但他在有些地方把"心"翻译成更为传统的"人心"。卢盈华亦探讨了道德判断、道德知识和道德经验等议题。他在另一篇文章中运用现象学的方法对马克斯·舍勒（Max Scheler，1874—1928）的价值、情感观与王阳明的"良知"、价值和感觉等概念进行了比较。

其他学者将王阳明"良知"的概念与中西方思想家的思想进行比较。如劳埃德·希斯班（Lloyd Sciban）在他的《王阳明哲学中道德决策的本质特征》一文中，比较了王阳明与孟子、朱熹等思想家的观点。③ 杨国荣在《王阳明的道德哲学：内在意识与美德》中比较了二程、朱熹、王阳明关于"良知""天理"的概念，他还把王阳明与亚里士多德、康德的思想进行了比较研究。④ 张子立也在《人格同一性、道德动能与良知：科尔斯戈德和王阳

① Bao，Yongling. Book Review：*Das Wichtigste im Leben：Wang Yangming （1472—1529）und seine Nachfolgerüber die "Verwirklichung des ursprünglichen Wissens"* by Iso Kern（Basel：Schwabe Verlag，2010）. *Journal of Chinese Philosophy*，2015，42（1/2）：259-262；Marchal，Kai. Book Review：*Das Wichtigste im Leben：Wang Yangming （1472—1529）und seine Nachfolgerüber die "Verwirklichung des ursprünglichen Wissens"* by Iso Kern（Basel：Schwabe Verlag，2010）. *Philosophy East and West*，2013，63（4）：676-680.

② Lu，Yinghua. The *a Priori* Value and Feeling in Max Scheler and Wang Yang-ming. *Asian Philosophy*，2014，24（3）：197-211.

③ Sciban，Lloyd. Essential Characteristics of Moral Decision in Wang Yang-ming's Philosophy. *Journal of Chinese Philosophy*，1998，25（1）：51-73.

④ Yang，Guorong. Wang Yangming's Moral Philosophy：Innate Consciousness and Virtue. *Journal of Chinese Philosophy*，2010，37（1）：62-75.

明的比较研究》一文中采用了比较的方法。① 张子立以比较哲学的视角，将王阳明的良知观与克里斯汀·科尔斯戈德（Christine Korsgaard）的人格同一性与道德动能进行了比较。同时，他也将这些观点与德里克·帕菲特（Derek Parfit，1942—2017）的观点进行了对比。

黄勇也采用了比较研究的方法。他在《事实知识、技艺知识或良知》一文中写道，王阳明"良知"的概念可以被理解为一种知道他所说的"良知"。② 黄勇将这种"知"与吉尔伯特·赖尔（Gilbert Ryle，1900—1976）讨论的其他两种类型的"事实知识"和"技艺知识"进行了对比。在另一篇文章《宋明理学的智慧观：王阳明论先天道德知识（良知）》中，黄勇站在"气"的角度采用独特的方法考察了王阳明关于"良知"的概念。在文章的第二部分，黄勇探讨了王阳明的良知观，并将其与宋代思想家和诸如约翰·洛克（John Locke，1632—1704）、理查德·罗蒂（Richard Rorty，1931—2007）等西方思想家进行了比较。③

在考察了"良知"的相关概念后，威廉·戴（William Day）又研究了"真知"的观念。在《王阳明和斯坦利·卡维尔的"真知"和"认知"》一文中，他将之翻译为"真正的知道"④，从比较哲学的视角出发，将"真知"与斯坦利·卡维尔（Stanley Cavell，1926—2018）的"认知"概念，尤其是对他人痛苦的认知，进行了比较。威廉·戴还评论了柯雄文（Antonio S. Cua，1932—2007）对"认知"概念的理解。

当然，比较研究中也出现了诸多跨文化、跨语境阐释和理解的问题。

---

① Chang，Tzu-li. Personal Identity，Moral Agency and Liang-zhi：A Comparative Study of Korsgaard and Wang Yang-ming. *Comparative Philosophy*，2015，6(1)：3-23.

② Huang，Yong. Knowing-that，Knowing-how，or Knowing-to：Wang Yang-ming's Conception of Moral Knowledge. *Journal of Philosophical Research*，2017，42：65-94.

③ Huang，Yong. A Neo-Confucian Conception of Wisdom：Wang Yang-ming on the Innate Moral Knowledge（*liangzhi*）. *Journal of Chinese Philosophy*，2006，33(3)：393-408.

④ Day，William. *Zhenzhi* and Acknowledgment in Wang Yang-ming and Stanley Cavell. *Journal of Chinese Philosophy*，2012，39(2)：174-191.

张子立试图在他的《王阳明"良知"说再探:翻译、音译和诠释》①一文中解决这些问题。他认为,早期哲学术语的翻译误导了那些想要清楚理解王阳明思想的读者,因此他改用了音译。他也试图澄清其他学者对王阳明"良知"思想的误解。在他看来,从道德实践的角度来理解"良知"是最好的。

《道与宋明理学》一书中两篇有关王阳明的论文还涉及道德实践与伦理。该论文集中很少有两篇论文聚焦同一位思想家,王阳明居其一。美国卫斯理大学哲学副教授安靖如(Stephen Angle)在文中将王阳明视为美德伦理学家,他采用了比较伦理学的视角来研究。新加坡的田伟廷(David Tien)则探讨了王阳明的道德形上学方面。②

四、知行合一的概念

王阳明"知行合一"的概念也是西方学界热衷研究的主题之一。沃伦·弗里西纳(Warren Frisina)的著作《知识与行动的统一》是对这一思想长久研究的结晶。弗里西纳将"知行合一"翻译为"知识与行动的统一"。③ 弗里西纳从本体论、宇宙论和认识论的角度考察了王阳明"知行合一"的概念。他对比了王阳明与宋代多位思想家的思想,还讨论了王阳明"万物一体""诚""心"和"良知"等概念。2006 年,安靖如在一篇文章中对

---

① Chang, Tzu-li. Re-exploring Wang Yang-ming's Theory of *Liangzhi*: Translation, Transliteration, and Interpretation. *Philosophy East and West*, 2016, 66(4): 1196-1217.

② Angle, Stephen C. Wang Yang-ming as a Virtue Ethicist. In John Makeham (ed.). *Dao Companion to Neo-Confucian Philosophy*. London & New York: Springer, 2010: 315-335; Tien, David W. Metaphysics and the Basis of Morality in the Philosophy of Wang Yang-ming. In John Makeham (ed.). *Dao Companion to Neo-Confucian Philosophy*. London & New York: Springer, 2010: 295-314.

③ Frisina, Warren G. *The Unity of Knowledge and Action: Toward a Nonrepresentational Theory of Knowledge*. Albany, NY: State University of New York Press, 2002.

此书进行了评论。① 弗里西纳还在 1989 年为《东西方哲学》杂志撰写的一篇文章中考察了知识和行动。②

　　杨晓梅的《如何理解"真知即行"这一命题》③一文评论了早期关于"知行合一"的英文著述。在关于王阳明"知"与"行"的一项相近研究中,她还考察了弗里西纳、柯雄文、秦家懿和杜维明等的著作,并质疑将王阳明与西方思想家如约翰·杜威(John Dewey,1859—1952)或阿尔弗雷德·怀特海(Alfred Whitehead,1861—1947)等进行比较研究的合理性。

　　郑和烈在许多研究中以现象学的方法来讨论"知行合一"的思想,并在以下论文或论著的多个章节中考察了王阳明思想对世界哲学的贡献,如《知行合一:王阳明存在现象学后记》④、《横向理性与跨文化文本:现象学与比较哲学论文集》⑤、《王阳明与世界哲学之路》⑥等。在《王阳明与世界哲学之路》中,郑和烈批评了欧洲中心主义、民族中心主义和东方主义的哲学研究方法。他所重视的是"横向性",而非"民族中心主义的普遍性"。对于郑和烈来说,横向性"是跨文化、跨专业、跨学科和跨感觉的"。⑦

① Angle, Stephen C. A Fresh Look at Knowledge and Action: Wang Yangming in Comparative Perspective. *Journal of Chinese Philosophy*, 2006, 33(2): 287-298.

② Frisina, Warren G. Are Knowledge and Action Really One Thing? A Study of Wang Yang-ming's Doctrine of Mind. *Philosophy East and West*, 1989, 39(4): 419-447.

③ Yang, Xiaomei. How to Make Sense of the Claim "True Knowledge Is What Constitutes Action": A New Interpretation of Wang Yang-ming's Doctrine of Unity of Knowledge and Action. *Dao: A Journal of Comparative Philosophy*, 2009, 8(2): 173-188.

④ Jung, Hwa Yol. The Unity of Knowledge and Action: A Postscript to Wang Yang-ming's Existential Phenomenology. *Journal of Chinese Studies*, 1986(3): 19-38.

⑤ Jung, Hwa Yol. "Wang Yang-ming and Existential Phenomenology" and "The Unity of Knowledge and Action". In Hwa Yol Jung. *Transversal Rationality and Intercultural Texts: Essays in Phenomenology and Comparative Philosophy*. Athens, OH: Ohio University Press, 2011: 37-55 and 56-71.

⑥ Jung, Hwa Yol. Wang Yang-ming and the Way of World Philosophy. *Dao: A Journal of Comparative Philosophy*. 2013, 12(4): 461-486.

⑦ Jung, Hwa Yol. Wang Yang-ming and the Way of World Philosophy. *Dao: A Journal of Comparative Philosophy*. 2013, 12(4): 461.

朱鸿林在《黄佐、王阳明之会与"知行合一"之辩》①一文中运用了一个不同的方法研究王阳明"知行合一"的概念。与上文讨论的许多文章不同,朱鸿林的研究并非从比较入手,而是完全置身于明代思想史背景中的。王阳明被时人视作一位知识渊博、学问深厚的学者,这些品质尤其能够通过比较详细、原始的关于黄佐与王阳明的交往的研究明显地体现出来。朱鸿林使用的资料源(比如黄佐的著作)很少被其他学者发掘,他对西方学者鲜有研究的王阳明著作进行了较多的翻译。

五、对特定文本、短语或概念的其他研究

在王阳明的哲学概念中很少有像"良知"和"知行合一"那样广受关注的,但也有不少学者进入了研究较少的领域,查阅了罕见的资料来源。许多学者甚至只关注一篇文章、一个短语或一个观点。

信广来的研究侧重于对王阳明著述之一——《大学问》进行评论。他在《王阳明的〈大学〉修身之道》中,比较了王阳明与朱熹在修养论方面的思想,还探讨了王阳明的四句教、"心即理"与"知行合一"等观点。②

埃斯克·莫尔加德(Eske Mollgaard)的研究聚焦于王阳明的《拔本塞源论》,他撰写了《王阳明〈拔本塞源论〉一文的学说与论述》。文中,莫尔加德采取了一种不同寻常的诠释学方法,放弃了从内容的角度切入,而是用一种"表述性话语"方式来诠释王阳明的思想。③ 放弃前者的原因是他认为这篇文章比较空洞。

李浦群考察了"满街人都是圣人"这一表达方式。该句出自《传习

---

① Chu, Hung-lam. Huang Zuo's Meeting with Wang Yang-ming and the Debate over the Unity of Knowledge and Action. *Ming Studies*, 1995, 35(1): 53-73.

② Shun, Kwong-loi. Wang Yang-ming on Self-Cultivation in the *Daxue*. *Journal of Chinese Philosophy*, 2011, 38(s1): 96-113.

③ Mollgaard, Eske. Doctrine and Discourse in Wang Yang-ming's Essay "Pulling up the Root and Stopping up the Source". *Journal of Chinese Philosophy*, 2004, 31(3): 377-388.

录》,字面可以理解为"所有在街上的人都是圣贤"①。李浦群采用文献学和概念学的方法,强调了理解这一说法的语境以及它与感官知觉和先天道德认知(良知)等概念之间关系的重要性。

一些文章选择王阳明的一个观点与其他文化的观点进行了比较。将中国先秦时期的思想家和古希腊思想家进行比较,在学术研究中十分常见,但把王阳明和希腊思想家进行比较还是相当罕见的。其中一个例子就是于江霞的《斯多葛学派"视为己有"和王阳明"万物一体"中的道德发展观》②一文。在探讨"万物一体"这个短语时,于江霞采用比较哲学的方式来论述。她将斯多葛学派的"视为己有"概念③与王阳明的"万物一体"观进行了对比,探讨了这两位思想家如何进行自我修养,以及他们如何描述自我与宇宙的关系。

陈立胜在他的《王阳明思想中"恶"之问题研究》④这篇文章中关注了一个概念——恶。文中梳理了不同类型文献中"恶"之概念的存在,如王阳明的《传习录》,他与朋友、同事往来的书信,以及他从政时的各种官方文件,等等。陈立胜认为,这些不同类型的文本旨在面向不同类型的受众,其中有的涉及抽象的哲学问题,有的涉及人们日常生活中所面临的实际问题。

另有两篇文章探讨了王阳明对隐喻的运用。在《水、植物、光和镜:论王阳明心学思想中的喻象本体》⑤一文中,鲍永玲通过"概念隐喻的系统分

---

① Li, Puqun. On the Claim "All the People on the Street are Sages". *Philosophy East and West*, 2017, 67(2): 419-440.

② Yu, Jiangxia. The Moral Development in Stoic *oikeiôsis* and Wang Yang-ming's "*wan wu yi ti*". *Asian Philosophy*. 2017, 27(2): 150-173.

③ 被描述为"同心圆的形象,以自我感知、自爱或自我保护为出发点",参见:Yu, Jiangxia. The Moral Development in Stoic *oikeiôsis* and Wang Yang-ming's "*wan wu yi ti*". *Asian Philosophy*, 2017, 27(2): 150.

④ Chen, Lisheng. Research on the Issue of "Evil" in Wang Yang-ming's Thought. *Frontiers of Philosophy in China*, 2007, 2(2): 172-187.

⑤ Bao, Yongling. Water, Plant, Light, and Mirror: On the Root Metaphors of the Heart-Mind in Wang Yang-ming's Thought. *Frontiers of Philosophy in China*, 2015, 10(1): 95-112.

析"来研究王阳明心学,探讨了王阳明时代被广泛理解的"三教"语境下的隐喻。塞缪尔·柯克斯(Samuel Cocks)也在他的《论王阳明的自发行为、明镜隐喻与人格深度》①中探讨了隐喻的问题。柯克斯关注了王阳明思想中的良知、情、气和个人发展等概念。

六、王阳明与生态环境

近年来,人类保护自然环境的意识不断增强,这一趋势促使现代学者向王阳明寻求一种生态哲学。许多西方思想家发现,传统的欧洲哲学并没有提供一种支持人类世界与大宇宙之间有意义联系的宇宙观,于是一些学者转向王阳明思想中的宇宙观,其中一位重要人物是玛丽·塔克(Mary Tucker)。她是陈荣捷和狄百瑞的学生,接受过日本新儒家哲学的训练,撰写、编辑了许多关于亚洲精神和生态思维的著作。她以推动生态环境方面的跨文化研究而闻名。她的文章《触及事物的深处:王阳明思想中的自然保护》是最早将王阳明带入跨文化生态哲学话语论述中的文章之一。② 这种对环境问题的兴趣也可以在张学智关于王阳明良知观的生态意识研究③中看到。张学智考察了王阳明关于人类与大宇宙关系的观点。王阳明思想也成为柯乐山(Jonathan Keir)《怜悯石头?》④一文标题的灵感来源之一。尽管这篇文章主要关注孔汉思(Hans Küng)和杜维明

---

① Cocks, Samuel. Wang Yang-ming on Spontaneous Action, Mind as Mirror, and Personal Depth. *Journal of Chinese Philosophy*, 2015, 42(3/4): 342-358.

② Tucker, Mary Evelyn. Touching the Depths of Things: Cultivating Nature in the Thought of Wang Yangming. In S. Bergmann, H. Bedford-Strohm, and P. M. Scott (eds.). *Nature, Space, and the Sacred: Transdisciplinary Perspectives*. Aldershot: Ashgate, 2009: 283-301.

③ Zhang, Xuezhi. From Life State to Ecological Consciousness: On Wang Yangming's "Natural Principles of Order within the Realm of *liang zhi*". *Frontiers of Philosophy in China*, 2006, 1(2): 222-236.

④ Keir, Jonathan. Pity for Stones? The New Confucian Ecological Turn and the Global Ethic Project. *International Journal of Religion and Spirituality in Society*, 2017, 7(2): 25-34.

的著作,并没有重点阐述王阳明的思想,但王阳明"万物一体"的观念在其中还是得以被简要地讨论,柯乐山还将张载"天人合一"的理念作为促进环境伦理学跨文化研究的思想基础。

七、地方史和社会史

如果说王阳明思想的比较研究占据了国际王阳明研究的一端,那么,深入中国本土历史的研究则占据了另一端。两项详细的研究从地方史和社会史的角度考察了王阳明的思想。李荣焕的《王阳明思想文化之都:以永康县为例》一文深入考察了浙江省婺州永康一带士子、书院、宗祠与望族之间的文化关系。[①] 梁洪生的《江右王门学者乡族建设的动机与影响》一文探讨了阳明后学在乡村组织、地方联盟、宗祠建设和氏族发展等方面的影响。[②]

八、比较视角:王阳明与西方思想家

不少学者在研究中试图让王阳明与西方思想家进行不同层面的对话。姚新中追溯到 16 世纪,把王阳明和弗朗西斯·培根(Francis Bacon,1561—1626)的思想进行了比较。姚新中比较了他们的学习方法,认为这两个人物在某种程度上代表了中西方的学习文化。姚新中认为,他们留下了"两种不同的遗产":培根倡导"科学的、客观的、积极的方法",王阳明则主张"道德的、主观的、直觉的方法"。[③] 侯孟沅(Norman Ho)在中国思想"自然法"概述中也借鉴了亚里士多德、托马斯·阿奎那等西方早期思想家

① Lee, Junghwan. Wang Yangming Thought as Cultural Capital: The Case of Yongkang County. *Late Imperial China*, 2007, 28(2): 41-80.

② Liang, Hongsheng. Motivations for, and Consequences of, Village and Lineage (Xiangzu) Development by Jiangxi Scholars of the Wang Yang-ming School. *Chinese Studies in History*, 2001, 35(1): 61-95.

③ Yao, Xinzhong. Philosophy of Learning in Wang Yangming and Francis Bacon. *Journal of Chinese Philosophy*, 2013, 40(3/4): 417-435.

的观点。侯孟沅认为，王阳明的思想可以理解为"连贯的自然法理论"①。

大多数比较都将王阳明与更现代的西方人物进行了对比。例如，卢盈华采用现象学的方法，将马克斯·舍勒关于价值、情感的方法与王阳明的良知、价值和感觉等观念进行了比较。②

艾文贺将约翰·麦克道尔（John McDowell，1942— ）的视觉和知觉隐喻与王阳明思想进行了比较。他探讨了"道德品质的形上学地位以及我们如何感知和欣赏它们"，考察了麦克道尔对色彩感知的类比，并运用视觉和知觉的隐喻来探讨道德品质。③

李明辉在《王阳明哲学与现代民主理论：一种重构的诠释》④一文中，将王阳明与来自20世纪亚洲和西方的人物进行了比较。李明辉考察了王阳明思想对刘师培（1884—1919）和20世纪后期我国台湾地区思想家的影响。他还讨论了美国的"社群主义"话题，对阿拉斯代尔·麦金泰尔（Alasdair MacIntyre，1929— ）和查尔斯·泰勒（Charles Taylor，1931— ）等思想家都有所阐述。

人们可能会问，为什么这些学者选择将王阳明与培根、舍勒、麦克道尔、麦金泰尔等不同领域思想家的思想进行比较？这里至少有一个例子可以说明阳明思想与西方思想家之间的关系是建立在历史联系之上的，而不是一种随意的比较，这个研究个案便是杨志翔（James Z. Yang）关于教育家陶行知（1891—1946）的最新研究。陶行知师从美国著名哲学家、教育家杜威。杨志翔考察了杜威和王阳明对陶行知的影响，以及陶行知如何将王阳明的"知行合一"理念引入自己的"生活即教育"的理解中，文

① Ho，Norman P. Natural Law in Chinese Legal Thought：The Philosophical System of Wang Yang-ming. *Yonsei Law Journal*，2017，8(1/2)：1-30.

② Lu，Yinghua. The *a Priori* Value and Feeling in Max Scheler and Wang Yang-ming. *Asian Philosophy*，2014，24(3)：197-211.

③ Ivanhoe，Philip J. McDowell，Wang Yang-ming，and Mengzi's Contributions to Understanding Moral Perception. *Dao：A Journal of Comparative Philosophy*，2011，10(3)：273-290.

④ Li，Ming-huei. Wang Yangming's Philosophy and Modern Theories of Democracy：A Reconstructive Interpretation. *Dao：A Journal of Comparative Philosophy*，2008，7(3)：283-294.

章从教育哲学史的角度展开了论述。①

九、比较的视角：王阳明和其他中国思想家

奇怪的是,对王阳明与中国其他思想家的比较研究要少于对王阳明与西方思想家进行跨文化比较的研究。虽然研究者也对王阳明思想与宋代思想家的思想进行了一些比较,但这些比较通常不是研究所关注的核心问题。

当然也有一些研究考察了王阳明的思想与中国思想文化的关系。比如,朱鸿林对于王阳明和黄佐的研究;②艾文贺的著作是对王阳明和孟子所进行的较为重要的比较研究;③郝康笛(Kandice Hauf)分析了王阳明与道教、佛教思想家及组织机构的交流互动。④

黄敏浩和希斯班审视了刘宗周对王阳明的批评。⑤ 在《刘宗周对王阳明学说的批评》一文中,黄敏浩和希斯班首先概述了刘宗周的主要思想观点,然后考察了刘宗周对王阳明批评的三个方面:王阳明对"意"的解释,

① Yang, James Z. Life is Education and Unity of Knowledge and Action: Tao Xingzhi's Transformations of the Educational Philosophies of John Dewey and Wang Yang-ming. *Journal of Philosophy and History of Education*, 2017, 67 (1): 65-84.

② Chu, Hung-lam. Huang Zuo's Meeting with Wang Yang-ming and the Debate over the Unity of Knowledge and Action. *Ming Studies*, 1995, 35(1): 53-73.

③ Ivanhoe, Philip J. *Ethics in the Confucian Tradition: The Thought of Mengzi and Wang Yang-ming*. 2nd ed. Indianapolis: Hackett, 2002; Ivanhoe, Philip J. *Readings from the Lu-Wang School of Neo-Confucianism*. Indianapolis: Hackett, 2009.

④ Hauf, Kandice. "Goodness Unbound": Wang Yang-ming and the Redrawing of the Boundary of Confucianism. In Kai-wing Chow, On-cho Ng, and John B. Henderson (eds.). *Imagining Boundaries: Changing Confucian Doctrines, Texts, and Hermeneutics*. Albany, NY: State University of New York Press, 1999: 121-146.

⑤ Wong, Simon Man-ho and Lloyd Sciban. Liu Zongzhou's Criticism of Wang Yang-ming's Teachings. *Journal of Chinese Philosophy*, 1999, 26(2): 225-239.

缺乏对细节的关注,低估了人类的弱点。金英民在《理学中的政治统一》一文中探讨了王阳明与湛若水之间的争论。① 在研究《春秋》的注疏时,金英民探讨了王阳明和湛若水关于个人如何参政的论述。

十、王阳明后学及其身后声名

王阳明后学在西方很少被研究。一项研究是彭国翔的《死亡——宋明理学传统中的终极关怀》,该文论述了王阳明后学对死亡的看法。这篇文章是为一本关于前现代中国的死亡概念的书而写的,文中彭国翔主要从中国思想史和比较宗教史的角度切入。②

潘金泰的关注点则大不相同。在《刘宗周对王阳明后学的批评》一文中,潘金泰研究了那些刘宗周针对王阳明和晚明思想家的批评,而那些思想家很少被西方所关注。潘金泰关注王阳明的"四句教",并提供了大量晚明作品的翻译。他是从晚明思想史的角度来写作的。③

朱鸿林的文章探讨了王阳明文集刊印与身后声名问题。他在《王阳明声望之辩》一文中描述了《王文成公全书》刊行的政治文化语境,以及王阳明从祀的争议问题。④

十一、王阳明的军政生涯

关于王阳明军事或政治生涯的研究很少。王阳明的军旅生涯通常是

---

① Kim, Youngmin. Political Unity in Neo-Confucianism: The Debate Between Wang Yangming and Zhan Ruoshui. *Philosophy East and West*, 2012, 62(2): 246-263.

② Peng, Guoxiang. Death as the Ultimate Concern in the Neo-Confucian Tradition: Wang Yang-ming's Followers as an Example. In Amy Olberding and Philip J. Ivanhoe (eds.). *Mortality in Traditional Chinese Thought*. Albany, NY: State University of New York Press, 2011: 271-295.

③ Pan, Jen-tai. Liu Zongzhou's Criticism of Wang Yang-ming's Followers and His Scheme for Moral Reformation. *Ming Studies*, 2010, 61: 13-55.

④ Chu, Hung-lam. The Debate over Recognition of Wang Yang-ming. *Harvard Journal of Asiatic Studies*, 1988, 48(1): 47-70.

由历史学家而非思想史学者撰写的。研究军事史的历史学家通常和研究思想史的历史学家所利用的资料来源不同,因此,在西方的研究中,被称为"思想家的王阳明"与被称为"军事家的王阳明"截然不同。读者可能会想当然地认为这两个王阳明是两个同名的不同之人。

张煜全对王阳明的军事和政治生涯进行了初步研究,并于 1939 年、1940 年发表了一系列文章。① 这些文章后来结集出版,书名为《作为政治家的王守仁》②。也许因为这些作品是在战争时期出现的,影响并不大。

在过去的 10 年中,很少有其他关于王阳明的军事或政治生涯方面的研究出现。在这一研究领域最为重要的著作是伊来瑞完成的。伊来瑞的代表性研究成果是《明代中国的惩恶扬善:王阳明的政治生涯》③。在《君王与圣人》一文中,伊来瑞讨论了王阳明晚年的政治和军事生涯是如何被众多现代学者解读的。这些学者试图解读王阳明的哲学思想和政治理念是如何综合在一起的。④ 在他后来的文章《调解或征服》中,伊来瑞详细描述了王阳明后期在广西的政治和军事生涯(王阳明当时在那里负责处理汉族与各少数民族的关系)。伊来瑞将王阳明实施的政策放置于中国与

---

① Chang,Yü-chüan. Wang Shou-jen as a Statesman [Part 1,Introductory Remark]. *Chinese Social and Political Science Review*,1939,23(1)(Apr.-June):30-99; Chang,Yü-chüan. Wang Shou-jen as a Statesman [Part 2,His Politics in Thought and Action]. *Chinese Social and Political Science Review*,1939,23(2)(July-Sep.):155-252; Chang,Yü-chüan. Wang Shou-jen as a Statesman [Part 3,Wang Yang-ming as a Soldier]. *Chinese Social and Political Science Review*,1939,23(3)(Oct.-Dec.):319-375; Chang,Yü-chüan. Wang Shou-jen as a Statesman [Part 4,Wang Yang-ming as a Soldier,continued]. *Chinese Social and Political Science Review*,1940,23(4)(Jan.-Mar.):473-517.

② Chang,Yü-chüan. *Wang Shou-jen as a Statesman*. Peking:The Chinese Social & Political Science Association,1946.

③ Israel,George L. *Doing Good and Ridding Evil in Ming China:The Political Career of Wang Yang-ming*. Leiden:Brill,2014.

④ Israel,George L. The Prince and the Sage:Concerning Wang Yang-ming's "Effortless" Suppression of the Ning Princely Establishment Rebellion. *Late Imperial China*,2008,29(2):68-128.

边疆民族关系这一大时代背景下来进行研究。① 单国钺（Leo K. Shin）的《王阳明最后的战役》一文对王阳明平定瑶族动乱的政治、军事背景做了细致的分析。文章探讨了王阳明的思想是如何运用在他的政治行动中的，分析了王阳明对蛮夷的人性观。他的文章中还记录了 1528 年那场军事行动中令人震惊的伤亡人数。②

卜正民的文章《王阳明越境时发生了什么？》对边疆事务的探讨也许超过了对王阳明个人形象的关切。③ 从概念本质而言，该文聚焦"边界"的文化建构与"跨越边界"的概念。

十二、日本的王阳明思想（又名阳明学）

在西方，研究日本近现代思想史的学者相对较少，但仍然发表了一些关于王阳明思想（或称"阳明学"）的颇有影响力的文章。这些文章还探讨了王阳明思想是如何在 19、20 世纪通过日本传回中国的。

石百睿（Barry Steben）在《中江藤树与王阳明思想在日本的诞生》一文中讨论了日本 19、20 世纪的现代史学思想中的阳明学。④ 他在文中分析了日本阳明学对 20 世纪初中国政治人物和思想家的影响。石百睿还将日本明治时期荻生茂博关于阳明学的著作翻译成英文。⑤

---

① Israel，George L. To Accommodate or Subjugate：Wang Yang-ming's Settlement of Conflict in Guangxi in Light of Ming Political and Strategic Culture. *Ming Studies*，2009，60：4-44.

② Shin，Leo K. The Last Campaigns of Wang Yangming. *T'oung Pao*，2006，92 (1-3)：101-128.

③ Brook，Timothy. What Happens When Wang Yang-ming Crosses the Border? In Diana Lary（ed.）. *The Chinese State at the Borders*. Vancouver：University of British Columbia Press，2008：74-90.

④ Steben，Barry D. Nakae Tōju and the Birth of Wang Yang-ming Learning in Japan. *Monumenta Serica*，1998，46(1)：233-263.

⑤ Ogyū，Shigehiro，and Barry D. Steben. The Construction of "Modern Yōmeigaku" in Meiji Japan and Its Impact on China. *East Asian History*，2000，20：83-120.

奥列格·贝内施(Oleg Benesch)的文章《王阳明和武士道》考察了王阳明的思想是如何与武士道联系在一起的。① 贝内施在阐释 19、20 世纪日本王阳明思想的文化和知识意义的同时,分析了王阳明思想是如何与日本的军事艺术联系在一起的。

德莫特·沃尔什(Dermott Walsh)的《〈善的研究〉之儒教根源》批判了西田几多郎(1870—1945)的早期作品《善的研究》,认为其主要受到了禅宗的影响。沃尔什通过细读西田哲学与阳明学比较研究领域著名学者吴光辉的著述后分析指出,西田所著《善的研究》在禅宗之外也得益于王阳明"知行合一"的理念。②

十三、结　论

自 20 世纪 90 年代以来,王阳明思想中的"良知"与"知行合一"两个概念一直备受西方关注。同时,不同学科的学者也开始注意到他思想的其他方面。前文所述及的文章中有很大一部分采用的是比较研究法。值得注意的是,思想史和比较哲学以往一直是理解王阳明思想的主要方式,但在过去 10 年中,也出现了从环境研究、地方史、社会史和军事史等视角进行的研究。当我们说到"王阳明在西方的研究"时,我们当然意识到"西方"与"东方"是相互影响的。在本文论及的著述中,来自亚洲的学者与来自北美和欧洲的学者一样多。王阳明思想是一种哲学,其内容、深度和复杂性都引起了世界各国学者的兴趣和广泛的关注。

（原载于《杭州师范大学学报》(社会科学版)2019 年第 4 期）

---

① Benesch，Oleg. Wang Yang-ming and Bushido：Japanese Nativization and Its Influences in Modern China. *Journal of Chinese Philosophy*，2009，36(3)：439-454.

② Walsh，Dermott J. The Confucian Roots of *zen no kenkyū*：Nishida's Debt to Wang Yang-ming in the Search for a Philosophy of Praxis. *Asian Philosophy*，2011，21(4)：362-363.

《传习录》在西方世界的传播与研究

费周瑛　广东外语外贸大学

辛红娟　宁波大学

摘要:《传习录》及其承载的阳明思想在西方世界的译介与研究已有百余年历史,大致历经通识译介阶段(1960 年以前)、学术繁荣阶段(1960—1980 年)以及多元研究阶段(1980 年至今)。通识译介阶段的传播主体是兼通中西方语言文化的传教士与华人学者,文本译介以重良知说为主;学术繁荣阶段以华人学者为代表,西方世界从阳明学中汲取人文精神,显现中西哲学比较研究的趋势;20 世纪 80 年代以后,新生代汉学家群体崭露头角,研究视角日趋多元,比较哲学成为主要研究范式。

关键词:《传习录》,阳明学,西方世界,传播

　　《传习录》系王门弟子徐爱与钱德洪等编辑,是王阳明问答语录和论学书信的简集。该书展现了王阳明的授课方法和语言艺术,是一部具有代表性的儒家哲学著作,被视作阳明学派的"教典"。然而,国内学界对《传习录》及其承载的阳明思想的传播研究,明显呈现出重东亚轻西方的趋势,对其在西方世界的传播与接受的系统研究成果较少。本文拟描画《传习录》在西方世界百年来的译介图谱,力图揭示文本译介与接受国社会文化语境的关系,以期为阳明思想在海外的系统、深入传播提供理据。

一、通识译介阶段(1960 年以前)

　　《传习录》自问世以来受到国内外学者的持续关注。由于地理位置与

文化背景相近,阳明先生在世时,阳明学即已传入东亚世界。而明清之际来华的西方传教士,为便利向中国民众传播福音书,纷纷将目光投向中国的儒道典籍《论语》《道德经》等,而提倡"知行合一""致良知"的阳明学说并未引起他们的关注。直至 20 世纪初,阳明学及《传习录》才正式开启西传之旅。1916 年,美国哲学与心理学教授、传教士亨克完成《传习录》的首次英译,以 *The Philosophy of Wang Yang-ming*(《王阳明哲学》)为名在敞院出版社(The Open Court Publishing Co.)刊印发行。亨克在《译者前言》中指出:"欧美学界哲学史研究者很少了解中国自孔孟之后的哲学思想,以至于很长时间以来,人们误以为除了'四书''五经'和老子的《道德经》,中国哲学思想乏善可陈。"[1]他希望该书能够激起西方世界对中国文化的兴趣,从中了解东方文化的价值。亨克译本"使王阳明的哲学思想第一次完整地进入西方"[2],有不少学者以书评形式对译本内容与质量做出了评价。

　　20 世纪初,旅美哲学博士颜任光(Kia-Lok Yen)认为,亨克对原文不贬抑、不鼓吹,力求客观地将原文要义呈现给读者,故而是一部无比忠实的译作。[3] 哈佛大学宗教历史学者乔治·穆尔(George Moore)称赞道,亨克的译介行为为所有学习东方哲学的学生提供了便利,赞同亨克将儒学术语"天"译为"Shang-ti"(上帝)、"Heaven"(天堂)等。[4] 日本东京帝国大学宗教学教授姊崎正治(Masaharu Anesaki)一方面赞扬亨克译文非常忠实于原文,几乎没有遗漏任何内容;另一方面也指出译文过于口头化,核心术语理解偏近于朱熹思想。[5] 当然,随着西方对阳明学说了解的深

[1]　Henke, Frederick G. *The Philosophy of Wang Yang-ming*. London & Chicago: The Open Court Publishing Co., 1916: xi.

[2]　Chan, Wing-tsit. Wang Yang-ming: Western Studies and an Annotated Bibliography. *Philosophy East and West*, 1972, 22(1): 91.

[3]　Yen, Kia-Lok. Book Review: *The Philosophy of Wang Yang-ming* by Frederick Goodrich Henke. *International Journal of Ethics*, 1917, 27(2): 241-243.

[4]　Moore, George F. Book Review: *The Philosophy of Wang Yang-ming* by F. G. Henke. *The Harvard Theological Review*, 1919, 12(1): 116.

[5]　Anesaki, Masaharu. Book Review: *The Philosophy of Wang Yang-ming* by Frederick Goodrich Henke. *The American Journal of Theology*, 1918, 22(4): 595.

入，也有学者基于文本对比，指出亨克译本的不足之处，如赵善鸣（Chiu Sin-ming）基于 1964 年再版的亨克译本指出，由于语言和文化的隔阂，译者对儒家经典理解不到位，造成较多误译现象。①

20 世纪上半叶，除英法学者零星著述外，并没有特别显著的阳明学著作，亨克的贡献在于跳出当时欧美学界围着先秦哲学打转的怪圈，率先将目光投向了中国哲学发展的另一重要阶段——宋明理学与阳明心学，打破了中国"秦汉之后无哲学"②的成见。但也必须指出，其传教士的身份及宗教学术背景使译文呈现出较为浓厚的比较宗教学色彩，将"道"译为"Doctrine"（教义）、"天"译为"Heaven"（天堂）等不一而足。他的基督教"前见"不可避免地参与到他对阳明心学的体认与解读中，所呈现的译文难免会带有一种宗教比附的况味。实则，中国文明在成长和发展的过程中，始终有一套与西方不同的预设观念，"道"与"Doctrine"、"天"与"Heaven"的错配，极易造成西方学者对中国文化思想术语的"西化"错觉。

1940 年以前，除亨克之外，在西方研究王阳明的还有法国汉学家保罗·伯希和（Paul Pelliot）的学生、法国巴黎大学文学博士、巴黎天主教大学神学博士王昌祉（Wang Tch'ang-tche）。1936 年，王昌祉的法文著作《王阳明的道德哲学》（La Philosophie morale de Wang Yang-ming）出版。该书主要探讨王阳明良知学说的意义、实现路径及与心之本体的关系，是第一部研究王阳明的西文专著。该书的研究思路被盛赞为"认识一位思想家，并研究其学说之最客观最科学之方法"③。1938 年，德国汉学家阿尔弗雷德·佛尔克（Alfred Forke）在其德文著作《中国近代哲学史》（Geschichte der Neueren Chinesischen Philosophie）中概述了王阳明的生平和思想，引述了人的本性、良知、善恶等观点，探讨了王阳明与朱熹和陆象山之间的联系，等等。自 1940 年往后近 20 年内，西文著述中仅有冯友

---

① Chiu, S. M. Book Review: *The Philosophy of Wang Yang-ming* by Frederick Goodrich Henke. *The Journal of Asian Studies*, 1965, 24(4): 688.

② 崔玉军. 东西方哲学家会议与中国哲学研究在美国的发展. 国外社会科学, 2005 (4): 9.

③ 王国强. 近代华人天主教徒的西文著作及其影响——以《汉学丛书》为例. 世界宗教研究, 2016(6): 10.

兰(Fung Yu-lan)1948 年在美国出版的中国哲学史英文讲稿,书名为《中国哲学简史》(*A Short History of Chinese Philosophy*),其中介绍王阳明的专章涉及《传习录》部分段落翻译。

文化典籍在他者文化中的传播与接受通常始于文本从源语到目的语的译介。阳明学传入西方世界的早期阶段以通识译介为主。明末清初,欧洲与中国开始了真正意义上的文化、学术的接触与交流,"四书""五经"因其在中国传统中的尊崇地位,成为助益来华传教士传播基督教教义的首选文献。主张"心"为本体的阳明学与西方宗教体系的隔膜,导致其未能进入明末以来西方研究者的视野。这一阶段,阳明学在西方的传播主体是兼通中西方语言文化的传教士与华人学者,前者受自身宗教"前见"的影响,对《传习录》的宗教性诠释在一定程度上遮蔽了阳明学的真实内涵;后者的中国传统文化背景为传播阳明学提供了便利,但早期出洋华人学者多为学习西学,尤其是西方的先进科学而去,并没有系统、持续开展阳明学在西方的传播,如较早评述亨克译作的颜任光在发表述评时正在芝加哥大学攻读物理学博士学位,归国后成为著名的物理学家和教育家。该时期,西方对于阳明思想的了解并不全面,内容选取上侧重阳明学中的良知说。1960 年以前,整个世界面临着前所未见的全球型战争与军事对峙;二战后,西方经历了严重的战争创伤,人们面临着信仰危机,急于寻求现代文明的出路。在如此动荡的境遇中,学者们大都选取阳明思想中召唤人性的良知学说开展译介活动。

二、学术繁荣阶段(1960—1980 年)

"在多数情况下,近现代西方文明汲取中国文化智慧并非出自中国文化的自主传播,更主要是西方文化基于自身创新与发展需要的主动选择。"①两次世界大战之后,不少西方政治家、哲学家纷纷反思西方文化的片面性,提出要将目光投向东方,寻求建立新的人文精神的智慧引导。法

---

① 辛红娟,等. 杨宪益翻译研究. 南京:南京大学出版社,2018:321.

国汉学家弗朗索瓦·于连(François Jullien)在《圣人无意——或哲学的他者》(*Un sage est sans idée：Ou l'autre de la philosophie*)一书的前言中说:"我必须让智慧重新充实起来,同时表达出她的逻辑。……希望能够在另一种光(一种斑驳之光,斜射之光)的照耀之下,慢慢揭示出另一种思想的可能性,……如果智慧突然站出来与理性对峙,便能让我们重新审视理性的偏见。"①正是在这样的社会文化语境下,阳明学在西方学术界得到越来越多的关注,相关学术研究全面展开,掀起了阳明学译介的高潮。

1955 年,华人学者张君劢(Carsun Chang)在《东西方哲学》(*Philosophy East and West*)上发表的《王阳明的哲学》一文,深入分析了阳明学中"心即理"等核心思想,认为王阳明其人是中国最具影响力的思想家,其说则具有强大的生命力。② 1957—1962 年,张君劢著《新儒家思想史》(*The Development of Neo-Confucian Thought*)第一、第二卷相继出版。这是第一部用英文系统论述宋明新儒学思想发展的著作,书中以四章的篇幅详述了王阳明及其后学,尤为关注其与同时代学者的论辩、学派内部的思想分歧以及在中日两国的发展比较。③ 除此之外,张君劢在1962 年出版的《王阳明:中国十六世纪的唯心主义哲学家》(*Wang Yang-ming, Idealist Philosopher of Sixteenth-Century China*)中,围绕王阳明思想中最核心的两个概念——"心"和"致良知",对阳明思想进行了较为全面的论述,书中附有涉及王阳明研究的英文参考书目。以上著作为西方阳明学研究开启了新的篇章。④

这一时期最令人瞩目的是美籍华人学者、哲学史家陈荣捷(Wing-tsit Chan),他在推动西方学术界阳明学研究方面做出了突出贡献。1937 年,陈荣捷接受夏威夷大学邀请赴檀香山任教,自此开始国外弘扬中国哲学

① 弗朗索瓦·于连. 圣人无意——或哲学的他者. 闫素伟,译. 北京:商务印书馆,2004：2.
② Chang, Carsun. Wang Yang-ming's Philosophy. *Philosophy East and West*,1955, 5(1)：3.
③ 崔玉军. 陈荣捷与美国的中国哲学研究. 北京:社会科学文献出版社,2010：131.
④ Chan, Wing-tsit. Wang Yang-ming：Western Studies and an Annotated Bibliography. *Philosophy East and West*, 1972, 22(1)：79.

之路。随后的 60 余年,他始终专注于中国哲学经典的英译与海外弘扬事业。因其在中国哲学传播领域的突出贡献,陈荣捷被国外汉学界尊为北美大陆"中国哲学研究的拓荒者"①和"把东方哲学文化思想最为完备地介绍到西方的中国大儒"②。陈荣捷将西方世界儒学研究带入了一个全新的阶段,其贡献主要体现在以下几个方面:(1)编写百科词条。1960 年,《大英百科全书》(*Encyclopedia Britannica*)首次收入陈荣捷贡献的《王阳明》一文与"朱熹"和"王阳明"两个词条;1967 年,8 册本美国《哲学百科全书》(*Encyclopedia of Philosophy*)特设中国哲学部分,由陈荣捷编写;1969年,作为学生通行读本的《美国百科全书》(*Encyclopedia Americana*)增添陈荣捷撰写的《王阳明》一文。辞书的权威性不仅有助于阳明学理念的普及与推广,也是中国思想话语体系海外构建的直接表现形式。(2)撰写学术专著。1960 年,陈荣捷与狄百瑞等合编《中国传统诸源》(*Sources of Chinese Tradition*)一书,第四部分"宋元明清儒学复兴时期"中"心学"部分占一章;1963 年,陈荣捷的《中国哲学文献选编》(*A Source Book in Chinese Philosophy*)出版,轰动一时,好评如潮,被西方学术界公认为最权威的阐释中国哲学的著作之一,③其中收有更丰富的王阳明思想译介资料。除此之外,他撰写过许多关于王阳明的学术论文与专著,如《王阳明传》(*Wang Yang-ming: A Biography*)、《王阳明的动态唯心论》(*Dynamic Idealism in Wang Yang-ming*)、《王阳明是佛教徒吗?》(*How Buddhistic Is Wang Yang-ming?*)、《王阳明〈传习录〉详注集评》、《王阳明与禅》等。以上成果在西方世界广为流传,成为西方学者了解和研究王阳明的基本材料。(3)出版《传习录》新译本。1963 年,陈荣捷新译的《传习录》(*Instructions for Practical Living and Other Neo-Confucian Writings by Wang Yang-ming*)出版,内容除概论 23 页和《传习录》全篇外,还包含关于《大学问》和政治社会的公文 7 篇。陈荣捷译本的可贵之处在于其并

① 崔玉军. 陈荣捷与美国的中国哲学研究. 北京:社会科学文献出版社,2010:215.
② 华霭仁. 陈荣捷(1901—1994):一份口述自传的选录. 彭国翔,译. 中国文化,1997(15/16):347. 编者注:原文献结尾处的"编者附记"中,译者"彭高翔"乃"彭国翔"之误,本书均改正.
③ 周炽成. 简论陈荣捷对儒学的世界性贡献. 中国哲学史,1999(4):99-104.

不是机械性的翻译,而是细致入微地将一切与原文有关的知识、注释以及评论附上,力求做到"注中有词必释,有名必究。引句典故,悉溯其源"①。试举一例"有词必释"。

【原文】不然,则如来书所云"三关、七返、九还"之属,尚有无穷可疑者也。

——《传习录·答陆原静书》

【译文】Otherwise there will be an infinite number of things in doubt, such as the Taoist formulas to prolong life called the "three gates," the "seven returns," and the "nine returns," mentioned in your letter.

The "three gates" were the mouth, hands, and feet, considered as the gates of heaven, man, and earth, respectively; the "seven returns" were the return of the soul after seven periods, and the "nine returns," the return of the soul after a complete cycle.②

此句中的"三关""七返""九还"是中国道家修炼理论中特有的名词,陈荣捷采取"直译 + 注释"的方法,在注释中较为详细地解释了以上术语,保留了中国哲学的本相,同时也打开了西方读者深入探究的通道。

《传习录》全新译本出版后引起了学界的热烈讨论。哥伦比亚大学谢康伦(Conrad M. Schirokauer)认为,陈荣捷新译本能够取代亨克 50 年前所完成的译本,为有志于中国哲学研究的学者提供了很好的材料。③ 华人学者施友忠(Vincent Y. C. Shih)撰文称赞陈荣捷译本用词精确、可读性

---

① 陈荣捷. 王阳明《传习录》详注集评. 上海:华东师范大学出版社,2009:1.

② Chan, Wing-tsit. *Instructions for Practical Living and Other Neo-Confucian Writings by Wang Yang-ming*. New York: Columbia University Press, 1963:133.

③ Schirokauer, C. M. Book Review: *Instructions for Practical Living and Other Neo-Confucian Writings by Wang Yang-ming*, trans. Wing-tsit Chan. *The Journal of Asian Studies*, 1964, 24(1):151.

强,非常适合作为中国哲学研究的第一手资料。^① 斯坦福大学汉学家倪德卫(David S. Nivison)同样高度评价该译本,认为翻译准确流畅,准确达意,相关注释非常到位,其返本溯源的做法令人敬佩。^②

陈荣捷的上述阳明学研究成果引起了西方世界新一轮的研究热潮。此后 20 年间涌现出了许多阳明学研究学者,而秦家懿和杜维明是其中突出的代表。

秦家懿是加拿大华人汉学家,师从汉学家柳存仁先生。1972 年,她把王阳明的 67 封重要书信译为英文(其中有 26 封从未被翻译过),一一附加注解,结集以《王阳明哲学书信》(*The Philosophical Letters of Wang Yang-ming*)为名出版。这些书信主要体现了王阳明对人性及义理等概念的思考。该译著在一定程度上填补了王阳明书信研究的空白,其灵活的翻译技巧与地道的英语表达使得译文极具可读性。^③ 后来,秦家懿在其博士论文基础上修改出版的《获取智慧:王阳明之道》(*To Acquire Wisdom: The Way of Wang Yang-ming*)一书中,附有王阳明 7 篇文章及 25 首代表性诗文的英译。该书系统地分析了"心""格物""致良知""良知本体"以及"无善无恶"等概念,探讨了阳明学与佛、道两家的关系,剖析了王阳明思想中的宗教因素。《获取智慧:王阳明之道》是英语世界研究王阳明思想的重要著作之一,其所采取的基本概念阐释方法——既单独讨论,也作为

---

① Shih, Vincent Y. C. Book Review: *Instructions for Practical Living and Other Neo-Confucian Writings by Wang Yang-ming*, trans. Wing-tsit Chan, *A Source Book in Chinese Philosophy* by Wing-tsit Chan. *Philosophy East and West*, 1965, 15(3/4): 293.

② Nivison, David S. Book Review: *Instructions for Practical Living and Other Neo-Confucian Writings by Wang Yang-ming*, trans. Wing-tsit Chan, *The Philosophy of Wang Yang-ming* by Frederick Goodrich Henke. *Journal of the American Oriental Society*, 1964, 84(4): 439.

③ Lau, D. C. Book Review: *The Philosophical Letters of Wang Yang-ming* by Julia Ching and Wang Yang-ming. *Bulletin of the School of Oriental and African Studies*, 1974, 37(2): 492.

哲学体系的组成部分进行整体关照，能够帮助读者多层面地认识核心概念。①

　　杜维明是中国当代著名学者，现代新儒家代表人物，师从唐君毅、徐复观。他的研究以中国儒家传统的现代转化为中心，并基于其博士论文出版了专著《青年王阳明：行动中的儒家思想》[*Neo-Confucian Thought in Action：Wang Yang-ming's Youth（1472—1509）*]，旨在从发展的角度动态考察王阳明青年时期的思想形成与个人经历和社会环境之间的关联。1966 年，他撰写了《王阳明——一位儒家内圣外王的理想主义的见证者》(*Wang Yangming，a Witness of the Confucian Ideal of Inner Saintliness and Outer Kingliness*)。这是西方第一部系统诠释王阳明思想的专著，书中评述了中国儒家“内圣外王”思想的不断发展，至王阳明时期达到高峰。1971 年，杜维明发表了《新儒家概念中的人》(“The Neo-Confucian Concept of Man”)，比较分析了新旧儒家人学观的不同。

　　西方本土学者为阳明学海外传播做出的贡献也不容忽视。阳明学研究的后起之秀，如费正清、狄百瑞、芮沃寿(Arthur F. Wright)等汉学家均活跃于宋明理学及阳明心学研究领域。1970 年，狄百瑞发表了《晚明思想的个人主义与人道主义》(“Individualism and Humanitarianism in Late Ming Thought”)一文，对当时西方学界采取的阳明学研究方法提出了批评，认为许多论述都停留在理论层次上，只在抽象的层面比较中西价值观，并未从历史发展的角度探讨价值观如何在人类社会的经验中产生。他建议将阳明学置于其产生的时代与环境中进行理解。这一提议对阳明学在西方的发展大有裨益。此外，他还身体力行与陈荣捷共同创办哥伦比亚大学新儒学讨论班，培养优秀的中国哲学学者，为新儒学在西方的落地生根提供助力。

　　华人学者与西方学者的通力合作，使得阳明学研究在海外蔚然成风。夏威夷大学是 20 世纪早期最重要的东西方文化交流场所，是美国第一所

---

① Ames，R. T. Book Review：Julia Ching：*To Acquire Wisdom：The Way of Wang Yang-ming*. *Bulletin of the School of Oriental and African Studies*，1977，40(2)：419.

开设中国哲学课程的大学。在陈荣捷的推动下,夏威夷大学于 1938 年夏季正式成立哲学系。此后 50 余年间,夏威夷大学先后 6 次承办东西方哲学家会议,成为东西方哲学碰撞、交融的世界性平台。1972 年,夏威夷大学为纪念王阳明诞辰五百周年举办的王阳明思想国际研讨会,引起了学界的极大反响。

这一阶段,西方世界的阳明学研究呈现出前所未有的学术繁荣盛况。学者们一方面致力于对阳明思想进行更全面、更系统的研究;另一方面也更注重开展中西哲学间的对话,将王阳明思想与斯宾诺莎(Baruch de Spinoza)、海德格尔(Martin Heidegger)等西方哲学家的思想进行对比研究,试图找出中西方哲学间的共性与分野[①],以期通过翻译和传播"他者"文化,改变历史与现实中存在的不尽如人意之处。[②] 至此,阳明学逐步进入西方思想世界的中心,焕发出新的生机。也有部分学者将阳明思想视作儒学中的禅学,将其涂抹上宗教色彩。费正清与赖肖尔(Edwin O. Reischauer)合著的《东亚:传统与变革》(*East Asia: Tradition and Transformation*, 1973)认为,王阳明的学说与禅宗类似,非常强调冥思和直觉知识,是冥思启示之学。陈荣捷则认为,王阳明早年确曾提到过静坐之事,然而,研习过他的《传习录》就不会得出阳明学切近禅学的结论。[③]《传习录·陈九川录》中有:"人须在事上磨炼做功夫乃有益。若只好静,遇事便乱,终无长进。那静时功夫亦差似收敛,而实放溺也。""静未尝不动,动未尝不静。戒谨恐惧即是念,何分动静?"阳明学并非一味劝人静坐以求得心灵上的宁静,而是应动静一体,不可截然二分。这与禅学有本质上的区别。由此可知,即便在阳明学研究的繁荣阶段,因文化隔阂而产生的文化误读仍然存在。

---

① Wienpahl, Paul. Spinoza and Wang Yang-ming. *Religious Studies*, 1969, 5(1): 19-27; Ching, Julia. "Authentic Selfhood": Wang Yang-ming and Heidegger. *The Monist*, 1978, 61(1): 3-27.

② 辛红娟. 文化旅行视域下的《道德经》英译图景剖析. 山东外语教学, 2017(4): 93.

③ Chan, Wing-tsit. Wang Yang-ming: Western Studies and an Annotated Bibliography. *Philosophy East and West*, 1972, 22(1): 77.

三、多元化研究阶段(1980 年至今)

20 世纪 80 年代以来,中国学已经成为国际上的显学,在既有阳明学研究的丰富成果启迪下,越来越多的西方学者在历史语言学、对比语言学、比较哲学的学术境域中,关注倡导"经世致用,知行合一"的阳明学,探讨社会发展的实际问题。

应特别关注的是在英语世界里从事中国哲学研究,关注西方道德哲学、道德心理学和中国伦理学的代表性人物——美国天主教大学哲学家柯雄文。他于 1982 年出版的学术专著《知行合一：王阳明的道德心理学研究》(*The Unity of Knowledge and Action：A Study in Wang Yang-ming's Moral Psychology*),通过精细的论证、严密的文本分析及恰当的注释,将王阳明的道德哲学理念具体化,提供对"理"的精彩诠释,解释"儒家视野"、成圣及经验(前瞻性和回顾性)在道德中的作用。该书对阳明学思想进行现代化、创新性诠释的方式及效果颇为不错。[1]

美国的中国思想史专家艾文贺,师从中国哲学研究专家倪德卫和李耶立(Lee H. Yearley),长于儒学和新儒学研究。艾文贺的学术专著《儒家传统中的伦理学：孟子和王阳明的思想》(*Ethics in the Confucian Tradition：The Thought of Mencius and Wang Yang-ming*, 1990),通过考察孟子与王阳明对相似命题的思考,注意到佛教对王阳明思想形成的影响,描绘了从孔子、孟子再到王阳明的儒家圣人形象嬗变轨迹。[2] 其在1993 年出版的著作《儒家道德修养》(*Confucian Moral Self Cultivation*)则以孔子、孟子、荀子、朱熹、王阳明及戴震 6 人为代表,全面介绍了中国历史上最主要的儒学思想,关注西方普遍忽视的儒家思想最核心问

---

[1] Neville, Robert C. Book Review: *The Unity of Knowledge and Action: A Study in Wang Yang-ming's Moral Psychology* by Antonio S. Cua. *The Review of Metaphysics*, 1983, 36(3): 705-706.

[2] Goldman, R. Book Review: *Ethics in the Confucian Tradition: The Thought of Mengzi and Wang Yang-ming*, Second Edition by Philip J. Ivanhoe. *Pacific Affairs*, 2003, 76(1): 119.

题——修身。该书成为西方大学生进入儒学研究的理想入门之作。2009年,艾文贺出版的《"陆王学派"儒家文献选读》(*Readings from the Lu-Wang School of Neo-Confucianism*),选译了《传习录》、《大学问》节选以及部分论学书信与诗歌等。该读本较完整地涵盖了陆象山与王阳明的哲学观点和文学风格,是研究陆王学派的可靠资料,也是英语世界陆王学派研究领域的权威专著。[①]

以上两位学者重点关注阳明学中关于道德修身的内容,深入挖掘了阳明学对于人类道德修养的启示作用,将研究推向纵深。而这一时期阳明学传播的另一特点是研究视角多元化,比较研究日趋盛行,尤以比较宗教视角最为常见。

1996年,有两部从比较宗教角度研究王阳明的英文著作出版。一部是香港地区中国神学研究院杨庆球(Jason Yeung)的著作《成圣与自由:王阳明与西方基督教思想的比较》(*Sanctification and Freedom: A Comparative Study on the Thought of Wang Yang-ming and Christianity*)。该书深入比较了王阳明与基督教两大代表马丁·路德(Martin Luther)和索伦·克尔凯郭尔(Soren A. Kierkegaard)的思想,涉及宗教与哲学两个关键性课题:成圣工夫与主体性自觉。其审慎的研究,让读者能从中西文化的比较中重新认识"成圣与自由"这一重要课题。另一部是韩国江南大学系统神学教授金洽荣(Heup Young Kim)的著作《王阳明与卡尔·巴特:一场儒家和基督教的对话》(*Wang Yang-ming and Karl Barth: A Confucian-Christian Dialogue*)。该书对比分析了王阳明和卡尔·巴特在人性化问题表达方式、对"恶"的看法以及对激进人类的整体定义等方面的相似之处。以上著作通过对比分析阳明学与基督教的基本思想,将二者置于平等的位置进行对话与互动,对于拓展双方的发展空间具有促进作用。

2000年前后,年轻一代的阳明研究学者迅速成长起来,西方世界涌现出了一大批颇具学术价值的博士论文与学术专著。加利福尼亚大学吕妙

---

① Liu, Jeeloo. Book Review: *Readings from the Lu-Wang School of Neo-Confucianism* by Philip J. Ivanhoe. *Philosophy East and West*, 2011, 61(2): 388.

芬(Miaw-fen Lü)的博士论文《实践作为知识：16 世纪中国的阳明学与讲会》("Practice as Knowledge：Yang-ming Learning and Chiang-hui in Sixteenth-Century China"，1997)考察了中国 16 世纪的阳明学与讲会，尤为关注个人的思想、行为、政治和文化之间的相互作用。王阳明重视思想学术的传播，无论是在谪居之所、边徼之地，还是在戎马倥偬的平乱征途中，都热衷于聚众讲学，以指点良知、倡行心学为务。宾夕法尼亚大学齐婉先(Wan-hsian Chi)的博士论文《王阳明思想中的实践观》("The Notion of Practicality in Wang Yang-ming's Thought"，2001)认为，王阳明倡导的"知行合一"是儒家实践的成功应用。人性的实现需要履行各种责任，与各种社会角色相对应，王阳明强调，要彻底实现人性的自由，就不能将自己与家庭和社会分离，应当努力承担家庭责任，实现社会角色。伊利诺伊大学厄巴纳-香槟分校伊来瑞的博士论文《合一的边缘：王阳明政治伦理思想中的帝国、暴乱和伦理(1472—1529)》["On the Margins of the Grand Unity：Empire，Violence，and Ethnicity in the Virtue Ethics and Political Practice of Wang Yang-ming (1472—1529)"，2008]研究了王阳明的政治与军事生涯，避开对王阳明官员身份的传统解读，将王阳明的道德哲学置于其职业生涯中进行解读。以上博士论文均侧重于对阳明学的实践性进行分析。研究视角的转变，说明新一代的青年学者已经深切意识到阳明学本质上是一门实践之学，对解决当代社会问题具有启示意义。

除博士论文外，21 世纪推出的阳明学研究专著也呈现出一种全新的景象。2002 年，纽约州立大学出版社出版了沃伦·弗里西纳的《知行合一：走向知识的非表象理论》(The Unity of Knowledge and Action：Toward a Nonrepresentational Theory of Knowledge)一书。在该书中，弗里西纳通过对王阳明、美国实用主义哲学家杜威以及过程哲学家怀特海的哲学比较，充分解释了"知行合一"等关键性概念，提出了在当代寻求"非代表性理论"的倡议。2010 年，瑞士汉学家耿宁出版的专著《人生第一等事：王阳明及其后学论"致良知"》[Das Wichtigste im Leben：Wang Yangming (1472—1529) und seine Nachfolger über die "Verwirklichung des ursprünglichen Wissens"],围绕王阳明的"致良知"概念展开,划分了王阳明不同时期的三个不同的"良知"概念,并分别做出了阐释。作者尝试用现象学的方法解读阳明心学,将现象学作为一种探寻"本心"(即"致良知")的工具。2014 年,伊来瑞出版的专著《明代中国的惩恶扬善:王阳明的政治生涯》(Doing Good and Ridding Evil in Ming China: The Political Career of Wang Yang-ming),探讨了王阳明思想与其官员身份之间的联系,重构了王阳明在时代背景下的政治生涯图景。2015 年,德国奥尔登堡大学哲学博士大卫·巴拓识(David Bartosch)出版的专著《"不知之知"抑或"良知"? ——库萨的尼古拉与王阳明哲学思想比较研究》("Wissendes Nichtwissen" oder "Gutes Wissen"? Zum Philosophischen Denken von Nicolaus Cusanus und Wáng Yángmíng),运用比较哲学的方法将德国新柏拉图主义哲学家库萨的尼古拉(Nicolaus Cusanus)与王阳明放在各自的传统思想语境中进行了系统比较。2018 年,伊来瑞在《华裔学志》(Monumenta Serica)与《亚洲哲学》(Asian Philosophy)期刊上发表的《发现王阳明:1600—1950 年欧洲与北美的王学研究》("Discovering Wang Yang-ming: Scholarship in Europe and North America, ca. 1600—1950")、《1960—1980 年代西方王阳明研究流变》("The Transformation of the Wang Yang-ming Scholarship in the West, ca. 1960—1980: A Historical Essay")两篇宏文,详细地分析了这两个时期西方学者研究王阳明的缘起与对王阳明思想的解读过程,将目前学界普遍认可的阳明学西传时间起点向前推了几百年,颇具参考价值。

　　20 世纪 80 年代之后的西方阳明学研究呈现出多元化的特点,核心是对中西方哲学思想或观念进行比较。研究群体以活跃在西方学界的年轻学者为主。他们突破传统研究范式的桎梏,在正确理解阳明学内涵的基础上大胆将其置于西方文化视角下进行审视,既有利于阳明学世界经典化的发展,也能够为西方哲学提供所需的养分,使其更具包容性。在文化全球化的背景下,被扭曲、被强行同化的异质文化并不是读者所期待且能够接受的,进行中西比较研究也不是为了褒此贬彼,而是为了求同存异。不同文化之间的交流与碰撞能够产生思想的活力,这不仅能让阳明思想的优秀品质指导价值观念和思维方式，也让其在世界人民的价值观念和思维方式中起到促进作用，于潜移默化中推助西方世界了解并真正接受阳明思想。阳明学的西传历史中，不乏文化差异造成的冲击和文明对话产生的交融与共振。交融与共振是异质文化接触的美好愿景，文化冲击虽然往往会给接触的双方造成文化阵痛，但也常会化生为一种正面的力量，使人类文化朝着健康有益的方向发展。①

历史早已证明，文化是一个开放的规则系统，各种文化的交往、交流和传播是实现多元文化共生和发展的前提条件。中华优秀传统文化作为中华民族智慧的结晶，是中华民族独特的精神标识，为中国乃至整个世界的进步与持续发展提供了智慧。费孝通曾提出，要想处理好不同文明之间的关系，首要在于以“君子之风”实现“各美其美、美人之美、美美与共、天下大同”。阳明学所蕴含的思想观念、道德哲学、人文关怀，不仅是中华文化的内核所在，对于解决当下人类共同的问题也具有独特价值。阳明学要走出国门，迈向世界，必须找到合适贴切的表达方法和传播方式，才能成为世界文化秩序变革的资源，推动中华文化在交流互鉴中绽放魅力。

（原载于《浙江社会科学》2019 年第 5 期）

---

① 辛红娟. 文化旅行视域下的《道德经》英译图景剖析. 山东外语教学，2017(4)：91-97.

阳明学在西方的译介、思想与理论研究

石丽荣　中央民族大学

摘要:阳明学是中国儒家哲学的重要学术思想。随着国际汉学研究的发展,阳明学在西方学界的译介传播、哲学思想及理论视角方面得到了相当的重视和研究。在译介传播方面,阳明学在西方宗教思想的影响下被翻译成诸多版本;在哲学思想方面,"致良知""知行合一"等概念的争论显示出西方学界对阳明学日渐深入的思考与认识趋势;在理论视角方面,从比较哲学、现象学、历史学等视角多维度、立体化审视阳明学思想,逐渐提高了阳明学的研究水平。阳明学在西方的译介、思想与理论研究显示了它在英语语言文化语境下的内在张力与思想活力。

关键词:阳明学,译介,致良知,知行合一,比较哲学

　　阳明学作为中国儒家哲学的代表在东亚思想领域产生了重要影响,目前学界的研究也主要围绕阳明学在东亚的传播和影响展开。但是,随着中国儒家哲学在海外的传播及海外汉学研究的日益成熟,关于阳明学的研究也引起了西方学界的重视。其中,最受关注的研究是对阳明学的译介与思想研究。与此同时,在传统译介和思想研究的基础上,阳明学的研究视角也发生了重要转变。从当前学界对阳明学与西方学术的关联性研究来看,一方面,主要是围绕阳明学在美国的传播作为研究线索探讨其学术思想之流变①;另一方面,从通识译介、学术繁荣、多元化研究三个阶

---

① 伊来瑞. 阳明学在美国的发展与现状//张新民. 阳明学刊(第7辑). 成都:巴蜀书社,2015:198.

段系统地梳理了阳明学在西方的传播过程①。虽然这些研究提高了西方关于阳明学传播史的研究水平，但仍然是传统的、通识性的材料梳理。因此，为了摆脱传统纵向史料堆积的影响，笔者拟从译介传播、哲学思想、理论研究三个层面梳理阳明学在西方学界的传播轨迹，以期明确英语语言文化语境下对阳明学的理解和认识。

一、阳明学在西方的译介传播

中国传统思想在西方的传播主要是围绕孔孟以来的先秦哲学展开的，关注哲学史的西方学者鲜有触及中国先秦哲学以外的思想。阳明学的译介滥觞于 20 世纪初，美国传教士、学者弗雷德里克·G. 亨克首先将阳明学的代表著述《传习录》英译为 *The Philosophy of Wang Yang-ming*（《王阳明哲学》）。可以说，亨克的英译版《传习录》开启了阳明学在西方的译介传播。

亨克敏锐地察觉到了西方关于中国哲学思想研究中的问题。他指出："欧美学界哲学史研究者很少了解中国自孔孟之后的哲学思想，以至于很长时间以来，人们误以为除了'四书''五经'和老子的《道德经》，中国哲学思想乏善可陈。"②在这一问题意识的基础上，亨克将王阳明的年谱、《传习录》和部分书信翻译成了英文。其中，年谱部分涵盖了从"出生及祖上来历"（Ancestry and Birth）到"死后追谥"（Posthumous Honors）；《传习录》（"Instructions for Practical Life" I, II, III）为徐爱、陆澄、薛侃整理的《王阳明语录》，陈九川编辑的《王阳明语录》（"Record of Discourses"）及《大学问》（"Inquiry Regarding the Great Learning"）；书信为《王阳明的书信》（"Letters Written by Wang Yang-ming"）和《王阳明书信（续）》["Letters Written by Wang Yang-ming (Continued)"]。由

---

① 费周瑛，辛红娟．《传习录》在西方世界的传播与研究．浙江社会科学，2019（5）：121-127．

② Henke, Frederick G. *The Philosophy of Wang Yang-ming*. London & Chicago: The Open Court Publishing Co. , 1916：xi.

于亨克的传教士身份,他在译文中将"天"翻译为"上帝"(Shang-ti)、"天堂"(Heaven),将"道"翻译为"教义"(Doctrine)。从亨克的这些翻译可以看出,阳明学在西方的译介传播具有浓厚的宗教色彩。换句话说,西方学界是从宗教的角度出发来理解和认识阳明学的。

然而,西方对阳明学的这种理解和认识上的偏差,很快在美籍华人学者陈荣捷的翻译中得到了改变。陈荣捷在海外汉学研究界名声斐然,他被誉为北美大陆"中国哲学研究的拓荒者"①和"把东方哲学文化思想最为完备地介绍到西方的中国大儒"②,他将《传习录》重新翻译为 Instructions for Practical Living and Other Neo-Confucian Writings by Wang Yang-ming。其中,关于《答陆原静书》中"不然,则如来书所云'三关、七返、九还'之属,尚有无穷可疑者也"③一段,陈荣捷翻译为:

> Otherwise there will be an infinite number of things in doubt, such as the Taoist formulas to prolong life called the "three gates," the "seven returns," and the "nine returns," mentioned in your letter. ④

在这段翻译之外,陈荣捷还加入了补译,他将"三关"补译为"The 'three gates' were the mouth, hands, and feet, considered as the gates of heaven, man, and earth","七返"补译为"the 'seven returns' were the return of the soul after seven periods","九还"补译为"the 'nine returns,' the return of the soul after a complete cycle"。⑤ "三关""七返""九还"本为道家修行秘术,而陈荣捷在《传习录》的翻译中,详细地解

---

① 崔玉军. 陈荣捷与美国的中国哲学研究. 北京:社会科学文献出版社,2010:215.

② 华霭仁. 陈荣捷(1901—1994):一份口述自传的选录. 彭国翔,译. 中国文化,1997(15/16):347.

③ 王守仁. 王阳明全集(上). 吴光,钱明,董平,姚延福,编校. 上海:上海古籍出版社,2018:70.

④ Chan, Wing-tsit. Instructions for Practical Living and Other Neo-Confucian Writings by Wang Yang-ming. New York:Columbia University Press,1963:133.

⑤ Chan, Wing-tsit. Instructions for Practical Living and Other Neo-Confucian Writings by Wang Yang-ming. New York:Columbia University Press,1963:133.

释了这些术语的翻译，可见他不仅重视原文的本义，还采用补译的方式，对原文中晦涩难解的部分做了进一步的诠释。这种译介传播方式既让阳明学的意蕴以一种开放的形态进入英语语言文化的语境，又使得西方学者得以进入阳明学的思想范畴。在亨克、陈荣捷的翻译之后，华人学者秦家懿从王阳明的书信中选取了 67 封重要书信译为英文，并附以注解，结集以 *The Philosophical Letters of Wang Yang-ming*（《王阳明哲学书信》）为名出版。秦家懿的翻译涉及王阳明关于人性论、义理内涵等传统儒家哲学范畴的论述，这为西方学者进一步深入理解阳明学拓宽了思路。

但是，在阳明学的译介传播中，不少学者对亨克、陈荣捷、秦家懿的翻译提出了疑问。关于《传习录》书名的翻译，倪德卫不同意亨克与陈荣捷将《传习录》分别翻译为“Instructions for Practical Life”和“Instructions for Practical Living”，他认为翻译成“Record of Transmission and Practice”更为妥帖；施友忠则将《传习录》翻译为“Record of Instructions for Moral Cultivation”；王昌祉翻译为“Collected Lessons of the Master”；卜德（Derk Bodde）翻译为“Record of Instruction”；张君劢翻译为“Records of Instructions and Practices”；艾文贺译为“A Record for Practice”。① 此外，倪德卫还指出，《大学问》不应像陈荣捷那样翻译为“An Inquiry on the Great Learning”，而应该译为“Questions Asked by Someone about the Great Learning”。涉及阳明学的具体概念，陈荣捷将“致良知”的“致”翻译为“To extend”，施友忠则认为应将“致”译为“To realize”或“To apply”。在陈荣捷的翻译中，他还把“良知”翻译为“innate or original knowledge”，把“格物”翻译为“the investigation of things”，把“致知”翻译为“the extension of knowledge”。而秦家懿主张把“良知”“心”“格物”“致知”等哲学概念直接音译。在阳明学向西方的译介传播过程中，英汉文化的不可通约给准确译介核心术语带来了挑战，在此过程中所反映出来的争论也恰恰说明阳明学作为儒家哲学在思辨中的张力。

综上所述，阳明学在西方的译介传播主要围绕《传习录》展开，一方面

---

① 参见：Ivanhoe，Philip J. *Ethics in the Confucian Tradition：The Thought of Mencius and Wang Yang-ming*. Atlanta：Scholars Press，1990：154-161.

表现为亨克等西方学者从西方宗教思想的角度理解和认识阳明学；另一方面也显示阳明学自身的内在张力，通过陈荣捷、秦家懿等华人学者的翻译，以一种更加开放的形态为西方学者所理解。

二、阳明学与西方的哲学思想研究

阳明学既是中国儒家的重要哲学思想，也是中国近代思想转折的萌芽。从阳明学的哲学思想研究来看，岛田虔次、沟口雄三等日本学者重点强调了其在中国思想史中的近代思维意义。① 它不仅对泰州学派、李卓吾等学者的思想产生了重要影响，甚至还影响到日本幕末的维新志士。② 但是，西方关于哲学思想视域下的阳明学研究则显得比较迟缓。

阳明学在美国的传播的研究虽然可以分为通识译介、学术繁荣、多元化研究三个阶段③，但是笔者试图说明的一个重要问题是：阳明学在西方的传播是一个连续的动态发展过程。因此，从西方哲学视域下审视阳明学的传播研究，可以引发我们对儒家哲学在海外传播问题上的诸多思考。

阳明学在西方的哲学思想研究中，最值得关注的是"致良知"课题。周光肃（Joseph Kuang-su Chow）在探讨超然（detachment）与介入（attachment）、存在、知识、无私、爱之间的关系的基础上，结合道教、禅宗"无"的智慧对王阳明思想的影响，认为阳明学的"致良知"属于超然之道。④ 在柯雄文看来，"良知"是阳明学的道德教育。⑤ 瑞士汉学家、现象学家耿宁把阳明学的"良知"解释为"心理—素质概念""道德—批判概念""宗教—神性概念"，实质上概括为本原能力、本原意识、本原实现，"将现

---

① 岛田虔次. 中国近代思维的挫折. 甘万萍，译. 南京：江苏人民出版社，2010：1-43.
② 沟口雄三. 中国前近代思想的屈折与展开. 龚颖，译. 北京：读书·新知·生活三联书店，2011：111.
③ 费周瑛，辛红娟.《传习录》在西方世界的传播与研究. 浙江社会科学，2019（5）：121-125.
④ Chow, Joseph Kuang-su. Detachment in the Philosophy of Wang Yang-ming: The Concept "Liang-Chih". PhD Diss. , Drew University, 1981.
⑤ Cua, Antonio S. *The Unity of Knowledge and Action: A Study in Wang Yang-ming's Moral Psychology*. Honolulu: University of Hawai'i Press, 1982.

象学、汉学、阳明学的研究推向更高水平,对于沟通中西思想文化,增进相互理解,推动共同的学术进步,具有重要意义"。① 艾文贺指出,"良知"(pure knowing)和"良能"(pure ability)是"理"的外在表现,生而具有,非孟子所谓后天培养,不过是"致良知"(to extend pure knowing)。② 就目前学界的研究而言,关于阳明学"致良知"研究最具有代表性的著作是耿宁的《人生第一等事:王阳明及其后学论"致良知"》[*Das Wichtigste im Leben*:*Wang Yangming*(1472—1529)*und seine Nachfolger über die* "*Verwirklichung des ursprünglichen Wissens*"]。

此外,为了能更好地理解阳明学的"良知"意蕴,不少学者还将阳明学与西方哲学进行了比较。张添财(Peter T. C. Chang)在比较了巴特勒(Joseph Butler)与王阳明的道德观和良心观后指出,二者的相似点在于以终生的道德修养作为实现人类最高道德规范的"良知";不同点是巴特勒主张"警醒",以达到"基督徒"的目标,而王阳明则是以"静思"成为"君子"。③

除了亨克以外,法国汉学学者王昌祉围绕阳明心学展开对王阳明"良知"的学理性研究,并出版了法语论著 *La Philosophie morale de Wang Yang-ming*(《王阳明的道德哲学》)。德国汉学学者阿尔弗雷德·佛尔克的德文专著 *Geschichte der Neueren Chinesisechen Philosophie*(《中国近代哲学史》)论述了王阳明的心学与朱熹、陆象山的思想的关联。不过,较之王昌祉与佛尔克对阳明心学的重视,亨克则从"心即理""知行合一""万物一体之心"三个方面对阳明学进行了系统性的探讨。他指出,阳明学中对"本心"的论述表明人是一切事物的衡量标准,进而引发每个人需要将

---

① Sciban, Lloyd. Wang Yang-ming on Moral Decision. PhD Diss., University of Toronto, 1994.

② Neville, Robert C. *Boston Confucianism*:*Portable Tradition in the Late-Modern World*. Albany, NY:State University of New York Press, 2000:46.

③ Chang, Peter T. C. *Bishop Joseph Butler and Wang Yangming*:*A Comparative Study of Their Moral Vision and View of Conscience*. Bern:Peter Lang, 2014.

理论和实践结合的义务,从而衍生出自由、平等的观点。①

　　西方学界对阳明学关注的另一重点是"知行合一"的概念。柯雄文在《知行合一:王阳明的道德心理学研究》中,从伦理学角度重新诠释了阳明学"知行合一"的内涵和意义。② 沃伦·弗里西纳从本体论、宇宙论、认识论等角度对阳明学"知行合一"的概念展开了讨论,并将其翻译为"the Unity of Knowledge and Action"(知识与行动的统一)。③ 伊来瑞的博士论文《合一的边缘:王阳明政治伦理思想中的帝国、暴乱和伦理(1472—1529)》从心学与兵学的内在关联方面探讨了王阳明的哲学思想与军事思想之间的关系。④ 这些研究虽然从不同的角度展开了对"知行合一"概念的诠释,但是从整体来看,都在尝试以一种西方式的思维打开阳明学"知行合一"内涵的大门,进而能够以一种西方的话语重新阐释其内在意义。

　　无论是"致良知"还是"知行合一",西方关于阳明学哲学意义的诠释显示了其思辨的活力与温度,阳明学的研究不是历史堆积的结果,而是不断被认识、理解的哲学范畴。在英语乃至其他西方语言的体系下,阳明学在译介传播的基础上能够不断地、深入地引发哲学讨论,充分体现了其在西方哲学领域的延伸和张力。当然,我们不能否认,不少理解仍然没能超出西方哲学思维的界限,但是,不少学者能在文献译介的前提下进行进一步的诠释,就是阳明学在西方连续性、动态化发展的标志。与此同时,西方关于阳明学的研究也显示出百花齐放的趋势。

---

① Henke, Frederick G. *The Philosophy of Wang Yang-ming*. London & Chicago: The Open Court Publishing Co., 1916: xiii-xiv.

② Cua, Antonio S. *The Unity of Knowledge and Action: A Study in Wang Yang-ming's Moral Psychology*. Honolulu: University of Hawai'i Press, 1982.

③ Frisina, Warren G. *The Unity of Knowledge and Action: Toward a Nonrepresentational Theory of Knowledge*. Albany, NY: State University of New York Press, 2002.

④ Israel, George L. On the Margins of the Grand Unity: Empire, Violence, and Ethnicity in the Virtue Ethics and Political Practice of Wang Yangming (1472—1529). PhD Diss., University of Illinois at Urbana-Champaign, 2008.

三、阳明学与西方的理论视角

随着西方学界对阳明学的关注越来越多，不同领域的学者参与到了阳明学的研究中，形成了从不同理论视角审视和诠释阳明学思想的局面。这是近年来阳明学研究的新态势。

在西方研究阳明学的新态势中，最具有代表性的视角是比较哲学研究。秦家懿的论文《"真实的自我"：王阳明与海德格尔》（"'Authentic Selfhood'：Wang Yang-ming and Heidegger"）比较分析了王阳明的"心"（mind）和海德格尔的"存在"（Dasein）。弗里西纳在《知行合一：走向知识的非表象理论》（*The Unity of Knowledge and Action：Toward a Nonrepresentational Theory of Knowledge*）中利用奈杰尔·思瑞夫特（Nigel Thrift）的非表象理论比较了王阳明与美国实用主义学者杜威、过程哲学学者怀特海的实践哲学。杨庆球在《成圣与自由：王阳明与西方基督教思想的比较》（*Sanctification and Freedom：A Comparative Study on the Thought of Wang Yang-ming and Christianity*）中围绕"成圣"与主体性自觉，比较了王阳明与马丁·路德、索伦·克尔凯郭尔的思想。金洽荣在《王阳明与卡尔·巴特：一场儒家和基督教的对话》（*Wang Yang-ming and Karl Barth：A Confucian-Christian Dialogue*）中，围绕人性、"恶"，以及对激进人类的定义等问题比较分析了王阳明与卡尔·巴特思想的相似点。德国奥尔登堡大学哲学博士大卫·巴拓识从比较哲学的视角在传统思想语境中系统分析了德国新柏拉图主义哲学家库萨的尼古拉与王阳明的思想，并出版《"不知之知"抑或"良知"？——库萨的尼古拉与王阳明哲学思想比较研究》（"*Wissendes Nichtwissen*" oder "*Gutes Wissen*"？*Zum Philosophischen Denken von Nicolaus Cusanus und Wáng Yángmíng*）。姚新中比较了王阳明与弗朗西斯·培根的思想之后指出，二者代表了中西方的学习文化，存在着本质性的不同，前者是"道德的、主观的、直觉的方法",而后者则是"科学的、客观的、积极的方法"。① 侯孟沅在围绕阳明学探讨中国自然法的同时,将西方早期思想家亚里士多德、托马斯·阿奎那等的思想与阳明学进行了比较,认为阳明学是"连续性的自然法理论"②。从比较哲学的理论视角来看,西方学界关于阳明学的研究既包括同质性的普遍性思想研究,也存在异质性的特殊性思辨,显示出人类哲学在发展历史中的普遍性和特殊性问题;同时,这种或同质或异质的研究体现了阳明学作为儒家哲学与西方哲学的共通性与延展性。

不过,在西方研究阳明学的理论视角中,最具转折性意义的是耿宁的《人生第一等事:王阳明及其后学论"致良知"》。在该书中,耿宁通过现象学来解释阳明心学,开辟了西方阳明学研究的新视角,并对后来的相关研究产生了积极意义。卢盈华不仅继承了耿宁的现象学研究思路,还结合比较哲学的理论视角比较分析了王阳明与马克斯·舍勒的价值、情感等概念③;与此同时,进一步以现象学作为研究理论,探讨了王阳明思想中关于道德的判断、知识、经验等问题④。从这个角度来说,耿宁所开创的现象学视角下的阳明学研究是一种范式上的重大转折,这种研究范式不同于过去简单地围绕某两种或某几种人物、思想的比较,而是真正地在西方哲学中开辟出阳明学研究的领域。正如王庆节所言,耿宁对阳明学的研究"不仅可以说是在西方的现象学传统中首创了一片现象学的阳明学领域,而且更可以说是在中国以及东亚的阳明学研究中开辟了一条阳明学的现象学解释新路"⑤。

---

① Yao,Xinzhong. Philosophy of Learning in Wang Yangming and Francis Bacon. *Journal of Chinese Philosophy*,2013,40(3/4):433.

② Ho,Norman P. Natural Law in Chinese Legal Thought:The Philosophical System of Wang Yang-ming. *Yonsei Law Journal*,2017,8(1/2):1.

③ Lu,Yinghua. The *a Priori* Value and Feeling in Max Scheler and Wang Yangming. *Asian Philosophy*,2014,24(3):197-211.

④ Lu,Yinghua. Pure Knowing(*liang zhi*)as Moral Feeling and Moral Cognition:Wang Yangming's Phenomenology of Approval and Disapproval. *Asian Philosophy*,2017,27(4):309-323.

⑤ 王庆节. 现象学的现象、海德格尔与王阳明的致良知——兼论现象学家耿宁先生的阳明学. 广西大学学报(哲学社会科学版),2015(2):11-12.

与此同时,历史学学者也不断推进关于王阳明传记研究的进程。杜维明针对王阳明的生平与思想形成之间的关联,指出阳明之于儒学,毫不逊色于马丁·路德之于基督教。[①] 之后,白安理(Bresciani Umberto)说道:"当我意识到西方还没有完整的王阳明传记时,我就在现有的传记基础上着手写作,虽然说不上是个大部头,不能无所不包,但足以让我们了解王阳明其人其事。"[②]他根据王阳明成长的过程完整地记录了其思想的发展过程。而关于王阳明及其思想,历史学家这样给予评价:"明代最具影响力的思想家王阳明,他在接受儒家道德思想的基础上,主张能够通过静思和经验发掘人人所拥有的、天生的道德知识,而不是仅仅依靠学习儒家经典。他认为普通人也可以理解儒家美德,鼓励学者与普通人互动联系。儒学者们为了掌握和发展儒家传统,造成了对王阳明思想一个多世纪的激烈争论。"[③]由此可见,历史学界不仅从王阳明的个人成长历程中挖掘其思想的变化过程,还将阳明学置于整个历史发展过程中进行评价。

从比较哲学到现象学,再到历史学,西方关于阳明学的研究视角在不断切换的同时,也越来越深入地思考阳明学的成因及思想特质。在此基础上所引发的对世界哲学普遍性与特殊性问题的探讨,显然更能引发西方学界的共鸣。这也说明西方学界对阳明学的认识愈加成熟,成为可以融入西方哲学体系的重要课题。

四、结　语

中国儒家哲学中,阳明学因其倡导"致良知""知行合一"等思想对后世影响深远,与此同时这种影响也延伸至东亚。关于阳明学的研究在东亚学界较为普遍,但在西方却一直未能成为学界关注的重点。因此,阳明

---

① Tu, Weiming. *Neo-Confucian Thought in Action*：*Wang Yangming's Youth* (*1472—1509*). Berkeley：University of California Press，1976.

② Bresciani, Umberto. *Wang Yangming*：*An Essential Biography*. Gaeta：Passerino Editore，2016：3.

③ Judge, Edward H., and John W. Langdon. *Connections*：*A World History*. Trenton, NJ：Pearson，2009：483-484.

学在西方学界是如何译介传播的、西方是怎么诠释阳明学的哲学内涵的、西方是用怎样的理论视角研究阳明学的等一系列问题实际上是国际汉学乃至世界哲学的重要课题。

由上述论述可知,在译介传播方面,宗教思想对阳明学在西方的译介起到了非常重要的作用,但恰恰是宗教语言的影响使得阳明学在具体术语的翻译上呈现出多元化的理解和认识,造成了西方对其思想的误读。在哲学思想研究方面,"致良知""知行合一"等概念的诠释也是在译介的基础上不断发展的,翻译所造成的误读也很容易引起诠释上的误解。不过,在西方学人特别是华人汉学家的不断努力下,阳明学所折射出的普遍性意义与西方哲学具有共通性。这也为西方对阳明学的理论视角研究奠定了坚实的基础。在理论视角方面,比较哲学最先针对阳明学与西方哲学的普遍性与特殊性问题发问,分析了王阳明与海德格尔、马丁·路德、克尔凯郭尔、卡尔·巴特等哲学家思想上的异同;一直到现象学开辟了研究阳明学的新范式,才使得比较研究成为可能。随着西方对阳明学的重视,历史学也逐渐开始结合王阳明的成长经历思考其思想形成的动因。这些研究都为阳明学在西方的研究提供了一个多维的立体视野,同时也体现了阳明学作为中华传统思想在西方哲学中的张力和活力。

(原载于《内蒙古师范大学学报(哲学社会科学版)》2021 年第 2 期)

西方王阳明思想译介与研究综述

曹雷雨　北京师范大学

摘要：阳明心学不仅对儒家文化做出了重要的理论贡献,而且早在16世纪初就传播到了东亚,并对东亚思想文化的发展产生了广泛而深远的影响。长期以来,我们对王阳明思想传播和影响的研究重东亚而轻西方,这显然不利于当前文化发展的迫切要求。目前学术界对王阳明思想的西方之旅这一课题已经有了一些研究成果,但总的来看仍然处于起步阶段,尚不能适应中国文化"走出去"的要求,值得格外关注。

关键词：王阳明,心学,阳明学,西方之旅

1826年,密歇根大学图书馆出版了16卷本的《王阳明先生全集》(*Wang Yangming xian sheng quan ji*),尽管此举堪称中学西传史上的一桩盛事,但由于语言上的障碍,全集并未对汉学家之外的西方受众产生太大影响。

从翻译史来看,西方对王阳明的译介肇始于20世纪早期。1916年,先在中国做传教士后在金陵大学教授哲学的弗雷德里克·亨克出版了收有王阳明年谱、语录(《大学问》《传习录》等著作选译)和50封书信、12篇序跋文字的译著《王阳明哲学》[①]。这部译著是西方第一个传播王阳明学说的译本,阳明学的西方之旅从此开启。1960年,由狄百瑞主编、陈荣捷等人主译的近千页的《中国传统诸源》[②]出版。这是西方出版的第一本全

---

① Henke, Frederick G. *The Philosophy of Wang Yang-ming*. London & Chicago: The Open Court Publishing Co., 1916.

② de Bary, William Theodore, and Irene Bloom (eds.). *Sources of Chinese Tradition: From Earliest Times to 1600*. 2nd ed. New York: Columbia University Press, 1999.

面译介中国重要思想文献的著作,书中第四部分"宋元明清儒学复兴时期"收有对王阳明心学的译介。1963 年,陈荣捷出版了中国哲学思想资料译介汇编《中国哲学文献选编》①,该书至今依然是西方学者了解研究中国哲学和中国思想最主要的文献资源和参考资料,其中收有更丰富的王阳明思想译介资料。同年,陈荣捷出版了《传习录》《大学问》和王阳明 7 篇政论文的英译本《〈传习录〉以及王阳明的其他新儒学著作》②。1972 年,继亨克、陈荣捷之后,以王阳明研究著称的海外汉学家秦家懿出版了《王阳明哲学书信》③英译本,该译本选取王阳明的书信 67 封,多数是王阳明对人性、义理等儒家思想的思考。1997 年,法兰西学院中国思想史教授程艾兰(Anne Cheng)出版的著作《中国思想史》④中收有她对《传习录》和《大学问》重要章节的法语译文。2009 年,艾文贺在他的《"陆王学派"儒家文献选读》⑤中收入了对王阳明《传习录》的选译、对《大学问》和《教条示龙场诸生》的全译文以及一些论学书信和诗歌译文。

从研究史来看,王阳明著作的首译者亨克也是第一个研究阳明学的西方学者,1913 年他的论文《王阳明生平与哲学研究》发表于《皇家亚洲文会北华支会会刊》,文中论述了王阳明关于人性、心学和格物等理论。⑥ 1914 年,亨克又在《一元论者》杂志发表了论文《王阳明:一个中国的唯心论者》,高度评价了王阳明思想在 20 世纪初期东亚文化圈的地位。⑦ 亨克在译著《王阳明哲学》的《译者前言》中写道:"欧美学界哲学史研究者很少

---

①　Chan, Wing-tsit. *A Source Book in Chinese Philosophy*. Princeton: Princeton University Press, 1963.

②　Chan, Wing-tsit. *Instructions for Practical Living and Other Neo-Confucian Writings by Wang Yang-ming*. New York: Columbia University Press, 1963.

③　Ching, Julia. *The Philosophical Letters of Wang Yang-ming*. Columbia, SC: University of South Carolina Press, 1972.

④　Cheng, Anne. *Histoire de la pensée chinoise*. Paris: Seuil, 1997.

⑤　Ivanhoe, Philip J. *Readings from the Lu-Wang School of Neo-Confucianism*. Indianapolis: Hackett, 2009.

⑥　Henke, Frederick G. A Study in the Life and Philosophy of Wang Yang-ming. *Journal of the North China Branch of the Royal Asiatic Society*, 1913, 44: 46-63.

⑦　Henke, Frederick G. Wang Yang-ming, a Chinese Idealist. *The Monist*, 1914, 24(1): 17-34.

了解中国自孔孟之后的哲学思想，以至于很长时间以来，人们误以为除了'四书''五经'和老子的《道德经》，中国哲学思想乏善可陈。"①他难能可贵地洞见到了宋明时期中国哲学的发展和阳明学对中国社会的真正价值。1936 年，保罗·伯希和的学生王昌祉用法文出版了著作《王阳明的道德哲学》②，这是西方第一部研究王阳明的专著。

20 世纪五六十年代，张君劢在美期间用英文撰写出版了《新儒家思想史》③和《王阳明：中国十六世纪的唯心主义哲学家》④。《新儒家思想史》是世界上第一部用英文系统论述宋明 600 多年中国新儒学思想发展的著作，书中用 4 章的篇幅详述了王阳明的生平、学说、论辩、后学。这部著作为西方世界了解儒家思想的发展和宋明理学的精神价值提供了参照，为中国哲学走向世界做出了不可磨灭的贡献，西方学术界后来称"宋明理学"为"新儒学"、称"宋明理学家"为"新儒家"就是《新儒家思想史》出版后逐渐流行起来的。张君劢关于王阳明的研究成果大部分包含在《王阳明：中国十六世纪的唯心主义哲学家》中，该书是西方世界迄今为止对王阳明讨论最为全面的一部著作。

20 世纪六七十年代，陈荣捷和狄百瑞以阳明学为焦点讨论了明代的思想发展，并通过梳理明初思想家的心学演变帮助我们纵观明初至王阳明时代的思潮。⑤ 1973 年，倪德卫在《东西方哲学》上发表了重要论文《王阳明的道德决定：中国的"存在主义"问题》，此文后作为一章收入他 1996

---

① Henke, Frederick G. *The Philosophy of Wang Yang-ming*. London & Chicago: The Open Court Publishing Co., 1916: xi.

② Wang, Tch'ang-tche. *La Philosophie morale de Wang Yang-ming*. Shanghai: Imprimerie de T'ou-sè-wè; Paris: P. Geuthner, 1936.

③ Chang, Carsun. *The Development of Neo-Confucian Thought*. New York: Bookman, 1957, 1962.

④ Chang, Carsun. *Wang Yang-ming, Idealist Philosopher of Sixteenth-Century China*. New York: St. John's University Press, 1962.

⑤ de Bary, William Theodore. *Self and Society in Ming Thought*. New York: Columbia University Press, 1970.

年出版的《儒家之道：中国哲学之探讨》①，并在该章前添加了一章"王阳明的哲学"。1976 年，杜维明在其博士论文基础上出版的专著《青年王阳明：行动中的儒家思想》②中探讨了王阳明的生平和主要学说之间的交互作用，认为阳明之于儒学，毫不逊色于马丁·路德之于基督教。同年，秦家懿出版了在其博士论文基础上修改而成的《获取智慧：王阳明之道》③，该书考察了王阳明思想的不同层面，尤其是与佛道两家的关系，并在此基础上分析了王阳明思想中的宗教因素。

　　1990 年，艾文贺出版了专著《儒家传统中的伦理学：孟子和王阳明的思想》④，这本书的主要内容是比较分析孟子与王阳明的异同。1993 年，艾文贺出版的著作《儒家道德修养》⑤则以孔子、孟子、荀子、朱熹、王阳明及戴震等 6 人为代表，全面介绍了中国历史上最主要的儒学思想，是大学生进入儒学研究的理想的入门之作。1996 年出版的两部从比较宗教角度研究王阳明的英文著作也颇值得重视，一部是时任建道神学院、中国神学研究院神学科教授杨庆球的著作《成圣与自由：王阳明与西方基督教思想的比较》(*Sanctification and Freedom：A Comparative Study on the Thought of Wang Yang-ming and Christianity*)⑥，另一部是韩国江南大学系统神学教授金洽荣的著作《王阳明与卡尔·巴特：一场儒家和基督教的对话》⑦。

　　2010 年，瑞士汉学家耿宁出版的专著《人生第一等事：王阳明及其后

---

①　Nivison，David S. *The Ways of Confucianism：Investigations in Chinese Philosophy*. Chicago：The Open Court Publishing Co.，1996.

②　Tu，Weiming. *Neo-Confucian Thought in Action：Wang Yang-ming's Youth (1472—1509)*. Berkeley：University of California Press，1976.

③　Ching，Julia. *To Acquire Wisdom：The Way of Wang Yang-ming*. New York：Columbia University Press，1976.

④　Ivanhoe，Philip J. *Ethics in the Confucian Tradition：The Thought of Mencius and Wang Yang-ming*. Atlanta：Scholars Press，1990.

⑤　Ivanhoe，Philip J. *Confucian Moral Self Cultivation*. New York：Peter Lang Inc.，International Academic Publishers，1993.

⑥　杨庆球. 成圣与自由：王阳明与西方基督教思想的比较. 香港：建道神学院，1996.

⑦　Kim，Heup Young. *Wang Yang-ming and Karl Barth：A Confucian-Christian Dialogue*. Lanham：University Press of America，1996.

学论“致良知”》①，尝试用现象学方法论来解读阳明心学，2014 年商务印书馆出版了中国现象学学者倪梁康的译本。2014 年，中佐治亚州立大学历史学教授伊来瑞出版的专著《明代中国的惩恶扬善：王阳明的政治生涯》②，探讨了作为官员的王阳明的知与行，重新认识了王阳明的政治生涯与其思想发展之间的关系。2015 年，德国奥尔登堡大学哲学博士大卫·巴拓识出版的专著《“不知之知”抑或“良知”？——库萨的尼古拉与王阳明哲学思想比较研究》③，运用比较哲学的方法将德国新柏拉图主义哲学家库萨的尼古拉与王阳明放在各自的思想传统语境中进行了系统的比较。

长期以来，国内外学术界对中国哲学思想的重要代表人物王阳明的西方之旅缺少应有的关注，因此迄今为止与王阳明思想在西方的翻译史、研究史和传播史有关的研究寥寥无几。目前来看，已出版的著作中关联度最大的当属陈荣捷的论文集《王阳明与禅》④，其次是中国社会科学院崔玉军的专著《陈荣捷与美国的中国哲学研究》⑤。《王阳明与禅》收入的两篇论文《美国研究中国哲学之趋势》和《欧美之阳明学》对本专题的研究具有奠基作用。《陈荣捷与美国的中国哲学研究》则厘清了中国哲学研究在美国的发展脉络，对海外中国哲学研究有一定的补白作用，同时也是现有最完整的陈荣捷学术传记。陈荣捷是王阳明最重要的翻译者和研究者之一，通过他的书中的线索可窥得一些王阳明思想在西方的传播情况。黄俊杰的著作《东亚儒学研究的回顾与展望》的第八部分“战后美国汉学界的儒家思想研究”也有一定的参考价值。⑥

---

①　Kern，Iso. *Das Wichtigste im Leben：Wang Yangming（1472—1529）und seine Nachfolger über die "Verwirklichung des ursprünglichen Wissens".* Basel：Schwabe，2010.

②　Israel，George L. *Doing Good and Ridding Evil in Ming China：The Political Career of Wang Yang-ming.* Leiden：Brill，2014.

③　Bartosch，David. *"Wissendes Nichtwissen" oder "Gutes Wissen"? Zum Philosophischen Denken von Nicolaus Cusanus und Wáng Yángmíng.* Paderborn：Wilhelm Fink，2015.

④　陈荣捷. 王阳明与禅. 台北：学生书局，1984.

⑤　崔玉军. 陈荣捷与美国的中国哲学研究. 北京：社会科学文献出版社，2010.

⑥　黄俊杰. 东亚儒学研究的回顾与展望. 上海：华东师范大学出版社，2008.

　　此外,有 5 篇国内的硕士论文与王阳明著作的英译和海外研究相关,分别是《〈传习录〉两个英译本之比较研究》《后殖民视域下的陈荣捷哲学典籍英译研究》《狄百瑞的王阳明研究管窥》《耿宁对王阳明良知思想的诠释》和《论陈荣捷的宋明理学研究》。① 这些论文虽然有不少缺陷和问题,但从中可以看到阳明学西方之旅研究后继有人。2017 年,浙江省社会科学院王宇发表的文章《亨克与王阳明的西传》②,介绍了亨克对王阳明海外传播的椎轮作始之功。南京大学阎韬发表的论文《致博大,务精深——耿宁先生两书读后》③,盛赞了耿宁从现象学视角出发对阳明学研究做出的重要贡献。在题为《西方世界中国哲学研究者之"三重约束"》④的论文中,香港中文大学黄勇和华东政法大学的崔雅琴以王阳明研究中的几个主题证明了中国哲学有助于解决当今西方哲学家致力研究的问题。

　　综上所述,我们看到阳明学西方之旅的研究中主要存在以下问题:一是缺乏历史性的系统全面的研究,迄今尚无研究者对这一专题展开全方位的关照;二是现有研究受语言文化、国学素养和研究方法的限制,选题范围狭窄,研究层面单一,现象罗列过多;三是研究观点和方法陈旧,理论基础常常与研究对象脱节,因此无法获得有价值的成果。由此可见,在中西文化交流日新月异的全球化语境下,学术界对王阳明思想的西方之旅未能及时关注和全面应对;在急需广大知识界大力外推中华文化、外译国学经典的今天,该领域现有的研究视野、研究力度和研究水平远远没有跟上时代的要求。

（原载于《清华大学学报》2018 年第 1 期）

---

① 李初生.《传习录》两个英译本之比较研究. 福州:福建师范大学硕士学位论文,
　　2012;杨凯. 后殖民视域下的陈荣捷哲学典籍英译研究. 金华:浙江师范大学硕士
　　学位论文,2014;陈婕. 狄百瑞的王阳明研究管窥. 广州:华南师范大学硕士学位
　　论文,2007;梁广兆. 耿宁对王阳明良知思想的诠释. 深圳:深圳大学硕士学位论
　　文,2017;董俊娜. 论陈荣捷的宋明理学研究. 湘潭:湘潭大学硕士学位论文,2012.

② 王宇. 亨克与王阳明的西传. 浙江日报,2017-01-09(11).

③ 阎韬. 致博大,务精深——耿宁先生两书读后. 广西大学学报(哲学社会科学版),
　　2017(1);68-73.

④ 黄勇,崔雅琴. 西方世界中国哲学研究者之"三重约束". 文史哲,2017(2);75-82
　　+ 165-166.

中　编　阳明学在欧美的传播与影响

欧美的阳明学[①]

陈荣捷

华国学　译

一、阳明学研究在欧美的展开

　　欧美的理学研究,现在仍处在萌芽时期,而且王学的研究比起朱子学的研究更为落后。早在 17 世纪末,朱子思想即已传往欧洲,并且影响了莱布尼兹,使其推导出著名的单子论,但那时欧美人连王阳明的名字也没有听到过。1844 年,《中国丛报》(*The Chinese Repository*)月刊发表了《朱子理气论》一文,这是在欧美最初的关于朱子的论述。1849 年,《中国丛报》登载了《朱子全书》中关于天地日月星辰的若干节文字。这是朱子著作最初的西文翻译。1907 年,戴遂良[②]以法语选译了王氏咏良知的诗三首。1913 年,《皇家亚洲文会北华支会会刊》发表了美国传教士亨克的论

----

①　编者注:此篇译文系华国学先生根据石川梅次郎的日译本译出。因华国学先生已于 1986 年去世,经华国学先生长子华夏先生授权,为使信息贴合、准确,此文与发刊文本有多处不同,均为编著者基于陈荣捷《欧美的阳明学》(《王阳明与禅》,台北学生书局,1984)文稿与学术查证之上的修订与调整。

②　编者注:戴遂良(Léon Wieger,1856—1933),法国著名汉学家,1881 年来华,在直隶东南耶稣会任教职,大部分时间在献县。开始为医师,后致力于汉学。他留下了 30 册几乎各方面都有触及的著作,如:《中国现代民俗》(*Folklore chinois moderne*,1909)、《现代中国》(*Chine moderne*,1921—1932)、《中国宗教信仰与哲学观通史》(*Histoire des croyances religieuses et des opinions philosophiques en Chine depuis l'origine,jusqu'à nos jours*,1917)等。

文《王阳明生平与哲学研究》。1916 年,亨克英译了王阳明的作品。这是翻译王阳明著作的开始。至于最近几十年在欧美出版的宋明理学著述,朱子学的书和论文要比王学的多两倍以上。朱子学是中国的正统学,王学是次于朱子学的,并且朱子学范围之广和文献之多,是王学远远不能比拟的。欧美王学落后于朱子学也因此不足为奇。

第二次世界大战以后,欧美才开始注意中国思想,对王学也终于给予重视,且有直追朱子学之势。试就二事加以观察。一是在大学中专门性研究和论文的增加。王昌祉追随法国的中国学权威伯希和从事研究,1936 年撰写了《王阳明的道德哲学》;1950 年,哥伦比亚大学弥尔顿·村山(Milton Murayama)完成了题为《王阳明与禅之比较》的硕士论文;1968 年,哈佛大学杜维明完成了题为《王阳明自我实现之寻求》("The Quest for Self-realization: A Study of Wang Yang-ming's Formative Years, 1472—1509")的博士论文;1972 年,澳大利亚国立大学秦家懿完成了题为《获取智慧:王阳明之道》的博士论文。这些论文达到了几乎和朱子学并驾齐驱的程度。二是百科辞典的认识。1960 年以前的各种百科辞典都没有登载朱子和王阳明,而 1960 年《大英百科全书》才增加了朱子和王阳明二项,《王阳明》一文由我执笔,1967 年版改为《王守仁》。同一年的美国《哲学百科全书》是一部具有 8 册宏大规模的辞书,将成为今后 50 年的哲学知识中心,该书特设《中国哲学》一部,由我主编,其中不仅包括王学,还专设"王阳明"一编,也是由我执笔。继而有比较通俗的、作为中学生参考的《美国百科全书》,1969 年版增加了也是我写的《王阳明》一项。这样就可以断言,虽然是微不足道,然而欧美学界已然更加注意王学了。

王学逐渐兴盛起来,固然是时势的驱使,但有三个促使王学研究前进的主要原因,即关于王阳明著作的增加、王学文献的新翻译以及明代思想的集中研究。现在分别予以略述。

(一)关于王阳明著作的增加

欧美关于王阳明的专著,1940 年以前仅有 6 种,以后的 15 年则一无所有。1955 年至现在①有 16 种,其中 14 种是近 10 年的产物。发表的这些专著中以我的为最多,计 6 种。其次是张君劢的,有 3 种。以上均为就专著而言,如把重点放在促使王学前进方面,则以张君劢功劳最大。张君劢是理学的权威,同时也研究王学。除了专著和论文外,他还写了《新儒家思想史》,其中有王阳明一章、王阳明和罗钦顺及湛若水一章、王门流派一章,以及王学衰微及其在日本的兴盛一章。他还在美国东亚学会年会上宣读了关于王阳明的论文。他对王学的贡献很大。

(二)《传习录》的新译

亨克是欧美第一个研究阳明哲学的人,这在上面已做过交代。他最初是在中国的传教士,后来担任了金陵大学哲学教师。1911 年和上海的皇家亚洲文会北中国支会(North China Branch of the Royal Asiatic Society)定下合同研究王学,第二年在该会讲授"王阳明哲学"。1916 年摘译了《年谱》,全译了《传习录》和《大学问》,并选译了书信 50 封、序跋文字 12 篇。这就是《王阳明哲学》一书。亨克可以说是开山的功臣,是西方研究王学的人应该感谢的人物,只是他的译著是远在 60 年以前完成的。那时新教传教士和 17、18 世纪天主教牧师对朱子哲学的理解不同,因而亨克对王学尚未入门,并且由于不了解《传习录》的中文评论和日文的注释书,译文中存在许多误译。具体表现如:把《传习录》徐爱序中的"错纵"误译为"错误";把第 50 页"爱问知止"条(第 2 条)的"义外"误译为"义的客观方面";把第 57 页"爱问昨闻"条(第 6 条)的"曰仁"误解为"有德之人",这是由于不知道"曰仁"是徐爱的字;对第 62 页"爱问文中子"条(第 11 条),因不了解文中子效仿《论语》,因此误把"拟经"解释为"经典的估价";由于不理解第 159 页"先生尝言佛氏"条(《传习录》下 236 条)的"佛氏着相",而将其误译为"留心于相互关系和情境";将第 168 页"朱本思问"条(第 274 条)的"虚灵"误译为"无欲之心";误解了第 493 页的"集注"而将

---

① 编者注:本文由陈荣捷发表于 1972 年的英文论文辗转翻译而来,文中出现的所有时间表述,如"现在""近 10 年""远在 60 年前""时至今日"等等,均以 1972 年为节点。

其误译为"相传的注解";将"或问"误译为"某人所问之点"。诸如此类恐不胜枚举。1960 年,美国哥伦比亚大学制订了编译亚洲名著的计划,由狄百瑞教授主持,其中朱子的《近思录》和王阳明的《传习录》由我负责。我的译本 *Instructions for Practical Living and Other Neo-Confucian Writings by Wang Yang-ming*,1963 年由哥伦比亚大学出版社出版,内容除概论 23 页和《传习录》全篇外,还包含关于《大学问》和政治社会的公文 7 篇。

我的翻译参考了 16 种日本人的注释,其中包括佐藤一斋的《传习录栏外书》、三轮执斋的《标注传习录》、三轮执斋学生川田雄琴的《传习录笔记》、东敬治的《传习录讲义》、东正纯的《传习录参考》以及山田准、铃木直治等的讲义译注等。同时还参照了王应昌的《传习录论述参》与《王阳明先生传习录论》、倪锡恩的《详注王阳明全集》、叶绍钧的《传习录点注》、于清远的《王阳明传习录注释》和但衡今的《王阳明传习录札记》。王、但二人的书以评论为主,不是注释本。相比而言,中国的各家注释没有日本的各家注释明了,其中佐藤一斋与三轮执斋常常提出创新见解,这是其他各家望尘莫及的。

我的译著集中国、日本诸注之大成,任何一条注释都比较详细。有辞必释,有名必注,有引句必溯其源。但是时至今日仍有三处查不到出典。(1)《传习录》下《九川问》条(第 212 条)说:"伊川说到'体用一源,显微无间'处,门人已说是泄天机。"这话见于程伊川易传序。日人注及《大汉和辞典》均认为语源来自澄观的《华严经疏注》,但太田锦城的《疑问录》指出,在澄观的《清凉大疏》百卷、《清凉语录》五卷,以及《清凉玄义》等书中均未见此语。据查《华严经疏注》原百二十卷,现在其中六十余卷已散佚,那话也许在佚文中。澄观注中"体用隐微"一语所用甚多,其中卷三和卷五则更多。尚直编纂的《归元直指》引用了这句话,认为它出自清凉。唐荆川(1507—1560)的《中庸辑略序》说:"儒者曰体用一原,佛者曰体用一原。儒者曰显微无间,佛者曰显微无间。其孰从而辨之?"程伊川真是直接引自佛家语吗?(2)《传习录》上《德章》条(第 107 条)说:"人人自有,个个圆成。"三轮执斋认为这是菩提达摩语,出自《六门集》,其他日本注释家多从此说,但经查证,在今本《六门集》中没有见到。东敬治认为这话出自《六明集》,并且指出了其所在的小段,但是《大藏经》和《续藏经》中并无此书。这样看来,"六明"也许是"六门"之误,然而引语未见于《六门集》。查证《楚石梵琦禅师语录》有"人人自足,个个圆成"一语,不知禅师究竟是否阐述达摩?（3）《传习录》答顾东桥书（139 条）中引舜不告而娶,武王未葬而兴师以及养志、养口、小杖、割股、庐墓等,这些除割股以外,都应是根据先秦文献,只是割股诸注皆引自《宋史·选举志》："苏轼曰,'上以孝取人,则勇者割股,怯者庐墓'。"是宋以前无文可出典的么? 东敬治引《魏书》《孝子传》有："张密至孝,为御史时,母病。乃斋戒刲股肉,和药以进,遂愈。"查证《魏志》《魏书》均无《孝子传》或《张密传》。《晋书》《李密传》虽有庐墓,但无割股。同时《孝友传》无张密名。《晋书》《孝感列传》也没有张密。三轮执斋的注说："朱子所考异之《昌黎外集》、《黄氏日钞》、《事文类聚》五月五日下,《琅邪代醉编》二十卷论及此事。李退溪之《自省录》也曾论述。"朱子的《大学或问》经文"治国平天下"项下也讲到割股之事。但出典均不详。《庄子·盗跖篇》有"介子推割股以食文公",但这是讲忠,并非讲孝。《韩昌黎全集》外集卷四的《鄠人对》有割股以疗母病而请旌者,文公批评之。《新唐书》卷一九五将割股以愈亲疾系于唐陈藏器的《本草拾遗》之言。同书卷一九六有王友贞割股愈亲受旌。大致这些均属唐典,那么究竟在此以前没有可称得起出典的么?

以上历数考据的困难,在于祈求大雅之教。但是这些细节并无碍于王学的大旨。所幸译本出版以后,已开始引起各方面的注意,这不能不说是王学发展的一大进步。

（三）明代思想的集中研究

1965 年,哥伦比亚大学狄百瑞博士创立了明代思想研究会,九州大学冈田武彦教授、澳大利亚国立大学柳存仁教授和我被聘为客座教授,同 10 余名研究生每周进行讨论。这可以说是欧美阳明学专门研究的开始。

这年夏天,美国学会①召开了明代思想的研讨会。会期 7 日,由狄百瑞博士主持,参加者 10 余人。会议讨论了我所论述的明初程朱学派、简又文教授论陈献章的自然哲学,以及关于王学的 4 篇论文。关于王学的 4 篇论文即唐君毅教授的《道心观念从王阳明到王畿的发展》、冈田武彦教授的《王畿与存在主义的兴起》、狄百瑞博士的《晚明的个人主义和人道主义》以及杜维明的《王阳明内圣外王的儒家理想》。这些论文大部分已经编辑成书出版。这次会议汇聚各地学者,开展专题性的研究,堪称极一时之盛,是欧美明代思想研究的开始,是王学研究的一大跃进,对之后欧美的王学研究产生了巨大的影响。

二、欧美阳明学研究的内容

关于王学研究的内容,首先是探求阳明哲学的本体,其次是王阳明和宋明理学各家的异同,再次是说明王门的流派。现在把这些分为三点加以说明。

(一)专重良知

1950 年以前,王学研究的内容可以说是专重良知。从 1916 年亨克推出王阳明的译本以后,研究专重良知,简略地说明其致良知和知行合一之教。亨克翻译了王阳明的书,在《译者前言》中提倡良知、知行,以及仁者与天地一体三宗旨,但未详尽。论述王阳明思想的文章,也多半集中于性心格物,几乎未超出良知的范围。戴遂良著作中关于王阳明的一章,标题是《心、善以及良知》,其实只是讲"心即理"、心的本体以及心的静,关于知行合一只选用一句,而且这句也还是包含在讲"心"之中了。其他的如,哈克曼(Heinrich Hackmann)和佛尔克几乎完全论述良知,哈克曼虽论及知行,但很肤浅,佛尔克略述了"四句教"(即王阳明晚年所述的"无善无恶心之体,有善有恶意之动,知善知恶是良知,为善去恶是格物"四句)。研究

---

① 美国学会,也称"美国学会理事会"(American Council of Learned Societies,缩略词为 ACLS)。

阳明学的专著,是从 1936 年王昌祉开始。王昌祉《王阳明的道德哲学》的八章中,一章叙述王阳明的生涯,六章研究至善在心、良知观念、良知的实现、良知的实行、良知和本心以及良知的修善,最后一章讲本心至善和道德。把知行问题作为良知实现的一部分,特别注重理和欲的区分,关于"四句教"也只是从道德方面加以概述。不能不说,此书具有首创之功,但遗憾的是有片面之弊。其后的夔德义（Lyman V. Cady）和猪城博之（Hiroyuki Iki）①也只是专论良知。

良知是王学的中心,而有关心性的学说亦为西方哲学主流之一,因而把良知作为特殊的重点,是理所当然的。致良知、知行合一以及仁者与天地一体是阳明哲学的精髓,其格致之旨与四言之教又是其哲学主要的争辩之点,因此,不能不予以相当充分的研究。1953 年,倪德卫曾经论述了王阳明前后的知行问题,但不是专论王阳明的知行合一之教。1950 年以前,可以说欧美并未窥得阳明哲学的全貌。得以窥其全貌是这 20 年间的事。这是冯友兰、张君劢以及我的著述,几年以来提倡明代思想的结果。冯友兰的《中国哲学简史》下篇,1953 年被译成英文,这本书述及王阳明,共分七节,即大学问、知行合一、朱王的异同、对二氏的批评、爱之差等、恶之起源以及动静合一。据此,已经可以看出阳明哲学的全貌。张君劢在《一元的唯心论者王守仁》一文中,仅就朱王之辩、知行以及个人与宇宙等问题进行了简要评论。我在《传习录》译文的序言中,说明了格物、心即理、知行合一、致良知、四句教以及天地万物为一体等方面,以求对王学的全面研究;也因此在《中国哲学文献选编》一书中,选译和概论了王阳明的言论。至此,可以说对阳明哲学的全面研究已初具规模。

（二）王阳明和禅

欧美学界偏重良知,不可避免地会造成王阳明主静而近于禅的印象。佛尔克和王昌祉均特别注意王阳明的主静默思,就是一个例证。他们对王阳明的致知及事上磨炼诸说是不明了的,在很大程度上认为王阳明的

---

① 　编者注:夔德义,齐鲁神学教授、牧师;猪城博之,曾为九州大学教授,其著作涉及日本文化和日本神道、基督教等领域。

中心教理在于静坐,受禅宗影响。甚至美国的两位东方学权威学者所著的影响极大的东洋史,也遵循此说。欧美的禅研究是近四五十年发展起来并日益昌盛的,但不能因此便说重视王学。然而讲王学者却认为其接近禅,这是因为不知王阳明讲静坐是在早年时代,同时不详细了解《传习录》之教。《传习录》上,《日间》条(第 17 条),只以主静为"因病而药"。下卷《九川》条(202 条),答关于静坐之问,说"静未尝不动,动未尝不静",在《静坐》条(204 条)中说:"须在事上磨炼,做功夫乃有益。若只好静,遇事便动,终无长进。"王阳明早年(1510 年)居滁(南京附近)时,教人静坐。据《传习录》下,《一友》条(202 条),因有"诸生多务知解,口耳异同,渐有喜静厌动"之病,所以使之事上磨炼。冯友兰等以王学为心学,使欧美产生了王阳明近于禅的误解。甚至在英国连中国科学史权威李约瑟也未能免此误解。因此我才发表了《王阳明之禅也何似?》一文。其大意是王阳明援用禅语、引证禅的故事、采用禅的方术、游宿禅寺以及为序赞美日本的桂悟了庵等,这对王阳明的哲学并无特别意义。王阳明与禅的接触并不多。但就评伕①而言却较朱子为多,与朱子从社会伦理、历史哲学方面着眼不同,王阳明是集中于伕家的心说。文章指出:(1)有心则不能如伕氏之无思无虑;(2)伕氏之不着于相,实为着于相;(3)伕氏之顿悟与常惺惺并非心之全体大用;(4)伕氏的养心方法无益于世。文章认为,这是发自心的功用,与朱子从观心说的心体出发评伕是不同的。

(三)王阳明与西方哲学的比较

因为欧美偏重王阳明的心学,所以把王阳明与哲学家贝克莱②相比较,可以说是很自然的事情。李约瑟说王阳明的良知比贝克莱的唯心论早 200 年,其以格物为善的论调也比康德的"绝对命令"为先。这是前人所未曾说过的,并且在此之前没有任何人把他与欧美的大哲学家贝克莱

① 编者注:伕,古语同"佛",经查,陈荣捷中文原文在此处使用的是"佛"字,对应本文"评伕""伕家""伕氏"的分别是"评佛""佛家""佛氏"。

② 编者注:此处指的是乔治·贝克莱(George Berkeley, 1685—1753),18 世纪最著名的哲学家之一,近代经验主义的重要代表之一,开创了主观唯心主义,对后世经验主义的发展起到了重要影响。

相对比,这真是一件奇事。夔德义的小册子专讲良知,最后与笛卡尔、斯宾诺莎以及莱布尼兹做了比较。这是出于当时(1936年)中国学者对这三位哲学家比较注意的原因。张君劢论证王阳明的重意志,指出他与叔本华的相同之点。他指出,外物之知与贝克莱、康德相似,而其思维原则在心则与康德相同,同时也与黑格尔经验世界逐步为精神所包容的主张是相同的。并且这也是法国哲学家亨利·柏格森(Henri Bergson)以及美国实用主义者所预期的。这些只不过都是表面的比较研究,并不是深入的探求。但是就启迪研究方向这一点,可以说是后来研究者的向导。1965年,郑和烈把王阳明和欧美的现象学做了比较,认为王阳明哲学的特点在于意志,因而具有现象和实存主义本质上的构成要素。王学与西方哲学的比较至此只是仅开端绪而已。

三、欧美的阳明学与宋明性理学比较研究

论及王阳明和宋明理学诸子以及王门流派的关系则内容广泛,这里仅略加评述。

(一)陆王关系

关于陆王关系,欧美还没有专门的研究论文。因为"陆王"一语逐年为人们所用,因而以心学作为陆王之学,不会引起读者的困惑。关于王阳明和陆象山的关系,黄秀玑女士强调陆象山对王阳明的影响,引证王阳明的《象山文集序》《与席元山书》以及《答徐成之》,指出这些证明了王阳明的思想来自陆象山是王阳明自身所承认的;并且说心即理、致良知和知行合一等三说均得自陆象山。但是王阳明的《象山文集序》指出陆象山求之于内心之旨,《与席元山书》称赞陆象山简易之学,说明未免其沿袭,《答徐成之》则是专事论辩朱陆的异同,因此,把这些作为王阳明的致良知和知行合一受陆象山熏染的证据是不充分的。冯友兰研究了王阳明受陈白沙和湛甘泉的影响,认为心学由陆象山、杨慈湖开其端,到王阳明而集其大成。他在《中国哲学简史》中不断提起陆象山,并指出王阳明和周敦颐、程

颢、陆象山是同一路线,关系紧密,其学属于正传。张君劢也认为应把王阳明看为陆象山的后继,但其哲学体系广大周全,不是陆象山所能比拟的,因而他主张应把心学作为王阳明独自的见解。我并非专论陆王异同,但是翻译《传习录》时,在引言中指出,《传习录》上,《象山》条(第 37 条),王阳明赞同陆象山的在人情事变上做工夫之说,以及《传习录》下,《陆子之学》条(205 条),王阳明也认为陆象山之学有粗杂之处。此外,王阳明引用陆象山的言论极少,《传习录》中仅有《答罗整庵书》的"以学术杀天下后世"(176 条)一语。看一下《年谱》所载,免陆门嫡系子孙差役,送其优秀子孙学习学业,并要刻印《象山文集》等,可知王阳明对陆象山的尊崇。关于其学问,他在答友人书中曾说:"吾于象山之学有同者,非是苟同。其异者自不掩其为异也。"可见其独立自得之精神。

(二)王阳明和朱子

因为王学是朱子学的反动,所以研究王阳明必须考虑朱子。但是亨克、戴遂良、佛尔克、夔德义以及王昌祉等都没有提到。《朱子晚年定论》是关于朱王异同的一个重要文献。亨克翻译了这部书的序言部分,误以为这是王阳明叙述其如何从少年时代的经验达到了晚年的见解。关于王阳明的朱陆异同之辩,以《答徐成之书》最为详尽。王阳明论述朱子的格物及其"晚年定论",在《传习录》中的《答顾东桥书》和《答罗整庵书》也最为详尽。法国传教士姚缵唐(Yve Henry)与谢寿康曾以法语合译,但没有评语。在亨克的英译本中也未加一句评语。冯友兰特设一节专门论述了朱王的异同,认为朱子将心和理分而为二,王阳明则是无心即无理。冯友兰指出,朱子认为心虽是众理,但具体的事物却不能具备于吾人的心中;王阳明则主张天地万物皆具备于我心中。张君劢从各个方面明确指出朱王的对立,朱子的二元论与笛卡尔有相似处,王阳明的心即理则如康德之论。王阳明指出,朱子在"心与理而已"一语中的"与"字(《传习录》上《或问晦庵》条,33 条)和延平的"当理而无私心"(同上《延平》条,94 条),将心和理分而为二,是错误的。这是对朱子二元论的反动。其后《大学》古本与《朱子晚年定论》中,都可知王阳明和朱子是有根本性不同的。我翻译了《传习录》,还翻译了《朱子晚年定论序》。一方面,我援引小例明确王阳明思想的同时,还尽委曲求全之能事以调和其同朱子的冲突;另一方面,减轻朱子派对王阳明的攻击,引朱子的言论予以证明。以上冯、张和我已指出了朱王根本性的对立,而关于朱王详细的比较研究,还有待于来者。

(三)王阳明和罗钦顺、湛若水

关于王与罗的主要论述一共有四种:一是关于"朱子晚年定论"者,二是关于"古本大学"者,三是"心即理"之说,四是"格物"之论。如上所述,欧美关于此点尚无深入研究,但问题已经提出,文献也大致具备。所幸张君劢特设《王守仁与罗钦顺、湛若水》一章,选译罗整庵致王阳明书一部分。罗整庵强调朱子不分内外,而王阳明则"向于内而遗于物",所以是禅。罗整庵给王阳明的另一封信中,批评了王阳明把格物作为正心的论调。张君劢翻译了这封信的相关部分,汇总了其大意。冯友兰论述了罗整庵反对王阳明的"心即理"说。据此大体可以窥见王阳明与罗整庵之间的主要问题。

冯友兰引《甘泉文集》的《心性图说》一段,"心也者,包乎天地万物之外,而贯乎天地万物之中者也",主张王阳明接受了湛甘泉这个观点的影响。张君劢明确了王阳明致良知与湛甘泉"随处体认天理"的不同之处。张翻译了《答阳明王都宪论格物书》开头数段,认为王阳明把格训为正,有接近释、老处,评论了湛甘泉随处体认天理说,并且主张王阳明所谓此求之于外,实际上和言兼知行合内外是不同的。欧美论王阳明和湛甘泉的关系仅此而已。张君劢开辟了一个新方面,因此其功绩是不小的。

(四)王门流派

王学通行天下成为明代思想根干达百有余年,因此研究阳明学不能不涉及其门人弟子。1934年,佛尔克写的书中有《王阳明及其弟子》一章,包括了从王艮、徐爱、邹守益、钱德洪,王畿、罗洪先到东林学派的顾宪成等,达30页,可谓空前之举。他简单地叙述了这些人的生卒年代及思想,对于王门思想潮流转换未予以更大的注意。冯友兰只是言及王阳明的弟子王畿、王艮两人,比较片面;而对于禅的论述,则有夸张之嫌。1962 年,张君劢的书中专设《王门的冲突》一章,根据《明儒学案》分为八个地区。浙中派叙述了徐爱、钱德洪以及王畿,江右派论述了邹守益、聂豹以及罗洪先。南中与楚中、北方、粤闽四派未予论及,但是详细地论述了李材。最详细的是泰州系。张君劢以王艮为王门领袖,对之深入阐述,兼述赵贞吉、罗汝芳、周汝登、李贽以及其各自继承王阳明本教的抗争和流派的区别。对周汝登和许孚远关于天泉证道四言教的争辩,占全章 43 页中的 12 页。也就是说,王学的根本问题"心体有无善恶"被放在最重要地位。因此可以说张氏此书开了王学研究的新篇章。

继张氏之书而起者,是上述 1965 年明代思想的集中研究。这一年在明代思想会议上发表的论文,以阳明学为主题的有 3 篇,非常值得一读。唐君毅在其《道心观念从王阳明到王畿的发展》一文中认为,王阳明以良知体用不二,良知之为善去恶,乃其本身使然。故圣人之道,为善去恶之后,心中不必再存善,此先无善恶,继而知善恶之分,又继而为善去恶,最后无善恶之分。他把这看作一种循环状态。王阳明死后,其门人争论的焦点集中在良知之前有无善恶意念的问题上。聂豹、罗念庵等江右派的主张在于归寂,即主静、主定、主寂,求良知的本体于未发之中。而王畿则以良知为主,不考虑未发已发之分。这是符合王阳明体用不二之旨的。以良知为先天固有,以现成为宗旨。君子之道以无念为宗。所谓无念即离却所念及此念之事。是即为无。故王畿之知乃纯粹之知,其良知可谓为至有,亦可谓为至无。因此可以说,比王阳明更前进了一步。

冈田武彦的《王畿与存在主义的兴起》一文,强调王畿的无善无恶心体顿悟,以致意、知、物之皆无善恶。直悟本体当下现成,犹悬崖撒手,拿云制雷,直下自证自悟,此之谓无觉之觉,无缘起之悟,由无而有与老、庄、杨简之由有而无是不同的。这是因为其不落不寂,由本体而生活泼之机。因此王畿排斥诚意后天之学,提倡正心先王之学。王畿非难归寂派和修证派分良知体用为二,体上用工,使工夫松弛。在王畿则体用合一,即体即用。王艮又重现成,重实践。以道为一,如识此理,那时则现成自在。此即现成论的简易直截的理论基础。冈田武彦在其论文中论证了上述内容。

狄百瑞的《晚明的个人主义与人道主义》一文，着眼于个人主义。文章开始论述了王艮发展了王阳明的人人皆可为圣人的思想。但王阳明的良知重心在于道德觉心；王艮的良知在于以自我为事物的中心。因此王阳明重视心，王艮重视身。换言之，王艮以自我为根，以社会为叶。其淮南格物之说，以安己而安国家，以正己而正人，所谓明哲保身，皆向个人主义发展。何心隐对自我表现为重视自我约束，即重视内约，并且以神气为至上者，因此把王阳明的人性作为心内理活动的观念，推重王艮的肉体和道德的我，进而企图从传统束缚中解放出来，同时又主张人不能没有欲望，但可以化公为私。李贽达到明代个人主义的最高峰，其说为本性清净，但因每人各有其变，各人于其所安之处形成自我。李贽向前发展了王艮一般人的日常生活即道体之说，特别以"穿衣吃饭"作为人伦的根本。据此可理解其个人主义至为激烈。

以上列举的 3 篇文章，由中国、日本、美国三国的理学权威所撰，各自分别论证了王门的一个侧面，可以说具有极高的水平。

四、(附)王阳明的事功和对日本阳明学的关心

(一)王阳明的事功

以上所述内容，都是关于王阳明思想的问题。欧美的中国学者大抵都知道王阳明是一位大思想家。但是很少有人知道其伟大的事功，即很少有人知其平乱、治边、安抚以及保甲等事迹。东亚史的《明史》部分虽然提到了保甲，却未涉及王阳明。可见欧美学者对王阳明的功业尚无认识。但是这绝不能归咎于欧美没有王阳明的传记材料。各种书中都有王阳明传略。张煜全曾经发表一篇长篇，选译了《年谱》，其内容详细准确，论述了王阳明的实践思想，还有对王阳明的教育、行政以及用兵等问题的介绍，很值得一读。张煜全还翻译了《边防八事》和《南赣乡约》，可惜的是知道此文者甚少。我翻译了《传习录》，特别加以王阳明的政治社会的文章，即《陈言边务疏》《十家牌法》《添设和平县治疏》以及《南赣乡约》等 7 篇，

从中可以看出王阳明的事功贡献。我还为美国亚洲学会的《明代名人传》写了王阳明的生涯,大体用了五千字左右,可作为欧美学者讲述王阳明生平事迹时使用的材料,还纠正了以为王阳明坐禅的错误。

(二)日本的王学

最后还必须讲几句日本的王学。王学对日本的光辉发展的影响是极大的,欧美的东洋学研究家研究日本的思想时,必须予以充分的注意。关于日本的朱子学已经有了专门的论文和著作,而回头看一下王学,则情况全不同。早在 1914 年,一本书上载有王学的一章,包括了中江藤树、熊泽蕃山、北岛雪山、三轮执斋、中根东里、林子平、佐藤一斋、大盐中斋、佐久间象山、西乡隆盛以及吉田松阴。[①] 虽然简单而肤浅,但把它与佛尔克在 1938 年才开始讲述中国的王门诸子相比较,却早了 24 年。这可以说是很有意思的。

总括以上所述,可以认为欧美已开阳明学之端,近 10 年来进步是很大的。但是当前还没有可称为研究中心的地方,专家也很少。著作者多属东方人,著述大体具备,论题清楚,欧美对明代历史和中国哲学的关心日益高涨,因而王学的研究今后也将有很大的进展吧。

(原载于《外国问题研究》1981 年第 3 期)

---

① 编者注:经查,陈荣捷所说的这本书指的是传教士罗伯特·阿姆斯特朗 1914 年出版的英文著述《来自东方的光:日本儒学研究》(*Light from the East:Studies in Japanese Confucianism*)。该书第三章"王阳明学派"可以看作首个对王阳明和其幕府与明治时期追随者有重要价值的英文介绍。

欧美王阳明研究(1900—1950)

伊来瑞 中佐治亚州立大学

王 英 译 绿竹翻译公司

1910 年代以前,王阳明在西方并非文章或书籍中的特别主题。然而,他的生平和哲学,甚至他的著作,开始出现在其他类型的文献中,如历史、辞典、百科全书性质的著作。[①] 在 20 世纪 20 年代,这一局面被打破:由于他在日本思想史上的重要地位,以及对他著作的兴趣在中国复苏,他日益受到生活在中国和日本的传教士和学者们的关注,并且通过他们的著作,也受到了生活在欧洲和北美的学者的关注。

1972 年,陈荣捷在他的王阳明研究目录中提到,"弗雷德里克·亨克是西方研究新儒学心学派的领军人物",同时他指出,"第二次世界大战以前,西方学术界对王阳明思想方面的研究几乎是空白"。[②] 据他推测,1940 年以前,这方面的出版物仅有 4 本,其他的都是 1955 年以后出版的。但陈荣捷遗漏了一些著作,在一定程度上淡化了 20 世纪上半叶王阳明研究的成果。20 世纪六七十年代,随着一些中国学者移居美国,王阳明研究进入了全新的阶段。这些学者,如陈荣捷、张君劢、杜维明、秦家懿,主要依靠第一手中文资料,几乎不需要查阅西方文献,因此早期研究基本被超越,无人问津。

---

① 参见:伊来瑞. 1916 年前西方文献中的王阳明. 王英,译. 第十八届明史国际学术研讨会暨首届阳明文化国际论坛论文集(下),2017.

② Chan, Wing-tsit. Wang Yang-ming: Western Studies and an Annotated Bibliography. *Philosophy East and West*, 1972, 22(1): 75.

事实上,20世纪初期,欧美的王阳明研究已进入新阶段,出现了王阳明文集的译著,以及关于他生平和思想的专著、论文及哲学通史。本文旨在重现20世纪上半叶西方王阳明作品的研究史。

一、王阳明研究之起源与特点(1900—1950)

鉴于20世纪上半叶有关王阳明的文章和书籍屈指可数,因此将它们罗列出来,也是颇有裨益的:

1. Frederick G. Henke(亨克),"A Study in the Life and Philosophy of Wang Yang-ming," *Journal of the North China Branch of the Royal Asiatic Society* 44 (1913):46-63.

2. Frederick G. Henke, "Wang Yang-ming, a Chinese Idealist," *The Monist* 24.1 (1914):17-34.

3. Frederick G. Henke, *The Philosophy of Wang Yang-ming*, London & Chicago:The Open Court Publishing Co. ,1916; several reprints.

4. J. J. L. Duyvendak(戴闻达),"Een Herleefd Wijsgeer," in *Chinategen de Westerkim*, Haarlem:Erven F. Bohn, 1927:69-109; several reprints.

5. Lyman V. Cady(鐭德义),"Wang Yang-ming's Doctrine of Intuitive Knowledge," *The Monist* 38.2 (1928):263-291.

6. Wang Tch'ang-tche(王昌祉),*La Philosophie morale de Wang Yang-ming*, Shanghai:Imprimerie de T'ou-sè-wè; Paris:P. Geuthner, 1936.

7. Chang Yü-chüan(张煜全),"Wang Shou-jen as a Statesman," *Chinese Social and Political Science Review* 23.1—4 (1939—1940):30-99, 155-252, 319-374, 473-517.①

中国哲学史中关于王阳明的研究,还应包括:

---

① 这些文章后来出版成书,参见:Chang, Yü-chüan. *Wang Shou-jen as a Statesman*. Peking:The Chinese and Political Science Association,1946. 多次再版。

1. Léon Wieger（戴遂良），"Leçon 72：Seiziée siècle，" in *Histoire des croyances religieuses et des opinions philosophiques en Chine*，Heinhein：Imprimiere de Hien-Hien，1917：663-670；several reprints.

2. René Grousset（格鲁塞），"Wang Yang Ming，" in *Histoire de la philosophie orientale*，*Tome II：L'Inde et la Chine*，Paris：Nouvelle Librairie Nationale，1923：355-359.

3. Ernst Viktor Zenker（森克），"Les écoles hétérodoxies：Wang Yang-ming，" in *Histoire de la philosophie chinoise*，traduit de l'allemand par G. Lepage，Paris：Editions Payot，1932：477-498.

4. Heinrich Hackmann（哈克曼），"Wang Yangming und die Neuzeit，" in *Chinesische Philosophie*，Munich：Ernst Reinhardt，1927：356-373.

5. Henri Bernard（裴化行），"Leçon X：L'Intuitionisme de Wang Yang-ming，" in *Sagesse chinoise et philosophie chrétienne：essai sur leurs relations historiques*. Tianjin：Henricus Lécroart，1935：82-88.

6. Alfred Forke（佛尔克），"Wang Schou-jen，" in *Geschichte der Neueren Chinesischen Philosophie*，Reprint，Hamburg：Cram，De Gruyter & Co.，1964：380-399.

详细查看本研究内容之前应先强调其主要特点：第一，如上所有论者不遗余力地从事王阳明思想研究，并将其与历史背景联系起来，从而让王阳明首次名副其实地成为西方学术研究的主要对象。第二，这些学者了解王阳明的重要性，并希望撰写学术论文，因此尽力研究第一手资料。王昌祉和戴遂良的研究主要根据《王文成公全书》（38 卷）；亨克是基于施邦曜的《阳明先生集要》进行研究，同时，他还接受了"一位中国旧学学者"和三位金陵大学同事的帮助①；佛尔克在明清著作的基础上进行研究，不过主要引用《王文成公全书》和《阳明先生集要》；张煜全主要引用《王文成公全书》和其他明朝的常见历史文献，同时也充分利用亨克在《王阳明哲学》

① Henke，Frederick G. *The Philosophy of Wang Yang-ming*. London & Chicago：The Open Court Publishing Co.，1916：xiv.

中的译述;其他作者(格鲁塞、森克、裴化行、哈克曼和夔德义)主要根据上述文献的英文和法文版进行研究。第三,这些著述者敏锐地抓住了王阳明及其思想学派对德川幕府时代以来的日本以及当代中国的影响。亨克说王阳明的哲学"在当今的日本受到极高的推崇",而在中国,"其哲学的知名度也开始渐渐提升,从鲜为人知到备受推崇"。① 戴闻达也说王阳明的思想在清朝之后陷入默默无闻的状态,但是其思想流派在日本得到了进一步发展,并产生了深远的影响。戴闻达认为,出人意料的是,日本从中国得到的思想财富现在由中国人重新在日本发现了。②

戴闻达在北京的书店寻找当代文学的书籍时,一个不认识的中国学生向他推荐了一本关于王阳明的书。这个学生告诉他,"现在每个人都读他的书",还说这是中国近 20 年来的真实情况。③ 因此戴闻达认为该发表一篇关于王阳明的文章了。

戴遂良在日本写《中国宗教信仰与哲学观通史》时提到过一段逸事:

> 当前无论对于哲学家还是教育家来说,日本儒家都偏向于王阳明的学说。他的学说还被武士阶层及后来的日本军人所信奉。我亲自见证了上述事实。在东京,一些最精英的日本学者团体向我询问王阳明在中国目前被推崇的程度。我只能回答他们,王阳明在中国有点被认为是异端分子,很少有人知道他,也几乎没有人阅读他的作品。可是我立即听到这样的答复:咳! 在我们这里,王阳明的著作可是军人们的枕边必读书!④

格鲁塞对戴遂良的如上看法表示高度认同。他认为,朱熹和王阳明

---

① Henke, Frederick G. Wang Yang-ming, a Chinese Idealist. *The Monist*, 1914, 24(1): 19.

② Duyvendak, J. J. L. Een Herleefd Wijsgeer. In *Chinategen de Westerkim*. Haarlem: Erven F. Bohn, 1948: 64.

③ Duyvendak, J. J. L. Een Herleefd Wijsgeer. In *Chinategen de Westerkim*. Haarlem: Erven F. Bohn, 1948: 65.

④ Wieger, Léon. *A History of the Religious Beliefs and Philosophical Opinions in China from the Beginning to the Present Time*. Trans. Edward Chalmers Werner. New York: Paragon Book, 1969: 703.

的学说在中日两国境遇完全不同。但是在中国推崇朱熹包罗万象的哲学、客观性和适合中国发展趋势的科学特性的思想时,王阳明的哲学思想却因为其个人主义和显著的道德质量而受到日本人的欣赏:

> 诚如戴遂良神父所言,王阳明和他的著作有一种崇高的精神,这种精神可以满足具有武士精神的人的思想渴求。事实上,日本的精英阶层对王阳明的热爱正如他们对禅师的热爱,区为在他的思想中,他们找到了一剂良方,可以让他们成为一个完美的人,同时他们还发现了个人的道德颂祷,正如从禅家所接到的指示一样。朱熹塑造了博学者和持唯物主义思想的官员。王阳明却塑造了武士。①

事实上,王阳明对幕府时代和明治时期的日本思想文化史具有重要意义,同时清朝末期和民国早期,中国再度出现对王阳明思想的关注,这两个因素是上述学者创作关于王阳明学术著作的原区。例如,在《王阳明:一个中国的唯心论者》中,亨克专门引用芮恩施(Paul S. Reinsch,1869—1923)的《远东的思想与政治潮流》作为论据来论证王阳明的观点对中国和日本的学生产生的深远影响。② 芮恩施是美国的外交官,1913年至1919年出任美国驻华公使。他的著作出版于1912年,其中谈到了王阳明:

> 中国人已经开始满怀希望地关注王阳明这位在明朝兴盛的大作家的著作。……大约一个世纪前,这位行动派的哲学家渐渐被中国遗忘,日本人发现了他,从他的作品中得到启示,走上了探索新的国民生活和国家力量的道路。从那时起,日本人几乎一直都在读他的作品,甚至超过了孔子的作品……但他在中国的复兴是最近十年的事,中国人在他的著作中发现了他们最需要的东西,即让他们追求积极生活的灵感,这种灵感使他们与之前的被动态度相比变得更坚定

---

① Grousset, René. Wang Yang Ming. In *Histoire de la philosophie orientale*, Tome II: *L'Inde et la Chine*. Paris: Nouvelle Librairie Nationale, 1923: 358-359.

② Henke, Frederick G. Wang Yang-ming, a Chinese Idealist. *The Monist*, 1914, 24(1): 30.

且有进取心。他的作品不再只是被博学的人研究,而是出版之后在全国传阅,以至于每个学童都熟知这位明朝老将军和哲学家。对他思想的深刻理解对了解中国人民十分关键。①

芮恩施因此以长达 5 页的篇幅详细解释王阳明的心、良知及知行合一的理念。他十分钦佩王阳明,"当时代呼唤实践哲学,当远东地区厌倦了权威的压迫时,王阳明的实用哲学中存在着对于当代具有重要意义的秘诀"②。

其他学者对日本学界关于王阳明的研究很熟悉。格鲁塞和佛尔克引用了高濑武次郎(1869—1950)的著作。森克查阅了井上哲次郎(1855—1944)的一篇德语文章③,同时引用了英国传教士沃尔特·德宁(Walter Dening)发表于《日本亚洲协会丛刊》的书评,该书评以 8 页的篇幅介绍了井上哲次郎的《日本阳明学派之哲学》。④ 这个协会于 1872 年在横滨由一群英国和美国的外交官、商人和生活在日本的传教士发起,旨在促进日本的研究和信息的交流,同时也出版年刊。⑤ 对王阳明及其学派的简要论述始于 1893 年的年刊,之后,会偶尔出现关于他的论述。井上哲次郎的研究对关于王阳明的讨论起到了推动作用。例如,在 1893 年发表的《一位日本的哲学家》文章中,乔治·诺克斯(George Knox)调查了日本哲学的中国起源,对王阳明及其思想和他在日本的追随者做了简要介绍。⑥ 诺克

---

① Reinsch,Paul S. *Intellectual and Political Currents of the Far East*. Boston:Houghton Mifflin,1911:132-133.

② Reinsch,Paul S. *Intellectual and Political Currents of the Far East*. Boston:Houghton Mifflin,1911:134.

③ 他引用的是:Inouye,Tetsujiro. Die Japanische Philosophie. In Wilhelm Wundt et al. (eds.). *Allgemeine Geschichte der Philosophie*. Berlin:B. G. Teubner,1909:104-106.

④ Dening,Walter. The Philosophy of the School of Wang Yang-ming. In Confucian Philosophy in Japan:Reviews of Dr. Inouye Tetsujiro's Three Volumes on This Philosophy. *Transactions of the Asiatic Society in Japan*,1908,36(2):110-118.

⑤ 参见:http://www.asjapan.org/web.php/about/history.

⑥ Knox,George. A Japanese Philosopher. *Transactions of the Asiatic Society of Japan*,1893(20):10-15.

斯在其中一条脚注中说，他从井上哲次郎 1892 年在东京帝国大学做的关于王阳明的演讲中收集了信息。①

事实上，由生活在日本的美国人编著的日本阳明学出版物比中国王阳明学派方面的文章和书籍出现得更早。罗伯特·阿姆斯特朗的《来自东方的光：日本儒学研究》就是一个很好的例子。阿姆斯特朗从 1903 年至 1910 年在日本任卫理公会的传教士；1912 年至 1919 年在关西学院大学任哲学教授，之后任院长。他写了大量关于日本宗教和哲学的文章和书籍。在《来自东方的光》的序言中，他说，他希望"让人了解日本文明的构成要素"②，即日本儒学的历史。

《来自东方的光》包括五个主要部分：日本早期的儒学、朱熹学派、王阳明学派、经典学派和作者所谓的"折中学派"。其中第三部分可以看作首个对王阳明和其幕府与明治时期追随者有重要价值的英文介绍。③ 阿姆斯特朗主要参考了井上哲次郎和山路爱山（Aizan Yamaji）的著作。事实上，时任东京帝国大学哲学教授的井上哲次郎还为阿姆斯特朗的书写过序言。

阿姆斯特朗首次在孟子和陆九渊的哲学理念中阐释了王阳明思想的背景，强调了"心"（heart）、"天理"（Heavenly Ri）和"良知"（intuitive knowledge）的中心地位和普遍性。④ 之后，他描述了王阳明哲学的基本特征：人本性是善和具有美德的。这种美德的根本在于他们的心，也就是他们从天所接受的天理。当一个人跟随自己内心做出自发的举动，那么他就完成了自己的职责，即实现了理。这种跟随心做出的举动即为良知（"对善与恶的直觉认知"）。一个人的职责就是要辨明自己的良知，只有

---

① Knox，George. A Japanese Philosopher. *Transactions of the Asiatic Society of Japan*，1893（20）：10.

② Armstrong，Robert C. *Light from the East：Studies in Japanese Confucianism*. Toronto：University of Toronto，1914；Reprint，New York：Gordon Press，1974：vii.

③ Armstrong，Robert C. *Light from the East：Studies in Japanese Confucianism*. New York：Gordon Press，1974：119-195.

④ Armstrong，Robert C. *Light from the East：Studies in Japanese Confucianism*. New York：Gordon Press，1974：120.

这样才能消除欲,才能将良知表现为实际行动。为了实现良知,人们必须静坐并反省内心,净化良心,进而完善道德。

日本阳明学将王阳明的哲学视为泛神论和唯心主义的宇宙一元论,认为王阳明的思想中,天、道、理和心都是包罗万象的,通过跟随良知可以入道,实现良知可以达到万物一体的精神境界。阿姆斯特朗对此持批判态度,他认为:"阳明系统和其他泛神论系统一样,从逻辑上来看,无法解释恶的存在。"①如果所有的事物都是一性,那该怎样解释恶的起源? 他认为,这种泛神论哲学最终会使个人主义成为幻想,必须通过西方的一神论进行平衡。最后,他对日本的王阳明跟随者进行了归纳总结:"他们中的大多数都很坚强、很勇敢,为自己的国家和发展做出了很大的贡献。他们中的一些人即使从世界范围看也可以称作优秀的人。"②应该指出的是,阿姆斯特朗认为王阳明的哲学是对个人主义有害的泛神论,但是他又矛盾地对这种勇敢的性格表示敬佩。

二、关于王阳明的译者、专著和论文

在阿姆斯特朗的书出版两年后,亨克出版了《王阳明哲学》。亨克1876 年出生于美国的艾奥瓦州。1900 年,他以美以美会(循道宗)传教士的身份前往中国江西宣教,先后在南昌和九江传教站履职。1904 年至1907 年在九江同文书院(1906 年改名为南伟烈大学)担任说教术教授。1907 年,亨克回到美国。1910 年,在芝加哥大学获得博士学位。同年,他受邀担任金陵大学哲学和心理学教授。1911 年,他应上海的英国皇家亚洲文会北中国支会邀请,对王阳明进行了广泛的研究。③ 1857 年,英国人和美国人在上海成立皇家亚洲文会北中国支会,目标是推进对中国的研

---

① Armstrong，Robert C. *Light from the East*：*Studies in Japanese Confucianism*. New York：Gordon Press，1974：126.

② Armstrong，Robert C. *Light from the East*：*Studies in Japanese Confucianism*，New York：Gordon Press，1974：126.

③ Henke，Frederick Goodrich，1876—1963. http://iagenweb. org/boards/floyd/obituaries/index. cgi？ read = 235386.

究和认识。其中一项很重要的活动是提供资助,举办演讲和出版论文。①
虽然不能详细地证明,但学会成员对王阳明、对东亚历史重要性的认识是
发起邀请的根源。1912 年秋,亨克在皇家亚洲文会北中国支会宣读了他
的初步研究成果——《王阳明生平与哲学研究》,此文发表于该学会 1913
年出版的会刊上。② 这是第一篇发表在西方学术期刊上的关于王阳明的
学术论文。

为了让读者对王阳明的历史地位有一个感性的认识,亨克试图在欧
洲文明史的坐标上定位王阳明。亨克指出,王阳明所生活的时代,宗教改
革运动正在欧洲大陆酝酿萌芽之中,而王阳明提出良知学正是一个具有
革命意义的历史事件。亨克认为,王阳明忧虑当时的道德、宗教和政治问
题,想要为学问找一个坚实的基础,即"找到宇宙的源头和生命"③。尽管
他曾热情满满地在佛教、道教和朱熹的哲学中探索,但并未找到满意的解
决途径。直到他在远离京城的贵州上任时才在"大彻大悟的状态"中找到
了答案,这让他理解了"吾性自足"。亨克说,"在这个基础上","他的本体
论、宇宙论、哲学和伦理观架构形成了"。④

亨克随后用从《传习录》中援引的语录解释了王阳明所说的"性"。他总
结道:"他所说的性是一种微妙的东西,它是如此深刻、丰富和包罗万象的一
个整体。弗朗西斯 · 布拉德雷(Francis Bradley)、阿尔弗雷德 · 泰勒
(Alfred Taylor)或乔西亚 · 罗伊斯(Josiah Royce)可能都会将它视为自
己的老朋友,即使它是被中国人发现的。"⑤换句话说,上述三位哲学家形
成了相似的绝对唯心主义。

---

① 王毅. 皇家亚洲文会北中国支会研究. 上海:复旦大学博士学位论文,2004.

② Henke, Frederick G. A Study in the Life and Philosophy of Wang Yang-ming.
Journal of the North China Branch of the Royal Asiatic Society,1913,44:46-63.

③ Henke, Frederick G. A Study in the Life and Philosophy of Wang Yang-ming.
Journal of the North China Branch of the Royal Asiatic Society,1913,44:55.

④ Henke, Frederick G. A Study in the Life and Philosophy of Wang Yang-ming.
Journal of the North China Branch of the Royal Asiatic Society,1913,44:55.

⑤ Henke, Frederick G. A Study in the Life and Philosophy of Wang Yang-ming.
Journal of the North China Branch of the Royal Asiatic Society,1913,44:56.

亨克还解释了王阳明主要的兴趣——心。心是"自然法则的体现"和"天理"。意志活动是一种创造性的活动,从而产生了世界上的所有事物。事物之所以变成事物是因为它们在心的目的范围内产生。在这一点上他又发现了王阳明唯心主义的证据。亨克说,王阳明年轻时的大多数时间都对自己不能解决知识方面的问题而感到挫败,也正是因此而找到了穷理、格物和致知的意义。他身在贵州时才得到了解脱,那时他意识到答案即是对性的完全投入以及理解和开发"心":"非在外在事物,唯有心可以找到答案。"①

最后,亨克解释道,对于王阳明来说,心内认知的来源即良知。认知的问题通过依赖良知和开发良知才得以解决。我们的良知自然而然地会判断是非善恶,从而找出一条履行职责的路。② 通过最大限度的开发,一个人可以实现绝对的道德完美,从而成为一个圣人。亨克说,这个圣人"完全由天理主宰,完全不受激情的影响,他的正直与道德如至纯的金子般宝贵"③。

1913 年,由于健康问题,亨克回到了美国,与敞院出版社(The Open Court Publising Co.)的主编保罗·卡鲁斯就其著作进行了通信,并在《一元论者》杂志上发表了另外一篇关于王阳明的文章。这是他的明智之选。敞院出版社由德裔美国工程师爱德华·卡尔·黑格勒(Edward Carl Hegeler)1887 年在伊利诺伊州拉萨尔勒创建。黑格勒对神学和科学问题深感兴趣,致力于促进宗教和伦理的科学研究。为实现其目标,他开办了出版社,创办了两种期刊——《敞院》(1887 年)和《一元论者》(1890 年),出版关于宗教、哲学和科学的学术著作。④

---

① Henke, Frederick G. A Study in the Life and Philosophy of Wang Yang-ming. *Journal of the North China Branch of the Royal Asiatic Society*, 1913, 44: 56-57.

② Henke, Frederick G. A Study in the Life and Philosophy of Wang Yang-ming. *Journal of the North China Branch of the Royal Asiatic Society*, 1913, 44: 60.

③ Henke, Frederick G. A Study in the Life and Philosophy of Wang Yang-ming. *Journal of the North China Branch of the Royal Asiatic Society*, 1913, 44: 61.

④ Myers, Constance. Paul Carus and *The Open Court*: The History of a Journal. *Midcontinent American Studies Journal*, 1964, 5(2): 59.

　　1888 年，卡鲁斯加入该出版社，担任编辑。卡鲁斯 1852 年出生在普鲁士，1876 年获得图宾根大学哲学和神学博士学位。他和黑格勒在宗教观点上思想开明，他们在期刊上刊登比较宗教研究文章、科学文章，以及研究东方宗教的文章，包容供稿人违背传统的观点和有争议的哲学思想。[1]　他们认为，宗教与科学可以调和，而一元论哲学是实现这一目标的最好方式。根据梅尔斯（Constance Myers）的描述，卡鲁斯是康德学派，却总是想要超越康德："卡鲁斯哲学的中心思想试图解决康德的二元论问题，即物体自身的不可认知性。他尝试弥补主客体之间的鸿沟，从而达成他的一元论。"[2]

　　卡鲁斯对东方思想特别感兴趣。1893 年，在芝加哥的世界宗教议事理事会上，他遇到了圆觉寺的释宗演，进一步激发了他对佛教的兴趣。在随后的两年间，他撰写了一本面向西方国家读者的入门书《佛教福音》。当他向释宗演递交作品校样后，释宗演因不懂英语，便向其学生铃木大拙寻求协助。1897 年，卡鲁斯需要人帮助翻译《道德经》时，释宗演将铃木大拙带到了拉萨尔勒。铃木大拙在那里住了 12 年，进行写作和翻译。[3]

　　此后，在卡鲁斯的指导下，敞院出版社开始出版有关东方思想的作品。他因此被视为"东方宗教的权威以及将其中蕴含的思想和精神传播给英语读者的专家传播者"[4]。这可能就是亨克于 1913 年 8 月寄信给他的原因。亨克告知卡鲁斯，自己已离开中国，并对王阳明进行了批判性的研究，已完成他"非常希望出版"的长达约 11.5 万字的译文。他在信中称："王阳明是自宗教改革运动以及地理大发现后最重要和有影响力的中

---

[1]　Myers，Constance. Paul Carus and *The Open Court*：The History of a Journal. *Midcontinent American Studies Journal*，1964，5（2）：61.

[2]　Myers，Constance. Paul Carus and *The Open Court*：The History of a Journal. *Midcontinent American Studies Journal*，1964，5（2）：62.

[3]　Myers，Constance. Paul Carus and *The Open Court*：The History of a Journal. *Midcontinent American Studies Journal*，1964，5（2）：61.

[4]　Myers，Constance. Paul Carus and *The Open Court*：The History of a Journal. *Midcontinent American Studies Journal*，1964，5（2）：62.

国哲学家。"他认为自己的作品能够"为东方哲学研究做出重大贡献"。①
他还提交了曾在《皇家亚洲文会北华支会会刊》上发表的关于王阳明生平
的文章的修订稿。

卡鲁斯可能尚未意识到王阳明对中国哲学史的重要性。他在回信中
说担心译稿过于冗长,特别是在已经有很多中文译著等待出版的情况下,
建议以小册子或者系列文章的形式出版。② 9 月中旬,文章和书籍竟然被
同时接受。他建议将文章的标题从"一名中国哲学家王阳明"更改为"中
国的理想主义者王阳明"或者"康德之前的康德"。③ 鉴于卡鲁斯自身的哲
学倾向以及这家出版社的历史,以这种方式理解王阳明确实让王阳明的
相关研究成为一种适合出版的材料。

1914 年,亨克在《一元论者》发表了论文《王阳明:一个中国的唯心论
者》;1916 年,他研究王阳明的成果《王阳明哲学》出版,其内容主要来自施
邦曜(1585—1644)编辑的《阳明先生集要》。倪德卫在书评中说,亨克错
误地认为他用的是由上海商务印书馆出版的《王文成公全书》,实际上,他
用的是施邦曜缩减和重排的王阳明著作。倪德卫说:"施邦曜的著作由三
个部分组成:(1)理学编,四卷;(2)管理与政治论文,七卷;(3)文学部分,
四卷。亨克翻译了这三部分中第一部分的全部内容以及施邦曜撰写的年
谱。"④这解释了亨克的译文与标准版的王阳明著作不符的原因,同时也解

---

① Henke, Frederick G. Letter to Dr. Carus. August 20, 1913. Open Court
   Company Publishing Records, Correspondence, Box 15, Southern Illinois
   University Special Collections Research Center.
② Henke, Frederick G. Paul Carus Reply to Mr. Frederick G. Henke, August 23,
   1913. Open Court Company Publishing Records, Correspondence, Box 15,
   Southern Illinois University Special Collections Research Center.
③ Henke, Frederick G. Paul Carus Letter to Mr. Frederick G. Henke, September
   11, 1913. Open Court Company Publishing Records, Correspondence, Box 15,
   Southern Illinois University Special Collections Research Center.
④ Nivison, David S. Book Review: *Instructions for Practical Living and Other
   Neo-Confucian Writings by Wang Yang-ming*, trans. Wing-tsit Chan, *The
   Philosophy of Wang Yang-ming* by Frederick Goodrich Henke. *Journal of the
   American Oriental Society*, 1964, 84(4): 436-442.

释了亨克的译文中不时插入的数字及数字编号所指的内容。遗憾的是，倪德卫未能找到亨克所依据的施邦曜著作的原始版本。①

亨克的作品包括《王阳明传》和著作摘译两个部分。其中《王阳明传》主要依据钱德洪的《阳明先生年谱》。著作摘译分为四编：第一编和第二编的主要内容为今本《传习录》和《大学问》；第三编收入王阳明书信 12封；第四编收入王阳明作品 50 篇，其中有 12 篇为序跋，其余 38 篇为书信。

亨克的著作出版后不久就得到了一些期刊的评论。考虑到王阳明及其令人瞩目的生活与哲学思想鲜为人知，评论家们均对他作品的重要性予以了承认。但一些评论家也对亨克未能对王阳明的观点给予系统概述进行了批判。评论家姊崎正治批判了亨克的译文。他认为，该书没有合适的引文及注释，导致王阳明的哲学观点晦涩难懂。②

此外，姊崎认为，关于专有名词的翻译过于朴实和现代，甚至更符合朱熹的思想，表达了一种二元论思想或实证主义的概念。例如，将"良知"译为"intuitive knowledge"和"intuitive faculty of the good"，可能会令"整个王阳明哲学和伦理学的核心理念"削减成一些过于"心理学的"东西。③ 他的评论十分中肯，指出了亨克在术语概念转换上存在的一些问题，而如今依赖英文译本的人对于王阳明的理解只能透过这些概念来达成。无论是当时还是现在，语言障碍十分可怕。亨克运用西方概念框架来评价王阳明的思想，这一点也引起了类似的问题。例如，亨克认为，王阳明的哲学思想中，主张机会平等和自由的思想具有近代西方启蒙思想的特征；王阳明是观念论（或唯心一元论）者，而与他对立的朱熹是实在论者。④ 尽管这些观点存在很多问题，但是在 20 世纪 50 年代新的研究成果

---

① 王宇博士曾发邮件告知我，原始版本是上海明明学社在 1907—1911 年出版的铅字本《学部校正阳明先生集要三种》。他对亨克及其译著的系统研究将在《中国哲学史》杂志上发表。

② Anesaki，Masaharu. Book Review：*The Philosophy of Wang Yang-ming* by Frederick Goodrich Henke. *The American Journal of Theology*，1918，22(4)：595.

③ Anesaki，Masaharu. Book Review：*The Philosophy of Wang Yang-ming* by Frederick Goodrich Henke. *The American Journal of Theology*，1918，22(4)：596.

④ 王宇. 亨克与王阳明的西传. 浙江日报，2017-01-09(11).

出现之前,它们一直影响着欧洲以及北美对王阳明的理解。

尽管亨克是西方出版王阳明节选译本的第一人,但是第一位撰写王阳明哲学思想专著的却是王昌祉。这位江苏松江(今属上海)人,"民国七年(1918)入徐家汇修道院,民国十年进耶稣会。民国十七年赴欧······在法国里昂神学院学习。民国二十一年晋升神父。翌年再到巴黎攻读博士学位,民国二十四年获巴黎天主教大学神学博士,为中国神父得此学位的第一人。······次年获巴黎大学文学院哲学博士。民国二十六年初回到上海"①。他的博士论文(以书的形式出版于 1936 年)标题即阐述了主题:王阳明的道德哲学。该书第一章描述了历史背景下的王阳明生平。第二章"我们内心的准则"解释了王阳明的"心即理"和人类自身的道德完善能力、王学与朱熹思想的不同之处,以及当时士人的异常行为是他提出该论说的原因。② 随后的五个章节(第三章至第七章)专门解释了良知的定义、实践以及实现。最后,王昌祉提供了一份王阳明的生平年表,以及法汉对照的哲学术语词汇表。

在"引言"部分,王昌祉认为,中国思想在把追求道德完美作为原则目标方面是独一无二的。他说,中国哲学家认为道德行为是道德认知的最高表现形式,坚信真正的哲学是实践哲学。因此,王昌祉认为,该挑选一位伟大的中国道德哲学家广为宣传,之所以选择王阳明是因为他堪称中国思想方面的典范。他的目标是以王阳明自己的专业术语来展现其思想,避开比较哲学。王昌祉认为,比较哲学将使中国思想套进欧洲的框架——以王阳明为例,套入柏格森的直觉主义或者康德主义。③

因为相信王阳明的"晚年教义",认同"道德哲学的核心概念"是良知,王昌祉几乎整部书都在详述良知的概念。④ 从本质上讲,人们都具有良

---

① 引自:"王昌祉,1899—1959",上海地方志办公室。

② Wang, Tch'ang-tche. *La Philosophie morale de Wang Yang-ming*. Shanghai: Imprimerie de T'ou-sè-wè; Paris: P. Geuthner, 1936: 3.

③ Wang, Tch'ang-tche. *La Philosophie morale de Wang Yang-ming*. Shanghai: Imprimerie de T'ou-sè-wè; Paris: P. Geuthner, 1936: 5-7.

④ Wang, Tch'ang-tche. *La Philosophie morale de Wang Yang-ming*. Shanghai: Imprimerie de T'ou-sè-wè; Paris: P. Geuthner, 1936: 187.

知,可依照道德直觉行动来实现。这种认知并非客观的或外在的;相反,它是内在的、个人的,由心中内在的道德原则促生。实现这一天生的善需要付诸具体的实践,并以近乎信仰的态度相信良知存在且绝对可靠。人们必须坚定信仰、良知,遵守道德本能的指引,并在生活的最具体的挑战中实现它。① 这意味着要依据良知的指引,笃定地行善除恶。王昌祉强调的是实践,而非良知形而上学的意义。他从生活经验中得到思路,认为只要每个人仔细关注道德意识,从信仰到实践也就水到渠成:"它(良知)完全取决于我们良心的直接范围。"②在这方面,王昌祉的研究与近年来将王阳明哲学与德国现象学进行比较的做法比较一致。

20 世纪 60 年代前,王阳明思想研究的另一部学术专著出自张煜全(字昶云,1879—1953)。不同于王昌祉,他的侧重点不是王阳明哲学的精华,而是王阳明的政治生涯。他的书是西方国家的第一本专门详细叙述和分析王阳明政治和军事历程及成就的学术专著。③ 他先在 1939—1940 年的《中国社会及政治学报》(*The Chinese Social and Political Science Review*)上以系列文章的形式发表了研究成果。该期刊是中国社会政治学会出版的季刊。中国社会政治学会 1915 年成立于北京,目的是鼓励对法律、政治学、社会学、经济学的研究,并促进联谊;其会刊《中国社会及政治学报》相继发表了大量英文研究论述。④ 张煜全不仅是该学会执行委员会的创始人之一,还担任该委员会的第一届编辑委员。1939 年之前,他多次撰写文章和评论。其他成员也非常具有影响力:学会的第一任主席是陆征祥,第一任副主席是美国驻华公使芮恩施。⑤

毕生的东西方交流经历使张煜全成为用外文撰写王阳明研究专著的

---

① Wang,Tch'ang-tche. *La Philosophie morale de Wang Yang-ming*. Shanghai:Imprimerie de T'ou-sè-wè;Paris:P. Geuthner, 1936:187.

② Wang,Tch'ang-tche. *La Philosophie morale de Wang Yang-ming*. Shanghai:Imprimerie de T'ou-sè-wè;Paris:P. Geuthner, 1936:190.

③ Chang,Yü-chüan. *Wang Shou-jen as a Statesman*. Peking:The Chinese and Political Science Association,1946.

④ Scott,James Brown. The Chinese Social and Political Science Association. *American Journal of International Law*,1916,10(2):375-376.

⑤ Editorial Notes. *The Chinese Social and Political Science Review*,1916,1(1):1-2.

最佳人选。根据金富军的研究,张煜全生于广东南海,先后就读于鹤龄英华书院、香港皇仁书院、北洋大学堂,后赴日留学,在日本东京帝国大学学习政治学。在日期间,倾向革命,与孙中山、梁启超等过从甚密。1901 年 8 月,入美国加利福尼亚大学。1903 年获得法学学士学位。1904 年在耶鲁大学获得法学硕士学位。1904—1906 年,张煜全在耶鲁大学攻读博士学位。1906 年 10 月,参加清政府举行的第二次留学欧美毕业生考试,是 9 名最优等之一,被赐进士出身(法政科)。1917 年 9 月,任清华学校董事会第一届董事。1918 年 4 月 15 日,任清华学校校长,1920 年 1 月,张煜全辞职,任校长一年又七个月。①

成功的教育背景使他在清末民初的教育及外交部门以及国民政府中担任过一系列的官职。②

张煜全承认亨克翻译工作的重要作用,但他发现那仅仅涉及了王阳明一半的作品,未触及其奏疏及其他文学著作,因此,他建议记录"王阳明作为朝廷官员的(政治)思想和功绩"③。他从详细记述王阳明的生平着手,按照以下标题介绍并浅析了他的部分政治生活及思想:"王阳明的政治理论""王阳明作为一位教育家""王阳明作为一位文官""王阳明作为一位武官"。张煜全得出的结论是,作为一名知行合一的倡导者,王阳明"不同于其他一般的士人,因为他以良知指导,实践他所得出的认知";"他作为一位教育家、文官、武官,成功的秘诀"是"即使在面临生命或自由危险的情况下仍坚持做自己认为正确的事情"。在这些角色方面,张煜全估计,王阳明"除了为人民利益外,没有任何不可告人的目的"。"我们没有发现他有任何不以国家和人民利益为目的的行为,更没有发现他居心叵测。"④基于上述原因,他呼吁读者"以王阳明为榜样,以他的观点看待事

---

① 金富军. 张煜全在清华学校的教育实践考察. 教育史研究,2014(3):32-36.
② 张永航. 张煜全人生大事记. 未刊. 张永航是张煜全的孙子。
③ Chang, Yü-chüan. *Wang Shou-jen as a Statesman*. Arlington, VA: University Publications of America, 1975: 2.
④ Chang, Yü-chüan. *Wang Shou-jen as a Statesman*. Arlington, VA: University Publications of America, 1975: 267.

情,以他的道德标准行事"①。

张煜全担任清华学校校长的第一年,恰逢戴闻达在荷兰驻北京大使馆担任翻译的最后一年。戴闻达 1927 年发表了关于王阳明的一篇文章,正逢中国人复燃对这位哲学家的兴趣。戴闻达认为,现代化驱动着中国人远离他们的儒家传统,站在批判的角度看待它。但在与西方接触的过程中,中国人意识到他们自身的传统思想的多样性。为了保持在变革中维系传承中国的正常模式,并在自身传统中寻找权威指导,他们重新发现了如墨子和王阳明等思想家的著作。② 戴闻达赞扬这种进步,他认为王阳明的独立思想、批判性思维将对青少年产生积极的作用。③

戴闻达对中国当代知识分子的处境应当是已有所洞察。1912 年至 1918 年,他在荷兰驻北京大使馆任职。之前,他曾在莱顿、柏林和巴黎师从著名汉学家高延(J. J. M. de Groot)及考狄(Henri Cordier)等从事汉学研究。1919 年返回莱顿后,戴闻达在莱顿大学担任汉语讲师。这使得他置身于后来欧洲最重要的汉学研究中心。众所周知,随着荷兰殖民者在东南亚的殖民扩张,荷兰汉学于 19 世纪发展起来。荷兰政府需要汉语翻译和中国侨务专家来应对居住在其殖民辖区内的华侨华人。作为其中的一项举措,莱顿大学设立了汉语言文学教授一职。戴闻达最初就是师从莱顿大学第二任汉语言教授高延开始学习汉语的。

戴闻达所著《西方视野中的中国》(*China tegen de westerkim*)一书涵盖了一些对当代中国的研究,如对骈文复兴和王阳明的研究。④ "复活的圣人"一章介绍了朱熹的哲学对王阳明的影响,王阳明作为一名文官和军

---

① Chang, Yü-chüan. *Wang Shou-jen as a Statesman*. Arlington, VA: University Publications of America, 1975: 268.

② Duyvendak, J. J. L. Een Herleefd Wijsgeer. In *Chinategen de Westerkim*. Haarlem: Erven F. Bohn, 1948: 63.

③ Duyvendak, J. J. L. Een Herleefd Wijsgeer. In *Chinategen de Westerkim*. Haarlem: Erven F. Bohn, 1948: 97-98.

④ Idema, Wilt L. Dutch Sinology: Past, Present, and Future. In Ming Wilson and John Cayley (eds.). *Europe Studies China: Papers from an International Conference on the History of European Sinology*. London: Han-Shan Tang Books, 1995: 88-93.

事指挥官的生活,他的基本哲学观念,特别是良知、知行合一以及自我修
养的方法。

三、1950 年前中国哲学史研究之王阳明

现在,转过来看欧美早期的中国哲学和宗教史,其中三部著作的出版
地在法国,三部著作在德国。戴遂良的《中国宗教信仰与哲学观通史》是
法国最早的研究著作。戴遂良出生于法国的斯特拉斯堡,1881 年加入耶
稣会。1887 年前往中国直隶南部传教并在那里行医。他精通汉语,撰写
了许多关于中国历史、语言、文化、宗教和哲学的著作。谈起缘由,他说这
些著作均是应巴黎天主教研究所之邀而作,它们"呈现出他在中国进行调
查研究 30 年的情况"①。

虽然大部分关于王阳明的论述都聚焦日本阳明学,但是戴遂良介绍
了王阳明的重要思想并翻译了王阳明的诗选。就王阳明在贵州龙场驿站
任职时的悟道经历,戴遂良称王阳明"的确启示人心"②。他提到,王阳明
认为一个人一旦完成学业,书本中再难得到答案;相反,他必须求其本
心。③ 对此,戴遂良解释道:

> 这个词念"*liang-chih*"(良知),他把良知定义为"未学、未闻而
> 知"。"只有在良知的指引下,人才能获得极乐、真理和平安。人一旦
> 内心接触了良知,就必须深信不疑。良知是颠扑不破的,因为它是心

---

① Wieger, Leo. *A History of the Religious Beliefs and Philosophical Opinions in
China from the Beginning to the Present Time*. Trans. Edward Chalmers
Werner. Xian County, Hebei: Hsien-hsien Press, 1927: preface.

② Wieger, Leo. *A History of the Religious Beliefs and Philosophical Opinions in
China from the Beginning to the Present Time*. Trans. Edward Chalmers
Werner. Xian County, Hebei: Hsien-hsien Press, 1927: 698.

③ Wieger, Leo. *A History of the Religious Beliefs and Philosophical Opinions in
China from the Beginning to the Present Time*. Trans. Edward Chalmers
Werner. Xian County, Hebei: Hsien-hsien Press, 1927: 698.

声,是天理。"①

戴遂良进一步说明,王阳明坚信正是因为这个绝对可靠的良知是"天理",意志必须服从其判断,并以坚决的信念予以执行,依其而行方乃明智之举。一个人必须严格守己,防止被人性弱点侵入,玷污或影响这个直觉,使心和道德法则相悖:"无视本心,至愚;违心而行,至谬。"②

戴遂良带着赞同和敏锐的悟性将阳明学呈现在人们眼前。作为一个耶稣会信徒,戴遂良极有可能已经受到法国天主教(罗马天主教)思想看重情感的影响。该教认为,信念根植于本心,因而心是人与上帝之联结所在。他可能也想到自然法则,这种天主教的自然法则根植于斯多葛学派和《圣经》之中,尤其是《罗马书(1—2)》之中,使徒保罗列出了道德法则,即人人都凭借直觉认知。

这种解释与戴遂良对王阳明的批判相契合。戴遂良认为良知与"良心"相似,"奇怪的是,王阳明这样一个拥有高尚的良心且强烈宣扬跟随良心的人,却不能超越良心趋向赋予他良心的天主"③。他相信王阳明把良心看作一种生命功能,这使王阳明呈现出类似朱熹的唯物主义思想。当然,戴遂良所持的观点与耶稣会和中国第一次接触就采纳的对宋朝哲学的观点是一致的。

鉴于裴化行和格鲁塞大量重复戴遂良和亨克作品中有关王阳明的语录和翻译,在此对他们的研究不加具体陈述。裴化行和格鲁塞都是在中国历史和哲学方面颇负盛名的学者。裴化行(1889—1975)是一名法国传教士和汉学家,于 1924 年来到中国,在其 1947 年离开中国之前,一直进

① Wieger, Leo. *A History of the Religious Beliefs and Philosophical Opinions in China from the Beginning to the Present Time*. Trans. Edward Chalmers Werner. Xian County, Hebei: Hsien-hsien Press, 1927:698.

② Wieger, Leo. *A History of the Religious Beliefs and Philosophical Opinions in China from the Beginning to the Present Time*. Trans. Edward Chalmers Werner. Xian County, Hebei: Hsien-hsien Press, 1927:700.

③ Wieger, Leo. *A History of the Religious Beliefs and Philosophical Opinions in China from the Beginning to the Present Time*. Trans. Edward Chalmers Werner. Xian County, Hebei: Hsien-hsien Press, 1927:700.

行着传教和汉学研究工作。① 他撰写了大量关于中国的书籍和文章。他的《中国圣人与基督教哲学》涵盖了中国哲学史、耶稣会中国传教史等系列主题讲稿,而更多的则是中西方之间文明与哲学的相遇。这本书撰写的本意是为中国河北献县的耶稣会哲学院提供教材,因此内容极为系统:王阳明形而上学的唯心主义哲学、王阳明哲学的自由特性与朱熹理学的比较、主观论与直觉论和王阳明的良知哲学、日本阳明学、王阳明诗歌书信选。②

格鲁塞(1885—1952)毕生大部分时间在法国巴黎两所不同的博物馆任职管理员工作,也出版了大量东方历史研究之作。③ 与本文讨论到的其他作者一样,他对朱熹的思想与阳明学进行了简单区分,认为朱熹重视博学和唯理主义,从编写和评论儒家经典中获取知识,而王阳明则重视主观性和直觉。王阳明认为反思个体能发现内心深处的真理,因此,真理如同一种启示,带着狂喜状态的性质。④

20 世纪上半叶,德国汉学研究在中国哲学历史研究的出版方面颇为领先。森克(1865—1946)的《中国哲学史》和哈克曼(1864—1935)的《中国哲学》均于 1927 年出版,佛尔克(1867—1944)的《近代中国哲学史》则于 1938 年出版。

哈克曼和佛尔克与中国的渊源都很深。哈克曼最初在莱比锡和哥廷根研究新教神学,后于 1884—1901 年在上海的德国人教区担任牧师,随后在中国其他地方及东南亚游历。1913 年,被聘为阿姆斯特丹大学宗教史教授。作为二战前德国最伟大的汉学家之一的佛尔克,1867 年出生于

---

① Witek, John W. Henri Bernard-Maitre, 1889—1975. In *Biographical Dictionary of Chinese Christianity*. http://bdcconline.net/en/stories/bernard-maitre-henri, accessed May 22, 2017.

② Bernard, Henri. *Sagesse chinoise et philosophie chrétienne: essai sur leurs relations historiques*. Tianjin: Henricus Lécroart, 1935: 82-88.

③ René Grousset. http://www.academie-francaise.fr/les-immortels/rene-grousset, accessed May 22, 2017.

④ Grousset, René. Wang Yang Ming. In *Histoire de la philosophie orientale*, Tome II: *L'Inde et la China*. Paris: Nouvelle Librairie Nationale, 1923: 356-357.

布伦瑞克公国的首都布伦瑞克(1871 年,布伦瑞克公国成为德意志帝国的联邦国之一)。在柏林大学攻读法学学位期间,佛尔克参加了东方语言研讨班,汉语就是在那时学会的。1890—1903 年,他在中国从事德国外交服务工作。1903 年,受聘担任柏林大学东方语言系讲师,1923 年成为奥托·福兰阁(Otto Franke)之后的汉堡大学教授。佛尔克出版、发表了许多关于中国文学和哲学的著作和文章。

此外,森克作为一名业余汉学家也撰写了关于中国的著作。他出生于波西米亚,在维也纳获得法学学位,而后成为著名的记者、作家和政治家,以其关于无政府主义的著作最负盛名。森克不是一名学术型汉学家,也没有直接参考中文文献,却撰写出关于中国哲学的研究著述,这一事实从侧面体现出西方研究中国哲学的成熟性与翻译资料的可用性。

森克的《中国哲学史》一书中,"非正统学派:王阳明"一章探讨了王阳明。该章紧随在"朱熹及其弟子"一章之后。除了简要介绍王阳明的生活和思想,还有一些森克极为好奇的问题的探讨,如关于心灵与肉体的关系,王阳明似乎与德国唯心主义者有相似之处。哈克曼和佛尔克同样也对此感兴趣。两人都引用了《传习录》中的以下这个例子来证明王明阳是个唯心主义者:"先生游南镇,一友指岩中花树问曰:'天下无心外之物;如此花树,在深山中自开自落,于我心亦何相关?'先生曰:'你未看此花时,此花与汝心同归于寂;你来看此花时,则此花颜色一时明白起来;便知此花不在你的心外。'"

然而,森克怀疑王阳明并不是一个真正的唯心主义者,因为他从未宣称精神世界比现象世界更加真实。森克争辩道,王阳明关于花的陈述并不能表明那些花只是虚幻。他认为,王阳明只是在表明心能构建现象世界中物体的外观,而不是否定除了心所塑造的世界,就没有别的世界了。森克对王阳明的解读受到了欧洲对于康德哲学辩论的重要影响。他声称,康德和王阳明都没有否认现象世界的存在;他们只是提出心影响现象世界的表现:"感知经由心的认知,因而世界整体的表面现象事实上是由心所呈现。"①他们俩的哲学更应该被称作先验实在论。

森克还对王阳明在儒学历史发展中的地位及贡献给予了评价。他声称王阳明与朱熹存在极大差异。朱熹是唯理主义者,而王阳明则是唯意志论者和直觉论者。朱熹是儒家传统中的托马斯·阿奎纳,而王阳明则像基督教改革者,致力于将信念重归于原始纯净的古老文本中。对王阳明而言,这正是重归于儒学古籍的本义。森克论证道,相较于纯粹的外在世界的实践知识,儒学更加重视自知之明和美德的完善。此外,朱熹把儒学的中心从完善自我美德转移到对外在世界的理性探讨和社会改良,然而,他的哲学滋生了一种乏味务实的唯理主义,这种唯理主义限制思考,缺少实质。

此外,王阳明试图将其目标归于美德的完善。他坚信人生而具有善的良知。通过发展这种良知,人能够回归本性,自发与天理(道德法则)相应,达到一致和谐。既然这种非凡的至善以天理存在于人的本性之中,那么遵从良知就能获得真正的自由。② 然而,欲望和感情却能阻止人回归本性。这种感情能使一个人在事物中迷失自我;只有净化自我,远离物质才能使其回归于本性的自由。森克就从这种净化和天主教的精神炼净之间看出了相似之处。他进一步论证道,在人类本性的概念和净化自我欲望这点上,王阳明受到道家神秘主义的影响,但王阳明并未接受甚至反对道家的被动性和无为而治。一个人的心态与他是否积极主动或是否静卧休息并没有关系;相反,人的精神状态取决于他们是由道德法则支配还是由欲望支配。如果人跟随良知并依随他们本性中所呈现的道德法则,那么无论他们积极主动或消极被动都能获得平静。③

虽然森克有关王阳明的说法极为简单,而且受到欧洲哲学体系的严重禁锢,但他的一些见解还是非常有趣。通过哈克曼和佛尔克,我们能发现,王阳明的知识记载足够他们在哲学史研究中呈现王阳明生活和思想

---

① Zenker，Ernst Viktor. *Histoire de la philosophie chinoise*. Paris：Payot，1932：489.

② Zenker，Ernst Viktor. *Histoire de la philosophie chinoise*. Paris：Payot，1932：492.

③ Zenker，Ernst Viktor. *Histoire de la philosophie chinoise*. Paris：Payot，1932：494-495.

的基本轮廓。哈克曼从钱德洪的《阳明先生年谱》中了解到王阳明的生活，发现王阳明的哲学与其生活联系紧密。这给他留下了极为深刻的印象。他认为，王阳明是一个向往本真和真理，反对虚无形式的人。而朱熹的哲学作为一种较为正式的正统哲学，正是以这样一种虚无的形式存在的，朱熹的哲学不能让学者生出一种热情去探索存在：这是一种"无生命的哲学体系"。王阳明则注重探索精神上的洞察力和智慧，发展一种真正从内心滋生的、从面对生活挑战时的个人亲密经验中总结出来的哲学。①

哈克曼在王阳明的本性观中看到了一种"包罗万象的统一性"。一切事物从根本上都有着同样的本质，万象都是性的表现。这就是只有在人们回归最本源的时候才能真正理解并接近这个世界的原因。发现良知之路必须从心内寻找，宇宙的设计和规律存在于心中。换言之，心对世界呈现给我们的事物赋予形态并产生影响。② 哈克曼认为，从王阳明对花与人心关系的探讨来判断，他似乎是唯心主义者。当然，哈克曼和森克一样，认为王阳明并没有说明心和肉体何者更加具有真实性。③

哈克曼的大多数研究更专注于解释良知的含义。他提到，"良知"在英语中被翻译为"intuition"，但又极富有智慧地强调良知不能和精神的特殊功能一概而论，比如知识、感觉和意愿。相反，在王阳明看来，良知比特殊的精神功能先有，它是一种存在于天理之中的纯净的认知，而这种天理事实上正是通过这些功能来表达自己的。对于道德辨别而言，这种内心之光是分辨是非的基础。然而，良知貌似形而上学的特性及其宏伟性，使其超越了简单的良心。通过它，我们能完善精神。因为人性中的所有伟大和美好都根植于这种认识之中，再没有比发展这种内心的指引更重要的了。只是这种内心之光隐藏在使其黑暗的遮挡物之下。这遮挡物正是人天性的自私所产生的冲动和激情。通过开发内心之光，不管一个人喜

---

① Hackmann，Heinrich. Wang Yangming und die Neuzeit. In *Chinesische Philosophie*. München：Ernst Reinhardt，1927：361-363.

② Hackmann，Heinrich. Wang Yangming und die Neuzeit. In *Chinesische Philosophie*. München：Ernst Reinhardt，1927：364.

③ Hackmann，Heinrich. Wang Yangming und die Neuzeit. In *Chinesische Philosophie*. München：Ernst Reinhardt，1927：365.

欢或讨厌、偏好或厌恶,他都能够自然而然地跟随内心自然法则的指引,这种指引与自私利己的冲动是相反的。如此便可达到知与行的统一。①

在 20 世纪 50 年代以前的研究中,佛尔克 1938 年出版的《近现代中国哲学史》系统性地使用大量了原始文献,提供了最为全面的研究。在研究过程中,他直接引用《王文成公全书》和《阳明先生集要》的内容。他还参考了亨克、谢无量(1884—1964)和高瀬武次郎的作品。对于佛尔克而言,王阳明是"继朱熹之后最伟大的哲学家和明代第一人"②。他对王阳明生活的简要概述均引用《明史》以及亨克翻译的《阳明先生年谱》,其中就包括王阳明在贵州的"悟道"(erleuchtung),及嘉靖、隆庆和万历三位皇帝对王阳明的不同态度。接下来的部分介绍了王阳明的一些理论,包括心即理、格物、良知以及善恶的起源。③

在对王阳明的总结性评价中,佛尔克总结了先前的学者们是如何对王阳明的哲学思想进行分类的。因为王阳明似乎表明,心之所在乃是万物之本,因而心外无物,即思想创造物质世界,所以亨克称这样的哲学思想为绝对唯心主义,而哈克曼则称之为认识论唯心主义。佛尔克同意二者的分析,但也赞成其他人的看法,如森克认为王阳明哲学是关于主客根源的同一性哲学(identitätsphilosophie)。佛尔克极可能想到了谢林(Friedrich Schelling),因为谢林的同一性哲学"是基于绝对者概念的哲学,在这种概念之中,理想和现实、主观和客观的本质相同"④。总而言之,正是德国的唯心主义为王阳明在许多欧洲本土文献中受到欢迎铺平了道路。

---

① Hackmann, Heinrich. Wang Yangming und die Neuzeit. In *Chinesische Philosophie*. München: Ernst Reinhardt, 1927: 366-368.

② Forke, Alfred. *Geschichte der Neueren Chinesischen Philosophie*. Hamburg: Cram-De Gruyter, 1964: 380.

③ Forke, Alfred. *Geschichte der Neueren Chinesischen Philosophie*. Hamburg: Cram-De Gruyter, 1964: 380-399.

④ Williamson, Raymond. *An Introduction to Hegel's Philosophy of Religion*. Albany, NY: State University of New York Press, 1984: 70.

四、结　论

　　总之，在欧美，20 世纪上半叶出现了重要的王阳明学术研究。王阳明思想对德川幕府和明治时期的日本所产生的影响，以及从 19 世纪后期在中国掀起对阳明学的兴趣，都使得王阳明成为驻东亚传教士以及研究东亚的专业学者的关注焦点。亨克最先对王阳明的主要作品进行了翻译，一些学者也撰写了专著和论文，王阳明也被纳入德国和法国的中国哲学史中。如今，虽然亨克的阳明学著述在很大程度上被忽视，但它确实呈现了王阳明的生活和思想概况，以及解读方面的一些问题和比较。

　　　　　　　　　　　　　　　　　　（原载于《汉学研究》2018 年秋冬卷）

阳明学在美国的发展与现状

伊来瑞　中佐治亚州立大学

像在所有西方国家一样,阳明学在美国称不上是一个成熟的学术领域。不过,20世纪中叶以来,一直有一批学者尽力将这位儒学大家一生的哲学成就与其在中国历史上的定位呈现给西方世界。从一个方面看,可以说,这是20世纪以来中外译者努力将中国悠久的思想史向世界传播的部分成果。另一个方面,也是因为这些学者对王阳明情有独钟和钦佩的缘故。然而这些学者当中除了少数外,多是华人或在海外留过学的中国人,是有东西方生活经历的文化和思想界学者。本文的讨论范围限于以阳明学为研究对象的在英美的学术专著,不涉及20世纪以来对宋明哲学的研究,尤其是对宋代理学的研究,也不涉及对王阳明的弟子以及在其他东亚国家的阳明学派的研究成果。以下将通过介绍几位阳明学者的学术历程来概述阳明学在美国的发展与研究现况。

亨克1876年生于美国中部的艾奥瓦州。父亲为牧师,他本身也是基督徒。1900年,亨克以传教士的身份前往中国,先后到过南昌和九江。1907年,亨克回到美国,在芝加哥大学获得博士学位。1910年,在金陵大学的邀请下,他再度前往中国担任哲学教授以及教堂牧师。第二年,他受上海的英国皇家亚洲文会北中国支会邀请,对王阳明进行了深入研究。他主要参考上海商务印书馆出版的《王文成公全书》[①],把他的年谱、《传习

---

① 编者注:据2018年王宇、2019年刘孔喜和许明武的考证,实际底本并不是亨克自己所说的上海商务印书馆出版的《王文成公全书》,而是上海明明学社在1907—1911年出版的铅字本《学部校正阳明先生集要三种》。

录》以及一部分书信翻译成英文,并撰写了《译者前言》后出版。他认为,欧美学界哲学史研究者很少了解中国自孔孟之后的哲学思想,以至于很长时间以来,人们误以为除了"四书""五经"和老子的《道德经》,中国哲学思想乏善可陈。① 他也写了一篇简略的文章,将王阳明的哲学称为唯心主义。亨克特别强调王阳明的"三命题",即"心即理""知行合一",以及"万物一体之心"。他说:

1. Every individual may understand the fundamental principles of life and things, including moral laws, by learning to understand his own mind, and by developing his own nature. This means that it is not necessary to use the criteria of the past as present-day standards. Each individual has the solution of the problems of the universe within himself. "Man is the measure of all things."

2. On the practical side, every one is under the obligation to keep knowledge and action, theory and practice together, for the former is so intimately related to the latter that its very existence is involved. There can be no real knowledge without action. The individual has within himself the spring of knowledge and should constantly carry into practice the things that his intuitive knowledge of good gives him opportunity to do.

3. Heaven, earth, man, all things are an all-pervading unity. The universe is the macrocosm, and each human mind is a microcosm. This naturally leads to the conceptions, equality of opportunity and liberty, and as such serves well as the fundamental principle of social activity and reform.②

① Henke, Frederick G. *The Philosophy of Wang Yang-ming*. London & Chicago: The Open Court Publishing Co., 1916: xi.

② Henke, Frederick G. *The Philosophy of Wang Yang-ming*. London & Chicago: The Open Court Publishing Co., 1916: xiii-xiv.

1. 通过学习了解本心，并通过完善本性，每个人都可以了解包括道德法则在内的生命和事物的基本原则。这意味着没有必要利用过去的标准来作为现今的标准。每个人自身都蕴含着宇宙问题的解决方案。"人是一切事物的衡量标准。"

2. 实际上，每个人都有义务把知和行、理论和实践结合起来，因为前者与后者联系得如此紧密，以至于其存在本身变得错综复杂。离开行，不会有真正的知。个体自身蕴含着知识的源泉，个体对善的直觉认识赋予其行善的机会，应该不断地将良知付诸实践。

3. 天、地、人，一切事物都充满着和谐。宇宙是大世界，而每个人的心是一个小世界。这很自然地产生了机会平等和自由的观念，因此非常适合作为社会行动和改革的基本原则。

虽然如今看来亨克的《传习录》英译和前言有些老旧，但其学术价值毋庸置疑，不但在 1964 年再版，近年（2009、2012、2013）甚至有三家不同的出版社分别发行了新版。

对于阳明学的海外研究发展而言，亨克的贡献具有独特性。因为第二次世界大战以前，在美国除了寥寥几篇有关阳明学的文章之外，并没有特别显著的阳明学著作，而且根据陈荣捷在 1972 年进行的考察，从 1940 年至 1955 年没有任何刊物问世。[①] 在这里值得提出的是，张煜全于 1939—1940 年在《中国社会及政治学报》上发表的系列文章，即 "Wang Shou-jen as a Statesman"（1946 年于北京合编成书发行，1975 年在美国重印）[②]。这是第一本详细叙述和分析王阳明政治和军事历程及成就的学术专著，其中收录了他的部分奏疏。奇怪的是，这是至今美国唯一能被视为学术专著的王阳明传记，剩下的不外乎百科全书条目、学报文章、学术专

---

① Chan，Wing-tsit. Wang Yang-ming：Western Studies and an Annotated Bibliography. *Philosophy East and West*，1972，22(1)：75.

② Chang，Yü-chüan. Wang Shou-jen as a Statesman. *Chinese Social and Political Science Review*，1939—1940，23(1—4)：30-99，155-252，319-374，473-517；Chang，Yü-chüan. *Wang Shou-jen as a Statesman*. Peking：The Chinese and Political Science Association，1946. 张煜全(1879—1953)是广东南海人，在美国耶鲁大学和加利福尼亚大学留过学，曾任清华学校校长。

著的篇章或只谈论到他一生的片段。虽然这本书有其价值,但所参考的文献资料并不丰富,也缺乏对阳明思想发展的叙述和分析。

　　从 1955 年至 1973 年的 18 年间,阳明学研究共有 17 项成果,包括 3 条百科全书王阳明条目、3 篇博士论文、几篇文章和新的《传习录》英译本。① 此时算是阳明学研究的兴盛时期,部分原因在于美国汉学进入了新的阶段,其中最令人瞩目的莫过于思想史研究。此际阳明学研究的领军人物包括达特茅斯学院(Dartmouth College)的陈荣捷以及哥伦比亚大学的狄百瑞。哥伦比亚大学举办了几次关于明代哲学和新儒家的研讨会,知名学者如冈田武彦和唐君毅皆曾出席。另外,自 1939 年始,夏威夷大学哲学系举办了一系列东西方哲学家研讨会,这最初是陈荣捷和查尔斯·摩尔(Charles Moore)的主意。1972 年,为了纪念王阳明诞辰五百周年,研讨会的主题定为"王阳明比较研究"。参加这次会议的成员包括当时查塔姆学院(Chatham College)的陈荣捷教授、夏威夷大学哲学系的张钟元教授和成中英教授、台湾大学哲学系的方东美教授、香港中文大学新亚书院的牟宗三教授和唐君毅教授、斯坦福大学哲学系的倪德卫教授、加利福尼亚大学的助理教授杜维明。1973 年,研讨会的论文均收入学术期

---

① Chan, Wing-tsit. Wang Yang-ming: Western Studies and an Annotated Bibliography. *Philosophy East and West*, 1972, 22(1): 75-76. 陈荣捷的文章发表于 1972 年,统计了截至发文时的 16 部阳明学研究著述。我的统计时间截至 1973 年,以便将 1972 年夏威夷东西方哲学家会议后收录陈文的 *Philosophy East and West* 杂志统计进来。值得注意的论文包括:Chang, Carsun. Wang Yang-ming's Philosophy. *Philosophy East and West*, 1955(5): 3-18; Chan, Wing-tsit. How Buddhistic Is Wang Yang-ming?. *Philosophy East and West*, 1962(12): 203-216; Chan, Wing-tsit. Dynamic Idealism in Wang Yangming. In *A Sourcebook in Chinese Philosophy*. Princeton: Princeton University Press, 1963: 654-691; Iki, Hiroyuki. Wang Yang-ming's Doctrine of Innate Knowledge of the Good. *Philosophy East and West*, 1961—1962(11): 27-44; Jung, Hwa Yol. Wang Yang-ming and Existential Phenomenology. *International Philosophical Quarterly*, 1965(5): 612-636; Nivison, David S. The Problem of "Knowledge" and "Action" in Chinese Thought since Wang Yang-ming. In Arthur F. Wright (ed.). *Studies in Chinese Thought*. Chicago: University of Chicago Press, 1953: 112-145.

刊《东西方哲学》中。

阳明学学者也许知道陈荣捷的《王阳明〈传习录〉详注集评》，而不太熟悉他在美国居住几十年间为西方国家介绍中国三大传统哲学思想所付出的心力，尤其是阳明学能传入美国，其贡献不容小觑。陈荣捷 1901 年生于广东开平的乡下，1916 年就读岭南学校①，1929 年取得哈佛大学中国哲学与文化博士学位，1929—1936 年担任岭南大学教务长。1937 年，他受夏威夷大学的邀请，任该校哲学系和东方研究所教授；1942—1966 年，在达特茅斯学院执教；1966—1981 年，主要在查塔姆学院任讲座教授。陈荣捷 1994 年逝世，享年 93 岁，一生获奖无数。②

陈荣捷成功地促进了东西方交流。他有时会到耶鲁大学、哈佛大学、哥伦比亚大学等东亚研究重镇进行讲学或参加研讨会，他发表、出版了一百余篇/部英语著述，但主要成就在于将中国哲学经典翻译成英文，他的《中国哲学文献选编》尤其受 20 世纪六七十年代东亚历史和哲学界欢迎，该书直到 90 年代都是中国哲学研究的重要文献。对于阳明学，陈荣捷最大的贡献是他于 1963 年在哥伦比亚大学出版社出版的《传习录》英译本。陈荣捷于序言中表明了目的：

> *Instructions for Practical Living* (*Ch'uan-hsi lu*) has been chosen for translation for the simple reason that no one can adequately understand Chinese thought without having read this work in its entirety. This embodiment of Wang Yang-ming's philosophy is indisputably the most important Chinese philosophical classic since the early thirteenth century. ③

---

① 编者注：岭南学校系 1888 年美国长老会（American Presbyterian Church）在广州沙基金利埠创办的格致书院（Christian College in China），1903 年，格致书院改名 Canton Christian College，中文校名改为岭南学堂，1912 年学堂的中文名称改为岭南学校，1927 年更名为岭南大学。

② 华霭仁. 陈荣捷（1901—1994）：一份口述自传的选录. 彭国翔，译. 中国文化，1997(15/16)：327-347.

③ Chan，Wing-tsit. *Instructions for Practical Living and Other Neo-Confucian Writings by Wang Yang-ming*. New York：Columbia University Press，1963：xi.

选择翻译《传习录》的原因很简单：没有通读过此书的人不可能对中国的思想有透彻的了解。它集中体现了王阳明的思想，无疑是13世纪初以来中国哲学的里程碑。

除了翻译《传习录》，陈荣捷也收录了王阳明的《大学问》以及政治、社会治理等方面的一些重要文件，如《南赣乡约》。时至今日，此书作为相关研究的参考资料仍十分受重视。

70年代出现了两本非常重要的学术专著，作者是两位著名的华人哲学家，即杜维明和秦家懿。60年代，杜维明在哈佛大学，秦家懿则在澳大利亚国立大学读博士。关于他们当时的经历，有一件趣事，2013年生活·读书·新知三联书店出版了杜维明的《青年王阳明：行动中的儒家思想》，新京报记者曾就王阳明对杜维明进行了访谈。据记者的叙述：

20世纪60年代，正在哈佛大学读博的杜维明，接到另一位学者秦家懿来自澳大利亚的电话。秦家懿问他："听说你要写王阳明的论文，我能不能写？"杜维明笑着回答："开玩笑！西方写马丁·路德的有一千以上的博士论文，我们两个分享王阳明还不行吗？你随便写，我怎么写都跟你写的绝对不同。"果然，两人的论文出来，秦家懿写的方向是阳明的智慧，范围很大。而杜维明的，集中讨论青年王阳明的思想历程。这两篇论文，就是前年引进中国的《王阳明》（秦家懿，2011），与新近出版的《青年王阳明：行动中的儒家思想》（杜维明，2013）。前者出版一年多时间，已卖过2万册，重印两次，在学术圈里形成小小的热潮。[1]

1976年，这两篇以英文撰写的博士学位论文在美国出版，它们在美国汉学界至今享有权威性地位。[2]

---

[1] 杜维明：王阳明何以成为知己.（2013-10-18）［2013-12-10］. https://book.douban.com/review/6335327/.

[2] Ching, Julia. *To Acquire Wisdom*：*The Way of Wang Yang-ming*. New York：Columbia University Press, 1976；Tu, Weiming. *Neo-Confucian Thought in Action*：*Wang Yang-ming's Youth*（1472—1509）. Berkeley：University of California Press, 1976.

杜维明作为现代新儒家学派的新生代学人,其生平广为人知,在此不多作赘述。至于秦家懿,她 1934 年生于上海,第二次世界大战时逃难到香港,后来在美国新罗谢尔学院(College of New Rochelle)和美国天主教大学(Catholic University of America)受教育,有过近 20 年的天主教修女生涯。据她的学生陈荣开所写的《我所看到的秦家懿教授的一个侧面》,秦家懿 1972 年在澳大利亚国立大学取得哲学博士学位,业师是柳存仁教授,毕业后留校任教,后来受哥伦比亚大学和耶鲁大学的邀请,先后在这两所大学执教。① 1978 年,她加入多伦多大学(Toronto University)哲学与东亚系。1976 年,她的博士学位论文 *To Acquire Wisdom*:*The Way of Wang Yang-ming*(《获取智慧:王阳明之道》)由哥伦比亚大学出版社出版。她不仅逐章系统分析"心""格物""致良知""良知本体"以及"无善无恶"等概念,同时还翻译了王阳明的部分代表性诗文。该作品是美国至今唯一脉络较完整、辩证分析王阳明哲学的学术专著。至于她写此书的原因,书中有专门的叙述:

> The importance of my subject matter is such that I see little need for explaining how and why I became interested in the study of Wang Yangming's Way of Wisdom. But,writing as a woman—and hence with a more personal note—it may be useful for me to say how and why I became interested in the study of Wang Yangming who,with his restless energy for activity and social commitment,and his irrepressible yearning for stillness and contemplation,held an attraction for me which has been powerful and enduring... As a Chinese from the fifteenth century,Wang Yangming cannot resolve our contemporary problems. But he has pointed out a way which is both human and relevant. He tells us how the manifold problems of human life may be grappled in their

---

① 陈荣开. 我所看到的秦家懿教授的一个侧面. (2012-10-16)〔2013-12-11〕. https://site.douban.com/162358/widget/notes/8717941/note/241942370/.

depths, and made to contribute to a fuller and more meaningful human existence. ①

　　本书的重点不在于阐明我如何以及为何对研究"王阳明的智慧之道"感兴趣，而在于剖明，作为一位女性研究者，从自我的角度，如何以及为何会对王阳明研究感兴趣。王阳明精力充沛，参与活动，具有社会担当，对静思有不可抑制的渴望，这些都长久而有力地吸引着我。作为 15 世纪的一位中国人，王阳明不可能解决当代问题。但是，他指明了一条关乎人性且极具启迪的道路。他告诉我们如何从根本上面对人生的种种问题，让这些问题成就更圆满且更有意义的人的存在。

70 年代虽然在某些方面是阳明学最兴盛的时代，但这并不是说在美国自 80 年代起就没有了阳明学这门学问，其间虽有诸多与中国的哲学思想、哲学思想史，以及中西比较哲学等相关的学术专著和文章问世，但越来越成熟的美国汉学界正将焦点转向中国的社会文化史、物质文化史、政治文化史等领域。据初步考察，从 1980 年至 2013 年，在美国，专门以王阳明为主题的有 5 部著作、11 篇博士论文，以及 50 篇以上的文章②，这还

---

① Ching, Julia. *To Acquire Wisdom*: *The Way of Wang Yang-ming*. New York: Columbia University Press, 1976: xix.

② 文献篇目较多，这里仅择其要者列举: Angle, Stephen C. A Fresh Look at Knowledge and Action: Wang Yangming in Comparative Perspective. *Journal of Chinese Philosophy*, 2006, 33(2): 287-298; Lee, Junghwan. Wang Yangming Thought as Cultural Capital: The Case of Yongkang County. *Late Imperial China*, 2008, 28(2): 41-80; Lee, Ming-huei. Wang Yangming's Philosophy and Modern Theories of Democracy: A Reconstructive Interpretation. *Dao*: *A Journal of Comparative Philosophy*, 2008, 7(3): 283-294; Shin, Leo K. The Last Campaigns of Wang Yangming. *T'oung Pao*, 2006, 92(1-3): 101-128; Tien, David W. Oneness and Self-Centeredness in the Moral Philosophy of Wang Yangming. *Journal of Religious Ethics*, 2012, 40(1): 52-71; Yao, Xinzhong. Philosophy of Learning in Wang Yangming and Francis Bacon. *Journal of Chinese Philosophy*, 2013, 40(3/4): 417-435; Huang, Yong. A Neo-Confucian Conception of Wisdom: Wang Yang-ming on the Innate Moral Knowledge (liangzhi). *Journal of Chinese Philosophy*, 2006, 33(3): 393-408.

不包括为数不少的百科全书以及网络条目。

11 篇博士论文中,有 3 篇是关于王阳明与著名西方哲学家的比较研究①,2 篇是对其道德哲学的研究②,1 篇则是关于王阳明的政治与军事生涯的研究③。关于学术专著,值得一提的是柯雄文的《知行合一:王阳明的道德心理学研究》和艾文贺的《儒家传统中的伦理学:孟子和王阳明的思想》。④ 艾文贺现任美国乔治城大学(Georgetown University)东亚研究系系主任。在《儒家传统中的伦理学:孟子和王阳明的思想》中,艾文贺的基本论点是:王阳明虽然继承了孟子的思想,但由于受佛教的影响,他在某些方面曲解了孟子的概念。柯雄文 1932 年生于马尼拉,父母亲是菲律宾籍华人。1952 年,他于马尼拉远东大学(Far Eastern University)毕业后,前往美国加利福尼亚大学伯克利分校攻读博士学位。1969 年至 1996年,他一直任美国天主教大学哲学系教授,也担任过许多学会的会长。他的书详细分析了王阳明"知行合一"的学说。在美国学术界,此命题引起了一些哲学家的特别关注,而其中的代表性研究是沃伦·弗里西纳所写的《知行合一:走向知识的非表象理论》。弗里西纳通过对王阳明、杜威以及怀特海的哲学分析比较,充分解释了为什么知识是一种行为以及二者

---

① Chang，Peter T. C. A Comparative Study of Bishop Butler's and Wang Yang-ming's Conception of Conscience. PhD Diss.，Harvard Divinity School，2009；Hong，Seok Hwan. Ultimate Human Transformation：Liang-chih in Wang Yang-Ming and the Imago Dei in John Calvin. PhD Diss.，Boston University，2002；Kim，Heup Young. Sanctification and Self-Cultivation：A Study of Karl Barth and Neo-Confucianism (Wang Yang-ming). PhD Diss.，Graduate Theological Union，1992.

② Sciban，Lloyd. Wang Yang-ming on Moral Decision. PhD Diss.，University of Toronto，1994；Chi，Wan-hsien. The Notion of Practicality in Wang Yangming's Thought. PhD Diss.，University of Pennsylvania，2001.

③ Israel，George L. On the Margins of the Grand Unity：Empire，Violence，and Ethnicity in the Virtue Ethics and Political Practice of Wang Yangming (1472—1529). PhD Diss.，University of Illinois at Urbana-Champaign，2008.

④ Cua，Antonio S. *The Unity of Knowledge and Action*：*A Study in Wang Yang-ming's Moral Psychology*. Honolulu：University of Hawai'i Press，1982；Ivanhoe，Philip J. *Ethics in the Confucian Tradition*：*The Thought of Mengzi and Wang Yang-ming*. Indianapolis：Hackett，2002.

为何不可分等关键哲理。①

上述学者百年间前赴后继的努力,使现在的美国人,特别是文史哲学系里进行相关研究的后人能与王阳明思想接触,并获得初步理解;人文科系的世界历史必修课中,多有提及王阳明。大多普遍使用的世界历史课本都强调王阳明的"知行合一"和"良知"哲学概念与他一生中的经验,以及明代中期社会文化的转变。在此给读者引若干实例:

> By the mid-sixteenth century Ming rule faced a variety of problems, from piracy along the coasts to ineptness in the state. Corruption and perceptions of social decay elicited even more criticism. Consider Wang Yangming, a government official and scholar of neo-Confucian thought who urged commitment to social action. Arguing for the unity of knowledge and action, he claimed that one's own thoughts and intuition, rather than observations and external principles (as earlier neo-Confucian thinkers had emphasized), could provide the answers to problems. His more radical followers suggested, against traditional belief, that women were equal to men intellectually and should receive full education—a position that earned these radicals banishment from the elite establishment. But even as such new ideas and the state's weaknesses created discord, Ming society remained commercially vibrant. ②

16 世纪中叶,明王朝面临着沿海地区倭寇肆行和朝政混乱的内忧外患,腐败和对社会腐化遭到时人诟病。王阳明作为一位政府官员和宋明理学的学者,敦促为社会行动尽责。他主张知行合一,认为

---

① Frisina, Warren G. *The Unity of Knowledge and Action: Toward a Nonrepresentational Theory of Knowledge*. Albany, NY: State University of New York Press, 2002.

② Tignor, Robert et al. *Worlds Together, Worlds Apart: A History of the World: Beginnings Through the Fifteenth Century*. 5th ed. New York: W. W. Norton & Company, 2017: 478.

个人自身的思维和直觉而非观察和外部原则(像先前的宋明理学思想家强调的那样)是解决问题的关键。他的更为激进的追随者们提出了与传统信念相左的建议,即女性在智力上与男性平等,并且应该接受完全教育。这一立场使得这些激进者遭到精英阶层的排斥。然而,新思想的冲击和社会治理的不和谐,并未对经济繁荣造成太大影响。

As in earlier eras, society and learning in Ming and Qing China were dominated by the government and its Confucian scholar—bureaucrats, functioning as an educated elite. In village or town schools, and often under private tutors, boys studied the Confucian classics to prepare for civil service exams on the county, province, and national levels. Since the multistate examination process removed all but the highest and most orthodox candidates, it gave the civil service a very high level of learning and stability, but it also tended to discourage radical innovation.

Even those who challenged the dominant neo-Confucian philosophy, dating from the Song era, did so to refine and expand it rather than supplant it. While accepting the Confucian moral code, for example, Wang Yangming, the Ming era's most influential thinker, argued that everyone possesses innate moral knowledge, which can be discovered through contemplation and experience, not just by prolonged study of the Confucian classics. His assertions implied that even common people could comprehend Confucian virtue, inspiring efforts by scholars to interact and connect with the masses. They also inspired over a century of vigorous debate, as scholars sought to rein and expand, but not to replace, the Confucian heritage.[1]

---

[1] Judge, Edward H., and John W. Langdon. *Connections: A World History*. New York: Pearson, 2015: 483-484.

如同历史上的其他朝代,中国明清时期的社会和知识仍掌握在政府和儒家官员手中。在村镇的学校里,在私塾先生的教导下,男子学习儒家经典,参加院试、乡试、会试和殿试。多级考试淘汰了几乎所有考生,只剩下水平最高、最为正统的考生,这使得文官具有很高的知识水平和稳定性,但是又会倾向于压制彻底创新。

即使是那些挑战自宋代以来就占统治地位的宋明理学的学者,也只是在改进和扩展宋明理学,而不是将其取代。例如明代最具影响力的思想家王阳明,在接受儒家道德规范的同时,主张每个人都拥有与生俱来的道德知识,可以通过静思和经验来体认,而不是仅通过长时间学习儒家经典来获得。他的主张暗示着即便是普通人也可以理解儒家美德,鼓励学者们努力与大众互动和联系。这些主张引发了一个多世纪的激烈争论,因为学者们寻求对儒家传统的控制和扩展,而不是要取而代之。

王阳明的生平和一些哲学思想正在全美国的大学生中传播。这一事实表明,在西方社会,阳明学的影响正在超越狭小的学术圈。话虽如此,阳明学的发展在美国还需努力。最令人感叹的是,到现在欧美各国依然缺乏以英文撰写的、兼具王阳明哲学思想发展与政治社会成就的完整传记。在世界历史上,心学是伟大的哲学传统之一,但是一些主要概念对于在其他文化传统下成长起来的人来说的确看起来陌生。在许多方面,对于早期的儒家、佛家和道家思想的研究遮蔽了对阳明学的研究,要更加全面地研究王阳明还要走很长的路。尽管如此,作为世界史上最著名的人物之一,王阳明将继续激发美国学界在此领域的相关研究和著述。

(原载于《阳明学刊(第七辑)》,巴蜀书社,2015)

成中英先生谈阳明学在北美[①]

成中英　夏威夷大学

潘　松　重庆工商大学

摘要:夏威夷大学资深教授成中英论述了自 20 世纪五六十年代以来北美阳明学的发展,指出了陈荣捷的贡献与不足,尤其是在翻译和把握阳明学基本概念中存在的问题。北美学者通过中西和古今的比较来理解阳明思想,能够带来新意,不仅是传播与发展,还有中西比较视域下义理的澄清。在中西会通的基础上,成中英提出了如何在英语世界把握"心""良知"、阳明学和朱子学在北美发展的关系问题,以及成圣与学以成人的联系和差异问题。

关键词:翻译,心,良知/知,理解,比较

问:众所周知,您出入东西方思想,师从方东美先生和蒯因(Willard Van Orman Quine)教授,既深入西方哲学思想核心,又浸润深厚的中国传统,亲身参与了北美中国哲学从东亚文化研究走向哲学研究的转变。那么,在您到夏威夷大学任教之前,王阳明的思想和著作在美国具体是什么状况,有什么影响呢? 比如,像陈荣捷、狄百瑞、柯雄文、倪德卫等学者是否曾在北美讲授和研究阳明学? 1972 年,夏威夷大学举办的东西方哲

① 本文先后受到宁波市社科院面向全国公开招标的重大项目"阳明心学海外传播研究"(YMXW18-3)和国家社科基金一般项目"王阳明思想在英语世界的译介与阐释研究"(19BYY099)的资助,特此致谢! 成中英先生作为北美当代中国哲学研究与传播的杰出代表也是项目组访谈的重点对象。在成先生于 2019 年 7 月参加烟台召开的牟宗三先生诞辰 110 周年纪念会之际,项目组成员潘松博士对成先生进行了学术访谈。提问者简称"问";成中英先生的回答简称"成"。

学研讨会,主题就是"王阳明比较研究",在此之后,北美阳明学又有什么样的发展?

陈荣捷译介王阳明

成:对王阳明的研究,尤其是在哲学系中对其的研究,我认为是非常晚的。当然,并没有一些特别的文献表明王阳明在北美有很早的系统研究。冯友兰的《中国哲学简史》当时已经翻译成英文了。从这部著作中,北美的学界了解到了王阳明的思想。陈荣捷教授在美国新罕布什尔州的达特茅斯学院教授东方文化和宗教。同时,他可能也是最早出版了《中国哲学文献选编》(*A Sourcebook in Chinese Philosophy*, 1963)这么一本资料汇编书。这应该是北美出版冯友兰的中国哲学方面的书籍之后,第一本有介绍王阳明内容的书籍,这本书从王阳明的《传习录》中也翻译了一些资料。后来的一些关于王阳明思想的研究著作都与他的翻译有关。

我是 1963 年到夏威夷执教的。那时他的那本书才刚刚使用,可能是1963 年出版的。这本书实质上是资料汇编。他选取了一些资料,并在前面加以描述。很多经典都是选取了一部分,《论语》就没有全选。《大学》《中庸》是全部选入。朱子和阳明的内容各选取了一些。最后一位被收入资料汇编的思想家是熊十力,截取了他《新唯识论》中的一段。我和陈荣捷先生也是认识的。1962—1963 年,我在哈佛大学读书的时候,常常在哈佛大学燕京东亚图书馆碰到他在那里查资料。他从汉诺威的达特茅斯学院过来,大约需要 3 小时,当时公交车也方便。这位先生的确很了不起,他来了后待上一天,很用功地查阅资料,自己一个人做研究。

我从 1963 年开始教书之后,也讲解宋明理学,所以会用到和谈到王阳明。我记得,除了资料汇编之外,陈荣捷的第一本书就是翻译《传习录》。他使用了很多日文的材料,把《传习录》整个地都翻译成了英文。翻译得非常仔细,包括有 instructions("规定")和 practical livings("实际生活")。那一时期,他翻译的《传习录》是唯一一本被完整翻译为英文的王阳明著作。他也翻译了朱子的《近思录》,我当时评论了他关于"无极而太极"的这一段翻译,他也回应了我。我教书之后,在我的研究生课程上都使用陈荣捷的这两本书。

在完整的著作翻译里面,作为真正的哲学家王阳明应该算是最早被陈荣捷介绍到西方的。除了英文之外,我不认为在其他欧洲语言中还有这么完整的关于王阳明的资料,只有英文有。但是,现在很奇怪,陈荣捷先生翻译的《传习录》已经绝版了,买不到了。①

问:陈荣捷翻译出来之后,欧美人才能够看,才能够开始学习吧?

成:才能开始看。这是一个学术性的翻译,注释很多,所以也不是很流行。而且,它是一个精装本,没有出平装本,流传也不是很广。在大家开设一些研究生的课程时,可能会用到。

北美学术会议中的王阳明

成:从陈荣捷在 1963 年翻译出王阳明思想的一些文献之后,对王阳明的研究虽然还是很少,但是有了一些具体的成果。至少看起来比对朱子的研究还要多一点。后来,我们夏威夷大学哲学系在 1972 年召开了王阳明思想会议,1982 年召开了朱子思想会议。1972 年的王阳明会议总共有十多篇文章。我写了一篇以"心性统一"和"知行合一"为主题的文章("Unity and Creativity in Wang Yang-ming's Philosophy of Mind"),在会议上宣读,并在《东西方哲学》(*Philosophy East and West*)杂志上发表了。我后来还写了篇"四句教"的文章,在亚洲学会②会刊上发表了。这两

---

① 编者注:据本书第三编刘孔喜和许明武的文章考证,陈荣捷译本有 1963、1964、1970、1985、2002 等几个年份的出版记录,2017 年和 2018 年总部在英国的 Forgotten Books(古佚图书出版社)将其列入"经典再版丛书"(Classic Reprint),并推出重印本。

② 亚洲学会(Association for Asian Studies,简称 AAS),也叫"亚洲研究协会",总部位于美国密歇根州,成立于 1941 年,是一个非政治性、非营利性的学术机构。协会出版季刊《亚洲研究杂志》(*Journal of Asian Studies*)。该刊自 1941 年开始出版,主要刊发亚洲研究中的经验研究与跨学科研究的著述,涉及的学科领域包括文学、艺术、历史、社会科学和文化研究等;以中国,以及亚洲内陆、东南亚、东北亚、南亚为重点关注区域。

篇文章都在贵州的《阳明学刊》上翻译发表了。

记忆中，当时还有一次是亚洲学会在美国纽约召开的关于王阳明的讨论，讨论其学说是不是主观主义、唯心主义。王阳明有一个观点认为，"你未看此花时，此花与汝心同归于寂；你来看此花时，此花颜色一时明白起来，便知此花不在你的心外"。当时陈荣捷先生和施友忠也在场。我主要是说明王阳明的这个观点并不等同于贝克莱（Berkeley）的"存在就是被感知"（to be is to be perceived）。对于贝克莱而言，这是由于有上帝的存在而得到保证。而当王阳明说人没有看到花时，花是一个潜在的存在，并没有消失掉，即并不是一般所认为的花的存在依赖于心，而是依时而起境，境由时起，因此不能把他看作主观唯心主义者。很多人都把他看成主观唯心主义者。我认为，王阳明并没有否定一个客观存在的实体。人要做到与天地万物为一体的话，一定要等到人的知觉能够分辨事物的时候，外面的事物才会对人明白起来。如果人没有发展出这种知觉，也不会明白。但是，这并不表明万物不是一体；也并不表明人或者万物在知觉中只是一个认识，事物本身并不存在。存在物和人的存在是一体的。所以，我认为王阳明还是一个实在主义者，是一个潜在的实在主义者。

问：亚洲学会这次会议是紧接着 1972 年夏威夷大学哲学系的王阳明会议吗？

成：我觉得要早。可能在 20 世纪 60 年代后期。1972 年这次会议上不仅有陈荣捷，还有方东美先生，还有一个研究海德格尔的张钟元。他写了海德格尔与禅宗的联系。

问：在陈荣捷先生 60 年代中期翻译出来王阳明的资料之后，北美学界的主要倾向是把王阳明思想看成佛学或禅宗领域内的一种学说吗？

成：有一点，倾向是把他往禅学上靠拢。在比较上，把他与斯宾诺莎一元论的神学和海德格尔的哲学思想相比较。

问：王阳明思想中有一部分容易与斯宾诺莎和海德格尔产生联系，所以北美学界借助于已经了解的这两位哲学家思想来理解王阳明？

成：王阳明的"心即理""知行合一""致良知"在比较这一块有很大的文章可以做。人心，可以解释成一种终极的价值和终极的存在体，一种根源。理，principle，就像上帝一样。终极的理，ultimate principle。道，有人把它翻译为本原、太初，arche。而在 1972 年夏威夷大学的会议中，这些华人学者还是按照中国的方式来解读王阳明；用英文，按照中国的了解来解读。西方人在讨论环节时会参加，谈一谈他们的解读。从这些讨论可以看出，西方人参加王阳明思想的讨论是非常早的，然后有一些成果。

问：在进入 80 年代之后，王阳明思想的研究在北美有什么发展呢？

成：我审查过一篇比较好的关于王阳明哲学思想的论文，是秦家懿的一个学生的论文，可惜这个人后来好像不做研究了。这个学生请我做他的校外委员，特别请我到多伦多去参加他的博士论文答辩。他写的就是王阳明和刘宗周。在 60 年代至 80 年代，中国哲学研究在北美逐渐发展扩大，一般讨论较多的还是古典哲学、先秦哲学。而宋明理学这一块，对王阳明思想的讨论比朱子还要多一点。到后来，对朱子的研究也多了起来。夏威夷大学开了一次很大的关于朱子思想的会议。60 年代之后，由于我的强调，后来对朱子思想的研究逐渐增多。大家都不搞《易经》，我研究《易经》。

问：通过对《易经》的强调，突出其重要地位，宋明理学在北美的研究就扩展到朱子学领域，而不只是盯着王阳明的心学？

成：从一开始，儒家和道家在北美易学研究中就很受重视，也是西方哲学所关注的。但是，当时在美国学界讲解这两家的，都不在哲学系。在哲学系中讲这两家开始得比较晚，是从我 1963 年到夏威夷教书开始的。我教了张钟元，之后又把台湾大学的学生安乐哲招过来。我之前在台湾大学哲学系做系主任，安乐哲在哲学系跟我读书。后来他也大讲《论语》。

北美阳明新论

成：在以后的研究中，有两本书是比较重要的。一本是加州大学圣巴巴拉分校的哲学教授保罗·温帕尔（Paul Wienpahl）写的 *Spinoza and Wang Yang-ming*（《斯宾诺莎和王阳明》）。我之前认识温帕尔，还和他讨论过。他把王阳明的思想翻译为禅学，主张冥想（meditation）。

问：这是一种过度诠释了吗？

成：他是从斯宾诺莎来解释王阳明，这也是一种学术研究嘛。王阳明是一元本体论的主体哲学，就像斯宾诺莎一样，是从伦理学的视角来解读的。我当时看到后，认为他在本体论这方面对二者的解读还是有一些insights(洞见)的，但在道德哲学方面的解读还有些欠缺。但是作为比较研究的话，还是比较系统的。

问：他是不是主要从事宗教哲学研究的？

成：不是。他是哲学系的，宗教哲学家。温帕尔讲斯宾诺莎的伦理学和王阳明思想的比较。斯宾诺莎认为上帝具有一种能力，能够做出判断的能力。上帝呈现在任何人身上，我们都是上帝的一个属性。他的伦理学就强调这一点，人能够对上帝有所认识，或基于上帝而有一种行动的能力。所以，他最后一章就讲到 intuitively know，即对事物的直觉认识。这就是他们翻译王阳明的一个重要原因。但是，斯宾诺莎这个对事物的直觉的认识，事实上是指人必须通过经验来学习。所以，把"良知"翻译为intuitive knowledge 是不对的。

第二位比较有名的是加州大学的历史学教授魏斐德（Frederic Wakeman）。他写了本书叫《历史与意志》(*History and Will*，1973)。他虽然没有讲到王阳明，但是讲到了毛泽东，是一本关于毛泽东思想的研究著作。当时的解读是，中国有王阳明思想，毛泽东继承了王阳明这一派的思想。这些都是从特定视角进入而阐发出来的新观点。第三位是秦家懿，她的博士论文是《获取智慧：王阳明之道》。另外，我还要提一下杜维明的博士论文——《王阳明自我实现之寻求》。

问：您刚刚谈到魏斐德，为什么他会把王阳明和毛泽东联系在一起？仅仅因为这两位都是能文能武，或是毛泽东自己讲过推崇王阳明？或者还有其他一些原因呢？

成：在明代以后，王阳明的影响逐渐增大。他自己的思想和能力也的确被用在了军事上，以及对事物的规范上。首先要强调，王阳明的思想是一种 power to make the right decision，是一种决策的理论。知道什么是好的，什么是坏的；好的就采用，坏的就不采用。这体现在王阳明的用兵如神上。传记里面有记载,王阳明离间宁王朱宸濠,叫他们投降,其实是要抓住他们。这体现出了很多的策略和智慧,通俗而言就是用计。他又善于说动别人。从军事用途上来看,"致良知"是一个策略,一种判断能力,而且准确性非常高。当然,从客观的批评来讲,王阳明用计烧了朱宸濠的老家,再待他后退的时候乘机攻击。这种策略,从兵家的角度来讲,是一种正常的策略吧。但是,他能够洞悉各种情况,能采取相应的策略和方法来布阵。所以,我们就看到王阳明的良知运用在个人决策和历史事件中呈现出一定的效果。

其次是要研究良知和他的《教条示龙场诸生》中提到的四个方面的联系。人,立志、勤学、改过、责善。"致良知",是要把道德判断的能力发掘出来,才能选择责善。人要立志,有了志向之后才能充实自己的学问。所以,"致良知"的"知"不是先验的知识,而是经验上的知识。然后在精神上慢慢改过,以达到善。所以,"致良知"是逐渐发展出来的。我主要是从经验主义来看《教条示龙场诸生》的。这是我自己独特的理解,别人没有讲过。

从这个角度可以了解到,魏斐德在看到王阳明的这些思想、策略和功绩的时候,可能会想到毛泽东。魏斐德是很聪明的一个人,是一位历史学家,已经过世了。他的《历史与意志》这本书,我曾经做过书评,所以很清楚。魏斐德从历史上联系了王阳明和毛泽东。从历史上看,毛泽东很有斗志,志向是非常坚定的。他自己读书也非常多,遇到问题能够改正,找到一个好的解决问题的办法。例如,四渡赤水的经历就是一个典型。这和王阳明在讨伐江西宁王朱宸濠中突出的意志、学识和最后综合的判断有相似之处。这点不能说只有王阳明,曾国藩也是这样。曾国藩在用兵和管理方面也受到王阳明的启发。

关于心、良知的翻译问题

问:最近,伊来瑞写了篇很长的关于海外阳明学的综述。其中,把王阳明的"心"翻译成 mind,这里面是不是还有值得探讨的地方? 因为我知道您翻译成 heart-mind。如果请当代北美的学者来翻译心、心即理、"致良知"，怎么翻译呢？对照之前陈荣捷先生的翻译，这会有一个什么变化？您认为怎么翻译"良知"好一点？总的来说，良知目前有这么几种翻译：（1）liang chih；（2）intuitive knowledge；（3）the intuitive faculty；（4）intuitive knowledge of good。李明辉①译"良知"为"original knowing"（liangzhi），卢盈华②将"良知"译为 pure knowing，来强调其作为道德情感和道德认知的一面（应该是基于孟子的性善论及"人之初，性本善"之说）。单国钺③译"良知"为 innate moral knowing（liangzhi），杨国荣④主张译"良知"为 innate moral consciousness。

成：这位伊来瑞，我听过他的名字，他目前在哪里教书呢？

问：根据网上信息，目前在美国中佐治亚州立大学历史学系。他的这篇文章现在翻译出来了，《阳明学在美国的发展与现状》发表在 2015 年的中文《阳明学刊》上。在他的英文原文中，"良知"都是汉语拼音 *liangzhi*，后面加上括注，如 pure knowledge、intuitive knowledge 等。

成：他曾经给我写过信，向我们杂志（*Journal of Chinese Philosophy*）投过稿。我印象当中，北美最早谈到王阳明思想的，可能是在夏威夷大学我们哲学系办的一次阳明哲学研讨会上。我写了两篇文章，就谈到这个问题，以及对"四句教"的认识。当初，陈荣捷先生出版的英文版的《传习录》，翻译得很仔细，把日本的资料用上，注释特别多。《传习录》的中文篇幅看起来并不是很大，而英文却变成了三四百页，相当厚重的一本书。所以，当初学生也提出有没有简本的翻译。但到目前为止，好像还没有。这本书到目前也没有了。这是一本学术研究的著作，而作为一本流行的教

---

① Lee，Ming-huei. Wang Yangming's Philosophy and Modern Theories of Democracy：A Reconstructive Interpretation. *Dao：A Journal of Comparative Philosophy*，2008，7(3)：283-294.

② Lu，Yinghua. Pure Knowing（*liang zhi*）as Moral Feeling and Moral Cognition：Wang Yangming's Phenomenology of Approval and Disapproval. *Asian Philosophy*，2017，27(4)：309-323.

③ Shin，Leo K. The Last Campaigns of Wang Yangming. *T'oung Pao*，2006，92(1-3)：101-128.

④ Yang，Guorong. Wang Yangming's Moral Philosophy：Innate Consciousness and Virtue. *Journal of Chinese Philosophy*，2010，37(1)：62-75.

科书可能是沉重了一点。这本书一直没有出公开发行的平装本,还只是一个精装本。

在这本书里面,他将"良知"翻译为 innate knowledge of good,将"良知"说得很深刻、深沉,根植在人性之中。我认为,讲 innate 还不如讲 native,一种本身具有的能力。如果是直接翻译的话,里面还涉及中国哲学中"知"的问题。知,不像理性。理性是一种"能力"(faculty),可以随时变化(change);知,比较死板,是一个已经成就的状态。如果再用"良知"来判断这个成就的状态,是说不通的。例如,有一个 knowledge 了,然后再来"致良知",对这个 knowledge 进行判断。这种解释就没有考虑到,"致良知"是说在任何情况下,我们都可以做出基于良知的判断。良知,我们中国人一般也称其为良心,凭着良心来认识。良知里面有原有的、本身就有的意思,翻译成 inborn 比 innate 好。innate,容易让人混淆于笛卡尔所说的上帝造成的;而 inborn 是指我们自己生来就有的,与生命连在一块儿。

"知",是某种能够判断是非的能力,产生"道德认知"(moral knowledge),而不是说它承认 moral knowledge;不能把良知的"知"看作一种死板化的东西。中国的"知"字,是作为一种能力来看待,稳定在各种事物上面,能够掌握它们的是非曲直。所以,这个就叫作良知,所以叫作"致良知"与识事物,就是这个意思,在英文中找到一个对应的词比较难。比如,我们能把良知翻译为 moral mind 吗?我认为这还不如翻译为 moral heart-mind,从中产生一种 moral knowledge,既有"情感"(feeling),又有"概念认知"(conceptual understanding)。所以,我认为 inborn moral heart-mind 或许是一个比较好的翻译。

问:您这个翻译可能要好一点。我知道您讲中国哲学的心不是 mind,而是 heart-mind。从中国传统来看,心,明显地不能翻译为 mind。

成:这点很重要。因为 heart-mind,在《礼记》和《孟子》之中,如朝鲜儒学大家李退溪看到的,四端是 moral sense 或 moral feeling,而七情是 natural feelings,自然而然的。

问:一个是人和动物都有的,一个是人才有的。

成:对了。如此,与"心"(heart-mind)相应的"良知"(inborn moral

heart-mind)，能够产生 moral feelings。不然，只有 mind 的话，怎么能产生 feelings？四端是有 feelings 的四端，mind 是有 feeling 的。heart-mind，与从四端、七情来的良知能比较好地统一起来。这个翻译，我认为比较好。至于是否再有阳明学在翻译上的发展，得放到以后进一步来谈。

问：从陈荣捷先生开始的阳明学的翻译，一直到您提出的翻译，对王阳明思想中基本概念的阐释与翻译更深入了，塑造了英文世界讨论阳明学的基本学术语言。其实，这也可以看作阳明学在北美的一个发展。

成：嗯，大致是这样的情况。因为，对"心""良知"的翻译必须保住这一点，达到这样的标准，即必须能够对任何事物的价值进行判断。heart-mind，由 heart 来感觉，由 heart-mind 来思想。所以，感觉加上思想，就产生我们称作的"知"。知，并不一定就是 knowledge，而是自我控制的一种决定，一种 judgement。

问：如果直接翻译为 knowledge 就会比较死板，没有"致"的位置了。

成：innate knowledge 这个翻译的确非常不好。王阳明在《传习录》中谈到良知是一个精灵，一个 spirit。"良知是一个造化的精灵""生天生地、成鬼成帝"。也就是说，良知作为一个 heart-mind，可以直接透露出所有的东西，是一个 power。

气、心、心即理

问："心""致良知"这些概念经过不断的翻译和理解之后，研究者们发现了早前翻译的不足。那么，随之而来的一个问题就是，北美研究阳明思想的学者如何理解中国传统哲学中"气"这个概念呢？要准确把握"心即理"与"性即理"之间的差异，或许也绕不开"气"这个概念。北美学者要能够准确地去理解"致良知""心"，是否也必须理解"理"与"气"呢？

成：其实，王阳明并没有否定"气"。从朱子以来，把"心"看作"灵明"。灵明，气之敏锐者，就是一种气。气，有时候比较愚蠢、愚钝；当气比较精致的时候，就可以变成一种灵明，实体状，灵明透彻的活动体。阳明讲的是心学，不是理学；把理当作一个终极的活动，这是象山。在象山这一块的时候,还是一个理。"宇宙即我心,我心即宇宙",这是根据《孟子》来说的。宇宙类似即吾心类似,吾心类似即宇宙类似。孟子说"万物皆备于我,反身而诚"。反身而诚,就是一个气的状态。所以,这个气就是一种灵明的动力。这方面很少有人搞清楚,我把它澄清出来。气,是一种灵明的动力。它自身是否包含了理呢?就原始而言,比如就《周易》来说,人,有阴阳的属性,就像天地有乾坤二性一样。人,一方面有宇宙的创造力,也就是气,另一方面也有认知的能力。认知的能力,从《周易》来看的话,是一种使事物发生的能力。使事物发生有一个理由、根据或根源,此根源就在于起初发生的动力之中,所以理与气是不能分开的。这本来就是张载的立场,气中有理,所以,心即是理。心,这么灵明的东西,就是理或带来事物内在秩序的一种力量。它和内在发生秩序的中心联系在一起。心即理,心比性还要更精致一点。性,只是自然赋予的一种力量;心,是在性的基础上的自觉,具备创造理路、知晓万物的能力。

气与 ontology 的翻译问题

问:海外在理解和传播阳明思想的基本概念时,不仅有认识论上的问题,还有本体论上的问题。欧美学者,包括华人学者在内,如何来克服ontology 与本体、体用、心性之间的差异,以促进对"心即理""性即理"的理解?如果不能理解 ontology 与中国传统哲学中本、体、本体之间的差异,如何来理解阳明的"心即理"不同于朱子的"性即理"?

成:他们没办法理解吧。ontology 实质上应该译为"存在",就是一种存在的状态,或是可以投入其中的一种神秘状态、神秘物的状态。所以,ontology 作为一种终极存在的研究对象,是一种认识。至于中国传统哲学中的"气",要不要去了解"气"的 ontology? 的确应该去了解。但是,ontology 面临着一个问题:它是一个存有状态,但这个状态怎么变成另一个状态呢? 也就是说,ontology 缺少一个转换的能力。终极的东西,到底是一个对象性的、静态性的东西,还是一个动态性的、发生的力量? 所以,我把 ontology 改换成"本体"。本体,是从本到体,是一个动态的过程。

本,是不断发生的生命之力。不断发生,随时在发生,更深刻的说法就是周敦颐的"无极而太极""太极而两仪"。这是一种生成论、生化论。在生化论基础上,气就能自然产生一些活动的存在体。它的活动与它的存在是连在一起的。我是基本上同意牟宗三所讲的"即存有即活动"。但是,西方把活动与存在分开了。在柏拉图那里就是这样。在亚里士多德的四因说中,动力的是动力的,物质是存在的,二者是分开的。形式因使之具有一个形式,目的因使之具有一个发展的方向。但是,此动力因是和存在的物质因不同的。物质,就被当作了一个没有动力的器。中国的物质是动的,是气,它有一个内在的动力,不需要一个外在的动力因了。性,就是它的一个形式的原因,也是它的一个终极的发展方向。因此,"气"可以分解出形式、目标、目的(四因都可以从"气"中来)。这些东西就叫作"理"。中国的"气",物质加上动力;中国的"理",形式加上目的。这二者基本上是涵摄在物质之中的。西方人没有办法了解,认为它们的功能是分开的。但事实上,存在不可能被简化到一个对象性的存在的,否则不能了解存在本身。在中国哲学传统中,存在是一个动态的、多功能的存在体。

圣人、人人可成圣人与学以成人的联系与差异

问:谢谢成老师替我们解惑。最后,请问成老师您如何看待王阳明说的人人都可以成圣人? 如何才能成圣人? 这与去年世界哲学大会上的"学以成人"有什么区别和联系? 阳明讲的人人都可以成圣人,讲心即理,这是不是一种内求? 是否受到佛学影响? 而这又和先秦古典儒家所讲的成人成己成圣是同一个主题吗? 在中国的古典传统文化中应该不是人人都可以成圣人的吧? 例如,从事小贩或驭马驾车为职业的人可以向这个方向去发展,但是说他们能成圣人,似乎可疑。

成:孔子说的圣,在他心中最典型的就是尧舜。尧舜在爱民和惠民的德性与能力下能够实现这样的德行。同时,他们也在自己的位置上达到此位置的要求,使得天下归于一致。就尧舜而言,这就是内圣外王。当然,这是一种 reconstructed 的说法,重新建构。内圣外王,并没有在孔子

的《论语》里面或其他早期的儒家经典里面得到界定,只是有"天下大治"的说法。孔子可能在两个方面导向了圣人之治的认识。从《尚书》来说,"聖"就是"耳聪目明",能够听天下的声。作为圣人,要知道民风是什么,并做出决策把命令传达出去。比如,面对自然灾害、洪水等,能够解决民间的困苦。有能力的人,要能够把他的德性表现出来,达到治国平天下,安顿天下之民。所以,圣,代表了一种国家治理的完美状态。怎么样才能达到这种治理的完美状态呢? 首先要有德,先成为君子并具有能力,从德性中发展出德行。

德性是假设了人持有一种天生的能力,这就是人的性,"天命之谓性"。完整的人性包含很多东西,比如道德感情、自然感情,这些在早期的经典《礼记》中都有表述。道德感情就是《孟子》所说的"性";自然感情就是《礼记》所说的七情六欲或《中庸》说的喜怒哀乐。至于怎么样才能使"性"成为正确行为的基础,既使得自己心安,同时也是社会和谐、人民得到治理的基础,这也就还有一个"德"的要求。德,就是一种能力,是心可以自觉到的一种能力。例如,尧舜能够爱民,生而知之,学而知之,困而知之。这样经过一个过程,人都有一个潜在能力,把这种原始的能力发挥出来。这一过程可能是学的过程,但也有人天生就有这种能力,德的能力。德,可能得之于外或得之于内;反正这种能力通常需要培养。在《礼记》里面特别强调培养的概念,也就是要修身修己。这就是朱熹、阳明以来所关注的理论,即"大学之道,在明明德,在亲民,在止于至善"。这里面最重要的就是"明明德",即心里面有一些能力,善、德性的基础,明德;要了解这个明德,并发挥与修持这一明德。格物致知是重要的,格物才能对外面的世界有所了解,能了解到行的效果。加之已有的内在德性,要求的目标和方向,例如爱民、孝敬父母、孝敬天地、真心,意识概念和思想的活动,都能为人的主体带来一个好的结果。

早期的儒学,子思、孟子认为有明德。心性觉悟有一种认识,在做选择时能够认定出一个方向。同时,也在行为上有所框定,例如,不要杀人,不要说谎,人要诚恳并关照他人。从孟子来讲,四端之心是最基本的,能够让人产生最基本的能力。内圣是否产生外王,这在现在是一个重要问题。但是，在古代内圣并不是非产生外王不可；这二者之间并没有逻辑上的必然。对于一个君主而言，成为一个贤君，好的国君，那么必须有内圣作为基础。内圣，即使不做外王，也能达到一种自我实现。有些人可以齐家治国平天下，有些人可以齐家而修己。外王，要求很多条件，能力要强且有机会，存在一些 contingent，偶然性。我们过去没有充分地了解偶然性，以为内圣必然外王。这是错误的。为政，要有德性；为政，要知道怎么为人，懂得仁义礼智信，要有德。但是，外王却并不一定要有德，例如提出"道之以政，齐之以刑"，这也是为政，是用刑法来保证。"道之以政，齐之以刑，民免而无耻；道之以德，齐之以礼，有耻且格。"这个时候的圣人是一个非常真实的现实的圣人。

那么，后来的圣人概念，越来越宇宙化，更加抽象化了。孟子说，人人都可为尧舜。在古典时期，圣人总是具体的，在一定的环境中，例如尧舜由他们的部落推选出来，并建立了功绩。后来在《易传》中提到，圣人不仅修身，还能够有天地创生的精神。所以说，"智周万物而道济天下"（《周易·系辞上》）。圣人不仅什么都知道，而且他的德性能够兼济天下。后来，到庄子的《天下篇》的时候，有了明确的"内圣外王"的思想，圣人就是要做一个发展得非常好的主体，且内圣越来越和外王联系在一起。

从古典儒家到《易传》，然后到庄子和道家。圣人的概念越来越抽象化。圣人，成了一个完美的典型。至于是什么样的标准，能不能达到这个标准，成了一个 convention，约定。圣人，"内圣外王"逐渐成了一个 convention，约定的概念。是不是人人都要成圣？人人都有可能达到的这个圣，至多是古典儒家意义上的圣人，而不是《易传》及其之后的圣人。努力修持、修己的，没有外在的偶然的条件和机会，也能达到自己的德性。

从"圣"的字形分析看，有一种圣君的味道在里面，是一个权力集中者。我认为这里面有一种儒家的理想状态：具有圣的品质的人，能够知人、知智、知德，能够周知万物、统合天下。圣，这个字本身就有一种内圣外王的意思。庄子后来明确地表达出"内圣外王"。外王中权力的来源是圣人的德性，知人知事，能够发布命令，能够具有权威的知识。当然，这和外在的控制全局、统治他人、统治人民的能力的概念是两回事。权力大，并一定有自觉的德性和知识;而有知识也并不一定能够有权威。圣人便具有两种形态:一种是有德却并不一定有权有位;另一种是有权有位却不一定有非常完整的德性。因此,在这种情况下才提出"内圣外王",最好达到一种既有德又有权的状态。

这是一种理想性的要求。从新儒家而言,这个要求就是非常合理的。德性是道德的基础,是维护伦理秩序所需要的。但是,比伦理更基础的问题,就是是否能够组织起来成为一个政治全体,能够发挥个人的一些能力,这就是所谓政治权利的建立。实现这一种伦理需要一定的条件和机会。社会的德性和政治的德性是有差别的。political virtue 需要社会伦理作为基础,但并不等于社会伦理,它还包括领导力、执行力和控制力。在这个意义上,这也是为什么"内圣外王"永远是一个问题,即它不可能存在一个确定的结果。这是儒家对人的发展可能性的一个分析。

"学以成人",这个说法可能有两个重要来源,《孔子家语》①和《淮南子》里面或许提到过。从孟子来说,尧舜也就是一般的人,他们有德性有权威,所以他们能做到的,那么一般人也可以做到。人人皆可以为尧舜,是一种良好的愿望。但不是说真的人人可以成尧舜,这里面有好多机遇。"学以成人"中的"成人"可以理解为完成的人,已经达到一个做人的最起码的标准。成人,我认为是一个起码的条件,minimum;而圣人是一个maximum,最大的状态。成人,可是一个君子或贤人,一辈子都是君子或贤人;甚至也有可能是某种程度的圣人。因为,当说成人时,首先承认了他不是圣人;他已经发展到他的最高可能性了,但他的各种能力和客观条件的限制,使他并不一定是圣人,甚至都不是贤人。可以把成人看作以圣人为最终目标的追求,但不要把圣人的概念无限扩大。

(原载于《吉林师范大学学报》(人文社会科学版)2021 年第 1 期)

---

① 《孔子家语·颜回第十八》颜回问于孔子曰:"成人之行,若何?"子曰:"达于情性之理,通于物类之变,知幽明之故,睹游气之原,若此可谓成人矣。既能成人,而又加之以仁义礼乐,成人之行也,若乃穷神知礼,德之盛也。"

阳明学在美国的早期传播：
论亨克对阳明学的译介与诠释①

潘　松　重庆工商大学

文　炳　浙江理工大学

摘要：美国的阳明学传播与发展是阳明学海外传播研究的重要组成部分。在早期的美国来华传教士与外交官对王阳明思想的零星翻译和介绍之后，美国学者亨克编译的《王阳明哲学》发挥了承前启后的重要作用，使得美国的阳明心学研究逐渐向专业化和学术化的方向发展；但是学界对亨克译本存在不少批评和争论。有批评他对"良知""心"等王阳明思想中核心概念的翻译把握不准的，有批评他没有统一翻译"体""用"、误译"工夫"的，也有支持亨克的翻译的，认为其开拓了西方了解中国哲学的新局面，瑕不掩瑜。从对亨克译本的批评中，可探知阳明心学在美国传播中面临着的术语选择和哲学阐释方面的困难；从对亨克译本瑕不掩瑜的评价中，可探知它在推动阳明心学海外传播过程中的开拓性价值。

关键词：阳明学，亨克，形上学困难，译介，诠释

亨克是王阳明思想向西方传播过程中一位绕不开的人物。虽然19世纪欧美在华传教士的译介工作开创了用西方语言介绍王阳明思想的先河，但这些译著和介绍对后续研究与传播的影响并不大。进入20世纪后，美国的汉学研究逐渐成气候，成为学院内专业的学术研究活动。首

---

① 本研究受到国家社科基金一般项目"王阳明思想在英语世界的译介与阐释研究"（编号：19BYY099）的资助，特此致谢！

先,这些研究所倚赖的王阳明文献很少从 19 世纪的零星译介中选取,而亨克的译本发挥了较大作用。其次,随着研究的丰富和深入,西方世界的中国哲学逐渐从汉学、东亚研究中脱离出来,成为真正的哲学研究领域。亨克编译的《王阳明哲学》(*The Philosophy of Wang Yang-ming*)以《传习录》为主体,涵盖了中国哲学的许多基础概念,逐渐被更多研究中国哲学的西方学者所熟知。在 20 世纪后半叶欧美阳明思想研究迅速发展起来之前,亨克的译本是 20 世纪前期最重要的一项学术成果。正如陈荣捷教授所言,亨克是欧美第一个研究阳明哲学的人,他的工作是使王学逐渐兴盛起来、促进王学研究的主要原因之一。①

亨克 1876 年出生于美国艾奥瓦州,1900 年以传教士的身份抵达中国江西境内进行传教活动,1907 年回到美国读书,1910 年获得芝加哥大学博士学位,并于当年返回中国,受聘到金陵大学教授哲学、心理学。在此之后开始深入研究王阳明思想,取得了一系列的成果:1912 年完成了《王阳明生平与哲学研究》("A Study in the Life and Philosophy of Wang Yang-ming")②,并于次年发表在《皇家亚洲文会北华支会会刊》上。1913 年亨克返回美国任教,1914 年在著名杂志《一元论者》(*The Monist*)上发表了《王阳明:一个中国的唯心论者》("Wang Yang-ming, a Chinese Idealist")。在这些前期积累和准备下,他编译了《王阳明哲学》。这部 1916 年出版的译著成为他生平最重要的作品。"作为英语世界第一部王阳明作品选集,它的出版无疑对王阳明的海外传播有椎轮作始之功。"③针对亨克译本是否严格对应于中文底本的问题,经过中美专家历年来反复的详细考证,现在一般认为亨克译本以施邦曜的《阳明先生集要》为底本,进行了重新编排,添加了概述性的《译者前言》、内容提要以及删减了施邦

---

① 陈荣捷. 欧美的阳明学. 华国学,译. 外国问题研究,1981(3):99-107.
② 按照伊来瑞的观点,这是第一篇在西方学术杂志上刊登的关于王阳明研究的学术文章. 参见:Israel, George L. Discovering Wang Yang-ming:Scholarship in European and North America, ca. 1600—1950. *Monumenta Serica*:*Journal of Oriental Studies*,2018,66(2):372.
③ 王宇. 亨克《王阳明哲学》及其中文底本《阳明先生集要》考述. 浙江社会科学,2018(10):110.

曜的部分评语。译本忠实于中文底本,在学术严谨性上不存在问题。① 以亨克发表的论文和出版的译著为标志,王阳明思想逐渐呈现为现代学术中专业研究的对象,在其西传过程中,至少实现了形式上的现代化。

一、关于亨克译本的争论与批评

尽管亨克主观上试图做到忠实于原文,但作为一位成长于欧美哲学神学传统中、受过系统的现代大学教育的西方学者,他对王阳明思想的理解和阐释具有非常鲜明的西方特质。他的翻译甚至引发后来东方传统中的现代学者,即以华人、日本学者为主的一方,与以欧美的白人汉学家为另一方的进一步争论。对亨克译本的书评和其他学者对他翻译的评价,甚至可以看作 20 世纪东西方哲学思想的首次交锋与对话。亨克在其论文和译著中把王阳明诠释为一位哲学上的绝对唯心主义者(absolute idealist),并认为布拉德雷、泰勒、罗伊斯这些英美著名的唯心主义学者会以王阳明为同道;同时也依据其行动哲学的特点将其看作对旧传统中伦理权威进行的改革。天理不在外部世界,而是反身求己,提升了个体主体性的价值;心外无物,心外无理,心的创造性活动构成世界事物。这一点的确与笛卡尔通过认识论转向来提升个人主体性地位的观点有异曲同工之妙,也是 19 世纪的倭妥玛将二者联系起来的原因。心、良知、致良知,作为阳明思想中的基本概念和主要内容,也引起了亨克的重点关注,甚至成了他主要的关注对象。"亨克推出王阳明的译本之后,研究专重良知。"②陈荣捷花费巨大功夫翻译了《传习录》,他在 20 世纪七八十年代曾对亨克译本的关注点、译文做出如下评价:"只是他的译著是远在 60 年以前完成的。那时新教传教士和 17、18 世纪天主教牧师对朱子哲学的理解不同,因而亨克对王学尚未入门,并且由于不了解《传习录》的中文评论和

---

① 王宇考证出中文底本是上海明明学社铅印的《学部校正阳明先生集要三种》。
② 陈荣捷. 欧美的阳明学. 华国学,译. 外国问题研究,1981(3):102.

日文的注释书,译文中存在许多误译。"①亨克缺乏中国哲学的背景,且不了解朱子哲学思想。陈荣捷的担心是合理的。但是,亨克没有更多关注到知行合一、四句教和心性本体方面的内容,也是可以理解的。他把心翻译为 mind,把良知翻译为 intuitive knowledge,这恰好和近代西方哲学认识论转向之后的哲学理论框架相契合;而东方的体验与心性功夫、动态的形上学却难于用西方哲学的理论语言表达出来。如果意识不到这一点,在研究亨克的译本时就容易出现过度诠释。例如,伊来瑞在分析亨克所理解的王阳明创建心学的动机时,就认为亨克是把王阳明心学理解成担心当时中国的政治、宗教和道德方面的困境而迫切需要提出的改革,将学问建立在牢靠的心学基础上,②因此忽视了当时佛学与朱熹理学在学理上对阳明的重大影响。

亨克译本出版时,日本正处于明治维新之后迅速全面西化的发展阶段,阳明思想在这一时期前后的日本精英界和知识界影响非常大,加之日本历史上很早就浸染于中国哲学,③东西方哲学、传统与现代的交汇和碰撞是当时日本知识界面临的重大问题。西方知识界也意识到这点:"这本书为我们呈现了日本思想中的核心源泉,因为它在日本就如同在中国一样被广泛地阅读。"④因此,西方社会如何理解和看待阳明学对日本的意义不言而喻。当时日本知识界领军人物、宗教研究领域的著名学者姊崎正治旋即发表了一篇关于亨克译著的书评,提出了一些严厉而中肯的批评。陈荣捷认为,亨克译本因"欧美学界偏重良知,不可避免地会造成王阳明

---

① 陈荣捷. 欧美的阳明学. 华国学,译. 外国问题研究,1981(3):100. 陈荣捷仅在此一页中就列出了 6 条误译。

② Israel,George L. Discovering Wang Yang-ming:Scholarship in European and North America,ca. 1600—1950. *Monumenta Serica*:*Journal of Oriental Studies*,2018,66(2):372.

③ 朱子学在 15、16 世纪的镰仓时代就已经传入日本,参考:桥本高胜,蔡毅. 中国哲学在日本. 文史知识,1996(3):65-76. 阳明学在了庵桂悟时期(王阳明生前接触的日本人之一)就已经传入日本,参考:钱明. 王阳明与日本关系新考. 宁波大学学报,2005(5):10-14.

④ Book Notices:*The Philosophy of Wang Yang-ming* by Frederick Goodrich Henke. *The Biblical World*,1917,50(5):317.

主静而近于禅的印象"①。但是奠定了日本现代宗教研究基础的姉崎正治却不认可这种理解。他认为,亨克译本所使用的英文理论术语过于当代化和单一化,以至于王阳明看起来就像是在现代哲学的意义上克服朱熹的二元论和经验论一样。把"良知"翻译为"intuitive knowledge"和"intuitive faculty of the good"令人难以接受,这是把整个王阳明哲学和伦理思想的基石还原到一种心理学上的观点;而把"致良知"翻译为"to extend knowledge to the utmost"和"to extend the use of intuitive knowledge to the utmost"更是不得要领。姉崎正治认为,"致良知"更好的翻译是"实现良知"(to realize the *liangzhi*)或"把[思想和生命]良知完全实现出来"[to bring the *liangzhi* to full light and efficiency (both in thought and life)],②这样的翻译和理解可以契合工夫论,而不至于把儒家的心性工夫理解成了做工(work)或者完成任务(task)。即使当时的欧美学界把王阳明思想看作近似于禅宗,也把握不准确;"工夫(kong-fu)这个词源自佛学'冥想'(meditation),在王阳明的思想和一生中有重要作用,⋯⋯译文就简单地翻译为'task'或者'work',或在有些段落就完全省略了这个词"③。这些翻译上的缺陷,就是理解上的不到位,甚至不准确。这恰恰就是姉崎正治对亨克译本缺乏一个完整性的导论、不能给出一个整体性的阳明思想概览的不满。在他看来,亨克译本没能很好地把握佛学和包括朱熹、王阳明在内的儒家之间的关系和互动,对"体"(metaphysical entities)、"用"(phenomenal manifestation)这些儒家与佛学共同使用、共同塑造的中国哲学基本概念,更是缺乏掌握和介绍,以至于在英译文中使用了诸多不同的说法来翻译"体""用",没有一个统一的用法,对"体""用"没有一个统一的理解。这些缺陷、不到位、不准确,以及

---

① 陈荣捷. 欧美的阳明学. 华国学,译. 外国问题研究,1981(3):103.

② Anesaki,Masaharu. Book Review:*The Philosophy of Wang Yang-ming* by Frederick Goodrich Henke. *The American Journal of Theology*,1918,22(4):596-597.

③ Anesaki,Masaharu. Book Review:*The Philosophy of Wang Yang-ming* by Frederick Goodrich Henke. *The American Journal of Theology*,1918,22(4):596-597.

对基于儒家和佛学的王阳明思想中的基本概念没有系统性的把握,导致译本中存在两个非常严重的错误。其中之一就是对王阳明回忆龙场悟道的翻译:"After I had been at Lungch'ang I did not discuss the meaning of the intuitive knowledge of good, for I was not able to interpret it."(吾良知二字,自龙场以后,便已不出此意。只是点此二字不出。)恰当的翻译是"I have nothing but"而不是"I did not discuss"。姊崎正治评价道:"这个惊人的翻译,几乎使王阳明的生命、努力和功绩化为乌有。"①在不到 8 页的书评中,姊崎正治明确指出存在问题的页码不下 30 处,可见他的不满。由于没有完整的导论,加之语录体的形式又不能形成很好的系统性,译著的标题《王阳明哲学》名不副实,让期望获得系统的王阳明哲学思想的读者无所适从。姊崎正治和陈荣捷对亨克译本的评价相差近半个世纪,他们都是学界这一领域的重量级人物。可以看出,浸润于东方哲学思想传统中的学者,虽然认可亨克译本在世界范围内的重要意义,但是对其核心理论术语的翻译却持较大的保留意见,担忧译著是否能准确地呈现系统性的阳明思想。

不同于东方传统中的学者,欧美汉学家普遍对亨克译本的效用和价值评价很高。亨克在芝加哥大学的导师詹姆斯·塔夫茨(James Tufts)教授,是当时与杜威齐名的非常有影响力的一位学者,在为亨克译本所作的序言中指出,这不仅仅是一本汉学方面的书籍,而且还是哲学著作,对西方人了解中国哲学有重要意义。在对王阳明的介绍中,塔夫茨沿用亨克的说法,自然而然地运用西方哲学思想来界定王阳明,将他称为一元的唯心论者(idealist of the monistic type),并将知行合一类比到康德哲学。②杰出宗教史学家和东方学专家乔治·穆尔则在《哈佛神学评论》上发表书

① Anesaki, Masaharu. Book Review: *The Philosophy of Wang Yang-ming* by Frederick Goodrich Henke, *The American Journal of Theology*, 1918, 22(4): 596-597.

② Tufts, James H. "Introduction" for *The Philosophy of Wang Yang-ming* by F. G. Henke. *The Journal of Philosophy*, *Psychology and Scientific Methods*, 1916, 13(26): Back Matter.

评推介亨克的译著。① 作为专业的东方学学者,穆尔深知亨克译本对此领域的学术研究,尤其是学生培养上的重要意义。塔夫茨、穆尔和姉崎正治是同一时代的学者。显然,和前二者比起来,后者的中国哲学造诣和对佛学、禅宗的理解应该更深。这也反映在他们对亨克译本的评价和态度上。前二者重在突显亨克译本的破冰意义,并用西方哲学中的概念来框定亨克译本中的阳明思想,即试图从语录体式的片段中提炼出西方人可以把握的哲学理论;姉崎正治则不关注西方人是否能把握或确定阳明思想而不至于模糊不清,而是担心他们所谓确定的解读是理解错了,不到位不全面和过度诠释,在没有相关整体背景下误读了阳明思想。半个世纪之后,和陈荣捷同时代的另一位著名汉学家、中国哲学专家倪德卫则比他的两位美国前辈更精通中国传统思想,能和姉崎正治、陈荣捷在同一层面上评价亨克的译本。

在亨克译本出版近半个世纪之后,陈荣捷也出版了他自己翻译的《传习录》英文译本(1963)。斯坦福大学的倪德卫随即发表了书评,不仅仅评价了陈的译本,还把陈译本和亨克译本做了比较。② 正如书评的标题一样,倪德卫是同时对这两本译著做出了评价。虽然时隔半个世纪,中国哲学在北美的发展已相较于 20 世纪初大有改观,但此时再来评价亨克译本,或许更能显示出它持久的价值。在论及亨克时,倪德卫首先指出陈荣捷对亨克的评价是有失公允的。亨克的译本和陈荣捷的一样,都包含《传习录》和《大学问》,而且亨克对内容重新做了编排。尽管亨克译本所没有的部分内容出现在陈荣捷的译本中,但亨克译本其实更忠实于原文的结构,因为亨克的重新编排是对整段整篇而言,而陈荣捷是根据自己的理解将某些原文篇章进行分割再编排,所以,倪德卫认为亨克更

---

① Moore, George F. Book Review: *The Philosophy of Wang Yang-ming* by Frederick Goodrich Henke. *The Harvard Theological Review*, 1919, 12(1): 116-118.

② Nivison, David S. Book Review: *Instructions for Practical Living and Other Neo-Confucian Writings* by Wang Yang-ming, trans. Wing-tsit Chan, *The Philosophy of Wang Yang-ming* by Frederick Goodrich Henke. *Journal of the American Oriental Society*, 1964, 84(4): 436-442.

忠实于原本。① 此外,亨克译本的第三编和第四编包括很多有趣的哲学短篇和书信,而陈荣捷的译本中却没有。亨克在其《译者前言》中自述用的原本是上海商务印书馆的《王阳明全集》,并在正文中尽量附上中文的原文页码。倪德卫甚至以目录对比的形式来对比两个译本的结构,认为亨克的译本在结构上更忠实于原本。亨克的中文阅读有些困难,"亨克几乎每一段都犯有错误,王阳明的口语体拖累了他,经常让他搞不清楚一些语法和词汇,……尽管如此,亨克译本有非常好的韧性,完全能够弥补那些微不足道的小错误"②。倪德卫站在西方学者的立场,认为亨克译本虽然不够完美,但却提供了一个非常好的,可读性、可理解性非常强的,且忠实于原本的译本。其在西方非华人学者中的影响力可见一斑。

从 20 世纪 20 年代和 60 年代的东西方学者的评价可知,亨克译本的影响力毋庸置疑。亨克的英译文借助于易于理解的西方哲学术语和理论来译介王阳明著作,这在传播的初期使得西方学者能迅速接纳阳明思想,以形成海外阳明学学术圈,培养这方面的学术新生力量。但是如此的翻译也存在弊端,即要么过度诠释,要么把握不到位。抛开翻译细节中一些具体的瑕疵,这应该才是东方传统中的学者对亨克译本评价不高的主要原因。这有待以后的译本推陈出新和中西比较哲学的发展对其改进。例如,西方学者在关注到王阳明和笛卡尔的相似性之后,也注意到二者之间的差异,即阳明思想中"心"的根本性和唯一性,而不是笛卡尔式的二元论。在继续深入王阳明思想时,就追溯到心学起源的陆九渊。然而,进入这一阶段后,又把阳明思想看作一元唯心论,还是从西方哲学传统中寻找

---

① Nivison,David S. Book Review:*Instructions for Practical Living and Other Neo-Confucian Writings by Wang Yang-ming*,trans. Wing-tsit Chan,*The Philosophy of Wang Yang-ming* by Frederick Goodrich Henke. *Journal of the American Oriental Society*,1964,84(4):438.

② Nivison,David S. Book Review:*Instructions for Practical Living and Other Neo-Confucian Writings by Wang Yang-ming*,trans. Wing-tsit Chan,*The Philosophy of Wang Yang-ming* by Frederick Goodrich Henke. *Journal of the American Oriental Society*,1964,84(4):440.

诠释和理解的资源。例如,李约瑟就把王阳明称为一个东方的贝克莱主义者。亨克译本由敞院出版社出版,其撰写的关于阳明思想的文章选择在《一元论者》这样的杂志发表,就足以说明其看待阳明思想的立场。他把阳明思想比作克服笛卡尔二元论和不彻底康德哲学的黑格尔主义,看作某种一元观念论,与出版社和杂志的创办理念以及当时主编保罗·卡鲁斯的立场不谋而合。

从罗明坚、利玛窦时代开始,西方世界翻译介绍中国经典已有 400 余年的历史。目前的中西哲学交流和比较研究的现状,已远远不同于 400 余年前。这不单指译著和研究成果的积累与丰富,更是指从清末以来,已经有许多精通西方哲学的中国学者、海外华人学者,以及精通某一中国哲学领域的白人学者参与到中国经典的翻译和中西哲学比较研究中来,形成了一股重要的力量。他们对中国哲学经典的体悟更直接深刻,尤其是那些接受了现代学术训练又自幼受到儒家经典熏陶的中国本土人士及外籍华人学者。哲学是反思性的理解活动,而联系到母语的理解最为直接深刻。这批学者对翻译中存在的细微差别尤为敏锐。例如,"良知"翻译为"intuitive knowledge","God"翻译为"上帝",在当时或许起到了译介传播的作用,但现在这些基本核心概念的翻译重新得到了关注和研究。如何把握好准确理解和翻译与传播、比较、接受之间的关系,也是这批学者面临的首要问题之一。亨克的译本就处于此前后交替的过渡阶段,同一时期的还有德国卫礼贤的翻译活动。经此过渡阶段,前期的以翻译传播为主逐渐走向了反思比较的层次,理论性、哲学性更强。同时,前期"东学西渐"过程中隐藏的问题也逐渐暴露出来。总体而言,亨克译本至少给我们带来了语言翻译与形而上学两方面的困难。

二、语言翻译上的困难

虽然亨克将"良知"翻译为 intuitive knowledge 受到后来学者的诟病,但是陈荣捷后来的翻译有时也把"良知"译为 innate knowledge,将"良知"中的"知"等同于英文的 knowledge,侧重认识论上的含义,成了一个外在于人的对象性存在。中文的"知"字还含有根源性的体验这层意思,其含义较现代英语的 knowledge 一词要深广许多。在赖尔(Gibert Ryle)出版《心的概念》(*The Concept of Mind*, 1949)之后,西方广泛地注意到"能力"(know-that)和"方式"(know-how)之间的区别,开始明确认识到有体验的上手状态的"知"、非对象性的"知"。而把"良知"翻译为 intuitive/innate knowledge,只有两个单词,突出了知识。这就容易给人造成一种印象,仿佛陈荣捷对王阳明的"良知"的理解和亨克差不多,把"良知"看作一种不同于经验论(empiricism)的能力,成了知识论上的一个理论术语,潜在地支持了早期欧美学者把朱熹看作实在论者(realist)、把阳明看作观念论者(idealist)的粗线条划分。类似的情况还有将"心"翻译为 mind 这个为许多中外学者所使用的翻译。"良知"翻译为 intuitive/innate knowledge,"心"翻译为 mind,从西方哲学的视角看恰好相互映衬,似乎还构成了一套整体融贯的系统,呼应了西方哲学近代的认识论转向。殊不知,这一整套融贯的体系或许不是中国哲学和阳明学的本义。正是出于这样的担忧,成中英建议把"心"翻译为 heart-mind,不仅是认识心,还是情感心、道德心、天地宇宙心;更重要的是它们不是二分的而是合一的。① 由此可见,语言翻译上的困难不是亨克一个人所面临的,即使以汉语为母语的东方传统中成长起来的学者也面临着这个困难。这需要反复地思考、斟酌和改进基本概念的翻译;进一步,这涉及基本概念是否可译的问题。从姉崎正治对亨克的批评中可以看到,他用音译"liangzhi"来翻译"良知"。陈荣捷有时就把"良知"直接音译为"*liang-chih*"。"秦家懿认为像'心'和'良知'之类的中国哲学术语用音译法比较好。"② 成中英认为,带着根源性理解的基本概念无法找到对应的英语词汇,无法很好地翻译,有时外国人甚至无法理解,唯有音译再以一套理论系统说明之。所以,倭妥玛在 19 世纪对"良知"翻译的讨论,点

① 夏威夷大学的成中英就不赞同把"心"翻译为 mind,而将其译为 heart-mind。参见成中英手稿《本体学与本体诠释学》(未刊)。
② 吴文南. 阳明学在美国的译介与传播. 重庆三峡学院学报,2019(2):29.

明"良知"中包含的各种含义,①是非常有预见的。语言翻译上的争议与困难,其背后是一整套理论甚至世界观的差异。核心理论词承载了太多的人类文化内涵。

三、形而上学上的困难

亨克译本中隐含的最大问题是把阳明思想看作一种不同于朱熹实在论(realism)的一元唯心论或一元观念论(monistic idealism)。这种粗线条的对比显然是任何成长于东方哲学传统中的学者不愿接受的,无论对于阳明思想还是对于朱子思想而言。核心基本概念就是形而上学概念。实在论和观念论这套西方形而上学概念建基于自古希腊以来的实体哲学(philosophy of entity)传统的演变。哲学运思的对象是抽象的或具体的实体(abstract entity or concrete entity)。在思考一与多、变与不变、人与物、人与他人之间的关系时,对象性(objectivity)一直是其主要特征;经过近代认识论转向和科学革命之后,要么为具体各个学科中的基本概念所代替,要么成为纯粹哲学思辨中的理论概念,以至"形而上学"概念更是和人的日常生活、理解相去甚远。中国的形上学传统是把天地宇宙当作一个整体来理解。道,不是外在于人的对象,而是连着人的生命的具有根源性的可理解的常理。无论心即理还是性即理,理都不是一个对象性的存在物。"良知者心之本体",对本、体、用缺乏把握,如何深入理解良知呢?欧美学者一般注意到了王阳明受到佛学影响,批判朱子理学思想,却很少关注到两人同在儒家传统,有深厚的易学功底。两人思想之间的关系远不是观念论和实在论之间的对立。西方世界要深刻地理解阳明学,必然要在儒家传统中来理解,要在中西比较和古今对话中来理解。

---

① Watters, Thomas. *A Guide to the Tablets in a Temple of Confucius*. Shanghai: American Presbyterian Mission Press, 1879: 215. 倭妥玛认为,"良知"是王阳明哲学中最重要的概念,是人获得最初的确定信念的能力(faculty),如果仅仅翻译为 intuitive knowledge 则可能不准确,因为良知涵盖的范围很广,不仅指知识,有时也指良心、意识或直觉。

四、亨克译本的启示和价值

语言翻译上与形而上学上的困难,从侧面反映出传统中国哲学经典的翻译和传播面临着来自内部对理论思想的忠实和外部接受流传的双重压力。一方面,从地理大发现到全球化的今天,虽然时空壁垒已被克服,但传播交流的隐形壁垒仍然存在,甚至还会造成已经被克服的假象,导致一系列的误解。正如伊来瑞所言:"亨克可能改变了王阳明被英语读者理解的概念视野(conceptual horizon)的范围。语言障碍是个永恒的大难题。亨克用西方的概念框架(conceptual frameworks)来诠释和定位王阳明的思想。"①误解,虽不可避免,但有时却可以加速流传。亨克当时是为英文读者提供便于理解的译本,如果音译概念的数量过多,显然会影响到英文读者的接受效果和译文的流传范围。可以肯定的是,亨克译本对可读性和准确性之间的平衡点把握得非常好,在对原义忠实性的考虑和顾及读者的可接受性的双重压力下获得了成功。

另一方面,哲学理论语言中不少涉及当时人们的具体情境,不完全是等价运算的符号操作系统,还涉及人作为主体在具体情境中带有根源性的理解。因此,这不仅是中西翻译的问题,还涉及具体语言情境的古今变迁。核心理论概念的含义是否一直不变呢?当今中国人对"天"的理解和古人一样吗?专家学者们的考证和阐释能使之越发清晰明了,但这是停留在学理层面的描述,很难获得古人在具体情境中带有根源性的理解,就如同停留在纸面上的知行合一、从事道德哲学研究的人不一定道德一般。因此,中西对话和古今对话交融在一起,密不可分;理解,是相互理解;将带有根源性的理解培植在中西、古今之中,建立起它们之间的共通感(sensus communis)是不可回避的工作。亨克译本还需要完善;在早期保持平衡而完成接受流传的前提下,慢慢推进对话和理解,也是当代中西比

---

① Israel, George L. Discovering Wang Yang-ming: Scholarship in European and North America, ca. 1600—1950. *Monumenta Serica: Journal of Oriental Studies*, 2018, 66(2): 376.

较哲学领域的专家们努力的方向。

除前文所述利弊之外，亨克译本因在传播上的开拓性价值而受到持续好评。亨克在《译者前言》开篇说道："欧美学界哲学史研究者很少了解中国自孔孟之后的哲学思想，以至于很长时间以来，人们误以为除了'四书''五经'和老子的《道德经》，中国哲学思想乏善可陈。"①"[亨克译本使]我们了解到，我们关于中国思想的知识一直以来是多么的零碎和不足，因为我们一直认为从孔子、孟子之后，中国对世界的知识几乎没有贡献。"②正是这个原因，倪德卫等西方汉学家认为亨克译本的价值非常大。因此，从当时的时代背景和西方的汉学研究积累来看，陈荣捷对亨克译本的过高期望是有点苛求的。亨克个人的功绩也值得肯定。就连对译本持非常大异议的姉崎正治也称赞亨克所付出的巨大艰辛和耐心。正如王宇先生所言："《阳明先生集要》是一部层次繁复、体裁多样、结构非常复杂的大部头著作，书中既有阳明自撰的文章，又有弟子记录的阳明语录，还有两种类型的施邦曜评语。在英语世界对王阳明所知甚少的 1910 年代，亨克能够将全部正文和部分施邦曜评语翻译成英文，需要非凡的热情、勇气和耐心，《王阳明哲学》的面世无疑具有里程碑意义。"③

（原载于《浙江学刊》2021 年第 2 期）

---

① Henke，Frederick G. *The Philosophy of Wang Yang-ming*. London & Chicago：The Open Court Publishing Co.，1916：xi.

② Book Notices：*The Philosophy of Wang Yang-ming* by Frederick Goodrich Henke. *The Biblical World*，1917，50(5)：317.

③ 王宇. 亨克《王阳明哲学》及其中文底本《阳明先生集要》考述. 浙江社会科学，2018(10)：114.

阳明学在美国的译介与传播

吴文南　闽江学院

摘要：阳明学是一种实学，往往在社会转型期兴起，它强调"知行合一"，已成为新儒家的研究热点。20 世纪 80 年代以来，美国的中国哲学研究飞速发展，研究的重心开始从先秦转向宋明，使美国成为阳明学研究的先行者，而且始终处于领先地位。面对西方哲学困境的诊断，阳明学作为一种伦理与精神真相的复合体，其"德性伦理学"和"孝慈现象学"等带有中国传统思维色彩的现代性研究正在美国阳明学界崭露头角。简言之，80 年代王阳明的政治、军事和教育事功研究成为新的热点，也成为美国现代阳明学研究的新起点。

关键词：阳明学，美国，译介，传播

阳明学是一种实学，往往在社会转型期兴起，这也应合阳明学产生的历史和时代背景。1989 年 4 月，浙江省社会科学院和余姚市政府在浙江余姚联合主办了自中华人民共和国成立以来国内首次阳明学国际研讨会，此后，阳明学研究机构在各地陆续成立，强调"知行合一"的阳明思想熠熠生辉，成为新儒家的研究热点。

一、阳明学在美国译介与传播的研究现状

在王阳明著作的翻译研究方面，国内较具代表性的有：李初生的硕士学位论文《〈传习录〉两个英译本之比较研究》(2012)，用功能对等论和异化归化的翻译策略理论，通过例证、比较分析和文本综合分析等研究方

法,从语言与文化视角剖析了《传习录》的亨克和陈荣捷两个英译本的特色与得失。① 复旦大学哲学院的张子立在《东西方哲学》上发表了《王阳明"良知"说再探:翻译、音译和诠释》(2016)一文。在美国,王阳明著作翻译研究方面的成果多是对亨克和陈荣捷英译本的书评和应答类文章。

学界涉及阳明学在美国传播方面的研究论文有:陈荣捷的《王阳明:西方研究与文献》(1972)和《欧美的阳明学》(1981),杨德俊的《王学影响在中外》(2010),崔玉军的《北美阳明研究概述》(2014),伊来瑞的《阳明学在美国的发展与现状》(2015)、《欧美王阳明研究(1900—1950)》(2018)和《1960—1980年代西方王阳明研究流变》(2018),以及曹雷雨的《西方王阳明思想译介与研究综述》(2018)。同时,阳明学的传播情况出现在专著中的有:黄俊杰著作《东亚儒学研究的回顾与展望》的第八部分"战后美国汉学界的儒家思想研究(1950—1980)",王传龙著作《阳明心学流衍考》中的"韩、日、欧美阳明学研究述略",余怀彦著作《良知之道:王阳明的五百年》中的"西方人眼中的王阳明"。另外还有王宇在《浙江日报》上发表的文章《亨克与王阳明的西传》。

陈荣捷被誉为北美大陆"中国哲学研究的拓荒者",其1981年发表的《欧美的阳明学》是国内首篇关于阳明学在欧美传播的论文。他认为,当时欧美阳明学次于朱子学的原因有二:一者,朱子学是中国的正统学,而阳明学次于朱子学;二者,朱子学的范围之广和文献之多是阳明学所不能及的。② 而杨德俊的《王学影响在中外》(2010)是国内关于阳明学域外影响研究的第一篇论文,文章认为自从近代阳明学传入欧美以来,许多国家都在研究阳明学对现代政治、经济、文化教育等方面的影响。③ 崔玉军持相同观点,其2014年在第三届国际阳明学研讨会上提交的会议论文《北美阳明研究概述》共分三部分:北美阳明研究的兴起、阳明著作英译及阳

① 李初生.《传习录》两个英译本之比较研究. 福州:福建师范大学硕士学位论文,2012.
② 陈荣捷. 欧美的阳明学. 华国学,译. 外国问题研究,1981(3):99-107.
③ 杨德俊. 王学影响在中外. 贵阳文史,2010(4):42-43.

明研究、北美阳明研究的几个主要话题。①

目前对欧美阳明学传播研究最为系统的是美国学者伊来瑞,他在《阳明学在美国的发展与现状》的基础上对阳明学在欧美的研究进行了系统、深入的分析和归纳,并于 2018 年发表两篇后续研究论文:一篇是《欧美王阳明研究(1900—1950)》,在中文集刊《汉学研究》秋冬卷上发表,内容包括王阳明研究之起源与特点,关于王阳明的译著、专著和论文,以及 1950 年前中国哲学史研究之王阳明;另一篇是在《亚洲哲学》上发表的《1960—1980 年代西方王阳明研究流变》,从历史学的角度论述了 20 世纪 60—80 年代,英语世界研究阳明学的历史背景和内容。

对于欧美阳明学传播的状况,国内外学者意见不一,但总的认为是向好的方向发展。王传龙认为,阳明学难以进入欧美生活圈的原因,在于欧系哲学发达,未来中西文化交融程度渐深,此等状况或逐渐有所改变。② 余怀彦认为,按照人数统计,现在西方人知道王阳明的仍然是极少数,但并不能否认阳明学已进入西方精神世界的核心,不断激起层层涟漪,对西方以自我为中心的文化观和价值观构成了严重的挑战。③ 曹雷雨概述了西方王阳明思想译介与研究的情况,认为学术界对王阳明思想的西方之旅未能及时关注和全面应对,在急需知识界大力外推中华文化、外译国学经典的今天,该领域现有的研究视野、研究力度和研究水平远远没有跟上时代的要求。④

二、阳明学在美国的译介与传播(1910—1979 年)

1892 年,日本学者羽贺(T. Haga)在《日本哲学学派述评》一文中提

---

① 崔玉军. 北美阳明研究概述//第三届国际阳明学研讨会论文及提要. 余姚:国际阳明学研究中心,2014:46-55.
② 王传龙. 阳明心学流衍考. 厦门:厦门大学出版社,2015:26-27.
③ 余怀彦. 良知之道:王阳明的五百年. 北京:中国友谊出版公司,2016:252-263.
④ 曹雷雨. 西方王阳明思想译介与研究综述. 清华大学学报(哲学社会科学版),2018(1):37-40.

到王阳明(Ōyōmei)①,这应该是欧美第一次接触到王阳明。王阳明著作的英译目前主要有三部:亨克的《王阳明哲学》②、陈荣捷的《〈传习录〉以及王阳明的其他新儒学著作》③和秦家懿的《王阳明哲学书信》④。其中,亨克1916年的《王阳明哲学》开创了阳明学英译的先河,成为美国研究阳明学的肇始;而陈荣捷的《〈传习录〉以及王阳明的其他新儒学著作》是目前最完整,也是最受好评的阳明学英译本;秦家懿的《王阳明哲学书信》选译了67封王阳明书信,其中26封是初次翻译。此前,秦家懿在《王阳明书信选译》(1970)一文中已先期选译王阳明的7封书信。她认为,王阳明的书信是他传记和哲学思想的宝库,通过发现自己和内心的良知来认识自己和人生。⑤ 在专著《获取智慧:王阳明之道》的第二部分,秦家懿还翻译了王阳明的7篇论文和25首诗。此外,选译方面的成果还包括:戴遂良编辑的《(中国)哲学文献:儒、道、释》(1930)第16章"王阳明",选译王阳明的书信、诗歌和《传习录》。⑥ 张煜全在《作为政治家的王守仁》中选译了王阳明的政治社会公文7篇。⑦

　　实际上,学界对亨克译本的评价可谓毁誉参半。1916年,詹姆斯·塔夫茨在给亨克译本所写的序言中点明了译本的首创之功和价值:"亨克译本让我们接触到王阳明这位学者,他的思想与西方某些学者存在着有趣

① Haga,T. Note on Japanese Schools of Philosophy. In George William Knox (ed.). *A Japanese Philosopher and Other Papers upon Chinese Philosophy in Japan*. Yokohama:R. Meiklejohn & Co.,1892:134-147.

② Henke,Frederick G. *The Philosophy of Wang Yang-ming*. London & Chicago:The Open Court Publishing Co.,1916.

③ Chan,Wing-tsit. *Instructions for Practical Living and Other Neo-Confucian Writings by Wang Yang-ming*. New York:Columbia University Press,1963.

④ Ching,Julia. *The Philosophical Letters of Wang Yang-ming*. Canberra:Australian National University Press,1972.

⑤ Ching,Chia-yi. Wang Yang-ming in Translation:Some Selected Letters. *Chinese Culture*,1970(2):62-68.

⑥ Wieger,Léon. *Textes philosophiques:Confuciisme,Taoïsme,Buddhisme*. Hien-hien:Imprimerie de Hien-hien,1930.

⑦ Chang,Yü-chüan. Wang Shou-jen as a Statesman. *Chinese Social and Political Science Review*,1939—1940,23(1—4):30-99,155-252,319-374,473-517.

的相似之处,有助于我们了解东方……王阳明的重要性在于他对人生的指导。"①颜任光认为,亨克译本是英语世界读者认识王阳明的肇始,翻译不带有偏见性,所以客观;同时他概述了阳明学的四大原则:心即理、个人即权威、知行合一和善恶转化。② 秦家懿认为,亨克译本中的王阳明传记和哲学信件的翻译,使得亨克译本在陈译本出版后仍然有参考价值而被重印出版;这也是她翻译王阳明哲学书信的动机。③ 但赵善鸣认为,亨克译本由于汉语水平和儒家经典知识的制约,译文错误颇多,同一儒学术语在不同地方英译不同,可能是参考理雅各的《四书》英译本,现已被流畅易懂的陈荣捷译本取代。④

陈荣捷认为中国哲学术语几乎囊括在《传习录》中,并在《中国哲学文献选编》《近思录》《新儒学词释:〈北溪字义〉》和《〈近思录〉:新儒学文选》中反复讨论了中国哲学术语翻译的问题。⑤ 他认为,亨克对阳明学尚未入门,且不了解《传习录》的中文评论和日文注释,译文中存在许多误译,他本人的译著是集中国、日本诸注之大成,任何一条注释都比较详细,有辞必释,有名必注,有引句必溯其源。⑥ 倪德卫则指出,陈荣捷英译本中存在几个瑕疵:(1)不公正地认为亨克译本错误百出,省略颇多,不堪使用,而实际情况是亨克忠实地翻译了上海商务印书馆发售的施邦曜编辑的《阳明先生集要》4 卷中的第 1 卷《理学编》,而非亨克、陈荣捷和张煜全误认为的《王阳明全集》。佛尔克(Alfred Forke)最早发现此错误,这便是亨克英译本名称为"The Philosophy of Wang Yang-ming"的原因所在。亨克译

---

① Henke，Frederick G. *The Philosophy of Wang Yang-ming*. London & Chicago：The Open Court Publishing Co.，1916：vii-viii.

② Yen，Kia-Lok. Book Review：*The Philosophy of Wang Yang-ming* by Frederick Goodrich Henke. *International Journal of Ethics*，1917(2)：241-244.

③ Ching，Julia. *The Philosophical Letters of Wang Yang-ming*. Canberra：Australian National University Press，1972：ix.

④ Chiu，S. M. Book Review：*The Philosophy of Wang Yang-ming* by Frederick Goodrich Henke. *The Journal of Asian Studies*，1965，24(4)：688.

⑤ 陈荣捷. 新儒学的术语解释与翻译. 张加才，席文，编译. 深圳大学学报(人文社会科学版)，2013(6)：52-56.

⑥ 陈荣捷. 欧美的阳明学. 华国学，译. 外国问题研究，1981(3)：99-107.

本中保留有原文页码。(2)陈错认为王阳明出生地为余姚的越。(3)用图表比对陈、亨克译本后发现，陈译本的《传习录》第 3 部分有些内容省略了，而亨克译本保留；《拔本塞源论》该是王阳明给顾东桥书信中的结尾部分，陈译本把它独自成章，亨克忠实地保留原本；亨克译本的第 3、4 编有许多有趣的信件和杂文，在陈译本中没有。同时，倪德卫也肯定了陈译本的可取之处，但不赞同两个译本把《传习录》翻译为"Instructions for Practical Life"和"Instructions for Practical Living"，建议翻译为"Record of Transmission and Practice"，《大学问》也不是陈译的"An Inquiry on the Great Learning"，而是"Questions Asked by Someone about the Great Learning"。此外，他指出，张煜全已经在《作为政治家的王守仁》中翻译了王阳明的政治社会公文 7 篇，陈翻译时并未注意到。①

　　陈荣捷对倪德卫的评价进行了回复，承认自己翻译时没有注意到张煜全文中的译文，认为张把"义民"译为"honorary runners"只是猜测，而自己译为"bad officials"至少有哲学和文本支撑。他感谢倪德卫指明其错误，承认余姚是越的一个地方。② 倪德卫答复陈荣捷的回复，感谢陈对其评论的善纳，但对"义民"和"县"的理解和翻译上坚持自己的观点。③ 谢康伦对陈译本也持肯定态度，认为陈译本把《传习录》中的中国哲学术语用注译法翻译，忠实地保持同一术语翻译的前后连贯，比如"意"和"知"的翻译。④ 施友忠肯定陈译本辞必附释，名必加注，如遇引用句则必追本溯源，但他不赞同陈认为阳明学是理想主义，同时认为把《传习录》译为

---

① Nivison，David S. Book Review：*Instructions for Practical Living and Other Neo-Confucian Writings by Wang Yang-ming*，trans. Wing-tsit Chan，*The Philosophy of Wang Yang-ming* by Frederick Goodrich Henke. *Journal of the American Oriental Society*，1964，84(4)：436-442.

② Chan，Wing-Tsit. Rejoinder to David S. Nivison's Review of *Instructions for Practical Living*. *Journal of the American Oriental Society*，1965(3)：407-409.

③ Nivison，David S. *Instructions for Practical Living*：Surrejoinder. *Journal of the American Oriental Society*，1965(3)：409.

④ Schirokauer，Conrad M. Book Review：*Instructions for Practical Living and Other Neo-Confucian Writings by Wang Yangming*，trans. Wing-tsit Chan. *The Journal of Asian Studies*，1964，24(1)：151-152.

"Record of Instructions for Moral Cultivation"更佳,将"致"译为"To realize"或者"To apply"比"To extend"好。[1]

秦家懿认为,像"心"和"良知"之类的中国哲学术语用音译法比较好。[2] 张子立持相同看法,他认为,陈荣捷把"良知"译为"innate knowledge"或"original knowledge"只有认识论,没有了本体论的意思;把"格物"译为"the investigation of things",将"诚意"和"格物"对立了起来;把"致知"译为"the extension of knowledge",变成了道德认知而非道德实践。这些都偏离了王阳明的本意,把三者用汉语音译并加注有利于避免概念混乱和不必要的联想。[3] 王宇认为:"亨克能够将全部正文和部分施邦曜评语翻译成英文,需要非凡的热情、勇气和耐心,《王阳明哲学》的面世无疑具有里程碑意义。"[4]

20 世纪 60 年代之后,在陈荣捷为代表的中西学者推动下,宋明理学研究在欧美逐渐兴起,消除了长期以来西方认为中国"秦汉之后无哲学"的谬断。至此,美国出现了一批著名的阳明学研究学者,如陈荣捷、狄百瑞、倪德卫、杜维明和秦家懿等,为 20 世纪 80 年代开始的阳明学研究复兴奠定了坚实的基础。

三、阳明学在美国的译介与传播(1980—)

伊来瑞在《中国阳明学的复兴》一文中认为,20 世纪 80 年代,中国阳

---

① Shih,Vincent Y. C. Book Review:*Instructions for Practical Living and Other Neo-Confucian Writings by Wang Yang-ming*,trans. Wing-tsit Chan,*A Source Book in Chinese Philosophy* by Wing-tsit Chan. *Philosophy East and West*,1965,15(3/4):293-296.

② Ching,Julia. *The Philosophical Letters of Wang Yang-ming*. Canberra:Australian National University Press,1972:xii.

③ Chang,Tzu-li. Re-exploring Wang Yangming's Theory of Liangzhi:Translation,Transliteration,and Interpretation. *Philosophy East & West*,2016(4):1196-1217.

④ 王宇. 亨克《王阳明哲学》及其中文底本《阳明先生集要》考述. 浙江社会科学,2018(10):114.

明学研究开始复兴,成为学界研究的热门话题,其原因是多方面的,其中最为关键的是中国的改革开放。① 与中国阳明学复兴相对应,80 年代是欧美的中国哲学研究比较重要的转折点。陈荣捷认为,阳明学逐渐兴盛起来是时势所趋,欧美还没有专门的阳明学研究机构,研究的热点是良知、王阳明与禅、王阳明与西方哲学比较以及阳明学与宋明理学比较。他认为促使阳明学研究前进的三个主要原因是:(1)关于王阳明著作的增加,(2)王学文献的新翻译,(3)明代思想的集中研究。② 崔玉军认为,艾文贺《儒家传统中的伦理学:孟子和王阳明的思想》《"陆王学派"儒家文献选读》和倪德卫《儒家之道:中国哲学之探讨》的出版,标志着阳明学开始真正进入美国学界。③ 伊来瑞认为,70 年代从某些方面来看是阳明学最兴盛的时代,但这不是说美国自 80 年代起就没有阳明学,只是越来越成熟的美国汉学界正将焦点转向中国社会文化史、物质文化史、政治文化史等领域。④

据初步考察,从 1980 年至 2018 年,在美国以王阳明为专题的研究有 9 本专著、18 篇硕博论文、100 余篇期刊文章,以及众多的百科全书条目和网络文章。20 世纪 80 年代以来,美国阳明学在译介与传播方面的变化主要体现在多元的研究群体和多角度的研究内容上,包括道德伦理实践哲学、社会哲学、生态哲学研究和从文学、艺术、教育等不同视角的跨学科研究。在以往的阳明学研究中以美籍华人学者和中国留学生为主要群体,而如今越来越多欧美本土学者加入阳明学的研究中。此外,国内学者追随中国文化"走出去"的时代潮流,也在欧美学术刊物上发表阳明学研究论文,中西交融的场面蔚为壮观。阳明学已开始超越此前的经典翻译和哲学史写作的范畴,除传统的良知、阳明学与西方哲学比较研究外,王阳

---

① Israel, George L. The Renaissance of Wang Yangming Studies in the People's Republic of China. *Philosophy East and West*, 2016(3): 1001-1019.

② 陈荣捷. 欧美的阳明学. 华国学, 译. 外国问题研究, 1981(3): 99-107.

③ 崔玉军. 北美阳明研究概述//第三届国际阳明学研讨会论文及提要. 余姚: 国际阳明学研究中心, 2014: 51.

④ 伊来瑞. 阳明学在美国的发展与现状//张新民. 阳明学刊(第 7 辑). 成都: 巴蜀书社, 2015: 198-211.

明作品的译介,阳明学的知行合一、伦理道德,以及阳明学与社会、政治的事功研究成为新的热点。王阳明的事功大而言之,有为学、为政、为教三方面。孙德高认为,不是从心性之辩、义理之争出发,而是从王阳明的人生经历出发研究他的心性之学,可能是一条拓宽阳明学研究的有效途径。① 20 世纪六七十年代的老一辈学者有的依然活跃在阳明学研究的前沿;20 世纪 80 年代以来美国阳明学学者的代表人物有:艾文贺、伊来瑞、耿宁、白安理、巴拓识和柯雄文等,他们被周炽成称为"世界儒者"②。

在王阳明著作翻译方面,艾文贺在专著《儒家传统中的伦理学:孟子和王阳明的思想》(1990)的附录中介绍了《传习录》的各种英文译名:亨克译为"Instructions for Practical Life",王昌祉译为"Collected Lessons of the Master",卜德在英译冯友兰的《中国哲学简史》(*A History of Chinese Philosophy*)时译为"Record of Instruction",张君劢的《新儒家思想史》(*The Development of Neo-Confucian Thought*)中译为"Records of Instructions and Practices",而陈荣捷译为"Instructions for Practical Living"。艾文贺在探讨"传习"在《论语》中的由来时认为,《传习录》应该译为"A Record for Practice",而朱熹的《近思录》译为"A Record for Reflection"便是佐证。③ 艾文贺的《"陆王学派"儒家文献选读》选译自《王文成公全书》,包括徐爱写的《旧序》、《传习录》中的《门人徐爱书》,以及《徐爱跋》《大学问》《教条示龙场诸生》和 13 首诗歌,把《传习录》翻译为"A Record for Practice(*Chuanxilu*)",把《大学问》译为"Questions on the Great Learning(*Daxue wen*)"。④

在王阳明传记研究方面,除了张煜全 1939 年具有学术性的《作为政治家的王守仁》,在此后的很长一段时间中,欧美各国缺乏兼具王阳明哲学思想发展与政治社会成就的完整传记。白安理的专著《王阳明大传》弥

① 孙德高. 王阳明事功与心学研究. 成都:西南交通大学出版社,2008.

② 周炽成. 从陈荣捷和杜维明看儒学研究的世界化. 现代哲学,2007(4):63-68.

③ Ivanhoe,Philip J. *Ethics in the Confucian Tradition:The Thought of Mencius and Wang Yang-ming*. Atlanta:Scholars Press,1990:154-161.

④ Ivanhoe,Philip J. *Readings from the Lu-Wang School of Neo-Confucianism*. Indianapolis:Hackett Publishing Company,2009:154-161.

补了这方面的缺憾，"当我意识到西方还没有完整的王阳明传记时，我就在现有的传记基础上着手书写，虽然说不上是个大部头、不能无所不包，但足够让我们了解王阳明其人其事"①。全书按照时间顺序记录王阳明的一生，在结尾简述阳明学在朝鲜半岛和日本的传播。张添财在其博士论文基础上出版的专著《巴特勒与王阳明：道德观与良心观的比较》认为，二者都把良知（conscience）作为人类的最高道德规范和人类的道德自律，要通过终生的道德修为来呵护良知；前者提倡"警醒"，后者主张"静思"，且分别把"基督徒"和"君子"作为各自的人生目标。② 姚新中在《王阳明与培根的学习哲学》一文中认为，二者分别代表中国的道德理想主义和西方的科学经验主义，体现了中西哲学根本性的差别。③ 20 世纪 80 年代后，阳明学比较研究的论著（文）还有：金洽荣的《成圣与修身：卡尔·巴特与王阳明》④、洪锡焕的《人性的终极转变：王阳明的良知和加尔文的上帝形象》⑤、李信义的《王阳明和尼布尔的道德哲学》⑥和巴拓识的《"不知之知"抑或"良知"？——库萨的尼古拉与王阳明哲学思想比较研究》⑦。

2015 年，德国学者巴拓识在世界儒学大会上说："宽容与仁爱使儒家担当起全球的领导者。"2017 年，黄勇和崔雅琴以王阳明研究为例分析了

---

① Bresciani，Umberto. *Wang Yangming：An Essential Biography*. Gaeta：Passerino Editore，2016：3.

② Chang，Peter T. C. *Bishop Joseph Butler and Wang Yangming：A Comparative Study of Their Moral Vision and View of Conscience*. Bern：Peter Lang，2014.

③ Yao，Xinzhong. Philosophy of Learning in Wang Yangming and Francis Bacon. *Journal of Chinese Philosophy*，2013，40(3/4)：417-435.

④ Kim，Heup Young. Sanctification and Self-Cultivation：A Study of Karl Barth and Neo-Confucianism（Wang Yang-ming）. PhD Diss.，Graduate Theological Union，1992.

⑤ Hong，Seok Hwan. Ultimate Human Transformation：Liang-chih in Wang Yang-Ming and the Imago Dei in John Calvin. PhD Diss.，Boston University，2002.

⑥ Lee，Hsin-yi. The Moral Philosophies of Wang Yang-ming and H. Richard Niebuhr. PhD Diss.，Claremont Graduate University，2007.

⑦ Bartosch，David. "*Wissendes Nichtwissen*" oder "*Gutes Wissen*"？ *Zum Philosophischen Denken von Nicolaus Cusanus und Wáng Yángmíng*. Paderborn：Wilhem Fink，2015.

西方世界中中国哲学研究者的"三重约束",认为阳明学关注日常的良好举止和礼仪的深层道德意义,可以对当代哲学伦理学做出贡献。① 周光肃在其博士论文《王阳明哲学中的超然》中认为,王阳明受到道教和禅的影响,追求超然的圣人特质。他在分析了超然(detachment)与介入(attachment)、超然与存在、超然与知识、超然与无私、超然与爱相互间的关系后认为,"致良知"是王阳明的超然之道。② 柯雄文在专著《知行合一:王阳明的道德心理学研究》中认为,王阳明的良知就是一种道德教育。他从欧美道德伦理学的角度阐释了阳明学的知行合一和当代价值,开辟了中国道德哲学心理学研究的新方向。③ 艾文贺是阳明学道德伦理研究的代表人物,他把伦理区分为"性别伦理"和"职业伦理"。艾文贺的专著《儒家传统中的伦理学:孟子和王阳明的思想》是在其博士论文的基础上修改而成的,主要探讨王阳明对孔孟道德思想的传承与发展,认为人性中的"良知"(pure knowing)和"良能"(pure ability)只是理的一个表现,天生就有,无须孟子所言的后天培育,只是"致良知"(to extend pure knowing)而已,同时把良知用佛教中常见的太阳和黄金来比喻。④ 南乐山(Robert Neville)对此书的出版做出高度评价,认为从此西方哲学家没有理由不像他们尊敬柏拉图和笛卡尔那样尊敬这些中国思想家。⑤ 此外,劳埃德·希斯班的博士论文《王阳明的道德判断》探讨了王阳明"道德判断"概念的连续性和深度,认为王阳明的道德判断是身、心和灵的联动结果,并分析了"道德判断的特征""王阳明的玄学""修身、快乐与道德判断的关系""王阳

---

① 黄勇,崔雅琴. 西方世界中国哲学研究者之"三重约束". 文史哲,2017(2):75-82.

② Chow, Joseph Kuang-su. Detachment in the Philosophy of Wang Yang-ming: The Concept of "Liang-Chih". PhD Diss., Drew University, 1981.

③ Cua, Antonio S. *The Unity of Knowledge and Action: A Study in Wang Yang-ming's Moral Psychology*. Honolulu: University of Hawai'i Press, 1982.

④ Ivanhoe, Philip J. *Ethics in the Confucian Tradition: The Thought of Mencius and Wang Yang-ming*. Atlanta: Scholars Press, 1990.

⑤ Neville, Robert C. *Boston Confucianism: Portable Tradition in the Late-Modern World*. Albany, NY: State University of New York Press, 2000: 46.

明的善恶观""道德标准的客观性"以及"情感在道德判断中的作用"。① 中西方在人与自然的关系方面的看法一直存在本质差异。塞缪尔·柯克斯在《王阳明、道德承诺和环境伦理》一文中，用环境伦理学分析王阳明作品中的万物一体、回归朴素道德的观点，认为其对当今全球化中复杂的环境伦理很有启迪意义。②

王阳明军事活动最频繁的时期正是他学术思想最活跃的时期。张煜全 1939 年的《作为政治家的王守仁》是最早讨论王阳明政治事功的英文学术性传记。伊来瑞是美国中佐治亚州立大学历史系教授，一直致力于阳明学的传播研究，相继发表了《阳明学在美国的发展与现状》(2015)、《中国阳明学的复兴》(2016)、《欧美王阳明研究(1900—1950)》(2018)和《1960—1980 年代西方王阳明研究流变》(2018)。阳明学是心性与事功的统一，清朝学者马士琼盛赞王阳明是历史上罕见的立功、立德、立言的"三不朽"式伟大人物，他的"知行合一"思想践行儒家的"内圣外王"理想，他才兼文武践履其"事上磨炼"的思想。2014 年，伊来瑞出版的专著《明代中国的惩恶扬善：王阳明的政治生涯》是在其博士论文《合一的边缘：王阳明政治伦理思想中的帝国、暴乱和伦理(1472—1529)》基础上修改而成的，共有 5 章。王阳明把"心中贼"和"山中贼"进行类比，认为政府和子民相互间要"诚爱恻怛""存天理去人欲"，达到"致良知"的境界。书中探讨了王阳明的哲学思想发展和政治军事实践之间的心学与兵学的内在关联，"王阳明的思想体现在政治生涯中，他的政治活动又反映他的思想嬗变，这让他的政治事功研究饶有趣味"③。中日语言的王阳明传记众多，但详细研究他的政治事功的不多，把政治事功和心学结合起来研究的数量更少。杨正显评价此书说："因为作者既没有深陷过往研究阳明思想的议题，诸如'有与无''是禅非禅''朱王格物之辩'等，也不是一味地谈'良知

---

① Sciban，Lloyd. *Wang Yang-ming on Moral Decision*. PhD Diss.，University of Toronto，1994.

② Cocks，Samuel. *Wang Yang-ming，Moral Promise，and Environmental Ethics*. *Dialogue and UniversalismE*，2012(1)：70-81.

③ Israel，George L. *Doing Good and Ridding Evil in Ming China：The Political Career of Wang Yang-ming*. Leiden：Brill，2014：3.

说'的源流与确切的内容,而是由'四句教'最末句来呈现阳明的思想,论述的视角令人耳目一新。"① 崔玉军也对此书给予肯定:"北美学者研究阳明思想的学者相对较多,但对阳明事功的研究多半就事论事,而伊来瑞著作的价值则在于弥补了这一不足。"② 此外,柴绍金在其博士论文《具有中国特色的怜悯与全球治理:王阳明政治哲学中的一体、关怀和世界大同》中,用历史和文本分析的方法,从万物一体、关怀和天下一家三方面探讨了王阳明世界大同的伦理政治。③

　　20 世纪 60—70 年代,部分学者力图将王阳明的心学和存在主义、现象学、存在主义现象学进行比较。1965 年,郑和烈在《国际哲学季刊》上开拓性地用英文发表《王阳明和存在主义现象学》一文,目的是打破认为东方无哲学的西方哲学中心主义。④ 随后,为回应冈田武彦的《王畿与存在主义的兴起》⑤一文,倪德卫于 1972 年提交会议论文《王阳明的道德决定:中国的"存在主义"问题》⑥。1978 年,秦家懿发表《"真实的自我":王阳明与海德格尔》一文,比较分析了王阳明的心(mind)和海德格尔的存在(dasein)。⑦ 沃伦·弗里西纳在《知行合一:走向知识的非表象理论》一文中,用奈杰尔·思瑞夫特的非表象理论把王阳明、美国实用主义的集大成

---

① 杨正显. 书评:George L. Israel, *Doing Good and Ridding Evil in Ming China*: *The Political Career of Wang Yang-ming*. 近代史研究所集刊,2016(92):139-144.

② 崔玉军. 余姚阳明研究会议偶记. (2014-11-12)[2018-04-11]. http://blog.sina. com. cn/s/blog_729f49790102v8kz. html.

③ Chai, Shaojin. Enlightened Compassion and Global Governance with Chinese Characteristics:Oneness, Care, and Cosmopolitanism in the Political Philosophy of Wang Yangming (1472—1529). PhD Diss., University of Notre Dame, 2014.

④ Jung, Hwa Yol. Wang Yangming and Existential Phenomenology. *International Philosophical Quarterly*, 1965(5):621-636.

⑤ Okada, Takehiko. Wang Chi and the Rise of Existentialism. In Theodore de Bary (ed.). *Self and Society in Ming Thought*. New York:Columbia University Press, 1970.

⑥ Nivison, David. Moral Decision in Wang Yang-ming:The Problem of Chinese "Existentialism". *Philosophy East and West*, 1973(23):1-2.

⑦ Ching, Julia. "Authentic Selfhood":Wang Yang-ming and Heidegger. *The Monist*, 1978(1):3-27.

者杜威和过程哲学的创始人怀特海的实践哲学进行了比较,认为王阳明的知识就是一种行动,知行是合二为一、不可分开的。① 瑞士现象学家和汉学家耿宁 1980 年在美国哥伦比亚大学正式接触到王阳明学说后,开始深入研究和传播王阳明的心学思想。2012 年,商务印书馆出版的《心的现象——耿宁心性现象学研究文集》,收录了耿宁的 24 篇论文或公开报告,其中关于阳明学和阳明后学的有 5 篇,他将理论和实证研究相结合,对"良知"概念用现象学进行了理解和阐释。② 他 2010 年出版的两卷本德文巨著的中文译本《人生第一等事:王阳明及其后学论"致良知"》于 2014 年在商务印书馆出版,该书献给"我的那些以现象学探究中国传统心学的中国朋友们",从现象学角度深入细致地梳理和分析了王阳明及其后学的"致良知"思想。2014 年 11 月,在贵州大学中国文化书院举办的"商务印书馆学术论坛·耿宁《人生第一等事》研究——王阳明及其后学论'致良知'国际学术讨论会",探讨了现象学视野下的阳明学。耿宁认为,王阳明的"良知"有三种含义:心理—素质概念、道德—批判概念和宗教—神性概念。他的丰硕成果"将现象学、汉学、阳明学的研究推向更高水平,对于沟通中西思想文化,增进相互理解,推动共同的学术进步,具有重要意义"③。卢盈华的博士论文《心的秩序:儒家哲学中的价值和情感的现象学分析》,用德国现象学家马克斯·舍勒的价值伦理学理论,分析了孟子和王阳明作品中的价值和情感的德性伦理学体系。④

　　总之,随着 20 世纪 80 年代以来美国的中国学的兴起,美国的中国哲学研究飞速发展,研究重心从先秦转向宋明,而欧美阳明学研究者的学术活动轨迹最终都汇集到美国。美国成为阳明学研究的先行者,且始终处

① Frisina, Warren G. *The Unity of Knowledge and Action: Toward a Nonrepresentational Theory of Knowledge*. Albany, NY: State University of New York Press, 2002.

② 耿宁. 心的现象学——耿宁心性现象学研究文集. 倪梁康,张庆熊,王庆节,等译. 北京:商务印书馆,2012.

③ 阎韬. 致博大,务精深——耿宁先生两书读后. 广西大学学报(哲学社会科学版), 2017(1): 68.

④ Lu, Yinghua. The Heart Has Its Own Order: The Phenomenology of Value and Feeling in Confucian Philosophy. PhD Diss., Southern Illinois University, 2014.

于领先地位。如今,美国在哈佛大学、夏威夷大学和哥伦比亚大学均设有专门的阳明学研究机构,其影响正超越狭小的学术圈,在欧美社会中传播。面对西方哲学困境的诊断,阳明学作为一种伦理与精神真相的复合体,其"德性伦理学"和"孝慈现象学"等带有中国传统思维色彩的现代性研究正在欧美阳明学界崭露头角。简言之,20 世纪 80 年代王阳明的政治、军事和教育事功研究已成为新的热点,成为欧美现代阳明学研究的新起点。

(原载于《重庆三峡学院学报》年 2019 年第 2 期)

阳明学在俄罗斯①不同社会意识形态下的传播轨迹

——从主观唯心主义到主观自然主义的认知流变

杨春蕾　浙江越秀外国语学院

科布杰夫　俄罗斯科学院

摘要：阳明学自 20 世纪初传入欧洲以后，逐渐被欧洲各国所认可和接受。本文基于俄罗斯对阳明学"从主观唯心主义到主观自然主义"的认知流变，按照从苏联到俄罗斯的时间维度，探究阳明学在俄罗斯不同社会意识形态背景下的传播轨迹，以期对中国传统文化在当下俄罗斯和西方国家的传播有所启发。

关键词：社会意识形态转换，俄罗斯汉学，认知流变，主观唯心主义，主观自然主义

从苏联时期的否定排斥到俄罗斯时期的肯定认可，从资产阶级的精神支柱到中国哲学的杰出代表，从极端的主观唯心主义到理智的主观自然主义，阳明学自 20 世纪初传播到苏联以后，在从苏联到俄罗斯不同社会意识形态转换的历史维度中，历经了"从主观唯心主义到主观自然主义"的认知流变。

---

① 本文在统称时使用"俄罗斯"，但在时间清晰的情况下，分别使用"苏联"与"俄罗斯"。

一、苏联前期对阳明学的初步认知

(一)众口一词的"主观唯心主义"认知

苏联最早接触阳明学正值 20 世纪 30 年代斯大林执政时期。[①] 苏联汉学家彼得罗夫(А. А. Петров,1907—1949)在 1935 年 1 月 25 日通过答辩的博士论文《中国哲学史中的王弼》中指出,王阳明是迎合资产阶级的"极端主观唯心主义"[②]。此论文于 1936 年以专著的形式在苏联出版。同年,彼得罗夫在论述中国哲学史的文章《中国》里,再一次强调了上述观点,该文章后来被收录到 32 卷本的《苏联大百科全书》[③]里。1940 年,彼得罗夫出版了专著《中国哲学史概论》,书中强调阳明学思想是"极端的主观唯心主义转化为直觉主义"[④]。

继彼得罗夫之后,对王阳明认知的类似观点也出现在苏联汉学家、日本学家拉杜里-扎杜罗夫斯基(Я. Б. Радуль-Затуловский,1903—1987)于 1937 年 3 月 15 日通过答辩的博士论文《现代日本哲学中的儒家学说》中,10 年后该博士论文以专著的形式出版。拉杜里-扎杜罗夫斯基赞同彼得罗夫的观点,认为阳明学不仅仅是主观唯心主义,而且还是神秘的直觉主义。[⑤] 上述观点得到了当时苏联科学院哲学研究所权威汉学家和哲学家们的一致认可,他们在专著中也都表达了类似的观点,如 50 年代谢宁(Н. Г. Сенин,1918—2001)的《孙中山的社会政治观》、70 年代布罗夫(В. Г. Буров,1931—)的《17 世纪中国思想家王船山的世界观》,20 世纪五六十年代 5 卷本的《哲学历史》(1957)和《哲学百科》(1960),以及《苏

---

① 杨春蕾. 王阳明思想学说在俄罗斯的传播与影响. 湖北社会科学,2019(7):89-95.

② Петров А. А. Ван Би. Из истории китайской философии. М.-Л.,1936. С. 40.

③ Петров А. А. Китайская философия // Большая Советская Энциклопедия. Т. 32. М.,1936 (1936б).

④ Петров А. А. Очерк философии Китая // Китай. М.-Л.,1940. С. 267.

⑤ Радуль-Затуловский Я. Б. Конфуцианство и его распространение в Японии. М.-Л.,1947. С. 114,278,324,327 и др.

联大百科全书》(1971)的第 3 版,皆认可这一观点。

从 1917 年苏维埃成立到 1953 年斯大林去世的这一阶段,阳明学的传播在苏联学界注定是一段命运多舛、举步维艰的学术历程。在 20 年代初开始的"肃反""大清洗""大恐怖"等一波未平一波又起的政治运动中,许多杰出汉学家在生命的黄金期和创作的巅峰阶段惨遭枪杀。苏联著名东方学家阿列克谢耶夫(B. M. Алексеев, 1881—1951)的女儿巴彦科夫斯卡娅(M. B. Баньковская)在整理其回忆录时发现:"原定于 1938 年参与《东方学》杂志发行的 9 位专家,就只剩下 3 位了……"①苏联前期的汉学家数量急剧减少,幸存下来的汉学家也是如履薄冰、举步维艰。

这一时期苏联学界对中国哲学的研究处于历史低谷阶段,对中国哲学和传统文化的关注较少。儒释道等中国哲学思想遭到苏联官方意识形态领域的冷落和排斥。李明滨认为,造成上述情况的主要原因是儒家学说被苏联当局视为维护统治阶级利益的反动思想。②苏联前期完成了对帝俄阶段旧汉学的马克思列宁主义改造,研究方法和研究视角受到苏联意识形态及以斯大林为首的领导人的思想和言论的深刻影响,出现了以哲学家阶层属性确定学说属性的倾向,所有的中国古典哲学和哲学家被简单地划分为唯物主义和唯心主义两大阵营。③苏联汉学家布罗夫指出,在苏联前期,汉学研究被置于苏联意识形态的影响之下,苏联教条主义的影响也表现在对儒学的态度上,大多数苏联学者认为儒学代表统治阶级的利益,没有进步的作用。④

在苏联前期的社会背景和意识形态之下,以彼得罗夫和拉杜里-扎杜罗夫斯基为代表的汉学家把阳明学认定为"极端主观唯心主义",并得到了其他苏联学者的认可,同时苏联官方权威的《苏联大百科全书》旗帜鲜明地肯定这一观点,迎合了苏联当时的社会政治背景和"大清洗"的社会

---

① Баньковская М. В. Мой двойник, только сильнее и вообще лучше // Петербургское востоковедение. Вып. 8. СПб., 1996. С. 507.
② 李明滨. 中国与俄罗斯文化交流志. 上海:上海人民出版社,1998.
③ 阎国栋. 俄罗斯汉学三百年. 北京:学苑出版社,2007:146,178.
④ 布罗夫. 俄罗斯的中国哲学研究——17 世纪末—20 世纪末. 汉学通讯研究,1985 (57):121-26.

意识形态。

(二)标新立异的前瞻性认知

在苏联汉学界和哲学界众口一词地把阳明学认定为"主观唯心主义"的学术环境下,针对当时整个学界对阳明学的曲解和抨击,阿列克谢耶夫力排众议,站出来对王阳明进行客观公正的评价。他在 1935 年 8 月写的一篇文章中指出:"在汉代以来的儒家学说革新者中,王阳明是一个最著名的改革者,他让我们用直接抽象的方法从'自知'心理学的角度去感知事物和了解儒家经典。欧洲对他的研究刚刚兴起,仅仅是接触到这个学说的表面现象。但是中国和日本对阳明学已经有着深刻的认知和独特的见解。"[1]阿列克谢耶夫的这番话像一股清流汇入喧嚣的学术海洋,在哗然一片的苏联学术界让人耳目一新。这段话不仅能让我们看到一个治学严谨、有担当的汉学家和人文科学院院士,也间接地验证了在 20 世纪 30 年代阳明学刚刚传入欧洲时,整个欧洲和当时的苏联对王阳明的认知相对肤浅,相关的研究资料也非常匮乏。

尽管当时的《苏联大百科全书》给阳明学贴上了负面标签,但是在 20 世纪 30 年代对阳明学研究的学术热情和兴趣已经是"随风潜入夜,润物细无声",在阿列克谢耶夫和他的学生之中"萌芽"了。阿列克谢耶夫本人在炮火纷飞的二战期间、在逃亡的艰苦岁月里坚持把《古文观止》中王阳明的 3 则短文翻译成了俄语,但是译文在 2012 年才得以出版问世。[2]

阿列克谢耶夫的得意门生、《易经》(《周易》)研究者休茨基(Ю. К. Щуцкий, 1897—1938)1935 年在其翻译的《易经》前言中写道:"在中国的哲学家中,引起我极大兴趣的不是周朝时期那一代的杰出哲学家,而是中世纪的葛洪和王守仁等哲学家。"[3]休茨基被王阳明的思想所吸引,立志要

---

① Алексеев В. М. Труды по китайской литературе / Сост. М. В. Баньковская. Кн. 1, 2. М., 2002, 2003. Кн. 2, С. 280, примеч. 12.

② Алексеев В. М. Шедевры китайской классической прозы в переводах академика В. М. Алексеева: неизданное. М., 2012. С. 33-44.

③ Щуцкий Ю. К. Китайская классическая «Книга перемен». 2-е изд. / Сост. А. И. Кобзев. М., 2003. С. 55.

成为阳明学在俄罗斯的研究开拓者和奠基人,早在 20 世纪 30 年代他就做出了和当代著名学者杜维明一样的论断,指出阳明学具有独特的"唯意志论和责任感",是"哲学的导论,不仅应该在东方和西方,而且应该在全人类中普及和推广"。① 阿列克谢耶夫在为休茨基的论文《中国经典哲学〈易经〉》写评论时确认,休茨基曾打算写一部有关王阳明的专著。② 在 20 世纪初,阳明学流传到西方不久,在俄罗斯接触阳明学的初期阶段,这位杰出的天才汉学家就以卓越的洞察力,早于杜维明几十年做出了这个伟大的论断,由此可见这位俄罗斯汉学家对中国文化和哲学的关注程度和研究的深入。但是令人扼腕叹息的是,这位优秀的年轻汉学家撰写阳明学专著的心愿还没来得及实现,就遭到苏联当局的残酷镇压——遭非法逮捕并被秘密枪杀。这的确是俄罗斯汉学界的重大损失,也是阳明学海外研究领域的极大憾事。直到近半个世纪以后,有关王阳明的第一部专业性的学术著作才得以在苏联出版问世,作者是当代著名汉学家科布杰夫(А. И. Кобзев, 1953—)。

综上,在 20 世纪初的苏联学界,对阳明学的认知分为两派:一派为阿列克谢耶夫和他的学生休茨基,另一派为汉学家彼得罗夫和哲学家拉杜里-扎杜罗夫斯基。以上学者研究的侧重点不一样,阿列克谢耶夫和休茨基主要研究中国古典文学和哲学,彼得罗夫和拉杜里-扎杜罗夫斯基对中国哲学和苏联哲学以及日本哲学进行对比研究。两派学者是非专业性地研究阳明学,他们从不同视角和维度对阳明学进行认知和评价。他们对阳明学的认知像一条鲜明的分界线贯穿于苏联学界,佢是"主观唯心主义"的观点仍处于主导和显性地位。

---

① Елесин Д. В. К биографии Ю. К. Щуцкого (1897—1938) // Двадцать пятая научная конференция «Общество и государство в Китае». М., 1994. С. 75.

② Китайская классическая «Книга перемен». 2-е изд. / Под. ред. А. И. Кобзев. М., 2003. С. 516.

二、苏联后期对阳明学的认知流变

(一)渐趋理性的认知转变

进入 20 世纪 60 年代后,随着苏联经济的飞速发展,斯大林执政时期令人窒息的阴霾被吹散了,政治上变得相对自由和民主,思想意识领域也逐渐开放和活跃起来。与此同时,随着西方对阳明学更多的接触和了解,苏联学界对阳明学的兴趣大增,研究视野随之扩展,对阳明学的认知也变得愈加清晰和客观起来。这一时期的学者康拉德(Н. И. Конрад, 1891—1970)、博日涅耶娃(Л. Д. Позднеева, 1908—1974)和瓦斯科列谢斯基(Д. Н. Воскресенский, 1926—2017)给予了王阳明更为客观和正面的评价,肯定了他在儒家学说中的地位和对儒学的创新作用,同时肯定了阳明学对中国哲学的作用和贡献。

20 世纪 60 年代中期,汉学家和日本学家康拉德在自己的研究领域提出了"王阳明——文艺复兴"的概念,他在《东方和西方》一书中把王阳明称作"在中国哲学思想中最后一位文艺复兴式的代表人物,或者最后一位中国文艺复兴的哲学家"[1];在 60 年代再版的《哲学百科》中,他承认阳明学是儒家学说的发展和完善。[2] 汉学家博日涅耶娃在《中世纪的中国文学和东方文学》中也肯定地指出,王阳明给儒家学说带来了根本性的冲击,是启蒙运动(教育)的先驱。[3] 而汉学家瓦斯科列谢斯基在《16—17 世纪中国文化中的奇人和作用》中认为,"王阳明是哲学个人主义的主要理论家,引导了中国启蒙运动思想的发展"[4]。著名汉学家李福清(Б. Л.

---

[1] Конрад Н. И. Запад и Восток. 2-е изд. М. , 1972. С. 203, 263.

[2] Конрад Н. И. Философская энциклопедия. Т. 4. М. , 1967. С. 43.

[3] Позднеева Л. Д. Китайская литература // Литература Востока в средние века. Ч. 1. М. , 1970. С. 208.

[4] Воскресенский Д. Н. « Странные люди » (шижэнь) и роль индивидуальности в китайской культуре XVI—XVIII вв. // Воскресенский Д. Н. Литературный мир средневекового Китая; китайская классическая проза на байхуа. М. , 2006. С. 251.

Рифтин，1932—2012)在《17世纪远东文学的区域性规律和相互关系》中则称他为"理学批评家"①。齐赫文斯基（С. Л. Тихвинский，1918—2018)认为："在明朝，王阳明通过格物致知（通过周围实际存在的事物达到致知）行不通，只有通过内省法才能达到致知（致良知）时，宋代儒家学说以理学的教条主义和经院主义获得了进一步的发展。"②齐赫文斯基在《中国的革新运动和康有为》一文中再次强调了上述观点。③ 他还提出阳明学和佛学"相近相通"的观点，这一观点在当时广为流行。

在20世纪60—70年代，阳明学在苏联出现了拨云见日的发展势态，学术界可以公开、正面地评价王阳明。究其原因，一是苏联和中国政治上正处于历史上的"紧张"阶段，处于外交史上的"冰冻"时期，苏联学界从各个方面尤其是在意识形态领域"借王阳明"公开抨击"文化大革命"；二是60年代以后，在赫鲁晓夫和勃列日涅夫执政时期，苏联经济高度发达，同时思想意识和文化领域处于"解冻"时期，追求自由民主，学者也有了更多的学术言论自由。

（二）独树一帜的"主观自然主义"认知

进入20世纪70年代，阳明学以其独特的魅力在西方国家大放异彩。这一时期的苏联学界对阳明学的研究兴趣也蓬勃兴起，阳明学研究迎来了"春天"。科布杰夫的专著《阳明学和中国古典哲学》的问世，标志着当时的苏联对王阳明的研究进入了公开、系统、全面的时期。④

70年代以前，苏联没有关于王阳明的专业性研究著述，以上学者对王阳明的看法和观点只是散见于各自研究领域的论著中，因此这些观点都是"各抒己见""蜻蜓点水"，缺乏系统性、专业性和全面生。

进入70年代以后，随着科布杰夫研究著述的出现，这一局面才得以

---

① Рифтин Б. Л. К изучению внутрирегиональных закономерностей и взаимосвязей （литературы Дальнего Востока в XVII в.）// Историко-филологические исследования. М. ，1974. С. 91.

② Тихвинский С. Л. Движение за реформы в Китае и Кан Ю-вэй. М. ，1959. С. 72.

③ Тихвинский С. Л. Избранные произведения. Кн. 1. М. ，2006. С. 99.

④ 杨春蕾. 王阳明思想学说在俄罗斯的传播与影响. 湖北社会科学，2018(7)：89-95.

彻底扭转。以科布杰夫为首的阳明学研究团队成就斐然,大量有关阳明学的论文、论著陆续发表、出版。从 1977 年开始,第一批研究王阳明哲学的专业性文章开始陆续发表,科布杰夫的第一篇关于王阳明的论文《王阳明:良知的认识论和伦理学》于 1977 年刊登在科学院东方研究所的论文集里。① 随后科布杰夫连续发表十数篇论述阳明学的文章,从各个侧面和多个维度对王阳明思想展开了专业性的研究。

1978 年,科布杰夫历经 3 年时间完成了论文《王阳明哲学(1472—1529)》,并于 1979 年 3 月 5 日在莫斯科大学顺利通过副博士答辩。之后,科布杰夫对论文进行了补充完善,第一部专业、系统的论著《阳明学和中国古典哲学》于 1983 年出版。在这部专著中,科布杰夫力排众议,提出了与苏联前期学界"标准型"观点相对立的结论,开创性地把阳明学认定为"主观唯物主义,确切地说是主观自然主义或者是自然主义的一元论(单子论)"②。

科布杰夫把阳明学说置于整个中国哲学史的框架和范畴中进行观照,指出中国历来的古典哲学流派都源于自然界,由万物而生。科布杰夫的这一研究论断使阳明学派回归到中国传统哲学的轨道,最后回归到自然主义故乡的怀抱。科布杰夫指出:"王阳明的心学实际上指的不是客观世界在主观认识中的统一,而是身体和思想的统一、身心的统一,是客观和主观的统一、宏观世界和微观世界的统一。"③这个结论,一方面提出了不为苏联哲学界所了解的主观唯物主义类型;另一方面清晰地指出,阳明学属于和唯心主义相对立的唯物主义。由此,在苏联哲学界和汉学界,阳明学"唯心主义"的认知自然而然地被科布杰夫所提出的"唯物主义"观点所替代。这样一来,也就实现了阳明学和中国哲学史的和谐统一。

科布杰夫对阳明学独树一帜的认知和论断,引起了苏联哲学界和汉学界的震惊和关注。他的这一观点在当时也引起了一些争论,雷谢科(B.

---

① Кобзев А. И. Ван Янмин: гносеология и этика благосмыслия // Восьмая научная конференция «Общество и государство в Китае». М., 1977. Ч. 1, С. 171-180.

② Кобзев А. И. Учение Ван Янмина и классическая китайская философия. М., 1983. С. 96-97, 120, 252-253.

③ Кобзев А. И. Учение Ван Янмина и классическая китайская философия. М., 1983. С. 113.

Г. Лысенко,1953—)反对给中国传统哲学贴上"唯物主义和唯心主义"原则的标签,并颇具正义感地指出,早在 1974 年,高辟天(А. М. Карапетьянц,1943—)就对使用这个原则的说法表示了怀疑。① 高辟天谨慎地发表声明,把中国汉朝以前的哲学流派分为唯心主义和唯物主义,在一定程度上不能体现出事物的本质特征,他承认"在上述方面,'阴阳'②派是唯一的例外,可以毫无疑问地把它认为是唯心主义"③。在 2010 年再版的《中国古典哲学和古汉语》前言里,高辟天提到《易经》时宣称:"在哲学方面,在我们国家唯心主义和唯物主义的对比被认为是基本的原则,但是对于传统中国哲学来说,这个区分是无关紧要和无意义的。"④高辟天还强调"对于中国人来说,唯物主义和唯心主义是令他们迷惑不解的"⑤。

高辟天后来为科布杰夫的《阳明学和中国古典哲学》写评论时承认,自然主义这一议题具有极其鲜明的原则性意义,正是在阳明学说中,自然主义取代了唯物主义和唯心主义的对立立场。高辟天回顾科布杰夫所著的王阳明专著,认为科布杰夫得出了"重要的结论,如果用主观主义解释王阳明学说,就是主观唯物主义(更确切地说是主观自然主义),而不是主观唯心主义,王阳明学说——这是中国古典哲学发展的制高点,也就是说是中国精神文明的集中体现,是了解传统中国思想和世界观的钥匙"⑥。

苏联汉学家扎娃斯卡娅(Е. В. Завадская,1930—2002)和伊戈那托

---

① Лысенко В. Г. Компаративная философия в России / Вопросы философии 1992, № 9;то же // Сравнительная философия. М.,2000. С. 156,примеч. 234;Lysenko,V. G. Comparative Philosophy in Soviet Union. *Philosophy East and West*,1992,42(2):316,324 n12.

② 编者注:"阴阳派"(Школа "инь-ян")是俄罗斯学者对以《周易》《道德经》为主的中国古代哲学思想的指称。

③ Карапетьянц А. М. Древнекитайская философия и древнекитайский язык // Историко-филологические иследования. М.,1974. С. 359.

④ Карапетьянц А. М. У истоков китайской словесности:собрание трудов. М.,2010. С. 38.

⑤ Карапетьянц А. М. У истоков китайской словесности:собрание трудов. М.,2010. С. 13.

⑥ Карапетьянц А. М. [Рец. кн.:] А. И. Кобзев. Учение Ван Янмина и классическая китайская философия // Народы Азин и Афики. 1985,№ 1. С. 200-201.

维奇(А. Н. Игнатович, 1947—2001)在给科布杰夫的专著写的评论里旗帜鲜明地指出:"科布杰夫专著的重大成就在于揭示了阳明学的本质,对当时广为流传的唯心主义观点进行公开反对。王阳明的思想建立在宏观世界和微观世界相互作用的基础之上,揭示了宏观世界转化为微观世界并进一步转化为个人内心认知的可能性。"①

在七八十年代的苏联时期,科布杰夫对阳明学"主观自然主义"的认知观点犹如学术界的一匹"黑马"。这一标新立异的观点在当时的苏联学术界引起震动,体现了阳明学在苏联学界的主要认知流变。虽有一些不同的意见和争议,但大多数学者肯定和认可科布杰夫的观点。

三、俄罗斯时期对"主观自然主义"认知的认可和接受

1991年苏联解体后,越来越多的俄罗斯学者和汉学家开始关注王阳明和他创立的学说。把阳明学阐释为主观唯心主义和主观唯物主义的观点同时也引起了另一位权威汉学家菲阿季斯托夫(В. Ф. Феоктистов, 1930—2005)的关注,他在1996年出版的《中国古典哲学中的唯物主义和唯心主义之争》一书的引言开头部分称,"用欧洲哲学术语把中国哲学分为唯心主义和唯物主义是不能令人信服的"②。

后来菲阿季斯托夫在《中国古典哲学和现代性》一书中又自我批评地称自己当时的意见是迷失了方向。对此,菲阿季斯托夫正确援引了特权等级的方法论对阳明学进行阐释:"主观唯心主义甚至唯我主义的观点被认为来源于《孟子》的'万物皆备于我',能使我们详细地弄清楚阳明学中

---

① Завадская Е. В. , Игнатович А. Н. 〔Реф. кн.:〕А. И. Кобзев. Учение Ван Янмина и классическая китайская философия. М. , 1983 // Философские науки. 1986, № 1. С. 174.

② Феоктистов В. Ф. К вопросу о борьбе материализма и идеализма в китайской классической философии //Всероссийская конференция 《 Китайская философия и современная цивилизация 》. М. , 1996, С. 15.

'人与万物一体'这一哲学概念的背景了。"①他在《本国哲学派汉学的形成》一文中又指出,王阳明的物质性是有"条件"的,是那种"在我们理解中的"物质性,不是解决哲学基本问题时有意识选择的结果,因此,这个中国哲学家的学说被认定为"自然主义"是较为正确的。②

著名评论家托尔齐诺夫(Е. А. Торчинов, 1956—2003)理解和认同这个观点,他从科布杰夫的王阳明专著中引用上述观点③并证实道:"在苏联学界,这个古代中国哲学自然主义的概念首次被科布杰夫深入研究。"④托尔齐诺夫赞同科布杰夫注意到阳明学的重大作用和把中国世界观认定为"活力自然主义整体论"的理论。⑤

基于对明朝后期中国社会意识形态的研究,马良文(В. В. Малявин, 1950—)在《16—17 世纪的中国:传统和文化布道的没落——迈入新时期的中国文化》和《中国文明》中涉及了阳明学对于人类精神遗产方面的作用。⑥ 马良文指出:"在阳明学更像布道的哲理思考风格中,反映出了中国哲学整体思维的本质特征,强调的是人生真理的直接体验和个人交际的重要性,还反映出了对人生实践的兴趣、对道德模范力量的信仰和崇拜的兴趣。"⑦此外,博罗赫(Л. Н. Борох, 1933—2011)在《儒学和 19—20 世

① Феоктистов В. Ф. Китайская классическая философия и современность (к методологической постановке вопроса) // Китайская философия и современная цивилизация. М. , 1997. С. 33-34, 41.

② Феоктистов В. Ф. Становление отечественной философской синологии // Китай на пути модернизации и реформ. 1949—1999. М. , 1999, С. 134.

③ Кобзев А. И. Учение Ван Янмина и классическая китайская философия. М. , 1983. С. 96-97, 120.

④ Торчинов Е. А. Даосско-буддийское взаимодействие (теоретико-методологические проблемы исследования) // Народы Азии и Африки. 1988, №. 2. С. 48, примеч. 7.

⑤ Торчинов Е. А. Пути философии Востока и Запада: познание запредельного. СПб. , 2005. С. 51-53.

⑥ Малявин В. В. Китай в XVI—XVII веках. Традиция и культура. М. , 1995. С. 87-89; Малявин В. В. Сумерки Дао. Культура Китая на пороге Нового времени. М. , 2000. С. 126-128; Малявин В. В. Китайская цивилизация. М. , 2000. С. 218-219.

⑦ Малявин В. В. Сумерки Дао. Культура Китая на пороге Нового времени. М. , 2000. С. 127.

纪的欧洲思想》里分析了阳明学对梁启超的影响。[1] 玛尔德诺夫（Д. Е. Мартынов，1980— ）在《儒家学说和毛泽东思想》里研究了王阳明的"知行合一"和毛泽东思想的关系。[2]

2002 年，科布杰夫的《中国理学哲学》问世，此专著内容翔实丰富，不但详细论述了以朱熹为首的理学思想和影响，还包括和朱熹相对立的阳明学及其发展历史。[3] 科布杰夫翻译的《大学问》自从 1982 年问世以来 6 次再版，后来，《大学问》、他在 1977—1978 年翻译的《古文观止》中王阳明的 3 篇短文和其他王阳明的相关著作一同被收录进《中国精神文化大典》。除此之外，关于东林学派以及王阳明后学的一些最新的作品也首次出现在《中国精神文化大典》中。科布杰夫的专著《阳明学和中国古典哲学》在俄罗斯时期也被多次印刷发行。

四、结　语

综观阳明学在俄罗斯的研究历史，在不同的社会意识形态下对阳明学有着不同的认知和评价。从斯大林时期的"极端主观唯心主义"，至赫鲁晓夫"解冻"时期的"中国哲学家的杰出代表"，到 20 世纪 70 年代末"冰消雪融"时期的"主观自然主义和主观唯物主义之争"，一直到苏联解体后"百花齐放"时期的"主观自然主义"的定论，阳明学从苏联"走到"俄罗斯，历经贬损和赞誉。阳明学在俄罗斯一波三折的经历，从一个侧面反映了不同政治环境下俄罗斯社会意识形态的变化，以及对学术界所产生的影响，也从另一个侧面反映了中国哲学和传统思想文化在俄罗斯的传播轨迹和认知历程，并对中国传统文化在西方国家的传播有所启发。

（原载于《浙江学刊》2021 年第 2 期）

[1]　Борох Л. Н. Конфуцианство и европейская мысль на рубеже XIX—XX веков. Лян Цичао: теория обновления народа. М., 2001.

[2]　Мартынов Д. Е. Конфуцианское учение и маоизм. Казань，2006. С. 7-8，174-179.

[3]　Кобзев А. И. Философия китайского неоконфуцианства. М.，2002. С. 50-400，488-508.

下　编　阳明学经典《传习录》英译研究

《传习录》英译史与阳明学西传

刘孔喜　湖北民族大学

许明武　华中科技大学

摘要：王阳明心学代表作《传习录》自 1916 年首次被英译至今，虽经百年却仅有亨克译本与陈荣捷译本。然而，就是这两个译本，对英语世界的阳明学研究起到了开创助推之功。本文梳理《传习录》英译史，重在论述两译本出现前后西方学者对阳明心学关注与研究情况的变化，突出呈现他们以译本评论为形式的阳明学研究实质，彰显《传习录》英译对推进阳明学在英语世界的传播与发展所起的贡献。

关键词：《传习录》英译史，亨克，陈荣捷，阳明学西传

　　中西学界在译介中国传统文化思想时，多优先考虑先秦诸子思想作品，其他历史时期的思想家及其作品的译介相对较少，造成不少优秀中华文化思想经典作品被遮蔽，其中如心学集大成者王阳明及其代表作《传习录》。哲学家、国学大师梁漱溟对《传习录》评价甚高，曾对求学中的贺麟说："只有王阳明的《传习录》与王心斋的书可读，别的都可不念。"[①]钱穆则将《传习录》与《论语》《孟子》《老子》《庄子》《六祖坛经》和《近思录》一起列为我国有关修养人士必读书目。[②] 中华文化典籍翻译及研究理应全面涵盖此类最能代表中国传统文化精髓的儒道释经典思想著作。然而，马祖毅的《汉籍外译史》、王宏印的《中国文化典籍英译》、汪榕培的《中国典籍

---

① 张祥龙. 贺麟传略. 晋阳学刊,1985(6)：52.
② 陈荣捷. 王阳明《传习录》详注集评. 上海：华东师范大学出版社,2009：1.

英译》等重要中国典籍翻译史著作及其他类似著述,均重点介绍"四书""五经"等儒学典籍翻译,兼论及道家经典作品,几未提及《传习录》英译情况。王阳明心学代表作《传习录》英译及英译研究不足,是译介中华优秀传统文化系统工程中的缺失。事实上,《传习录》首次英译之前,西方对阳明心学几近无知。"欧美学界哲学史研究者很少了解中国自孔孟之后的哲学思想,以至于很长时间以来,人们误以为除了'四书''五经'和老子的《道德经》,中国哲学思想乏善可陈。"[①]鉴于此,有必要反思以阳明心学为代表的新儒学思想英译及译本研究之不足。本文梳理《传习录》百年英译史,兼顾概述英译本出现前后西方学者对阳明心学关注与研究情况的变化,探讨《传习录》英译对推进阳明学西传的作用。

一、《传习录》英译史及译本研究概述

《传习录》由王阳明的弟子根据其语录、对话及书信整理编辑而成,集中体现了阳明心学"致良知"与"知行合一"等核心思想。承载阳明学主要思想的《传习录》也是王阳明以心学对先秦儒学经典的诠释,且自成体系。故自明代成书以来,《传习录》长期备受关注,研究成果丰富,《传习录》注解本及相关研究著作数以百计,阳明学及《传习录》研究论文数以千计。然而,《传习录》英译及英译研究总体薄弱。与《论语》《道德经》等先秦诸子思想著作动辄数十、数百重译本的繁荣翻译潮相比,《传习录》英译起步相对晚、数量少。

虽有百年译史,迄今仅产生过两个《传习录》英语全译本。其一是1916 年美国哲学与心理学教授、传教士亨克首次翻译出版的 *The Philosophy of Wang Yang-ming*,其中收有《传习录》主体内容。其二为1963 年出版的美籍华人哲学史家陈荣捷的《传习录》全译本 *Instructions for Practical Living and Other Neo-Confucian Writings by Wang Yang-ming*。另有 1972 年出版的华人汉学家秦家懿翻译并加注的节译本 *The*

---

①   Henke, Frederick G. *The Philosophy of Wang Yang-ming*. London & Chicago: The Open Court Publishing Co. , 1916: xi.

Philosophical Letters of Wang Yang-ming，因仅包含王阳明讨论哲学问题的部分书信，一般不被称作《传习录》英译本。此后再无其他新译本出现。译本研究的规模也较小，与阳明学的重要价值及对外译介传播需求极不相称。

（一）亨克首译本与哲学、宗教学界的赞扬式简评

亨克曾受卫理公会派遣来中国江西南昌、九江等地传教数年，回美国继续深造并在芝加哥大学获得哲学博士学位，后再度受邀来中国担任金陵大学哲学及心理学教师、教堂牧师。在皇家亚洲文会北中国支会的汉学家们动员下，亨克自 1911 年起对王阳明进行了深入研究，发表了相关论文，并于 1916 年在敞院出版社正式出版了以《传习录》为主体的英译本 *The Philosophy of Wang Yang-ming*。

亨克英译本具有独特贡献。虽然阳明心学思想在东亚传播广泛、深入，尤其是日本和朝鲜半岛等地设有众多阳明学研究机构及学刊，产生了丰富的《传习录》注评本和相关研究论著，但在亨克英译本出现之前，欧美学界罕见阳明学研究。故亨克因其王阳明研究论文及译著被称为第一个研究阳明学的西方学者。[①] 陈荣捷考察发现，日本学者羽贺于 1892 年在《日本亚洲学会会刊》（*Transactions of the Asiatic Society of Japan*）上发表了一篇涉及阳明学的英语论文，这是王阳明首次被介绍到西方学界。[②] 而英语世界对阳明心学的真正研究则始于亨克的研究与翻译。[③] 亨克翻译阳明心学著作的动因，正是要向西方学界推介孔孟老庄之外被忽视的

---

① 崔玉军. 陈荣捷与美国的中国哲学研究. 北京：社会科学文献出版社，2010：63.

② 日本亚洲学会是英语世界里最早完全专注于日本研究的学术团体，其宗旨是使日本以外的人们得以了解日本，使日本研究者可以借之交流研究成果，展开学术讨论。学会在促进日本研究走向规范化和制度化方面居功甚伟，以其独特的立场与志趣深深地介入并影响了相当一部分日本研究者的心态与治学方法，也影响了后世日本研究的广度与深度。

③ Chan，Wing-tsit. Wang Yang-ming：Western Studies and an Annotated Bibliography. *Philosophy East and West*，1972，22(1)：75-92.

中国优秀哲学思想。① 受皇家亚洲文会北中国支会之邀对阳明哲学展开
深入研究后,亨克开始对阳明哲学的思考方式产生了浓厚兴趣,了解到阳
明思想对中日两国文化均产生了深刻影响,因此选择翻译王阳明的哲学
著作,以期激发更多西方学者全面深入了解中国的优秀思想,从而真正理
解其价值。

亨克译本出版后数年间,美国学界出现了若干对该译本的评论文章,
大部分为介绍亨克译本概况及赞扬亨克首译之功。

亨克译本出版当年,美国哥伦比亚大学主办的哲学刊物《哲学、心理
学和科学方法》(*The Journal of Philosophy*, *Psychology and Scientific
Methods*,现名《哲学杂志》)连续多期在附录部分用一个页面推介亨克译
本,提及王阳明心学中的"心即理、知行合一"等核心思想,并将其与康德
哲学相类比,以吸引读者关注。② 1917 年,芝加哥大学出版社出版的刊物
《圣经世界》(*The Biblical World*)第 50 卷第 5 期"新书介绍"专栏里评价
了亨克译本向西方学界引介中国哲学思想的重要贡献,弥补了西方学界
的认识误区与不足,指出了王阳明思想的地位以及与朱熹的异同,简要勾
勒了译本的主要内容框架。③

学者中最早评论亨克译本的是中国学者颜任光(又名颜嘉禄,英文名
Kia-Lok Yen),其时他正在芝加哥大学攻读哲学博士学位。颜任光称,英
语世界学子第一次通过亨克的忠实翻译了解到王阳明,因此对亨克的贡
献无论怎样赞扬都不过分。④

1918 年,日本东京帝国大学宗教学教授姊崎正治在《美国神学杂志》

① Henke, Frederick G. *The Philosophy of Wang Yang-ming*. London & Chicago:
The Open Court Publishing Co., 1916: vii-xiv.

② 参见:Tufts, James H. "Introduction" for *The Philosophy of Wang Yang-ming*
by F. G. Henke. *The Journal of Philosophy*, *Psychology and Scientific Methods*,
1916, 13(26): Back Matter.

③ 参见:Book Notices: *The Philosophy of Wang Yang-ming* by Frederick Goodrich
Henke. *The Biblical World*, 1917, 50(5): 317.

④ Yen, Kia-Lok. Book Review: *The Philosophy of Wang Yang-ming* by Frederick
Goodrich Henke. *International Journal of Ethics*, 1917, 27(2): 241-244.

(*The American Journal of Theology*)上高度赞扬亨克译本所呈现主题内容的重要性,指出王阳明《传习录》及相关思想作品涉及面广,涵盖哲学、伦理、国家治理、经济甚至军事等不同领域,内容及文体风格变化多样,亨克能完成此项翻译实属不易;而且他认为,亨克译本忠实于原作,尽管译文有些口语化,且偶尔有些误译,但几乎无任何词句遗漏,值得读者信任,译作整体上堪称对原作的再现。不过,深受日本深入广泛的阳明学研究浸润的姊崎正治认为,亨克对阳明学的认识与理解水平层次不高。他指出,亨克未能真正理解并呈现出王阳明思想体系,也未能明确深入辨析王阳明与朱熹思想的异同,对阳明心学的核心术语含义阐释较少,甚至有解释不准确的地方,术语翻译过于简单、现代化,易致误导。因此,姊崎正治本人根据他对阳明心学的理解,对部分术语及阳明心学理念如"良知""致良知"等做出了简要阐释。[①]

1919 年,美国著名宗教史学者、哈佛大学神学教授穆尔在《哈佛神学评论》(*Harvard Theological Review*)发表评论。他对亨克译本的评价非常简略,仅指出了亨克译本的可读性特征,赞扬该译本对西方学子学习东方哲学的帮助,简要提及译本中某些术语概念的理解困惑,未做进一步深入讨论。[②]

亨克译本出版 20 年后的 1936 年,上海土山湾印书馆与巴黎保尔·古特纳出版社(P. Geuthner)联合出版了汉学家伯希和的学生王昌祉翻译的法文版《王阳明的道德哲学》(*La Philosophie morale de Wang Yang-ming*)。在中国做过传教士、研究中国儒家思想并撰写了大量中国宗教文化论著的美国学者施赖奥克(John K. Shryock)在《美国东方学会会报》(*Journal of the American Oriental Society*)上发文,肯定该书是"基于王阳明所有著述"并有助于"深入了解这位伟大思想家的重要著作",而此前

① Anesaki, Masaharu. Book Review: *The Philosophy of Wang Yang-ming* by Frederick Goodrich Henke. *The American Journal of Theology*, 1918, 22(4): 594-600.

② Moore, George F. Book Review: *The Philosophy of Wang Yang-ming* by Frederick Goodrich Henke. *The Harvard Theological Review*, 1919, 12(1): 116-118.

有关阳明学的西语资料短缺且不理想,至于亨克对王阳明思想作品的翻译与研究,是基于不全的原文版本,且译文质量在很多方面不太令人满意。① 这一插曲也可称得上是亨克译本影响的延续。

(二)陈荣捷全译本与汉学界的研究式评析

1963 年,陈荣捷推出了《传习录》全译本。陈荣捷在哈佛大学获博士学位,曾任美国多所高校中国哲学和文化教授,1951 年起任夏威夷大学《东西方哲学》编辑、《中国哲学研究》顾问。他在国外弘扬中国哲学 60 年,从夏威夷时代起长期致力于中国经典哲学作品的英译,是英文世界中国哲学研究的领袖、欧美学界公认的中国哲学权威。陈荣捷对儒学有相当的研究,是国际汉学界新儒学研究的泰斗,尤长于宋明理学的研究,是朱子学研究专家。陈荣捷尊朱子而不贬阳明,他觉得非常有必要理解作为朱子理学对立学派的阳明心学,除英译《传习录》外,还著有中文版《王阳明〈传习录〉详注集评》《王阳明与禅》等,被誉为中文世界 20 世纪 50 年代至 80 年代中最重要的阳明学著作。②

陈荣捷翻译《传习录》的直接背景是,由美国著名汉学家、儒家思想史研究巨擘狄百瑞③领导的东方研究委员会策划并资助的大型翻译工程"东方经典著作译丛"(Translations from the Oriental Classics),力图向西方学子介绍东方传统思想与文学代表作,《传习录》英译本便是其中之一。与亨克译本中仅附有《译者前言》不同,陈荣捷译本的副文本内容丰富,既有狄百瑞作序介绍翻译背景,也有译者自序表明选材原因与表达致谢,还有"译者注"解释译本产生过程中的相关问题。在自序中,陈荣捷对《传习

---

① Shryock, John K. Book Review: *La Philosophie morale de Wang Yang-ming* by Wang Tch'ang-tche. *Journal of the American Oriental Society*, 1937, 57(3): 352-353.

② 陈来.《王阳明〈传习录〉详注集评》序言//陈荣捷. 王阳明《传习录》详注集评. 上海:华东师范大学出版社,2009:序言 4.

③ 狄百瑞自己正名狄培理。2016 年,97 岁的狄百瑞获得唐奖"汉学奖",并声明其真实的中文名字是狄培理。"培理"二字缘于他早年造访燕京大学时,钱穆所起。然而,后来一位译者在翻译他的书时,没有向本人询问,就直接使用了"狄百瑞"(含有长寿之意)。因该书在海内外影响太大,几十年间,狄百瑞之名便流传开来。

录》原作评价甚高，认为这本集中体现王阳明哲学思想的著作是 13 世纪以来最重要的中国哲学经典，它将儒家学说发展至新高度，推进到新领域。他表明，选择翻译《传习录》是因为“若不完整阅读此书，无人能够充分理解中国思想文化”。在译者注中，陈荣捷对亨克译本做了简短评论，指出其“错误太多，用处不大，无正当理由而对原作遗漏甚多”。① 另外，陈荣捷在译者注中还就翻译的中文底本、书名翻译策略及缘由、人物专有名词翻译原则、阳明心学术语译名策略、引文的考证与标注及其他一些细节问题的处理策略、译本后附录原则等若干问题分别做出说明。

在陈荣捷译本出版之后一年，纽约佳作出版公司（Paragon Book Reprint Corp.）推出了亨克译本重印版，学界对两个译本进行了比较性评论。反馈评价有两个特征：其一，亨克译本书评数量多于陈荣捷译本书评；其二，对陈荣捷译本质量的评价总体高于亨克译本，大部分书评均指出亨克译本质量欠佳，但不忘对亨克在英语世界首译阳明心学著作的贡献予以赞扬。②

美国哥伦比亚大学教授、宋代思想史专家谢康伦认为，在陈荣捷译本之前，没有令人满意的《传习录》英译本，陈荣捷谨慎的翻译可以有效取代亨克译本。谢康伦将译本中展现的阳明心学重要概念“心即理、良知、致良知、知行合一”等梳理出来并做了简要评论，指出这种哲学术语的对应表达是翻译中的最大难题，尤其是《传习录》几乎包含了所有中国传统哲学术语，每一个术语都需要解释说明，难以详尽。他赞扬陈荣捷译本中保

① Chan, Wing-tsit. *Instructions for Practical Living and Cther Neo-Confucian Writings by Wang Yang-ming*. New York: Columbia University Press, 1963: xi-xiii.

② Nivison, David S. Book Review: *Instructions for Practical Living and Other Neo-Confucian Writings by Wang Yang-ming*, trans. Wing-tsit Chan, *The Philosophy of Wang Yang-ming* by Frederick Goodrich Henke. *Journal of the American Oriental Society*, 1964, 84(4): 439; Schirokauer, Conrad M. Book Review: *Instructions for Practical Living and Other Neo-Confucian Writings by Wang Yang-ming*, trans. Wing-tsit Chan. *The Journal of Asian Studies*, 1964, 24(1): 151-152; Chiu, S. M. Book Review: *The Philosophy of Wang Yang-ming* by Frederick Goodrich Henke. *The Journal of Asian Studies*, 1965, 24(4): 688.

持了哲学术语翻译的一致,虽然有些部分英文表达不恰当,但总体上忠实于原作。他还赞扬了陈荣捷译本提供的丰富的、有价值的副文本资料,称其为那些对中国思想感兴趣者提供了有价值的服务。①

对中国古代思想史研究颇深的美国著名汉学家、斯坦福大学教授倪德卫比较了亨克译本与陈荣捷译本后,赞扬了陈荣捷新译本的贡献。他考证了陈荣捷译本的中文底本,明确辨认出陈荣捷译本依据的是 1929 年上海商务印书馆重印"四部丛刊"系列的《王文成公全书》38 卷本。倪德卫指出,陈荣捷译本通过导言部分介绍了王阳明生平、事业发展历程,并解释说明了王阳明的主要思想,但仍未能将王阳明思想完整地解释清楚,尤其对"知行合一""致良知"等概念的阐释存有疑问。此外,导言部分没有提及王阳明的政治思想,而政治思想在王阳明行政管理行为与目标中时有体现,军事管理中也涉及各种法则与自律等教义。此处,倪德卫借用张煜全于 1939 年至 1940 年在英文季刊 *Chinese Social and Political Science Review*(《中国社会及政治学报》)上发表的"Wang Shou-jen as a Statesman"系列文章以补充说明。倪德卫称赞陈荣捷在译本的其他几个部分都提供了言简意赅的导言,很有启发意义,但仍存有瑕疵,并指出亨克译本在这一方面很不理想。此外,倪德卫甚至还对一些细节问题提出异议,如陈荣捷译本中所载王阳明的出生地为余姚的越,倪德卫对这一说法存有疑问并试图考证。②

倪德卫对两译本的比较研究还有重要发现。他依据陈荣捷译本与亨克译本的目录对照比较后,指出亨克所指的《传习录》,其实是陈荣捷译本的第一部分,即由徐爱、陆澄、薛侃所录。倪德卫对两译本具体内容的不同之处也做了例证分析,如陈荣捷译本中的"社会与政治措施"("Social

---

① Schirokauer, Conrad M. Book Review: *Instructions for Practical Living and Other Neo-Confucian Writings by Wang Yang-ming*, trans. Wing-tsit Chan. *The Journal of Asian Studies*, 1964, 24(1): 151-152.

② Nivison, David S. Book Review: *Instructions for Practical Living and Other Neo-Confucian Writings by Wang Yang-ming*, trans. Wing-tsit Chan, *The Philosophy of Wang Yang-ming* by Frederick Goodrich Henke. *Journal of the American Oriental Society*, 1964, 84(4): 439.

and Political Measures", 284-309)"这一部分,在亨克译本中则没有。陈荣捷与亨克译本内容相同的部分里,亨克译本的编排方式不一样。从内容质量看,倪德卫认为亨克译本次于陈译本。他对亨克译本做了较为详细的评述,尤其是关于陈荣捷对亨克译本的否定之处,倪德卫做了认真辨析,对亨克译本的中文底本做了考证探讨,认为其年谱部分是由钱德洪所整理的版本,其正文部分其实是施邦曜编辑整理的《阳明先生集要》一部分,而非《王阳明全集》,他认为亨克本人可能对此并不知晓。① 综合看来,倪德卫对两译本的比较研究可称作迄今相对最为详细、深入的研究。

美籍华人学者、华盛顿大学中国哲学、文学与文化史教授施友忠基于推介中国哲学史著作的目的,对陈荣捷于同年推出的《传习录》英译本及《中国哲学文献选编》(A Source Book in Chinese Philosophy)进行了合并评介。他指出,陈荣捷这两本著作的目的虽不同,但均堪称中国哲学领域最佳翻译,体现了陈荣捷的钻研精神,所有术语概念的英语名称都尽可能保持前后一致,所有引文都追根溯源予以考证,对重要术语在不同的使用中产生的含义流变也加以梳理、澄清。他特别指出,《传习录》英译准确,可读性高。此外,熟谙中国哲学的施友忠对王阳明的思想特别是核心概念"致知、致良知"等英译提出了自己的思考与见解,并认为原书名《传习录》若译为"Record of Instructions for Moral Cultivation"会更直观,有助于减少误解。②

美籍华人学者、费城天普大学教授赵善鸣在亨克译本重印版推出之际对两个译本进行了简要对比。其总体上和其他学者思路一致,介绍译本框架及主要内容,并做出亨克译本质量不及陈荣捷译本的判断;指出亨

---

① Nivison, David S. Book Review: *Instructions for Practical Living and Other Neo-Confucian Writings by Wang Yang-ming*, trans. Wing-tsit Chan, *The Philosophy of Wang Yang-ming* by Frederick Goodrich Henke. *Journal of the American Oriental Society*, 1964, 84(4): 439.

② Shih, Vincent Y. C. Book Review: *Instructions for Practical Living and Other Neo-Confucian Writings by Wang Yang-ming*, trans. Wing-tsit Chan, *A Source Book in Chinese Philosophy* by Wing-tsit Chan. *Philosophy East and West*, 1965, 15(3/4): 293-296.

克因为对中国语言文字掌握程度不高、对中国儒学经典的理解不够深入，所以存在误译及概念前后表达不一致的情况。赵善鸣还提出了与众不同的论断，认为亨克在翻译这些术语时有可能过于依赖"已过时"的理雅各《四书》译本才导致的有误表达，并基于此建议，翻译中国传统哲学术语时较明智且必要的做法是用短语或词组来译单个汉字，且需要借助加注来阐明那些费解的地方。遗憾的是，亨克很少这样做，也没能保持自己表达法的一致。赵善鸣因此认为亨克译本的作用仅限于那些能看懂原著的读者。①

这一阶段的《传习录》英译本评论与研究，主要由对中国古代思想感兴趣，尤其对儒学有过深入研究的汉学家完成，美籍华人学者为其中主力。他们的评论不再局限于对译本的简介宣传，大多是在译本评析基础上的阳明学研究：一是更关注对阳明心学思想本身的理解是否到位，二是对译文的准确性分析讨论更深入。

二、《传习录》英译对英语世界阳明学研究的影响

（一）亨克首译推动英语世界阳明学研究肇始

从上述亨克译本出版之初的翻译评论来看，一是表明 20 世纪初阳明心学在英语世界的受众圈子不大。彼时的西方学者群体尚未意识到阳明心学的价值，且因对阳明心学认识粗浅，也没有能力做出对亨克译本与阳明心学原著的深入对比研究。二是亨克译本主要受到美国哲学界与宗教界的关注，反映了阳明心学在英语世界同时被视作哲学与宗教看待，这与译者亨克具有哲学家与传教士双重身份有关。明朝至晚清时期西方传教士在中西文化传播与交流中发挥了主要作用，他们因传教需要而主动学习、研究并译介深受中国人重视的传统经典。

亨克翻译《传习录》的年代，新教传教士不如 17、18 世纪的传教士对

---

① Chiu，S. M. Book Review：*The Philosophy of Wang Yang-ming* by Frederick Goodrich Henke. *The Journal of Asian Studies*，1965，24(4)：688.

朱子哲学理解深入，亨克对于理学的研究尚未入门，更不善于参考借鉴《传习录》的中文评论与日文注释，因此其译本错误百出。[①] 这虽为剖析亨克译本中误译的根源，但既表明了彼时阳明学在英语世界的地位，也更显露了亨克译本在英语世界对于阳明心学的首推之功，为西方学者了解、研究王阳明哲学思想打开了大门。就翻译活动而言，亨克翻译《传习录》属主动型，作为来华传教士、学者，主动将中国优秀文化思想译介到西方。不管怎样，如陈荣捷所言，亨克为欧美学界研究王阳明哲学第一人，英译阳明学著作的开山功臣，研究心学之人都应感谢他。[②] 只是初始阶段亨克孤军作战，阳明学的推广还未见显著成效。直至二战前，西方研究阳明学的论著依然稀少，连译本出版传播地——美国——的阳明学研究者也是寥寥无几。[③]

（二）陈荣捷译本伴随英语世界阳明学研究的逐步繁荣

陈荣捷全译本产生前后，即 20 世纪 50 年代末至 70 年代，是英语世界阳明学研究逐步繁荣的阶段，或称第一个高潮期。据陈荣捷考察，二战结束后西方逐渐关注中国思想，王阳明研究得以发展。60 年代的《大英百科全书》《美国百科全书》和《哲学百科全书》均收录了"王阳明"词条，阳明学研究论著也主要在 60 年代以后出现。[④]

陈荣捷认为，这一阶段阳明学研究在西方得以推动主要应归功于中国哲学家张君劢与美国汉学家狄百瑞。张君劢一直致力于推介王阳明哲学，曾在美国亚洲学会的年会上宣读过阳明学研究论文，1955 年在美国《东西方哲学》期刊上发表"Wang Yang-ming's Philosophy"一文，1962 年在纽约圣约翰大学出版社出版著作 *Wang Yang-ming, Idealist Philosopher of Sixteenth-Century China*，分别于 1957 年、1963 年出版

---

① 陈荣捷. 欧美之阳明学//陈荣捷. 王阳明与禅. 台北：学生书局，1984：151.
② 陈荣捷. 欧美之阳明学//陈荣捷. 王阳明与禅. 台北：学生书局，1984：151.
③ Chan, Wing-tsit. Wang Yang-ming: Western Studies and an Annotated Bibliography. *Philosophy East and West*, 1972, 22(1): 75-92.
④ Chan, Wing-tsit. Wang Yang-ming: Western Studies and an Annotated Bibliography. *Philosophy East and West*, 1972, 22(1): 75.

The Development of Neo-Confucian Thought 上、下册,对中、日阳明学做了极详尽、全面的介绍。

狄百瑞本人长期致力于促进明代思想研究,重点关注王阳明学派。作为哥伦比亚大学东方研究委员会主席,狄百瑞组织了"明代思想研究研习班",也举办过明代思想研究学术研讨会,邀请阳明学研究专家——日本九州大学冈田武彦、香港中文大学唐君毅以及当时在美国达特茅斯学院任教的陈荣捷等学者讲学,主题内容都涉及王阳明。狄百瑞还撰写了关于阳明后学的研究论文,拓展了明朝研究领域,也提供了更宽阔的研究语境。他所主编的"东方经典著作译丛",译著逾 150 本,陈荣捷《传习录》英译本也因此应运而生。

此外,狄百瑞与陈荣捷、汉学家华兹生(Burton Watson)联合编著了《中国传统诸源》,其中第 21 章重点论述新儒学的心学派。该章从介绍程颢开创新儒学的心学观为开端,再讲到陆象山与王阳明的心学发展,在专门针对王阳明的一节"王阳明思想中的道德直觉与行动"中阐述其"知行观",[1]涉及对阳明心学核心概念术语的理解与英译,所收录内容实为直接选译阳明著作片段。具体选译内容含:来源于《阳明全书》[2]第 26 卷《大学问》中的片段、《阳明全书》第 2 卷《传习录》部分王阳明对"心即理"的解释、《阳明全书》第 1 卷《传习录》部分王阳明对"知行合一"的解释、《阳明全书》第 3 卷《传习录》中的"天泉证道"。

当然,从数量上讲,在推介阳明学的学者中,陈荣捷实际著译作品最多,除《传习录》英译本外,上面提到的他编著的《中国哲学文献选编》中也有一定篇幅涉及王阳明思想的述介。陈荣捷本人对张君劢和狄百瑞的贡

---

[1] de Bary, William Theodore, Chan Wing-tsit, and Burton Watson (eds.). *Sources of Chinese Tradition*. New York: Columbia University Press, 1960: 569-581.

[2] 亦称《王文成公全书》《王阳明集》。全书 38 卷,具体包括:《语录》3 卷,为《传习录》,附以《朱子晚年定论》,乃守仁在时,其门人徐爱所辑,而钱德洪删订之者;《文录》5 卷,皆杂文;《别录》10 卷,乃奏疏、公移之类;《外集》7 卷,为诗及杂文;《续编》6 卷,乃《文录》所遗,搜辑续刊者;《年谱》5 卷;《世德纪》2 卷。

献称赞有加,认为他们形成的影响面虽小但意义非凡。① 总之,陈荣捷的《传习录》英译本、其独自编著的《中国哲学文献选编》以及与狄百瑞和华兹生合编的《中国传统诸源》,一起为西方王阳明研究提供了宝贵可靠的资料来源。到 20 世纪 70 年代初为止,西方阳明学研究有了良好开端且发展迅速。

70 年代阳明学译介与研究影响最大的当属杜维明与秦家懿两位华人学者。他们的代表作为杜维明的《青年王阳明:行动中的儒家思想》[*Neo-Confucian Thought in Action*:*Wang Yang-ming's Youth* (*1472—1509*)]和秦家懿的《获取智慧:王阳明之道》(*To Acquire Wisdom*:*The Way of Wang Yang-ming*)。前者原为作者 1968 年哈佛大学英文博士论文②,1976 年由加利福尼亚大学出版社出版,后经朱志方翻译为中文,于 2002 年收入武汉出版社的《杜维明文集》第 3 卷。在致谢部分,杜维明特别指出引用了陈荣捷《传习录》的英译本,并对哥伦比亚大学出版社允许其使用版权资料表示感谢。③

秦家懿的《获取智慧:王阳明之道》,即其 1972 年澳大利亚国立大学英文博士论文,于 1976 年由美国哥伦比亚大学出版社出版。1987 年台北东大图书公司出版的中文版《王阳明》,其结构与英文本《获取智慧:王阳明之道》很相似,内容上有所改进,体现了作者多年深入研究的进展。该著作中,秦家懿系统地分析了王阳明心学思想中的"心""格物""致良知""良知本体"以及"无善无恶"等重要概念,对所有术语概念、人名全部英汉对照。她同时还翻译了王阳明部分代表性诗文作品。美国王阳明研究学者伊来瑞评价秦家懿的著作是"美国至今唯一的一部脉络较完整、

---

① Chan,Wing-tsit. Wang Yang-ming:Western Studies and an Annotated Bibliography. *Philosophy East and West*,1972,22(1):76.

② 其博士论文原题为"The Quest for Self-realization:A Study of Wang Yang-ming's Formative Years,1472—1509"。

③ 杜维明. 宋明儒学思想之旅:青年王阳明(1472—1509)//杜维明. 杜维明文集(第 3 卷). 武汉:武汉出版社,2002:11.

辩证分析王阳明哲学的学术专著"①。秦家懿在博士论文的前言中指出，王阳明著作仅有 3 个英译本，即亨克《传习录》节译本及其他信件与文章、陈荣捷《传习录》全译本与她自己的专题译本《王阳明哲学书信》(*The Philosophical Letters of Wang Yang-ming*)。②

《王阳明哲学书信》是秦家懿为进行王阳明思想研究而翻译并加注的译本，1972 年由澳大利亚国立大学出版社出版。她发现，两相比较，虽然亨克译本不全甚至很多地方理解有误，陈荣捷的译本则很忠实全面地介绍了《传习录》的内容，但陈译本中没有覆盖的王阳明私人通信中包含了丰富、颇有见地的哲学思想，阳明学爱好者甚至需要从亨克译本中去了解学习，因此，她翻译了所有王阳明与他人之间的哲学问题讨论书信。③ 具体而言，该译本共选译了 67 封王阳明与弟子门人之间关于哲学问题的交流书信，其中 26 封在亨克译本与陈荣捷译本中不可见，属于首译。所译 67 封书信从 1572 年初刻版四部丛刊《王文成公全书》所收的 160 封书信中选出，其中《传习录》卷中收录的 7 封。故严格说来，如秦家懿所言，其译本《王阳明哲学书信》被称为阳明学著作专题译本更名副其实。该译本也颇受领域内学者关注，如香港翻译家、语言学家、汉学家刘殿爵(D. C. Lau)称赞秦家懿所译王阳明哲学书信填补了之前译本在这一方面的空白，但认为她对所译书信中包含的哲学问题并未能阐明。④

(三)《传习录》译本当前的传播与阳明学研究在持续发展中趋于平缓

除杜维明与秦家懿等学者外，80 年代及其后，美国学术界仍有受《传

---

① 伊来瑞. 阳明学在美国的发展与现状//张新民. 阳明学刊(第 7 辑). 成都：巴蜀书社,2015：205.

② Ching, Julia. To Acquire Wisdom：The Way of Wang Yang-ming（1472—1529）. PhD Diss., Australian National University, 1971：vii.

③ Ching, Julia. *The Philosophical Letters of Wang Yang-ming*. Canberra：Australian National University Press, 1972：ix.

④ Lau, D. C. Book Review：*The Philosophical Letters of Wang Yang-ming*, translated by Julia Ching. *Bulletin of the School of Oriental & African Studies*, 1974, 37(2)：492-494.

习录》两英译本影响而对阳明学进行的一些后续研究。例如以亨克译本与陈荣捷译本为主要分析对象来辨析论述王阳明与朱熹在“格物”理念上的异同，①对“知行合一”概念合理性的思辨。② 还有些研究不限于《传习录》，如探讨王阳明的军事思想及政治思想。③ 据伊来瑞初步考察，从1980年至2013年，美国出版、发表了以王阳明为主题的 5 本专著、11 篇博士论文，以及 50 篇以上的文章，这还不包括为数不少的百科全书以及网络条目。④

调研还发现，亨克与陈荣捷两译本在 80 年代后相对流传较少，但在 21 世纪以来，分别有十几家美国出版社以各种方式再版、翻印亨克译本，尤其是近十年来，几乎每年都有不同出版社进行重印、翻印，并且以亚马逊图书网为代表的美国主要大型网上书店都有在线销售各种重印版、翻印版亨克《传习录》译本。陈荣捷译本也得以在一些出版社重印、在线销售，虽然规模数量不及亨克译本，但同样表明美国学界对阳明学的关注与研究依然在持续。

总之，当今英语世界对《传习录》英译及阳明学的关注主要集中于美国。英国等国的汉学虽同样发达，但除李约瑟曾在《中国科学技术史 2：科学思想史》一小节中简要论及阳明心学外，少见有影响力的论著。对两译本的直接研究依然仅限于上述译本评论，且这些评论发表的年代均局限于译本初版后数年内，当代专门针对《传习录》两英译本的研究并无实质性进展。近来王阳明的研究论著虽时有出现，但不及 20 世纪六七十年代辉煌，缺少类似张君劢、狄百瑞、陈荣捷等学者的推动与杜维明、秦家懿等学者的纵深发展，研究规模与研究成果数量、质量也未产生值得期待的效果。

---

① Lee，Jig-chuen. Wang Yang-ming, Chu His, and the Investigation of Things. *Philosophy East and West*，1987，37(1)：24-35.

② Frisina，Warren G. Are Knowledge and Action Really One Thing? A Study of Wang Yang-Ming's Doctrine of Mind. *Philosophy East and West*，1989，39(4)：419-447.

③ Shin，Leo K. The Last Campaigns of Wang Yangming. *T'oung Pao*，2006，92(1-3)：101-128.

④ 伊来瑞. 阳明学在美国的发展与现状//张新民. 阳明学刊(第 7 辑). 成都：巴蜀书社，2015：207.

三、结　语

　　本文梳理了《传习录》英译本出现前后西方学者对阳明心学的关注与重视程度的重要变化。英语世界中哲学领域、汉学研究领域的学者以译本评论为形式展开的阳明学研究实质表明,《传习录》英译促成了英语世界阳明学研究的发端与进展。但陈荣捷译本之后国内外再无新的英译本诞生,这与中外的阳明学研究盛况并不相称,很有必要探讨《传习录》英译重译活动停滞的原因。此外,早期的《传习录》译本评论虽有所涉及阳明心学核心概念英译的评判,但大多限于书评篇幅而仅作简要举例点评,未对译者的诠释手段与取向、诠释效果等做深入探讨,当前亟须从这些视角深化两译本的对比描述研究,还需根据两译本的传播现状,探索适切的翻译策略,从而更有效地诠释与传播中国传统哲学思想。

（原载于《中国翻译》2018 年第 4 期）

王阳明《传习录》中的哲学术语英译研究

吴文南　　闽江学院

摘要:《传习录》作为阳明学派的"教典",其英译过程也是阳明学在英语世界阐释、传播和接受的过程。以《传习录》译名及"心即理""道心""知行合一""格物""致良知"这几个中国哲学术语为例,对亨克、陈荣捷和艾文贺的《传习录》英译进行比较分析,探究不同译者的侧重点和取舍,以及直译、意译、音译和评注等各种翻译策略的动态选择,有助于更好地理解中国哲学术语的内蕴,推动阳明心学的对外翻译、传播和研究。

关键词:王阳明,《传习录》,哲学术语,英译

　　《传习录》是东方文化的伟大记录之一,是明代哲学宗师王阳明与弟子门人的问答语录和论学书信集,由王阳明弟子徐爱、薛侃和钱德洪等编辑、出版,集中体现了阳明学的核心观点。在国内,随着阳明学影响的不断扩大,《传习录》频繁传刻,版本与传播研究也蔚然成风。在国外,随着东亚文化圈的形成,在日本和朝鲜等东亚国家中形成了钱明先生提出的"东亚阳明学",成为其他国家具有自身特色的文化增值部分。① 思想史和比较哲学一直以来是理解阳明学的主要方式。② 1916 年,美国哲学与心理学教授、传教士亨克的《王阳明哲学》③开创了西方世界《传习录》英译的

---

① 张菁洲.《传习录》版本与传播研究. 贵阳:贵州师范大学硕士学位论文,2018：102.
② 司马黛兰. 王阳明研究在西方. 倪超,译. 杭州师范大学学报,2019(4)：12-23.
③ Henke, Frederick G. *The Philosophy of Wang Yang-ming*. London & Chicago：The Open Court Publishing Co., 1916.

先河。该版本根据施邦曜编辑的《阳明先生集要》第 1 卷《理学编》翻译而成,是王阳明的哲学思想第一次完整地进入西方世界。① 亨克 1914 年的论文《王阳明:一个中国的唯心论者》则是第一篇发表在西方学术期刊上的关于王阳明的学术论文。② 陈荣捷 1963 年的《〈传习录〉以及王阳明的其他新儒学著作》是全译本。③ 选译的有:戴遂良 1930 年编辑的《(中国)哲学文献:儒、道、释》的第 16 章"王阳明",选译了王阳明的书信、诗歌和《传习录》;④艾文贺 2009 年的《"陆王学派"儒家文献选读》选译了《王文成公全书》,包括《传习录》中的《徐爱引言》《徐爱录》以及《徐爱跋》《大学问》《教条示龙场诸生》和 13 首诗歌。⑤《传习录》英译至今已有百年历史,大致经历了以良知说为中心、以传教士与华人学者为主的通识译介阶段(1960 年以前),以中西哲学比较为中心、以华人学者为代表的学术繁荣阶段(1960－1980 年),以及以比较哲学为中心、以新生代汉学家为主的多元研究阶段(1980 年至今)。⑥

一、《传习录》的哲学意蕴与英译评价

亨克是美国传教士,曾在中国金陵大学任哲学和心理学教师,他的《传习录》英译本带有宗教性诠释的味道,同时受到西方哲学界与宗教界的关注,但对其评价褒贬不一。詹姆斯·塔夫茨在给亨克译本作的《序言》中认为:"亨克译本让我们接触到王阳明这位学者,他的思想与西方某

① Chan，Wing-tsit. Wang Yang-ming：Western Studies and an Annotated Bibliography. *Philosophy East and West*，1972，22(1)：91.

② Henke，Frederick G. Wang Yang-ming, a Chinese Idealist. *The Monist*，1914，24(1)：17-34.

③ Chan，Wing-tsit. *Instructions for Practical Living and Other Neo-Confucian Writings by Wang Yang-ming*. New York：Columbia University Press，1963.

④ Wieger，Léon. *Textes philosophiques：Confuciisme，Taoïsme，Buddhisme*. Hien-hien：Imprimerie de Hien-hien，1930.

⑤ Ivanhoe，Philip J. *Reading from the Lu-Wang School of Neo-Confucianism*. Indianapolis：Hackett Publishing Company Inc，2009.

⑥ 费周瑛,辛红娟.《传习录》在西方世界的传播与研究. 浙江社会科学,2019(5)：121.

些学者存在着有趣的相似之处，有助于我们了解东方……王阳明的重要性在于他对人生的指导。"①颜任光认为，亨克译本是英语世界读者认识王阳明的肇始。② 1917 年，《圣经世界》的"新书介绍"认为，亨克译本修正了西方世界的孔孟老庄之后无中国哲学的认识误区，肯定了阳明心学的哲学地位，阐明了与朱子理学的异同。③ 乔治·穆尔认为，亨克译本为西方学者学习东方哲学提供了蓝本。④ 夔德义研究王阳明就是参考亨克英译本，他说："我们认为，亨克译本虽然有需要修订的地方，但很忠实地再现了王阳明的思想。"⑤秦家懿认为，亨克译本中的王阳明传记和哲学信件的翻译使得亨克译本在陈译本出版后仍然有参考价值而被重印出版。⑥ 王宇认为："亨克能够将全部正文和部分施邦曜评语翻译成英文，需要非凡的热情、勇气和耐心，《王阳明哲学》的面世无疑具有里程碑意义。"⑦但对亨克译本也有批评的声音，比如赵善鸣认为，亨克译本由于受到其本人汉语水平和儒家经典知识的制约，译文错误颇多，而且同一个儒学术语在不同地方英译也有所不同。⑧ 费周瑛和辛红娟也认为，亨克译本存在不少错误，而且遣词造句繁杂冗长，因其译本的局限性，阳明学未能在西方世界得到广泛的传播。⑨ 但王夕荣等用伽达默尔的前理解、偏见和视域融合等

① Henke，Frederick G. *The Philosophy of Wang Yang-ming*. London & Chicago：The Open Court Publishing Co.，1916：vii-viii.

② Yen，Kia-Lok. Book Review：*The Philosophy of Wang Yang-ming* by Frederick Goodrich Henke. *International Journal of Ethics*，1917，27(2)：241-244.

③ Book Notices：*The Philosophy of Wang Yang-ming* by Frederick Goodrich Henke. *The Biblical World*，1917，50(5)：317.

④ Moore，George F. Book Review：*The Philosophy of Wang Yang-ming* by Frederick G. Henke. *The Harvard Theological Review*，1919，12(1)：116.

⑤ Cady，Lyman V. *The Philosophy of Lu Hsiang-shan*：*A Neo-Confucian Monistic Idealist*. Taipei：Pacific Cultural Foundation，1939：iv.

⑥ Ching，Julia. *The Philosophical Letters of Wang Yang-ming*. Canberra：Australian National University Press，1972：ix.

⑦ 王宇. 亨克《王阳明哲学》及其中文底本《阳明先生集要》考述. 浙江社会科学，2018(10)：114.

⑧ Chiu，S. M. Book Review：*The Philosophy of Wang Yang-ming* by Frederick Goodrich Henke. *The Journal of Asian Studies*，1965，24(4)：688.

⑨ 辛红娟，费周瑛. 陈荣捷《传习录》英译的转喻视角研究. 国际汉学，2019(2)：162.

核心概念来分析《传习录》亨克译本中的误译情况,认为误译是翻译中普遍存在的一种特殊形式,与翻译是共生关系。①

陈荣捷是欧美学术界公认的中国哲学权威,他尊朱子而不贬阳明,在汉学界有北美大陆"中国哲学研究的拓荒者"②和"把东方哲学文化思想最为完备地介绍到西方的中国大儒"③的美誉,开启了对中国哲学研究的比较哲学模式。他认为,虽然中西哲学客观上存在文化差异,但可以共存互补。他毕生致力于向西方世界译介和传播中国哲学和传统文化,改变西方人"秦汉之后无哲学"的错误观点,"力图还原曾遭历史阴霾遮蔽而变形的中国哲学形象"④。他认为,中国哲学术语几乎囊括在《传习录》中了,他参考中国和日本学者的注释,务求详尽,"注中有词必释,有名必究。引句典故,悉溯其源"⑤。他在《哲学词典》《宗教百科全书》《中国哲学文献选编》《近思录》《新儒学词释:〈北溪字义〉》和《〈近思录〉:新儒学文选》中采用"意译+音译+注释"的异化翻译策略创造性地翻译了许多中国哲学术语,并反复讨论了中国哲学术语翻译的问题,⑥提出了翻译七原则:(1)尽可能参读各种中文经典注释;(2)给中国哲学术语加注;(3)专有名词都详述内容;(4)引用的书籍或者文章都用英文意译;(5)人名和地名都加上考证或者解说;(6)原典引用追本溯源;(7)指明重要章句在中国哲学史中的关键性。⑦ 谢康伦对陈译本持肯定的态度,认为陈译本把《传习录》中的中国哲学术语用注译法翻译,能够忠实地保持同一术语翻译的前后连贯性,

---

① 王夕荣,马安平. 阐释学视角下《传习录》亨克英译本中的误译研究. 校园英语,2018(33):253.

② 崔玉军. 陈荣捷与美国的中国哲学研究. 北京:社会科学文献出版社,2010:215.

③ 华霭仁. 陈荣捷(1901—1994):一份口述自传的选录. 彭国翔,译. 中国文化,1997(15/16):347.

④ 费周瑛,辛红娟. 比较哲学视域下陈荣捷中国哲学典籍外译路径研究. 上海翻译,2017(5):82.

⑤ 陈荣捷. 王阳明《传习录》详注集评. 上海:华东师范大学出版社,2009:1.

⑥ 陈荣捷. 新儒学的术语解释与翻译. 张加才,席文,译. 深圳大学学报(人文社会科学版),2013,30(6):52-56.

⑦ Chan,Wing-Tsit. Fifty Years of Chinese Philosophy Abroad. *Tsing Hua Journal of Chinese Studies*,1985,17(1/2):2-3.

并提供丰富而有价值的副文本资料,比如"知"和"意"的英文翻译。① 韦政通认为,陈译本方便了西方世界的读者,推动了中国哲学在欧美的传播,译本知识完备。② 辛红娟和费周瑛认为,从宏观与微观两个层面而言,陈荣捷英译本直视语言和文化的中西方差异,属于典型的比较哲学意义上的文本翻译。③ 她们也认为,陈荣捷译本用中国话语方式解说中国话语,在保留中国哲学的本相的同时,打开了阳明学进入西方世界的心门,"可贵之处在于并非机械的翻译,而是细致入微地将一切与原文有关的知识、注释以及评论附上"④。

二、《传习录》中的哲学术语英译

翻译活动好比戴着脚镣跳舞。由于中西文化不同,加上中文有多义、变化和非字面意义,英文翻译中实在很难找到与中国哲学术语对等的英文词汇,所以真正的"等值翻译"是不存在的,只能是尽力找到源语与目的语的最佳关联和动态对等。以下以《传习录》译名及"心即理""道心""知行合一""格物""致良知"这几个中国哲学术语为例,对陈荣捷、亨克和艾文贺的《传习录》英译进行比较分析,探究不同译者的侧重点和取舍,以及直译、意译、音译和评注等各种翻译策略的动态选择。

(一)《传习录》译名

"传习"一词出自《论语·学而第一》第四章中孔子的学生曾子的"传不习乎"一语。目前,据笔者所知,"传习录"的英译共有 8 种,根据是否把"录"英译出来,可以分为两大类。亨克的"Instructions for Practical Life"与陈荣

① Schirokauer, Conrad M. Book Review: *Instructions for Practical Living and Other Neo-Confucian Writings by Wang Yang-ming*, trans. Wing-tsit Chan. *The Journal of Asian Studies*, 1964, 24(1): 151-152.

② 韦政通. 白鹿薪传一代宗——国外弘扬中国哲学六十年的陈荣捷先生. 读书, 1995(3): 133.

③ 辛红娟, 费周瑛. 陈荣捷《传习录》英译的转喻视角研究. 国际汉学, 2019(2): 160-168.

④ 费周瑛, 辛红娟.《传习录》在西方世界的传播与研究. 浙江社会科学, 2019(5): 123.

捷的"Instructions for Practical Living"译文比较相似,但都没有把"录"翻译出来,主要是"life"与"living"的差别。"life"通常翻译为"生活",重精神,偏向于形而上的;而"living"是重物质,意为"生存,生计",是形而下的。把"录"翻译出来的有:王昌祉的"Collected Lessons of the Master",译文中的"Collected"把"录"暗译出来;其他的译文都把"录"翻译为"Record",比如卜德在英译冯友兰的《中国哲学简史》时译为"Record of Instruction",张君劢在《新儒家思想史》①中译为"Records of Instructions and Practices",施友忠认为应把《传习录》译为"Record of Instructions for Moral Cultivation"②,倪德卫译为"Record of Transmission and Practice",艾文贺"英译＋音译"为"A Record for Practice (*Chuanxilu*)",并以朱熹的《近思录》译为"A Record for Reflection"作为佐证。比较而言,张君劢的"Records of Instructions and Practices"是"传习录"的最为对等的翻译。

(二)"心即理"和"道心"的英译

"心"与"理"是宋明理学中的基本哲学问题。"心即理"是王阳明人性论的核心思想,也是阳明身心之学的肇始。王阳明的"心即理"异于程朱理学的"性即理",批判其主客观对立的"心理为二"的世界观,认为仁、义、礼、智是人固有的本性,是发自人们内心的,是"阳明伦理学的第一原理,集中体现了心学自孟子以来的伦理哲学"③。关于"心即理"的阳明龙场悟道,在王阳明的《年谱》上有详细的记载:"因念:'圣人处此,更有何道?'忽中夜大悟格物致知之旨,寤寐中若有人语之者,不觉呼跃,从者皆惊。始知圣人之道,吾性自足,向之求理于事物者误也。"④

---

① Chang, Carsun. *The Development of Neo-Confucian Thought*. New York: Bookman Associates, 1962.
② Shih, Vincent Y. C. Book Review: *Instructions for Practical Living and Other Neo-Confucian Writings by Wang Yang-ming*, trans. Wing-tsit Chan, *A Source Book in Chinese Philosophy* by Wing-tsit Chan. *Philosophy East and West*, 1965, 15(3/4): 293-296.
③ 陈来. 有无之境——王阳明哲学的精神. 北京:北京大学出版社,2013: 18.
④ 王阳明. 王阳明全集:年谱·世德纪. 陈明,王正,谷继明,等注释. 武汉:华中科技大学出版社,2014: 14.

【原文】

先生曰："心即理也。天下又有心外之事，心外之理乎？"①

【译文】

陈荣捷：The Teacher said，"*The mind is principle*. Is there any affair in the world outside of the mind? Is there any principle outside of the mind?②

亨克：The Teacher said，"*The mind itself is the embodiment of natural law*. Is there anything in the universe that exists independent of the mind? Is there any law apart from the mind?"③

艾文贺：The Master said，"*The heart-mind is principle*. Is there any affair outside the heart-mind? Is there any principle outside the heart-mind?"④

汉语的"心"是一个人精神能量的汇聚场所和储存空间，是人类灵性的一种表现"概念"。《礼记·大学疏》云："总包万虑谓之心。"《管子·内业》亦云："灵气在心，一来一逝……心能执静，道将自定。"陈荣捷和亨克都把"心"英译为"mind"；而艾文贺译为"heart-mind"，具有了心脏和大脑的感性和理性双重含义。陈荣捷和艾文贺把"理"译为"principle"，侧重于"原则"的内涵；而亨克译为"natural law"，更具有宗教的味道，这和他的基督徒身份相吻合。"natural law"汉译是"自然法"，萌发于古希腊哲学，是指苏格拉底、柏拉图和亚里士多德所谓的永恒不变的标准，主张上帝或超然的来源。三者都用系表结构的陈述句式的"is"来译"即"，点明"心"和"理"的对等，并无二元对立的差异性。"道"是中国传统哲学的一个核心概念，阳明学推崇"心即理"，主要指"道心"。

---

① 陈荣捷. 王阳明《传习录》详注集评. 上海：华东师范大学出版社，2009：17.

② Chan，Wing-tsit. *Instructions for Practical Living and Other Neo-Confucian Writings by Wang Yang-ming*. New York：Columbia University Press，1963：7.

③ Henke，Frederick G. *The Philosophy of Wang Yang-ming*. London & Chicago：The Open Court Publishing Co.，1916：50.

④ Ivanhoe，Philip J. *Readings from the Lu-Wang School of Neo-Confucianism*. Indianapolis：Hackett Publishing Company，2009：137.

【原文】

人心之得其正者即道心。道心之失其正者即人心。初非有二心也。程子谓人心即人欲,道心即天理。①

【译文】

陈荣捷:When the human mind is rectified it is called the moral mind and when the *moral mind* loses its correctness, it is called the human mind. There were not two minds to start with. When Master Ch'eng I said that the human mind is due to selfish desires while the moral mind is due to the Principle of Nature. ②

亨克:When a selfish mind is rectified it is an upright mind; and when an *upright mind* loses its rightness it becomes a selfish mind. Originally there were not two minds. The philosopher Ch'eng said, "A selfish mind is due to selfish desire; an upright mind is natural law (is true to nature)." ③

艾文贺:When the human heart-mind attains its correct state, it is *the heart-mind of the Way*. When the heart-mind of the Way loses its correct state, it is the human heart-mind, From the very start, there are not two heart-minds. Cheng Yi said, "The human heart-mind is human desire; the heart-mind of the Way is Heavenly principle." ④

一如既往,陈荣捷和亨克都译"心"为"mind",艾文贺译为"heart-mind",但对"道"的英译三者有所不同:陈荣捷译为"moral",偏重于道德伦理学层面。亨克译为"upright",具有基督教的"义"的意蕴,而"因信称

① 陈荣捷. 王阳明《传习录》详注集评. 上海:华东师范大学出版社,2009:24.

② Chan, Wing-tsit. *Instructions for Practical Living and Other Neo-Confucian Writings by Wang Yang-ming*. New York: Columbia University Press, 1963: 16-17.

③ Henke, Frederick G. *The Philosophy of Wang Yang-ming*. London & Chicago: The Open Court Publishing Co., 1916: 60.

④ Ivanhoe, Philip J. *Readings from the Lu-Wang School of Neo-Confucianism*. Indianapolis: Hackett Publishing Company, 2009: 49.

义"是基督教神学救赎论学说之一，指因"信仰"而得到救赎，是在上帝面前得称为义的必要条件。此外，亨克在不同的地方还译"道"为"doctrine""truth""the path"。亚瑟·韦利（Arthur Waley）使"the Way"成为"道"的英译正统。艾文贺译为"the Way"，也具有基督教的味道，他采用的是归化翻译策略，但这容易导致对"道"的上帝化、超绝化的误解。

（三）"知行合一"的英译

王阳明的《年谱》上说："是年先生始论知行合一。始席元山书提督学政，问朱陆同异之辨……举知行本体证之《五经》诸子，渐有省。"①"知行合一"是王阳明在贵阳书院讲学期间针对朱子"知先行后"而言的，确定了知行之间对等的逻辑关系："知是行的主意，行是知的功夫，知是行之始，行是知之成。"②王阳明的"知"指知识、理论、意识、意念、意欲等知觉形式。

【原文】

某今说个知行合一，正是对病的药。又不是某凿空杜撰。知行本体，原是如此。③

【译文】

陈荣捷：My present advocacy of *the unity of knowledge and action* is precisely the medicine for that disease. The doctrine is not my baseless imagination，for it is the original substance of knowledge and action that they are one.④

亨克：By saying that *knowledge and practice are a unit*，I am herewith offering a remedy for the disease. I am not dealing in abstractions，nor imposing my own ideas，for the nature of

---

① 王阳明. 王阳明全集：年谱·世德纪. 陈明，王正，谷继明，等注释. 武汉：华中科技大学出版社，2014：14.
② 陈荣捷. 王阳明《传习录》详注集评. 上海：华东师范大学出版社，2009：19.
③ 陈荣捷. 王阳明《传习录》详注集评. 上海：华东师范大学出版社，2009：19.
④ Chan，Wing-tsit. *Instructions for Practical Living and Other Neo-Confucian Writings by Wang Yang-ming*. New York：Columbia University Press，1963：11-12.

knowledge and practice is originally as I describe it. [1]

艾文贺：My current teaching regarding *the unity of knowing and acting* is a medicine directed precisely at this disease. It is not something I simply conjured up out of thin air；the original state of knowing and acting has always been like this. [2]

陈荣捷和艾文贺都译为名词性短语，而亨克译为句子。陈荣捷和亨克都译"知"为"knowledge"，是 know＋ledge。陈荣捷译"行"为"action"，侧重践行之意；而亨克译为"practice"，偏重练习之味，带有"学而时习之"的韵味。艾文贺译"知"和"行"为"knowing"和"acting"，都是动名词形式。

（四）"格物"和"致良知"的英译

"致良知"是阳明学三大理论之一，就训诂而言，是"至极其良知"的意思。王阳明一再强调"致良知"的手段和目的的一致性，批判程朱理学在事事物物上寻求道理的"格物知致说"。孟子的四端就是良知，即"恻隐之心，仁之端也；羞恶之心，义之端也；辞让之心，礼之端也；是非之心，智之端也"（《孟子·公孙丑上》）。

【原文】

又曰："知是心之本体，心自然会知。……然在常人不能无私意障碍。所以须用致知格物之功，胜私复理。即心之良知更无障碍，得以充塞流行，便是致其知。知致则意诚。"[3]

【译文】

陈荣捷：He further said，"Knowledge is the original substance of the mind. The mind is naturally able to know... However，the ordinary man is not free from the obstruction of selfish ideas. He

① Henke，Frederick G. *The Philosophy of Wang Yang-ming*. London & Chicago：The Open Court Publishing Co.，1916：55-56.

② Ivanhoe，Philip J. *Readings from the Lu-Wang School of Neo-Confucianism*. Indianapolis：Hackett Publishing Company，2009：142.

③ 陈荣捷. 王阳明《传习录》详注集评. 上海：华东师范大学出版社，2009：23.

therefore requires the effort of *the extention of knowledge and the investigation of things* in order to overcome selfish ideas and restore principle. Then the mind's faculty of *innate knowledge* will no longer be obscured but will be able to penetrate and operate everywhere. One's *knowledge will then be extended*. With knowledge extended, one's will becomes sincere."①

亨克:Again he said, "Knowledge is native to the mind; the mind naturally is able to know... However, the ordinary man is subject to the obscuration of private aims, so that it is necessary to *develop the intuitive faculty to the utmost through investigation of things* in order to overcome selfishness and reinstate the rule of natural law. Then the *intuitive faculty* of the mind will not be subject to obscuration, but having been satiated will function normally. Thus we have a condition in which there is an extension of knowledge. *Knowledge having been extended to the utmost*, the purpose is sincere."②

艾文贺:The Master also said, "Knowing is the original state of the heart-mind. The heart-mind naturally isable to know... Nevertheless, most people are not able to avoid being blocked by selfish thoughts, and so they must engage in the tasks of extending their *knowledge and rectifying their thoughts* in regard to things in order to overcome selfishness and return to principle. Once their pure knowledge is able to work its way through the obscuration and flow freely, this is *extending their knowledge*. When their

① Chan, Wing-tsit. *Instructions for Practical Living and Other Neo-Confucian Writings by Wang Yang-ming*. New York: Columbia University Press, 1963: 15.
② Henke, Frederick G. *The Philosophy of Wang Yang-ming*. London & Chicago: The Open Court Publishing Co., 1916: 60.

knowledge is extended, their thoughts are made sincere."①

王阳明的良知具有内在性和普遍性。目前"良知"最常见的英译有："intuition""pure knowing""good knowing""innate knowledge""innate knowledge of the good""original knowledge""perfect knowledge""intuitive knowledge"和"moral knowledge"。约书亚·霍尔(Joshua Hall)认为，"良知"译为"virtuously refined knowledge"比较好，因为在中国文化史中"良"就是指女性的美德。② 张子立认为，陈荣捷把"良知"译为"innate knowledge"或"original knowledge"只有认识论，没有了本体论的意思；把"格物"译为"the investigation of things"，将"诚意"和"格物"对立了起来；把"致知"译为"the extension of knowledge"，变成了道德认知而非道德实践。这些都偏离了王阳明的本意，倒是更接近朱熹的理学思想，而二者的分歧恰恰是在"格物"和"致知"的定义上。据此，他认为，把这些术语用汉语音译并在必要时加注的方式有利于避免概念混乱和认知上的误解。③ 对此，秦家懿持相同观点，她认为像"心"和"良知"之类的中国哲学术语用音译法比较好，她同时认为良知既是天生的也是后天习得的。④ 而实际上，鉴于中国哲学术语具有同音异义字的独有特点，陈荣捷在编写《中国哲学文献选编》时放弃了音译中国哲学术语的做法，而是采用"英译＋注释"的方式。⑤ 施友忠认为，把"致"译为"to realize"或"to apply"比"to extend"好。姊崎正治认为，亨克把"致良知"英译为"to extend knowledge to the utmost"和"to extend the use of the intuitive

① Ivanhoe, Philip J. *Readings from the Lu-Wang School of Neo-Confucianism*. Indianapolis: Hackett Publishing Company, 2009: 147.

② Hall, Joshua M. Nerve/Nurses of the Cosmic Doctor: Wang Yang-ming on Self-Awareness as World-Awareness. *Asian Philosophy*, 2016, 26(2): 161.

③ Chang, Tzu-li. Re-exploring Wang Yang-ming's Theory of Liangzhi: Translation, Transliteration, and Interpretation. *Philosophy East & West*, 2016, 66(4): 1196-1217.

④ Ching, Julia. *The Philosophical Letters of Wang Yang-ming*. Canberra: Australian National University Press, 1972: xii.

⑤ 崔玉军. 东西方哲学家会议与中国哲学研究在美国的发展. 国外社会科学, 2005(4): 49.

knowledge to the utmost"极具误导性，而比较好的英译是"to realize the *liang-chih*"或者"to bring the *liang-chih* to full light and efficiency"。[1]

三、结　语

阳明学流传至今已五百年有余，是一种实学，往往会在社会转型期兴起。[2] 陈荣捷认为，"有明王学展播全国，支配国人精神思想百有余年。其致良知与知行合一之旨，至今仍为我国哲学一擎天高峰，而四句之教，聚讼数百载，火尚未阑。"[3]《传习录》作为阳明学派的"教典"，从内在诠释和外部依托展现了阳明学的思想动态，是阳明学再现的载体，对社会转型期纷繁复杂的思想能起到澄明的指导作用。翻译，本质上是一种解说，所以《传习录》作为一部儒家哲学经典作品，其英译过程也是阳明学在英语世界阐释、传播和接受的过程，并经历了中西方文化思想交流的激荡，成了中西哲学比较的一个亮点，打开了中国典籍外译的新篇章，是中国文化"走出去"的一个重要部分。它有助于在西方世界构建中国哲学学术话语。《传习录》英译对英语世界阳明学研究具有开创助推之功，但其英译和英译研究不足是译介中华优秀传统文化系统工程中的缺失。[4] "心即理""知行合一"和"致良知"是阳明心学的三大原理，通过其英译的比较分析，从而更好地理解中国哲学术语的内蕴，有助于推动阳明心学的对外翻译、传播和研究。

（原载于《龙岩学院学报》2021 年第 4 期）

---

①　Anesaki，Masaharu. Book Review：*The Philosophy of Wang Yang-ming* by Frederick Goodrich Henke. *The American Journal of Theology*，1918，22(4)：596.

②　吴文南. 阳明学在美国的译介与传播. 重庆三峡学院学报，2019，35(2)：27.

③　陈荣捷. 王阳明《传习录》详注集评. 上海：华东师范大学出版社，2009：1.

④　刘孔喜，许明武.《传习录》英译史与阳明学西传. 中国翻译，2018(4)：28.

亨克《王阳明哲学》及其中文底本《阳明先生集要》考述①

王　宇　浙江省社会科学院

摘要:亨克的《王阳明哲学》是英语世界最早的王阳明作品选集,长期以来影响巨大。但亨克并未交代自己所翻译的中文底本为何书,直到 1964 年,倪德卫才考证出亨克翻译的是明末余姚人施邦曜辑评的《阳明先生集要》,但此书在清末民国初年版本很多。本文对比了《阳明先生集要》的各种版本,最后考证出亨克所翻译的是上海明明学社铅印的《学部校正阳明先生集要三种》。通过与中文底本的比较,可以发现亨克《王阳明哲学》的优点和不足。

关键词:王阳明,亨克,英译本,中文底本

1916 年,美国学者亨克出版了他翻译编辑的 *The Philosophy of Wang Yang-ming*(下文简称"英文本")。作为英语世界第一部王阳明作品选集,它的出版无疑对王阳明的海外传播有椎轮作始之功。长久以来,学术界对亨克所翻译的是哪一种王阳明作品集并未关注。1964 年,倪德卫发表了关于陈荣捷的 *Instructions for Practical Living and Other Neo-Confucian Writings by Wang Yang-ming* 和亨克英文本的书评,第一次对亨克所译中文底本进行了考察,指出亨克所翻译的是施邦曜辑评的《阳明先生集要》,版本是商务印书馆 1919—1922 年出版的《四部丛刊初编》影印崇祯刻本;倪德卫比较了这个刻本与亨克译本中所标注的中文底本页码,认为"几乎完全一致"。他还指出,亨克并不知道自己翻译的中文底本

---

①　此文承美国中佐治亚州立大学伊来瑞教授检示,谨致谢意。

是《阳明先生集要》。①

倪德卫的发现非常重要,《阳明先生集要》确实是亨克翻译的中文底本,但他的结论仍存在缺憾。因为《阳明先生集要》版本众多,商务印书馆《四部丛刊初编》影印本固然是其中影响最大的一种,但通过对施邦曜《阳明先生集要》的成书过程、版本源流以及该书在清末民初的流传情况进行考证,再结合亨克在《王阳明哲学》一书中提供的线索进行比较分析,可以看出亨克所翻译的《阳明先生集要》是上海明明学社在 1907—1911 年出版的铅字本《学部校正阳明先生集要三种》(下文简称"明明学社本"),而不是商务印书馆《四部丛刊初编》影印本。

本文将对《王阳明哲学》与《阳明先生集要》进行初步比较,再对《阳明先生集要》的成书过程、版本情况进行考察,然后论证明明学社本才是亨克所译中文底本,最后从中文底本的角度对亨克编译工作的得失略加点评。

一、亨克《王阳明哲学》和《阳明先生集要》的初步比较

亨克,1876 年出生于美国的艾奥瓦州。1900 年,他以传教士的身份来到中国,在南昌、九江等地传教。1907 年,亨克回到美国,1910 年,在芝加哥大学获得博士学位。同年,他再度返回中国,受邀担任金陵大学哲学和心理学教师。1911 年,应上海的英国皇家亚洲文会北中国支会的邀请,他对王阳明进行了广泛的研究。1912 年秋,亨克在英国皇家亚洲文会北中国支会宣读了他的初步研究成果——《王阳明生平与哲学研究》,此文发表于 1913 年出版的该会会刊上。1914 年,亨克在《一元论者》杂志发表了论文《王阳明:一个中国的唯心论者》。1916 年,亨克正式出版了他多年

---

① Nivison, David S. Book Review: *Instructions for Practical Living and Other Neo-Confucian Writings by Wang Yang-ming*, trans. Wing-tsit Chan, *The Philosophy of Wang Yang-ming* by Frederick Goodrich Henke. *Journal of the American Oriental Society*, 1964, 84(4): 436-442.

研究王阳明的成果《王阳明哲学》。① 亨克在《译者前言》中简要介绍了王阳明的思想观点,评价了其历史地位。全书正文共 512 页,包括《年谱》和著作摘译两部分。著作摘译分为四编:第一编(Book I)全部出自《传习录》,为《王文成公全书》本《传习录》卷一和卷二;第二编(Book II)由《语录》和《大学问》两部分组成,系《王文成公全书》本《传习录》卷三中的王阳明语录,以及《王文成公全书》卷二十六《大学问》;第三编(Book III)题为"王阳明书信",收入王阳明书信 12 封;第四编(Book IV)题为"王阳明书信(续)",收入王阳明作品 50 封/篇。《王阳明哲学》与《阳明先生集要》的结构比较见表 1。

表 1 《王阳明哲学》与《阳明先生集要》结构比较

Philosophy of Wang Yang-ming			《阳明先生集要》	
The Biography of Wang Yang-ming			年谱	
Book I	Instructions for Practical Life(Part I)	理学编 卷一		传习录一
	Instructions for Practical Life(Part II)			传习录二
	Instructions for Practical Life(Part III)			传习录三
Book II	Record of Discourses	理学编 卷二		语录
	Inquiry Regarding the Great Learning			大学问
Book III Letters Written by Wang Yang-ming	Answer to Wang T'ien-Yü …… (以下 11 篇题名略)	理学编 卷三		答王天宇 …… (以下 11 篇题名略)
Book IV Letters Written by Wang Yang-ming (Continued)	Letter to the Students at Ch'engchung …… (以下 49 篇题名略)	理学编 卷四		与辰中诸生 …… (以下 49 篇题名略)

从上可以看出,《王阳明哲学》与《阳明先生集要》结构基本一致。不

---

① 关于亨克生平的记述,主要参考了詹姆斯·塔夫茨为亨克译《王阳明哲学》所撰的《序言》、亨克的《译者前言》,以及崔玉军的《陈荣捷与美国的中国哲学研究》(社会科学文献出版社 2010 年版,第 63—64 页)。

过,Book IV(《理学编》卷四)所收 50 篇文章中,只有 38 篇为书信,余下 12 篇是序跋,亨克将其命名为"王阳明书信(续)",显然不准确。

二、《阳明先生集要》成书过程及其流传情况

施邦曜(1585—1644),字尔韬,号四明,浙江省绍兴府余姚县(今浙江省宁波市余姚市)人,官至左副都御史,明亡时在北京自尽殉国,南明政权赐谥忠介,赠太子少保、左都御史,清朝赐谥忠愍。① 施邦曜一生服膺阳明学,著述甚丰,《阳明先生集要》是他的代表作。② 天启七年(1627),施邦曜由工部屯田司郎中外放漳州知府,数年后升福建按察使司副使、分巡汀漳道,仍驻漳州,③故崇祯八年(1635)刻本中吏员王立凖跋称施邦曜为"道台施公"。④ 此后升福建布政司左参政,崇祯十年升四川按察使、福建布政司左布政使,崇祯十一年任南京光禄寺少卿。⑤ 崇祯八年,王立凖在漳州平和县刊刻此书,全书分成《年谱》一卷、《理学编》三卷、《经济编》七卷(介绍

① 施邦曜生平参见:张岱《石匮书后集列传》卷二十《甲申死难列传》(《明代传记资料丛刊》,明文书局 1991 年版,第 194—195 页);张廷玉《明史》卷二百六十五本传;黄嗣艾编《南雷学案》卷四《先正·忠介施四明先生》(正中书局 1947 年版,第 151—153 页)。

② 中华书局于 2008 年出版了王晓昕、赵平略点校本《阳明先生集要》,本文简称"点校本"。该书的《前言》介绍了《阳明先生集要》版本情况(第 17 页),但对施邦曜生平和崇祯本成书经过介绍过于简略,且有错误,如称"施邦曜字四明,号忠愍"(第 17 页),实当为"字尔韬,号四明,谥忠愍"。

③ 汀漳道驻漳州,据《明史》卷七十五《职官志五·分巡道》记载。

④ 《阳明先生集要·附录·王立凖跋一》,王晓昕、赵平略点校本,中华书局 2008 年版,第 1023 页。

⑤ 《石匮书后集列传》云:"升屯田司郎中。丁卯,出为漳州知府,升本省布政司参政、四川按察司使,戊寅,擢南光禄寺少卿。"(第 194 页)《明史》本传称:"迁屯田郎中,稍迁漳州知府……迁福建副使、左参政,四川按察使、福建左布政使。"今考《阳明先生集要》王命瑞序:"幸我四明施公抚漳,前后十年于兹,以荣擢,将之蜀。"(点校本《阳明先生集要·附录》第 1014 页)施氏自天启七年(1627)开始在福建任职十年,于崇祯十年升任四川按察使,崇祯十一年即召为南京光禄寺少卿,在四川和南京两个职务之间再回任福建布政使的时间应该极短,甚至可能没正式到任就改为南京光禄寺少卿了。

阳明的事功成就)、《文章编》四卷(介绍阳明的文学成就)。这其中,《年谱》是施邦曜自己编辑的,刘原道认为此谱是在李贽年谱基础上增删而成的:"按阳明先生年谱之作,昉自明温陵李卓吾贽,析为上下两卷,稍失烦碎。嗣后刊先生集者,必补录年谱于卷首,大率以温陵为先河,惟互有增损,莫衷一是。兹刻参校诸本,缺者补之,讹者正之,务期详碻而无凌杂,俾学者先得综观先生之生平而后循其年而读其书。"①刘氏这段识语首见于 1906 年上海江南制造局铅印本《阳明先生集要三种》的《年谱》之后,1907 年明明学社铅印本《阳明先生集要三种》也收入了这篇识语,可见刘氏并非这两个版本《阳明先生集要》年谱的编者。②

《阳明先生集要》流传于世的版本主要由崇祯本和乾隆本两个系统构成。

(1)崇祯本。施邦曜在福建省漳州府任职时,于明思宗崇祯八年所刻版本,也是此书的初刻本。此本卷首有林釬、王志道、黄道周、颜继祖、施邦曜五人序,书末有王立準两篇跋。1919 年上海商务印书馆涵芬楼借印无锡孙氏小绿天藏明崇祯间施邦曜刊本,《四部丛刊初编集部》所收录的,即是此本。

(2)乾隆本。至乾隆五十二年(1787),由于崇祯本刻本久已残灭,余姚朱培行、徐坤根据张廷枚搜集到的五个崇祯本,③重加校勘后刊刻,是为乾隆本。与崇祯本相比,乾隆本增加了徐坤、黄璋、张廷枚三位清人的序文,还增加了曹惟才、王命璿两人的序,其中曹序撰于"甲戌(崇祯七年)秋

---

① 刘原道编《阳明先生年谱》,《北京图书馆藏珍本年谱丛刊》第 43 册,北京图书馆出版社 1999 年版,第 736 页。按:此谱实为施邦曜编,刘原道识,详见本文下一条注释。

② 《北京图书馆藏年谱珍本丛刊》第 43 册影印了李贽、施邦曜、刘原道三种《阳明先生年谱》,实则施、刘两谱乃是一谱,所谓刘原道谱较施邦曜增加了俞璘所藏王阳明像和俞氏识语、刘原道识语,谱后增加了刘原道识语。《北京图书馆藏年谱珍本丛刊》影印刘原道谱版本信息为:"清光绪三十二年铅印本。"显然是从 1906 年上海江南制造局铅印本《阳明先生集要三种》影印而来。

③ 张廷枚所谓五部崇祯本指:张氏家藏残本、陆续购得的"三缺本"、乾隆四十九年(甲辰,1784)购得之善本。见《张廷枚序》,点校本第 1022 页。

八月"，此时崇祯本刚刚开始刻板；①王序中提到："幸我四明施公抚漳，前后十年于兹。"则王序撰于崇祯十年，即崇祯本付刻两年之后。涵芬楼影印之崇祯本并无王命璿序，可见为崇祯八年初刻本，但王命璿序必然出自张廷枚搜集到的五个崇祯本之中，故崇祯十年另有一重刻本。

（3）黔南本及其翻刻本。乾隆本问世后，其板片在嘉庆年间毁于火，咸丰年间太平军攻占余姚，刻板全部损坏。光绪五年（1879），林肇元根据隆庆刻本在贵阳重刻了《阳明先生集要》，即所谓黔南本，是本除全录崇祯本、乾隆本诸家序跋外，又增加了林肇元序。黔南本面世后，流行很广，多次翻印重刻。孙锵于1914年写道："近世湖南有《全集》本，浙江有《全书》本，若江南制造局本，则由黔本翻出，而上海明明学社、成都文伦书局，又从制造局本翻印，皆所谓《集要三种》本。"②孙锵所谓"黔本"即黔南本，他指出"明明学社本"是从"制造局本"翻印而来的。限于条件，笔者未能见到江南制造局本，但考察了浙江图书馆古籍部所藏乾隆本、黔南本和宣统三年（1911）二月出版的明明学社本《学部校正阳明先生集要三种》，并进行了比较，可证孙锵所说不误。

（4）明明学社铅印本。明明学社铅印本装成四册，版框（高×宽）17.0厘米×13.1厘米，开本（高×宽）22.1厘米×15.1厘米，半页13行，每行29字，白口四周双边，有朱色圈点和圆圈断句，末尾有方硕辅《后序》③、葛钟秀1907年（丁未）夏《跋》。方硕辅时任上海江南制造局会办、总办，他根据举人张咏霓［鄞县（今宁波市鄞州区）人］所赠"原刻本"，"借局铅浇板"，于1906年出版，铅板存上海江南制造局，正式出版时方氏已经离开上海。方氏《后序》未明言所谓"原刻本"是哪个版本，但明明学社本中收

---

① 据王立準《跋二》，该书的刻印"肇工于甲戌之秋，以乙亥夏钞报竣"，此间施邦曜反复修改刻板的个别字句（第1025页）。

② 孙锵所撰《王阳明先生传习录集评序》（民国三年初版），收入钱明编校《〈新编本〉王阳明全集》第六册，浙江古籍出版社2011年版，第2212—2213页。

③ 方硕辅（1854—？），字苣南，河南省禹州市人，生平见张宪文、方庆秋等主编《中华民国史大辞典》（江苏古籍出版社2001年版，第477页），方文昌《方硕辅与民国初年河南的减漕运动》，王卫红主编《禹州文史》第22辑，禹州政协文史学习委员会2012年12月版，第113—116页。

录了只有黔南本才有的林肇元《三刻阳明先生集要序》，可推知并非乾隆本，而是黔南本。葛钟秀《阳明先生集要三种跋》称，他于 1906 年在上海得到候补知县刘原道（号笠僧）所赠江南制造局本①，"批阅集中有错脱约百字，用朱笔改补"，刘原道遂据葛钟秀校改处"剜易"制造局铅字板，"适明明学社主人以是集维世教，谋缩印小板，价较廉，便人购取以广传也"。由于并未直接取用江南制造局铅板印刷，而吸收了葛氏的校勘成果重新浇铅印刷，故明明学社的版本尺寸比制造局本略小。与黔南本相比，明明学社铅印本保留了崇祯本、乾隆本、黔南本各家序跋，又在书前有郑孝胥、马良、严复、方硕辅（前序）四篇序。从郑、马、严三序内容看，都是应方硕辅之邀所撰，故此四序为江南制造局本所增。② 明明学社在编辑时，又在第一册正文前增加了下列内容：一是署名"明明学社藏版"的《会稽阳明洞真景》以及明明学社主人所撰《识语》；二是《王阳明先生真像》以及自公堂主人俞嶙的识语和 1906 年（"光绪丙午"）刘原道的识语。在正文部分，明明学社本《年谱》末尾增加了刘原道跋语，全书第四册末尾增加了方硕辅的《古本大学注》。上述内容都是明明学社特有而他本所无的。明明学社自 1907 年第一次印刷，③而浙江图书馆藏 1911 年 2 月本版权页显示已是"三版"，其二版时间尚不可考。本文上文已指出，亨克是从 1911 年开始着手王阳明研究的，④故购到 1907 年至 1911 年 3 月的任何一版的可能性都存在。除此之外，中华书局于 2008 年出版了王晓昕、赵平略点校的《阳明先生集要》，此本以《四部丛刊初编》影印之崇祯本为底本，以黔南本为参校本，本文简称"点校本"。

---

① 刘原道（1865—1938），生平见巢湖市地方志办公室编《巢湖市志》第三十二章第二节《人物传》，黄山书社 1992 年版，第 920—921 页。

② 但笔者未见制造局本原书，此处只是推测。

③ 中国国家图书馆微缩文献阅览室藏有 1907 年初版明明学社《阳明先生集要三种》，存第二册、第三册；该馆古籍馆普通古籍阅览室藏有明明学社 1911 年三版全四册。

④ Henke, Frederick G. *The Philosophy of Wang Yang-ming*. London & Chicago: The Open Court Publishing Co., 1916: xi.

三、明明学社铅印本是亨克翻译的中文底本

那么，为什么亨克的中文底本是明明学社本《阳明先生集要》，而不是崇祯本、乾隆本、黔南本或江南制造局本呢？理由如下。

（一）亨克对中文底本责任人的称呼证明是乾隆本系统而非崇祯本

亨克在《译者前言》中说，他所选录的王阳明作品的版本是"上海商务印书馆发行的四册装的王阳明著作集（four volume edition of Wang's works）"①，未提到任何著作者信息。但在第一编《传习录》第一部分（Part I）标题处，亨克有一注释："These were recorded by Ts'ü Ai, arranged by Shih Ssu-ming, and later revised by Ts'ü K'un and Chu P'ei-hsing."②这里提到的四个人名是确认亨克中文底本最重要的线索。其中 Ts'ü Ai，即《传习录》卷一的记录者、阳明弟子徐爱，Shih Ssu-ming 则是施邦曜的号"施四明"，Chu P'ei-hsing 就是乾隆本刊刻者朱培行，而 Ts'ü K'un 即乾隆刻本的发起人和撰序者之一——余姚人徐坤。但是，乾隆本撰序人还有黄璋、张廷枚，何以亨克仅提及徐坤呢？笔者核对了浙江图书馆所藏乾隆本、黔南本、明明学社铅印本，三个版本的各卷卷首题名都是"施四明先生评辑、邑后学徐坤师厚、朱培行仲皜谨校"③，而崇祯本各卷卷首题名是"同邑后学施邦曜重编、江右后学曾樱参订"，亨克或其中国助手看到的只能

---

① Henke, Frederick G. *The Philosophy of Wang Yang-ming*. London & Chicago: The Open Court Publishing Co., 1916: xiv.

② Henke, Frederick G. *The Philosophy of Wang Yang-ming*. London & Chicago: The Open Court Publishing Co., 1916: 47.

③ 乾隆本系浙江图书馆古籍部孤山馆舍所藏普通古籍，著录为"《阳明先生集要三编》，十五卷，附年谱一卷"，索书号普 814.6/1032.2/2/c1c2。

是乾隆五十二年本或其翻刻本,而不是崇祯本。① 亨克受这一卷首题名的影响,认为"施四明"、徐坤、朱培行是该书最重要的责任人,而且卷首只以别号称呼施邦曜,下面徐、朱两人则名、字俱全,遂给亨克或其中国助手造成错觉,认为"施四明"就是其名。总之,亨克的中文底本属乾隆本系统或黔南本的翻刻本,而非商务印书馆涵芬楼影印的崇祯本。

(二)上海商务印书馆是亨克所称中文底本的发行者而非出版者

《四部丛刊初编》陆续出版于 1919—1922 年,《王阳明哲学》出版于 1916 年,亨克不可能看到此本。再考《商务印书馆图书目录(1897—1949)》②,该社在 1916 年之前从未出版过《阳明先生集要》,但是亨克在《译者前言》中称他的中文底本是由上海商务印书馆发行的(distributed by the Commercial Press, of Shanghai)。③ 而明明学社宣统三年(1911)版铅印本版权页详细开列付印、责任人、销售机构:"付印兼发行者:明明学社","校勘者:葛钟秀","印刷者:上海爱文义路中新书局",以及 4 个"经售处",分别是:"上海棋盘街本外埠中国图书公司、上海四马路本外埠商务印书馆、上海望平街时中书局④、上海四马路群学社"。亨克当时在南京的金陵大学,他或他的中国助手通过上海商务印书馆购到了明明学社本《阳明先生集要三种》,就误认为商务印书馆是此书的出版机构。可见亨克所见《阳明先生集要》虽由商务印书馆发售,但非商务印书馆出版。

---

① 浙江图书馆古籍部孤山馆舍藏黔南本著录为"《阳明先生集要文章编》,四卷",索书号普 814.6/1032.2/c1c2,实则年谱和理学、经济、文章三编俱全,共十六卷,刊刻时间误记为光绪五年(1879),实应为 1897 年。贵州省图书馆藏黔南本情况,参见:王晓昕《〈阳明先生集要〉黔南重刊述略》,《贵阳师专学报(社会科学版)》1995 年第 1 期,第 10—13 页。

② 《商务印书馆图书目录(1897—1949)》,商务印书馆 1981 年版。

③ Henke, Frederick G. *The Philosophy of Wang Yang-ming*. London & Chicago: The Open Court Publishing Co., 1916: xiv.

④ "望平街"之"望"字,原书模糊难以辨认,据张泽贤著《民国出版标记大观续集(精装本)》"时中书局"条补,上海远东出版社 2012 年版第 414 页。

那么，亨克有没有可能从商务印书馆买到了乾隆本系统的黔南本或江南制造局本呢？明明学社《阳明先生集要三种》的版权页否定了这种可能性。因为，亨克指出中文底本是 4 册装，乾隆本装订成 15 册，黔南本为 16 册、江南制造局本为 12 册，与亨克所述 4 册装订不符，只有明明学社铅印本恰为 4 册装。该书版权页明明写着："阳明集要三种每部四册。"

（三）亨克所标中文底本页码与明明学社本页码完全吻合

正如倪德卫指出的那样，亨克在《王阳明哲学》正文中用双括号标明了中文底本的页码，其页码与《四部丛刊初编》影印崇祯本有一定的出入。由于明明学社本是每卷计算页码，笔者对照了各卷的起讫页码，崇祯本《年谱》共二十五页，而亨克标注的页码结束于 28 页，明明学社本《年谱》也结束于 28 页；卷一《传习录一》崇祯本合计十五页，明明学社铅印本与亨克都标注到第 17 页；卷一《传习录二》，明明学社铅印本与亨克都结束于第 38 页，崇祯本则为三十页；卷一《传习录三》亨克标到第 57 页，明明学社本标至第 58 页，因为明明学社本的第 58 页只有"右门人薛侃录"中"侃录"两个字，不能独立成句，故亨克不另计页码。总之，亨克所标页码与崇祯本不同，而与明明学社铅印本一致。

除了以上几点之外，《王阳明哲学》的封面以及第三编（Book III）卷首有《王阳明先生遗像》一幅，崇祯本、乾隆本、黔南本均无此像，仅明明学社本卷首刊有《王阳明先生遗像》，正与《王阳明哲学》所刊为同一画像。以上证据都证明，亨克所译的中文底本即是明明学社铅印本。

四、亨克对《阳明先生集要》的改编

亨克除将《阳明先生集要》正文内容翻译为英文外，还进行了两个方面的改编：一是撰拟了内容提要，二是删节了部分施邦曜评语。

（一）亨克撰写的内容提要

为了帮助读者方便地理解阳明思想，亨克在正文中撰写了大量内容提要,其篇幅只是短短的一句话,是否准确切题也见仁见智,但无疑大大方便了西方读者阅读。

卷一、卷二的语录部分,原书目录已经注明了各部分的语录条数,即卷一的《传习录一》共十六条,《传习录二》共六十七条,《传习录三》共三十五条,卷二《语录》共六十条。原书的正文中,每条语录一段到底。但是有些条目很长,人物问答非常复杂,有些条目则很短,卷一《传习录二》最短的一条只有一句话:"处朋友务相下,则得益,相上则损。"①长的条目将近千字。无论各条字数多寡,原书每条都一段到底,下一条另起一行顶格。亨克考虑到西方读者的阅读习惯,先为整个条目撰写了提要,并将篇幅较长、问答回合较多的条目由一整段分解成若干自然段。卷三、卷四属于书信、序跋等单篇文字,原书都已有题目,亨克显然觉得原文还是太长,故将原文一篇分成若干大段,每大段相应撰写提要,每大段下再分成若干自然段。这样处理使得文本结构更加清晰,既方便了阅读,又突出了王阳明的重要言论,还保留了原书的条目构成。相比之下,中华书局 2008 年点校本虽然在目录中载明了卷一、卷二各部分语录条目的数量,但正文中条目与条目之间仅空出一行,以示区别,而篇幅较长、字数较多的语录条目又分成若干自然段(每自然段低两格另起一行),造成文本层次不清,读者容易混淆。其实对照亨克的做法,虽不必逐条撰写提要,也应该逐条以数字编号,以清眉目。

(二)删节施邦曜评语

《阳明先生集要》是施邦曜编辑、评注王阳明作品的选集,书中有大量施邦曜的评语,这些评语又可以分成眉批和评注两种形式。所谓眉批即出现在正文页天头的批语,所谓评注则出现在王阳明作品的末尾。施邦曜的眉批分布在《理学编》全部四卷之中。但文末评注的分布情况比较复杂:《理学编》卷一完全没有评注;卷二分成《语录》和《大学问》两部分,两部分的末尾施氏各有一条较长的评注;卷三和卷四都是单篇文章,施氏几

---

① 施邦曜,《阳明先生集要》,中华书局 2008 年版,第 46、144 页。

乎在每篇结尾都有评注。

亨克删去了全部施邦曜的天头眉批,文末评注则全部翻译成了英文,并在评注文字前以斜体字"*Comments*—"标明,使读者不致混淆。

尽管如此,亨克仍留下一个缺憾:他并不知道这些评语的作者正是他在第 47 页注释中提到的施邦曜("施四明"),因此大多数"*Comments*—"部分没有注明是谁注释的,只是在《大学问》部分末尾的评语中,亨克注释道:"就此,徐爱进行了评论。"① 可能他认为所有的评语都出自徐爱。其实中文底本卷二《语录》部分的评注结束时注明了"邦曜识"②,评语中还称呼王阳明为"文成",亨克对这个词特别加注,指出"文成"是王阳明的"posthumous title"(谥号)③。而徐爱早于阳明去世,不可能用谥号称呼阳明。然而这些迹象都未引起亨克的注意,而且,亨克在此处没有用"*Comments*—"标明此处评语,遂与正文混为一体。

五、对亨克工作的评价

必须指出的是,《阳明先生集要》是一部层次繁复、体裁多样、结构非常复杂的大部头著作,书中既有阳明自撰的文章,又有弟子记录的阳明语录,还有两种类型的施邦曜评语。在英语世界对王阳明所知甚少的 1910 年代,亨克能够将全部正文和部分施邦曜评语翻译成英文,需要非凡的热情、勇气和耐心,《王阳明哲学》的面世无疑具有里程碑意义。

毋庸讳言,由于中文水平所限和文化隔阂,《王阳明哲学》在处理中文底本时也出现了一些失误。第一,最大的失误是没有准确完整地表述他所翻译的中文底本的名称责任人和出版发行信息,而这些信息在明明学社铅印本的版权页中都标识得非常清晰,如果亨克认真研究过版权页和序跋,就不会写不出中文底本的书名;第二,由于不知道中文底本是施邦

---

① Henke,Frederick G. *The Philosophy of Wang Yang-ming*. London & Chicago:The Open Court Publishing Co. ,1916:215.

② 施邦曜,《阳明先生集要》,中华书局 2008 年版,第 46、144 页。

③ Henke,Frederick G. *The Philosophy of Wang Yang-ming*. London & Chicago:The Open Court Publishing Co. ,1916:201.

曜辑评本,亨克始终没有弄清楚中文底本中的评注是谁写的;第三,亨克在目录中也犯了一个小错误,Book IV 中既有书信也有序跋,但亨克为 Book IV 所拟的标题却是"Letters Written by Wang Yang-ming"。

这些失误令人产生这样一种联想,亨克似乎受到了其中国助手或友人的误导,这种误导可能并非有意为之,而是后者也没有正确解读这些信息。亨克在《译者前言》中说,他的翻译工作得到了一些中国学者的帮助:其中一位中国旧学学者为他解释疑难的句子,三位金陵大学教师分工审阅了四卷书稿,并提出了意见:Professor Liu Ching-fu 审读《年谱》和卷三,Professor Alexander Y. Lee 审读了卷一和卷二,Professor Liu Ching-pan 审读了卷四。① 这三个名字中,只有 Liu Ching-fu 可考是刘靖夫,系美国哥伦比亚大学教育学硕士,1926 年时仍在金陵大学教育系任教。② 亨克《译者前言》未能提供他与这些中国助手合作的更多细节,但似乎有这样一种可能:亨克尽管得到了明明学社铅印本,但到底要翻译书中的哪些内容,事先经过了中国助手的筛选和过滤,中文底本卷首与卷末的十余篇序跋,没有一篇被《王阳明哲学》收入。假如亨克认真读过这些序跋中的任何一篇,都会明白施邦曜和中文底本的关系,而不致将施邦曜称为"施四明",更不会认为"施四明"只是卷一的《传习录一》编者。

(原载于《浙江社会科学》2018 年第 10 期)

---

① Henke, Frederick G. *The Philosophy of Wang Yang-ming*. London & Chicago: The Open Court Publishing Co., 1916:xiv.

② 南京大学高教研究所校史编写组,《十八、教育部对全国专科以上学校调查一览表(金陵大学部分)》,载《金陵大学史料集》,时间为 1926 年 5 月 13 日,南京大学出版社 1989 年版,第 26 页。

亨克及王阳明心学著作在英语世界的首译

刘孔喜 湖北民族大学

许明武 华中科技大学

摘要：王阳明心学代表作《传习录》是我国自先秦以来新儒家思想之集大成者，20世纪初被译介到英语世界并产生重要影响。美国学者、传教士亨克以《传习录》核心内容为主体的首个英译本 *The Philosophy of Wang Yang-ming*（《王阳明哲学》）尤具开创之功。然而以《传习录》为中心的阳明心学著作英译及相关研究未引起国内翻译学界应有的重视。本文简要梳理了亨克译本的翻译背景、译本总体特征及其出版发行状况，以期促进、催生更深入系统的《传习录》英译研究乃至阳明学海外译介研究。

关键词：亨克，王阳明《传习录》，《传习录》首译本

新儒家心学代表人物王阳明的哲学代表作《传习录》是由王阳明弟子根据其语录、对话及书信整理编辑而成的，集中体现了阳明心学"心即理""致良知"与"知行合一"等核心思想，历来备受重视，广为流传。学者钱穆曾将《传习录》与《论语》《孟子》《老子》《庄子》《六祖坛经》《近思录》一起列为我国有关修养的必读书目。① 王阳明思想在海外的传播，以东南亚、日本、朝鲜半岛较广、较深入，产生过众多《传习录》注评本和研究著作。20世纪以来一直有学者尽力将阳明哲学思想呈现给西方读者②，虽然传播者

---

① 陈荣捷. 王阳明《传习录》详注集评. 上海：华东师范大学出版社，2009：1.
② 伊来瑞. 阳明学在美国的发展与现状//张新民. 阳明学刊（第7辑）. 成都：巴蜀书社，2015：198.

以华人学者居多,但美国学者、传教士亨克①于 1916 年首次翻译出版的以
《传习录》核心内容为主体的 *The Philosophy of Wang Yang-ming*(《王阳
明哲学》),成为英语世界第一部王阳明作品选集,无疑对阳明学海外传播
有椎轮作始之功。② 此外,《传习录》英译另有美籍华人哲学史家陈荣捷全
译本与加拿大籍华人汉学家秦家懿节译本。③ 除此以外,尚未见其他新译
本和重译本。阳明心学思想的重要价值毋庸置疑,然而以《传习录》为中
心的阳明心学著作英译远称不上繁荣,对其英译研究更是非常薄弱,亟须
加强。本文简要梳理亨克翻译《传习录》的背景及译本出版发行的百年历
程,初步分析其翻译动因与译本总体特征,以期为深入系统的《传习录》英
译研究起到抛砖引玉的作用。

一、亨克其人及阳明心学著作翻译背景回顾

亨克的深厚宗教背景与中国哲学研究经历,为他最终选择翻译阳明
心学著作奠定了良好基础。亨克于 1876 年出生于美国艾奥瓦州的一个
牧师家庭,其本人也成长为基督徒与卫理公会牧师。

1900 年年底,亨克受美以美会(卫理公会宗派)派遣来中国江西南昌、

---

① 本文依据 1993 年版新华社编《世界人名翻译大辞典》将 Henke 译为亨克,当代研
究论著里涉及 Henke 也均译为亨克。实际上,在《金陵大学六十周年校庆纪念
册》第 23 页里,记录为"韩凯博士(F. G. Henke)"。在美以美会华中年议会
(1910—1913)年会报告记录("Minutes of Central China Annual Conference")的
工作人员名单里,"Henke"的中文译名为"恒吉",亨克夫人被称为"恒师母"。因
上述译名存在不一致且暂时无法确定哪一个译名是其本人所使用的中文名,故
本文决定按照《世界人名翻译大辞典》译为"亨克"。

② 王宇. 亨克与王阳明的西传. 浙江日报,2017-01-09(11). 作者王宇系浙江省社
会科学院国际阳明学研究中心研究员。浙江省和贵州省分别是我国阳明学的研
究重镇。

③ 陈荣捷的《传习录》全译本 *Instructions for Practical Living and Other Neo-
Confucian Writings* 于 1963 年由美国哥伦比亚大学出版社(Columbia University
Press)出版。秦家懿翻译加注的节译本 *The Philosophical Letters of Wang Yang-
ming*(《王阳明哲学书信》)仅包含部分王阳明讨论哲学问题的书信,1972 年由澳
大利亚国立大学出版社(Australian National University Press)出版。

九江等地传教。1901 年 9 月,亨克赴日本横滨与塞尔玛·赫希(Selma Hirsch)见面,后在美国驻神户领事馆完婚,同年 12 月携妻重返江西九江继续从事传教工作,直至 1907 年春回美国西北大学(Northwestern University)深造,并于次年获硕士学位,后于 1910 年在芝加哥大学(University of Chicago)以优等成绩获得哲学博士学位。1910 年,亨克再度受邀来到中国,担任当时著名的教会大学——金陵大学(今南京大学的前身)哲学及心理学教师、教堂牧师、图书馆馆长,也是该校哲学心理学系首任系主任。① 1911 年,亨克应上海英国皇家亚洲文会北中国支会(the North China Branch of Royal Asiatic Society of Shanghai)的邀请,②对王阳明进行了深入的研究,并成为该会会员。1912 年秋,亨克在皇家亚洲文会北中国支会上宣读了他的初步研究成果——《王阳明生平与哲学研究》("A Study in the Life and Philosophy of Wang Yang-ming"),并于次年发表在该会会刊(*Journal of the North-China Branch of the Royal*

---

① 关于亨克生平的资料较少,目前对亨克的介绍主要基于以下来源:(1)亨克译本的《序言》与《译者前言》等辅文信息;(2)伊来瑞的文章《阳明学在美国的发展与现状》;(3)《金陵大学六十周年校庆纪念册》;(4)美国艾奥瓦州《梅森城环球报》(*Mason City Globe Gazette*)于 1963 年 10 月 28 日第 1 版发布的亨克讣告;(5)《教务杂志》(*The Chinese Recorder and Missionary Journal*)第 32 卷第 106页、第 35 卷第 60 页、第 42 卷第 64 页、第 44 卷第 522 页等;(6)美以美会华中年议会各年年会报告记录。至于崔玉军《陈荣捷与美国的中国哲学研究》(2010 年版)第 63 页中写到亨克出生于伊利诺伊州,而伊来瑞则说明亨克出生于艾奥瓦州,此处认为应以伊来瑞的信息为准,因为其信息正是来源于《梅森城环球报》的讣告,参见 https://newspaperarchive.com/mason-city-globe-gazette-oct-28-1963-p-1/,最后访问日期:2019 年 6 月 10 日。

② 皇家亚洲文会北中国支会是近代外侨在上海创建的一个公共文化机构,旨在"调查研究中国各项事情",是一个重要的汉学机构,历届会员中包括很多著名汉学家,其会刊也是著名的汉学期刊。英文会名"The North China Branch of Royal Asiatic Society",也有人翻译成"英国皇家亚洲文会北华支会"或"英国皇家亚洲学会华北分会"。根据王毅考证是"皇家亚洲文会北中国支会"。在该会馆大厦旧址,即今上海市黄浦区虎丘路 20 号上海外滩美术馆的侧墙"优秀历史建筑"铭牌上,记录的确实是"英国皇家亚洲文会北中国支会"。其他详情参见:王毅. 皇家亚洲文会北中国支会研究. 上海:上海书店出版社,2005.

Asiatic Society)总第 144 期上。① 1913 年,亨克因健康原因返回美国,在美国大学任教。② 1914 年,亨克在美国哲学期刊《一元论者》(*The Monist*)总第 24 期上发表了论文《王阳明:一个中国的唯心论者》("Wang Yang-ming, a Chinese Idealist")。在这两篇文章里,③亨克不仅简述了王阳明的传奇人生经历,更重要的是初次向西方学界介绍了王阳明的心学思想。他指出了阳明心学与中国先秦哲学"四书""五经"的渊源及其在中国思想史上的地位,甚至将王阳明与西方思想家布鲁诺(Giordano Bruno,1548—1600)的大胆变革精神相比较。亨克试图解释阳明心学的核心概念,并根据王阳明"龙场悟道"得出的"圣人之道,吾性自足,向之求理于事物者误也"之心得将其定义为唯心主义者,与朱熹理学对立起来。④虽然有学者指出亨克对二者异同的评判存有误解⑤,但也表明亨克在积极解读阳明思想,思考其在中国传统哲学思想史中的位置。数年的前期酝酿,为亨克翻译阳明心学著作奠定了良好的基础。1916 年,芝加哥的敞院出版社⑥正式出版了亨克多年研究王阳明的成果——英文版《王阳明哲学》。

　　亨克翻译阳明心学著作的动因之一是向西方学界推介被忽视的中国哲学思想。亨克在其《译者前言》中指出:"欧美学界哲学史研究者很少了解中国自孔孟之后的哲学思想,以至于很长时间以来,人们误以为除了

---

① 该会刊共 75 卷,现由上海图书馆组织整理成 35 册,以《皇家亚洲文会北华支会会刊》为名,于 2013 年由上海科学技术文献出版社影印出版。会刊名为何如此翻译,也可参见《皇家亚洲文会北中国支会研究》。

② 亨克于 1914 年在《一元论者》上发表论文时,落款单位是俄勒冈州塞勒姆市威拉米特大学(Willamett University);1916 年《王阳明哲学》译本封面对亨克的介绍是宾夕法尼亚州阿勒格尼学院(Allegheny College)哲学与教育学教授。

③ 亨克在《王阳明:一个中国的唯心论者》文首说明,该文即 1912 年在皇家亚洲文会北中国支会上宣读文稿的摘录,代表了他两年来研究王阳明文献的部分心得。

④ Henke, Frederick G. Wang Yang-ming, a Chinese Idealist. *The Monist*,1914,24(1):17-34.

⑤ 王宇. 亨克与王阳明的西传. 浙江日报,2017-01-09(11).

⑥ "The Open Court Publishing Co."也有学者译为"公廷出版社",参见:余石屹. 保罗·卡鲁斯的《道德经》英译本研究. 中国翻译,2016(6):24.

'四书''五经'和老子的《道德经》,中国哲学思想乏善可陈。"①受亚洲文会北中国支会之邀对阳明哲学展开深入研究后,亨克开始对阳明哲学的思考方式产生了浓厚兴趣,并且了解到阳明思想对中日两国文化都产生了深刻影响,因此选择翻译王阳明的哲学著作,将其介绍到英语世界,以期激发更多西方学者来全面深入了解中国的优秀思想成果,从而真正理解其价值。该译本的《序言》作者、亨克的导师詹姆士·塔夫茨教授也表达了相似的观点。② 他指出,学术精神一定要能辨别并重视所有源泉的真理和智慧,只有坚持对他者文化的认可与欣赏才能不断促进各民族间的相互理解。虽然西方对中国的传统伦理观给予了足够的认识和尊重,但随着 20 世纪初新形势下迅速发展的商业与政治往来,东方人不断学习西方思想,塔夫茨教授殷切呼吁西方人应该更多了解东方。正因如此,他深信亨克翻译王阳明的哲学思想作品极有意义,有助于西方学界更好理解中国文明与理念。③ 译者的文化身份对中国典籍英译史的书写发挥着十分重要的作用④,如同那个时代其他来华传教士一样,亨克来华传播基督教,必须先了解中国本土宗教、文化,同时作为金陵大学外籍教师,他也有利用所学专业进行教学与学术研究的需要。⑤ 总之,一方面是作为学者的学术推介责任,另一方面是传教中的文化交流需要,再加上中国同事的建议,⑥一起促成了亨克着手研究并翻译阳明心学著作的计划。

亨克在翻译出版阳明著作过程中得到了金陵大学同事及美国亲友同行的大力相助。亨克在《译者前言》中提到,在研究与翻译过程中,有位中国旧学学者一直在身边给予他各种建议,帮助他理解那些难懂的篇章和

---

① Henke,Frederick G. *The Philosophy of Wang Yang-ming*. London & Chicago:The Open Court Publishing Co.,1916:xi.

② 詹姆士·塔夫茨教授是当时美国颇有影响力的哲学家,芝加哥大学哲学系主任,曾与杜威合著《伦理学》(*Ethics*)。

③ Henke,Frederick G. *The Philosophy of Wang Yang-ming*. London & Chicago:The Open Court Publishing Co.,1916:vii.

④ 李冰梅. 译者文化身份对《论语》300 年英译史的书写. 国际汉学,2015(3):111-119.

⑤ 姜庆刚. 金陵大学外籍教师与汉学研究. 国际汉学,2016(4):158-162.

⑥ Henke,Frederick G. *The Philosophy of Wang Yang-ming*. London & Chicago:The Open Court Publishing Co.,1916:vii.

段落。亨克说明其译本是根据上海商务印书馆出版的全四册本的《王文成公全书》中的第一册翻译而成①,而彼时古体汉语排版方式、抄本中文繁体字对于西方读者来说,阅读相当困难,阳明心学的思想内容理解难度更甚,中国学者的帮助对于亨克来说非常必要。此外,亨克在金陵大学的三位同事分别通览译稿,给出了宝贵建议:第一位同事审阅了译本的第一大部分《王阳明传记》和著作部分的"王阳明书信";另一位同事审阅了译本著作部分的《传习录》和《语录》;第三位同事审阅了译本著作部分的"王阳明书信(续)"。② 在他们反馈的基础上,亨克做了一些重要调整。此外,亨克在内容及格式上也得到了他人的帮助。亨克的妻子审读整部译本并做相应校正,还对译文的文体风格给出了参考意见。在敞院出版社总编辑保罗·卡鲁斯博士③的建议下,亨克为译文每一小节添加了斜体字标题,不仅有助于译文条理化,也能帮助读者理清阅读思路。

---

① Henke, Frederick G. *The Philosophy of Wang Yang-ming*. London & Chicago: The Open Court Publishing Co., 1916: xiv.

② 亨克在其《译者前言》中提供了三位中国同事的姓名的威妥玛拼音,分别是 Liu Ching-fu、Alexander Y. Lee 与 Liu Ching-pan,并声称严格按照威妥玛拼音记录。经综合查阅《私立金陵大学一览(民国二十二年六月刊)》《金陵大学六十周年纪念册》《金陵大学史料集》《金陵光》以及张宪文主编的《金陵大学史》等档案文献及著作、期刊,并考虑到与亨克间的文化网络关系,可以确认所提到的第一位 Liu Ching-fu 极可能是刘靖夫,他于 1910 年担任金陵大学图书馆馆长,后来担任文科教授,再后来还担任过金陵中学校长。第三位 Liu Ching-pan 极可能是刘靖邦,彼时他担任金陵大学学生主办的学报《金陵光》(*The Nanking University Magazine*)的总编辑,后来毕业留校,于 1913 年担任金陵大学图书馆副馆长。在上述提到的参考文献中,尤其是《金陵光》的工作人员组织结构表里,明确提供了刘靖夫与刘靖邦两人姓名的威妥玛拼音,与亨克在《译者前言》中提供的姓名拼写相符。亨克本人也于 1912 年担任过金陵大学图书馆馆长,显然与两人存在交集。但第二位同事 Alexander Y. Lee 的身份还无法做出判断,现有资料未能查实身份对应者。此外,亨克在此处对他们通称为"professor",也可能仅是一种敬称,并非三人在当时都是真正的教授,例如,刘靖邦彼时就是处于从金陵大学学生到毕业留校工作的过渡期。

③ 保罗·卡鲁斯博士是美籍德裔作家、比较文化学者和哲学教授,也是出色的出版家,在将东方传统引入西方世界方面做出了卓有成效的贡献,尤其他是向西方世界介绍佛教的最重要的学者之一,也在美国翻译出版了老子的《道德经》。

二、亨克译本的中文底本探析及其总体特征

首先,在考察亨克译本总体特征前,有必要讨论亨克译本是否可称作《传习录》英译本。前面提到,亨克自称其译本的中文底本是上海商务印书馆出版的全四册本的王阳明作品中的第一册。根据这几个关键词线索,可搜集到民国时期的上海商务印书馆发行的"国学基本丛书简编"《王文成公全书》四册本以及上海商务印书馆缩印本"四部丛刊初编集部"之《王文成公全书》上下册。此两套书的《传习录》均以学界公认的最完整的明隆庆六年初刊为母本,内容目录一致。① 而对比可见,亨克译本的内容目录与这两个版本的《传习录》部分不完全对应。隆庆初刻本《传习录》含卷上、卷中、卷下三部分,卷上即徐爱、陆澄、薛侃三人所记王阳明语录,卷中论学书信八篇,卷下语录含陈九川、黄直、黄修易、黄省曾、黄以方等所录,另附《朱子晚年定论》。② 亨克在《译者前言》中自称,他是将"《王阳明传记》《传习录》语录及一些书信"译成英语。③ 从其译本实际内容看,包括《王阳明传记》(*The Biography of Wang Yang-ming*)和明隆庆初刻本《传习录》的主要部分及阳明心学著作集中其他作品的摘译两大版块。故王宇核对目录后提出,亨克所见王阳明著作中文底本,是明代学者施邦曜辑评的王阳明作品选集《阳明先生集要》中的《理学编》,④这一观点值得仔细考证。

对于亨克译本中《王阳明传记》版块,王宇认为主要是根据钱德洪的《年谱》翻译而成,⑤美国著名汉学家倪德卫也曾指出该部分系钱德洪辑

---

① 这两个民国商务印书馆版《王文成公全书》都是 38 卷本文集,内容目录一致,版权页均未记载出版时间。

② 王阳明. 明隆庆六年初刻版传习录. 南京:江苏凤凰文艺出版社,2016:目录.

③ Henke, Frederick G. *The Philosophy of Wang Yang-ming*. London & Chicago: The Open Court Publishing Co., 1916:xi.

④ 王宇. 亨克与王阳明的西传. 浙江日报,2017-01-09(11).

⑤ 王宇. 亨克与王阳明的西传. 浙江日报,2017-01-09(11).

《年谱》的缩略版。① 倪德卫依据的是 38 卷本《王文成公全书》中第 32 卷至 36 卷中的"年谱一、二、三"与"年谱附录一、二"等近 200 页的内容,亨克译文确实与之不对应。而比对中华书局版施邦曜辑评本《阳明先生集要》的"年谱"部分后,发现亨克英译文正与之相符合。② 如上所述,在编排上,亨克为《王阳明传记》这一部分译文的每一小节内容添加了斜体字标题,并表现出改编痕迹。原文虽无小标题,按时间和事件划分为 43 小节。亨克按自己的解读将此部分译文整理成 37 小节,但与原文本相对比在内容上无所遗漏,从最初王阳明"出生及祖上来历"(Ancestry and Birth)到最后"死后追谥"(Posthumous Honors),对王阳明的生平经历与心学思想形成历程叙述清晰。

亨克译本的著作摘译版块又分为四部分:第一部分题为《传习录》("Instructions for Practical Life I, II, III"),共三节,内容实为明隆庆六年初刻本《传习录》的卷上,即分别为徐爱、陆澄、薛侃三人所记王阳明语录。第二部分亨克所称的《语录》实际上分为两节,第一节主要内容是隆庆初刻本《传习录》卷下中的部分王阳明语录("Record of Discourses"),仅包括陈九川所录;第二节主要是 38 卷本《王文成公全书》中的卷 26《大学问》("Inquiry Reading the Great Learning")。第三部分题为"王阳明书信"("Letters Written by Wang Yang-ming"),收录王阳明答问书信 12封。第四部分题为"王阳明书信(续)"["Letters Written by Wang Yang-ming (Continued)"],收录王阳明作品 50 封/篇,其中序跋 12 篇,答问书信 38 封。与隆庆初刻本《传习录》对比可知,亨克译本后两部分选录书信与之不相同。但与中华书局版施邦曜辑评本《阳明先生集要》目录对比后发现,亨克译本的这四部分内容与其中《理学编》卷一至卷四部分从内容到顺序可一一对应,完全符合。仔细观察亨克译文中的小节标题与原文

---

① Nivison, David S. Book Review: *Instructions for Practical Living and Other Neo-Confucian Writings by Wang Yang-ming*, trans. Wing-tsit Chan, *The Philosophy of Wang Yang-ming* by Frederick Goodrich Henke. *Journal of the American Oriental Society*, 1964, 84(4): 436-442.

② 王守仁. 阳明先生集要(上下册). 施邦曜, 辑评. 王晓昕, 赵平略, 点校. 北京: 中华书局, 2008.

本内容可发现：《理学编》卷一中"《传习录》一"注明 16 条语录，亨克译文划分成 20 小节呈现；"《传习录》二"注明 67 条语录，亨克译文中整合成 41 小节；"《传习录》三"注明 35 条语录，亨克译文中缩合成 28 小节。亨克的译本对原文本的结构编排有所改编、整合。

　　综合分析之后可厘清两个问题：第一，亨克译本与施邦曜辑评本《阳明先生集要》的《理学编》目录完全符合，以其为中文底本的证据最充分，而非四册本的《王文成公全书》。为进一步核实，在查询上海涵芬楼（上海商务印书馆藏书楼）影印原手抄本"四部丛刊集部"《阳明先生集要》①，逐一对照该版本的《理学编》卷一至卷四的目录后，印证了亨克译本与它的对应关系。只不过，该版本《阳明先生集要》分 12 册，《理学编》四卷即按四册编订，从卷册上看，不符合亨克本人在其《译者前言》中所言"四卷本中的第一卷"说法。此外，在同时代的传教士英文刊物《教务杂志》上，有学者也提到亨克译本是依据四册本的第一本，商务印书馆 1907 年（丁未六月）出版发行。② 虽然具体的原底本还有待继续考证，但至少可以确定以《阳明先生集要》中的《理学编》内容为范围。③ 第二，对于亨克译本是否算作《传习录》译本，学界已表达了部分见解，如秦家懿将亨克英译本书名译为《王阳明文集选译》④，崔玉军在著作中提到"亨克开始翻译《王阳明全集》的部分章节"⑤，译本评论者们也通常将亨克译本与陈荣捷的《传习录》

① 该版本内封题名后页镌有"上海涵芬楼借印无锡孙氏小绿天藏明崇祯间施忠愍刊本原书版高营造尺六寸八分宽四寸七分"，足以证明该版本是可靠的原始版。"忠愍"即施邦曜的号。此版本共 12 册，2162 页。经对比，中华书局 2008 年王晓昕、赵平略点校版《阳明先生集要》目录与之基本一致。

② Elwin，W. H. The Wang Yang-ming School in Japan. *The Chinese Recorder and Missionary Journal*，1920，51：99.《教务杂志》由台湾大学出版中心 2012 年影印，共 75 册。杂志原文就是括号中用汉语说明的"丁未六月印行"。

③ 截至本文出刊前发现，王宇（2018）又对亨克译本底本进行了深入考察，认为其底本是上海明明学社铅印的《学部校正阳明先生集要三种》，虽然王宇也无法确定具体出版时间、版本，但其贡献贵在进一步证明了亨克译本内容与《阳明先生集要》吻合。详情参见：王宇. 亨克《王阳明哲学》及其中文底本《阳明先生集要》考述. 浙江社会科学，2018(10)：110-115.

④ 参见：秦家懿. 王阳明. 台北：台湾东大图书公司，1987：261.

⑤ 崔玉军. 陈荣捷与美国的中国哲学研究. 北京：社会科学文献出版社，2010：63.

全译本并列比较①,表达出倾向性评价。亨克英译本题名 *The Philosophy of Wang Yang-ming*,回译成中文就是《王阳明哲学》,也暗示了某些整合编译的成分。故王宇有这样的描述,"亨克出版了他翻译编辑的《王阳明哲学》",就可以理解了。但本研究认为,在当前以《传习录》为中心的阳明心学著作英译总体薄弱的情况下,将亨克译本视作《传习录》英译本来研究,是一种符合其首译之功的肯定评价。由于历史的原因,中华典籍大多存在原文本与译文本版本各异的情况,比如《道德经》《红楼梦》等诸多典籍也存在全译、编译、节译等多译本的情况,且均能被研究者当作译本之一来研究;并且,中文底本施邦曜辑评本《阳明先生集要》本就是以《理学编》为主体,是阳明心学的精选。② 亨克译本内容与完整版《传习录》相比存在整合改编的情况,但基本忠实于施邦曜辑评本《阳明先生集要》的《理学编》四卷,以《传习录》主要内容为核心,力图译介阳明主要心学思想。其《传习录》与隆庆初刻本《传习录》卷上部分基本一致,也是全译本的最核心内容,其《语录》包含了隆庆初刻本卷下的陈九川所录语录部分,其"书信"大量收录的阳明书信与隆庆初刻本《传习录》卷中收录的书信内容虽不一致,但编排思路相仿,既能反映王阳明通过书信与弟子友人谈论哲学的细节,也可以在一定程度上弥补其他若干语录缺失的遗憾。一言以蔽之,亨克完成了《传习录》主体内容的翻译工作,其译本可算作《传习录》英译本。

其次,亨克通过译本的几个细节说明,表明其翻译忠实于原作的初衷。③ 除声明他是在中国学者的大力协助下理解并完成《传习录》的翻译

---

① Nivison,David S. Book Review:*Instructions for Practical Living and Other Neo-Confucian Writings by Wang Yang-ming*,trans. Wing-tsit Chan,*The Philosophy of Wang Yang-ming* by Frederick Goodrich Henke. *Journal of the American Oriental Society*,1964,84(4):439;Chiu,S. M. Book Review:*The Philosophy of Wang Yang-ming* by Frederick Goodrich Henke. *The Journal of Asian Studies*,1965,24(4):688.

② 张清河. 喜谈《阳明先生集要》. 贵阳学院学报(社会科学版),2009(2):33-35.

③ Henke,Frederick G. *The Philosophy of Wang Yang-ming*. London & Chicago:The Open Court Publishing Co.,1916:vii-xiv.

外，亨克在《译者前言》中还对译文的另外几个细节做了说明：其一，书中的中国人姓名与汉字，他严格按照当时通行的威妥玛注音系统来拼写；其二，译文中经常可见文字间隙中有加了括号的数字，指代的是该处译文在王阳明原著中对应的页码。此外，亨克还在译文中对一些专有名词、概念进行了汉语括注，以便读者中英文对照。亨克这样做的目的是方便那些精通汉语的读者能够迅速将译文与原文联系起来。这都反映出亨克对自己译文忠实度的自信，深信其译本是经得起考验的。岳峰认为，传教士翻译中国儒家经典是出于传教的目的，也是为了促进西方读者对中国文化的了解，所以其译文忠实、风格贴近。[①] 亨克作为传教士和学者，声称其译本坚持忠实翻译原则是有理由的。

再者，亨克译本对《传习录》原作的语录体、对话体等文体形式的处理策略与西方哲学话语传统有关。对话体、语录体是中国古代思想家著作的常用文体模式，如广为大众熟知的《论语》《世说新语》等。原因之一是这些著作不是思想家本人所作，而是在其去世之后，弟子们根据日常与老师的对话记录整理、编辑而成。语录体有助于最大限度地保留大师思想原貌，也便于读者了解经典思想出处。西方古典思想著作也曾有此案例，如古希腊哲学家苏格拉底逝世后，其杰出弟子柏拉图根据其对话语录编辑而成《对话集》，并在整个西方文化史上影响深远。亨克译本部分保留了语录形式，也整合了一部分问答内容改编成论述语段。相比较而言，在这方面，陈荣捷译本则几乎完全保留了原文的语录体和问答形式。研究发现还有一个细节，无论问或答，亨克译本很少使用"asked"与"answered"这样直观的问答形式与字眼，绝大部分使用"said"，间或使用"made inquiry saying"这样的表达法，极少使用"replied"。陈荣捷译本中使用"asked"与"said"这样对应形式的频率则显然大得多。这或许与中西哲学传承思维方式差异有关。中国圣贤如孔子的对话形式是传授已知知识的场所，所以著作中常见"学生问—老师答"的话语方式；而西方哲人如苏格拉底的对话对已知知识持一种反思态度，把对话当作双方一起探求真知的过程，

---

① 岳峰. 在世俗与宗教之间走钢丝：析近代传教士对儒家经典的翻译与诠释. 厦门：厦门大学出版社，2014：5.

体现真正对话的本质。① 亨克译本的对话体翻译策略在多大程度上受西方这种对话本质的影响、其译本形式达到了怎样的诠释效果、他对原作对话体的部分改编是否忠实等问题都值得继续探讨。

国外对亨克译本的研究以该译本的书评为主,有助于反映该译本的特征。除出版伊始有少数学者认为亨克译本译文忠实、流畅外②,大部分书评认为亨克译本质量欠佳,并指出这与他非全译自中文底本有关。③ 尤其是陈荣捷译本产生后,评论者都认为亨克译本不及陈荣捷译本,存在错译、漏译等现象,但无一例外均对亨克在英语世界首译阳明心学著作的开拓性贡献予以赞扬。④ 经过底本考证可知,亨克译本内容忠实于施邦曜辑评本《阳明先生集要》中的《理学编》,因此不宜仅批评其译本存在的问题。汉学家倪德卫清醒地意识到这一情况并做出了简要的客观论证。⑤ 本人研究还发现,有两点需要关注:其一,针对亨克译本书评的数量多于陈荣捷译本书评的数量;其二,针对两个译本的书评时间均局限于译本初版后数年内,当代对《传习录》英译并无进一步深入研究。国内《传习录》英译研究刚

① 邓晓芒. 苏格拉底与孔子的言说方式比较. 开放时代, 2000(3): 39-45.

② Moore, George F. Book Review: *The Philosophy of Wang Yang-ming* by Frederick Goodrich Henke. *The Harvard Theological Review*, 1919, 12(1): 116-118.

③ Anesaki, Masaharu. Book Review: *The Philosophy of Wang Yang-ming* by Frederick Goodrich Henke. *The American Journal of Theology*, 1918, 22(4): 594-600; John K. Shryock. Book Review: *La Philosophie morale de Wang Yang-ming* by Wang Tch'ang-tche. *Journal of the American Oriental Society*, 1937, 57(3): 352-353.

④ Nivison, David S. Book Review: *Instructions for Practical Living and Other Neo-Confucian Writings by Wang Yang-ming*, trans. Wing-tsit Chan, *The Philosophy of Wang Yang-ming* by Frederick Goodrich Henke. *Journal of the American Oriental Society*, 1964, 84(4): 439; Chiu, S. M. Book Review: *The Philosophy of Wang Yang-ming* by Frederick Goodrich Henke. *The Journal of Asian Studies*, 1965, 24(4): 688.

⑤ Nivison, David S. Book Review: *Instructions for Practical Living and Other Neo-Confucian Writings by Wang Yang-ming*, trans. Wing-tsit Chan, *The Philosophy of Wang Yang-ming* by Frederick Goodrich Henke. *Journal of the American Oriental Society*, 1964, 84(4): 440.

刚起步,在本研究之前,仅有一篇硕士论文从译文功能对等及异化、归化等翻译策略,对比分析《传习录》两个英译本的得失。① 另有少数学者在梳理美国的中国哲学典籍英译史时,简要地描述了《传习录》两个译本及译者,未展开深入研究。② 王宇率先关注亨克对王阳明思想西传的贡献③,颇具启发价值。此外,我们还发现,21世纪以来,美国逐渐加大亨克《传习录》译本的再版发行、销售,或为阳明学在英语世界将盛行起来的预兆。

三、亨克译本出版发行状况考察

亨克《传习录》译本具有独特的出版经历。自1916年首次在美国出版以来已达百年,未有任何重译和修订本,中间数十年都未知其出版发行情况。1964年,纽约佳作出版公司(Paragon Book Reprint Corp.)再版此书,或与纪念亨克去世有关,也表明美国学界并没有忘记亨克及其翻译的王阳明著作。当代学界的研究与图书馆馆藏大多是这个版本。21世纪以来,其译本在美国一再重印,尤其是近十年几乎每年都有出版社进行重印。笔者精选美国几家著名大型网上书店及高校图书馆网站对亨克译本进行了检索,所涉网上书店:(1) www.amazon.com,美国最大的网上书店;(2) www.abebooks.com,在线旧书销售网站;(3) www.bookdepository.com,英国著名的在线图书经销商;(4) www.alibris.com,美国一家在线二手书网站。所涉高校图书馆:(1)哈佛大学图书馆;(2)芝加哥大学图书馆;(3)耶鲁大学图书馆等。通过检索和甄别,发现共有16家出版机构先后出版、再版及翻印过亨克《传习录》译本,统计见表1。

---

① "本研究"特指本文写作所依托的2017年度教育部人文社会科学研究项目"《传习录》英译研究:从诠释到传播";该硕士论文指李初生的《〈传习录〉两个英译本之比较研究》,福建师范大学硕士论文,2012年。2018—2019年逐渐可见关于《传习录》英译研究的论文,但数量依然很少。

② 崔玉军. 陈荣捷与美国的中国哲学研究. 北京:社会科学文献出版社,2010;63;杨静. 美国二十世纪的中国儒学典籍英译史论. 开封:河南大学博士学位论文,2014;36.

③ 王宇. 亨克与王阳明的西传. 浙江日报,2017-01-09(11).

表 1　亨克《传习录》译本在美国出版情况统计①

出版机构名称	出版年份	备注
敞院出版社	1916	第一版(三家图书馆馆藏)
佳作出版公司	1964	第二版(三家图书馆馆藏)
凯辛格出版有限责任公司(Kessinger Publishing，LLC)	2006/2007/2010	翻印(精装本和平装本)
康奈尔大学图书馆(Cornell University Library)	2009	1916 年版扫描本
图书人生出版社(Biblio Life)	2010	翻印(精装本和平装本)
纳布出版社(Nabu Press)	2010/2012/2013/2014	翻印
珍稀图书俱乐部(Rarebooksclub.com)	2012	翻印
古佚图书出版社(Forgotten Books)	2012/2015/2016/2018	再版或翻印(精装本和平装本)
经典图书出版社(The Classics，US)	2013	翻印
精装图书出版社(HardPress Publishing)	2013	翻印
文学许可有限责任公司(Literary Licensing，LLC)	2014	再版或翻印(精装本和平装本)
帕拉拉出版社(Palala Press)	2015	翻印(精装本和平装本)
萨格万出版社(Sagwan Press)	2015	翻印(精装本和平装本)
学者之选出版社(Scholar's Choice)	2015	翻印
安德斯特出版社(Andesite Press)	2015/2017	翻印(精装本和平装本)
文特沃思出版社(Wentworth Press)	2016	翻印

　　表 1 所列各出版机构发行的正式出版本、再版本和翻印本均有可查的国际标准书号(ISBN)，其他未提供国际标准书号的翻印本没有纳入统计。在网上书店还可搜索到亨克译本的其他翻印或扫描本，如瑞英图书出版社(ReInk Books)出版的 2017 年亨克译本翻印本。

　　虽然本表的统计数据有可能不完全，但至少可以表明这样一些情况:

① 本表格中的统计数据包括了亨克译本 1916 年初版和 1964 年再版的信息，以及 21 世纪以来的重印、翻印版本。

其一，亨克《传习录》译本在英语世界日渐受到重视。有学者指出，著作的译介效果最简单的衡量因素就是看其销售量，①或通过图书馆馆藏和借阅量、网上书店和实体书店销售情况、出版社出版发行情况及读者反馈等途径了解证实。② 根据上述统计表，从 1916 年正式出版第一版至今，尤其是 21 世纪以来，已有十几家美国出版社以各种方式再版、翻印亨克译本。尤其是近十年来，几乎每年都有不同出版社进行重印、翻印。此外，以亚马逊图书网为代表的美国几家主要大型网上书店都在线销售各种再版或重印、翻印版亨克《传习录》译本，且数量可观。这都表明，亨克翻译的王阳明哲学思想在美国等英语文化国家逐渐得到重视，并保持了一定规模的阅读与购买数量。

其二，若与陈荣捷译本的出版发行状况做一简要对比，也有特别发现。之前陈荣捷译本仅有 1963、1964、1970、1985、2002 等几个年份的出版记录，直到 2017 年和 2018 年才由 Forgotten Books(古佚图书出版社)将其列入"经典再版丛书"(Classic Reprint)并推出重印本。③ 同样依据上述几家图书网站检索，陈荣捷译本可售数量也少很多。如前文，尽管译本评论者普遍认为陈荣捷译本质量高于亨克译本，就连陈荣捷本人在其译本《译者前言》中也直接指出"亨克译本错误太多，毫无用处"④，甚至当 1964 年亨克译本第二版面世时，有学者说，既然陈荣捷《传习录》英译本已经出版，那么亨克译本就没有再版的必要了。⑤ 但这些都没有影响亨克译本在 21 世纪的出版发行，其再版和销售量均超过陈荣捷译本。此外，我

① 鲍晓英. 中国文化"走出去"之译介模式探索——中国外文局副局长兼总编辑黄友义访谈录. 中国翻译,2013(5)：62-65.

② 李伟荣. 20 世纪以来中国典籍出版走出去的回顾与思考. 中国出版,2016(23)：70-73.

③ Forgotten Books 是特别值得一提的图书出版商,总部设在伦敦,专门从事有价值的旧书修复保存,包括小说和非小说类；中文直译为"被遗忘的图书",旨在重印或再版古佚图书文献.

④ Chan，Wing-tsit. *Instructions for Practical Living and Other Neo-Confucian Writings by Wang Yang-ming*. New York：Columbia University Press，1963：xiii.

⑤ Chiu，S. M. Book Review：*The Philosophy of Wang Yang-ming* by Frederick Goodrich Henke. *The Journal of Asian Studies*，1965，24(4)：688.

们在调研中还发现,著名的人文社科尤其是汉学研究重镇芝加哥大学图书馆仅收藏了亨克《传习录》译本,而没有收藏陈荣捷译本。

综上,亨克译本的出版现状值得关注与研究,并有必要基于此,反思我国当前传统哲学典籍翻译、传播的策略与途径。国际汉学研究专家张西平提出了诸多研究角度的建议,如历史基础、文献学、语言能力、深厚的多学科理论基础与背景知识、跨学科研究方法等,[①]这对此译本研究极具借鉴价值。

四、结　语

以《传习录》为中心的阳明心学著作,是中国传统哲学思想精髓之一,是中华文化典籍外译的重要内容,在英语世界的传播也初见成效,亨克在英语世界的首译之功不应被遗忘。本文梳理了亨克首译《传习录》的背景及其译本出版历程,展示了其文化身份、经历对于翻译阳明心学著作的帮助作用,也揭示了他积极向西方学界译介中国传统哲学思想的动因。通过比较,基本确定了亨克译本的中文底本,并基于对亨克译本总体特征的考察与译本出版发行现状调研,提出了未来的研究方向。

(原载于《国际汉学》2019 年第 3 期)

---

① 张西平. 中国古代文化典籍域外传播研究的门径. 中国高校社会科学,2015(3):79-91;张西平. 中国古代文化经典域外传播研究的一个尝试. 国际汉学,2015(4):171-185.

"厚重翻译"观照下的
亨克英译《传习录》探析

徐赛颖　宁波大学

摘要：厚重翻译旨在通过注释、评注等的辅助，将文本置于丰富的语言文化语境中进行阐释。借助厚重翻译，译者力求帮助目标读者尽可能地产生与源语语境的读者相同的阅读体验，并尽可能多地了解源语文化习俗、思维方式及表达方式等，最终达到对源语文化的充分理解甚至认同。《传习录》英文首译本由美国学者亨克于1916年翻译并出版，其译本呈现出鲜明的厚重翻译特色。亨克主要借助《译者前言》、注释、评点、索引等延展手段增强译本的"厚重性"，在基本把握原作精神的基础之上，多方位地创造富含文化信息的言说语境，构建起中西方文化平等交流的桥梁，推动了阳明学走出中国，为中华优秀传统文化典籍走向世界提供了重要借鉴。

关键词：厚重翻译，亨克，《传习录》，源语文化，阳明学

《传习录》由王阳明弟子徐爱、陆澄等多人先后辑录并最终汇编而成，传世多为三卷本，采用宋代以来较为流行的语录体形式，收录了王阳明与其弟子师友间讨论问学、辨析学理的语录及书信等，内容涵盖阳明学派的主要思想，是后世学习、研讨阳明心学的必读入门之作，向受重视。

1916年，美国学者亨克完成《传习录》及王阳明其他著述的首次英译，并以 *The Philosophy of Wang Yang-ming*[①]（《王阳明哲学》）为名出版。

[①]　Henke，Frederick G. *The Philosophy of Wang Yang-ming*. London & Chicago：The Open Court Publishing Co.，1916.

该译本作为英语世界第一部译介《传习录》及阳明心学的著作,无疑对阳明学的海外传播有开创之功。陈荣捷指出,"亨克的翻译使王阳明的哲学思想第一次完整地进入西方"①。英译本问世之后,海内外学界有多名学者对译本发表评论性文章,如中国学者颜任光②、日本东京帝国大学宗教学教授姊崎正治③、美国哈佛大学神学教授穆尔④等学者均肯定了亨克的首译之功,认为该译本忠于原作,为西方读者理解东方哲学提供了极大的帮助。历史也证明亨克的翻译是成功的,该译本至今仍在西方一版再版,为阳明学的西方传播奠定了坚实的基础。

在英语世界对王阳明及其思想所知甚少的那个年代,亨克能够将《传习录》译成英文,需要非凡的热情、勇气和耐心,译本的最终出版无疑具有里程碑意义。⑤ 但国内却鲜有学者研究亨克的翻译观,也很少关注其译本,仅有几篇论文谈到其首译之功并对该译本所用之中文底本进行考证,这与亨克首译《传习录》并实现阳明学"东学西渐"的历史地位和影响力极不相称。本文借用阿皮亚(Kwame Anthony Appiah)提出的"厚重翻译"理论,考察亨克译《传习录》所彰显的厚重翻译特色,并着重分析其实现厚重翻译的路径,以期为中国典籍外译提供借鉴。

一、"厚重翻译"的内涵

1993 年,美国哲学家、文化理论学者阿皮亚首次提出了"thick

---

① Chan, Wing-tist. Wang Yang-ming: Western Studies and an Annotated Bibliography. *Philosophy East and West*, 1972, 22(1): 75

② Yen, Kia-Lok. Book Review: *The Philosophy of Wang Yang-ming* by Frederick Goodrich Henke. International Journal of Ethics, 1917, 27(2): 241-244.

③ Anesaki, Masaharu. Book Review: *The Philosophy of Wang Yang-ming* by Frederick Goodrich Henke. *The American Journal of Theology*, 1918, 22(4): 594-600.

④ Moore, George F. Book Review: *The Philosophy of Wang Yang-ming* by Frederick Goodrich Henke. *The Harvard Theological Review*, 1919, 12(1): 116-118.

⑤ 王宇. 亨克《王阳明哲学》及其中文底本《阳明先生集要》考述. 浙江社会科学, 2018(10): 114.

translation"的概念。该术语一般译为"厚重翻译"，不过也有学者译为"丰厚翻译""深度翻译""厚翻译"等。厚重翻译蕴含新历史主义的理论资源，无疑为翻译研究带来了广阔的理论视野和探究空间。

阿皮亚是第一个把"厚重"概念引入翻译研究的学者。他从分析哲学的角度出发，指出在翻译过程中，意义的传递有很大的局限性，原文的意思翻译到另一种语言后目标读者有时很难理解其中的意义，一些隐含的意义完全依赖读者的猜测。① 阿皮亚进一步指出，在翻译的意义转换过程中，源语言中诸多术语的所指和文化背景在目标语言中是缺失的，因此无法用目标语言准确表达源语言思想。② 要准确传递意义，不让目标读者迷失在源语文化中，只有采用"厚重翻译"，即厚语境化（thicker contextualization）的方法。③ "这种翻译就是通过注释及评注的辅助，将文本置于丰富的语言文化语境中"④，通过在译文中添加注释或评注，展示源语言中丰富而深厚的文化信息，使目标读者更加理解、尊重源语文化。由此可见，作为一种有效处理文化空缺和文化冲突问题的翻译策略，厚重翻译的关键是阐释性文本材料，其实现路径为脚注、尾注、文内释义、文末索引、译者前言、按语、附笔等延展手段，其主旨是与原文本构建交互语境，为目标读者提供背景知识，从而引起目标读者对源语文化的关注和兴趣，便于目标读者理解与鉴赏。

厚重翻译为目标读者打开了一个新窗口，通过提供各类阐释性周边文本以重建历史和文化氛围，帮助读者熟悉源语文化。阿皮亚还指出，翻译必须在认识文化差异的基础上进行，并且应该帮助人们树立文化差异意识。⑤ 只有直面差异，目标读者才会对他者文化真正产生敬意。换言之，厚重翻译过程就是译者在尊重源语语言文化的前提下的阐释过程，在译文中构建源语的"文化网"，使目标读者在原文内外文化信息交织而成的文化网中理解原文，避免因语言的转换而将原文纳入本土文化的思维

---

① Appiah，Kwame A. Thick Translation. *Callaloo*，1993，16(4)：808-819.

② Appiah，Kwame A. Thick Translation. *Callaloo*，1993，16(4)：815.

③ Appiah，Kwame A. Thick Translation. *Callaloo*，1993，16(4)：812.

④ Appiah，Kwame A. Thick Translation. *Callaloo*，1993，16(4)：817.

⑤ Appiah，Kwame A. Thick Translation. *Callaloo*，1993，16(4)：818.

定式和文化预设中,产生误读或曲解。① 一言以蔽之,厚重翻译作为译者再阐释的一种手段,不是增加翻译文本的"厚度",而是通过副文本的手段构建一个与原文互动的空间,让读者在译文和原文语境之间的相互作用中,更好地阅读、理解和阐释文本,最终达到对源语文化的充分理解和尊重。

二、亨克英译《传习录》的厚重翻译特色

亨克 1876 年出生于美国艾奥瓦州。1900 年底作为美国基督教会美以美会(卫理工会宗派)的传教士到江西南昌、九江等地传教。1907 年回美国继续深造,1910 年在芝加哥大学获哲学博士学位后再次来华,在金陵大学任哲学及心理学教师。1911 年,受上海英国皇家亚洲文会北中国支会的邀请,亨克开始对王阳明哲学开展专门研究。1912 年秋,他在该学会会议上宣读《王阳明生平与哲学研究》一文,自此,他对王阳明哲学产生了巨大的兴趣,开始醉心于阳明学研究。1914 年,他在《一元论者》杂志发表论文《王阳明:一个中国的唯心论者》。亨克认为,西方对中国博大精深的哲学思想知之甚少。他在《王阳明哲学》的《译者前言》中指出:"欧美学界哲学史研究者很少了解中国自孔孟之后的哲学思想,以至于很长时间以来,人们误以为除了'四书''五经'和老子的《道德经》,中国哲学思想乏善可陈。"②所以,为传播阳明学,他开始了艰辛的《传习录》翻译之旅,并于1916 年出版了其多年研究王阳明的成果《王阳明哲学》。可见,亨克之所以翻译《传习录》,完全是被王阳明心学思想所吸引,他希望此书能激起西方世界对中国文化的巨大兴趣,并从中了解东方文化的济世价值。

《传习录》涵盖阳明学,又集儒释道三家之思想。此书属语录体典籍,行文短小简约,不重文采,不讲求篇章结构,也不讲求段落、内容间的联

---

① 王雪明,杨子. 典籍英译中深度翻译的类型与功能——以《中国翻译话语英译选集》(上)为例. 中国翻译,2012(3):103.

② Henke, Frederick G. *The Philosophy of Wang Yang-ming*. London & Chicago: The Open Court Publishing Co., 1916:xi.

系,非常符合汉语偏重意合的特性,言简意赅,文化和哲学术语丰富。这就意味着在英译《传习录》时不论采用哪种翻译策略,原文丰富的文化和哲学思想内涵损失在所难免;而且当时西方读者对阳明学知之甚少,面对大量扑面而来的外来文化,有巨大的理解障碍。因此,亨克在翻译中采用厚重翻译的策略也就不足为奇了。正如阿皮亚所说,厚重翻译不是为了追求译文的完美,翻译的目的是产生具有新特性的文本,让目标读者有全新的体验和理解。① 亨克通过厚重翻译手段构建文化交互语境,消除目标读者对外来文化的陌生感,从而达到阐释和传播阳明学的最终目的。其翻译特色可归纳如下:在翻译中通过译者前言、注释、评点英译、索引等手段,对原著的历史背景、作者的思想精髓、中国传统文化中的类似理论以及作者观点可商榷之处,均一一指出。由此,将文本置于丰富的文化与语言环境中,还原原著的历史语境和文化氛围,从而将中国文化和心学思想忠实地传递给对阳明学不熟悉的西方读者,并促进他们对译本的理解。

三、厚重翻译的实现路径:《传习录》的翻译策略

亨克邀请了他在芝加哥大学的老师兼朋友塔夫茨为此书作序言。塔夫茨在序言中高度评价了亨克所做的东方哲学翻译工作,认为对促进西方对东方的了解有巨大的作用。亨克在《译者前言》中简要介绍了其接触阳明学之缘起及后续研究工作的开展,正文中的注释、行文之间的要旨概括及评点英译恰到好处,文末还有数十页的索引以供查阅。如此种种,亨克通过营造全方位、多角度的文化交互语境为西方读者理解和阐释文本铺平了道路,以激起西方读者的阅读兴趣。以下具体从译者前言、注释、评点英译及索引等方面探讨亨克的《传习录》翻译策略。

(一)译者前言

译者前言是指译者撰写的文本陈述,通常包括对原作者、原作内容、

① Appiah, Kwame A. Thick Translation. *Callaloo*, 1993, 16(4): 815.

翻译策略及译者心理活动等的简要介绍。译者前言中提供的信息可以最大限度地降低目标读者对原著背景信息等的理解难度,因此,译者前言可以作为连接译者和目标读者的桥梁。在某种程度上,熟悉原著的背景信息、翻译策略、译者动机等可以帮助实现双方之间的成功沟通。

亨克在《译者前言》中首先介绍了自己研究王阳明的缘起,他是应英国皇家亚洲文会北中国支会之邀对王阳明思想进行专题研究的,进而对其哲学思想产生了浓厚兴趣,并由此萌生了将《传习录》译为英语的想法。随后他简要介绍了中国思想史的发展历程,认为朱熹是现实主义者,而王阳明则是理想主义者,并对王阳明的核心思想进行了简要叙述。这些背景信息已先期为目标读者勾勒了中国哲学概貌及阳明学作为中国哲学重要组成部分的地位,帮助目标读者进入正式的译文,促进目标读者对译本的理解及对源语文化的认知。随后他在描述自己的翻译过程时指出,中国学者在其理解文本及翻译校对方面提供了极大的帮助,既保证了译文语言的流畅性,也保证了译文的准确性与忠实性。《译者前言》的最后,他还特别提及了自己的一些翻译策略:

> The captions inserted in italics in the text were added at the suggestion of Dr. Paul Carus. Chinese names and characters have been spelled according to the system of Sir Thomas Wade. The numbers placed at intervals in the text within parentheses refer to the paging of the Chinese text. Those familiar with the Chinese will find these a great advantage in locating the place in the original. [1]

此处提供了以下几条信息:首先,亨克在保罗·卡鲁斯博士的建议下,在行文中添加了章节要旨概括,并以斜体形式插于段落之间;其次,中文姓名及汉字依照威妥玛式拼音法进行拼写;再次,文中插入的带括号的数字则对应中文底本中的页码。章节要旨概括是亨克厚重翻译的一大特

---

[1] Henke, Frederick G. *The Philosophy of Wang Yang-ming*. London & Chicago: The Open Court Publishing Co., 1916: xiv.

色。《传习录》作为心学语录体的范本,与西方讲求逻辑性、理性的哲学作品存在显著差异,因此对早已习惯西方哲学话语的西方读者来说,《传习录》不论是语言还是篇章结构都略显松散,重意合的汉语特色跃然纸上。亨克凭借过硬的理解能力,通过寥寥数语概括主旨要义,使文本更具逻辑性,拉近了西方读者与阳明学的距离。以下试举一例:

【原文】爱问:"'知止而后有定',朱子以为事事物物皆有定理,似与先生之说相戾。"先生曰:"于事事物物上求至善,却是义外也。至善是心之本体,只是明明德到至精至一处便是。然亦未尝离却事物。本注所谓'尽夫天理之极,而无一毫人欲之私'者,得之。"(《传习录·徐爱录》)

【译文】 *The Highest Virtues are Innate*

I made inquiry regarding the saying from the Great Learning,"Knowing where to rest, the object of pursuit is determined." "The philosopher Chu," I said, "held that all affairs and all things have definite principles. This appears to be out of harmony with your sayings."

The Teacher said: "To seek the highest virtue in affairs and things is only the objective side of the principles of righteousness. The highest virtues are innate to the mind. They are realized when the manifesting of lofty virtue has reached perfection. Nevertheless, one does not leave the physical realm out of consideration. The original notes say that the individual must exhaust heaven-given principles to the utmost and that no one with any of the prejudices of human passions will attain to the highest virtue. "[1]

上例记录的是王阳明与弟子徐爱探讨"至善"之本源,最终得出"至善是心之本体"的结论。亨克不拘泥于原文的形式,在此段落之前以自成一

---

[1] Henke, Frederick G. *The Philosophy of Wang Yang-ming*. London & Chicago: The Open Court Publishing Co., 1916: 50.

段的形式概括该段中心思想为"The Highest Virtues are Innate"(至善是心之本体),既使译文行文清晰,又能帮助读者快速把握原文主旨,可谓一举两得。

(二)注 释

注释是对文本中的语汇、内容、背景、人名地名、引文等进行解释的文字。《传习录》作为融通儒释道三家要义的哲学文本,对三家典籍中的术语及核心内容的引用不在少数,其本身所包含的心学思想及哲学术语亦是艰深晦涩,这对西方读者的理解是一大挑战。由此,注释作为正文之外的辅助手段,发挥着重要作用。阿皮亚也明确指出,这种类似于学术翻译的文本必须借助注释、评注等以实现"厚语境化"①。据笔者统计,《王阳明哲学》一书注释达 421 条,其中文化术语和哲学术语释义 154 条,主要涉及人名和地名、文化负载词、文本背景等,引文出处查证 267 条(具体见表 1)。

表 1 亨克《王阳明哲学》注释统计表

内容	注释	释义	引文出处查证
《王阳明传》(*The Biography of Wang Yang-ming*)	22	21	1
第一编(BOOK I)	95	37	58
第二编(BOOK II)	69	25	44
第三编(BOOK III)	108	32	76
第四编(BOOK IV)	127	39	88
总计	421	154	267

在第三编《答顾东桥书》中,王阳明旁征博引,详细阐述了其"格物致知"的学术思想,亨克在翻译中,仅注释就有 40 条,其中引言出处查证 28 条,对于帮助西方读者理解王阳明的心学思想具有重要作用,体现出亨克

---

① Appiah，Kwame A. Thick Translation. *Callaloo*，1993，16(4)：817.

秉持的厚重翻译理念,充分彰显了亨克的博学以及负责的翻译态度。具体如下。

1. 引文出处查证

【原文】爱问:"'在亲民',朱子谓当作'新民',后章'作新民'之文,似亦有据。"(《传习录·徐爱录》)

【译文】I made inquiry regarding "to love the people,"⁴ which the philosopher Chu said should be translated "to renovate the people,"⁵ the evidence being that a later chapter uses "to renovate the people."

⁴ *Great Learning*, Introduction, Paragraph 1.

⁵ Ibid., Ch.2, t.2. ①

此处探讨"亲民""新民"之分,"亲民""新民"均出自《大学问》首章,亨克在脚注中亦一一标注出处。除此种较为简单常规的引文出处查证注释之外,亨克还会适当地将引文原文完整地添加在注释中,再现更为丰厚的文化语境,帮助读者理解。如:

【原文】黄诚甫问"汝与回也,孰愈"章。(《传习录·薛侃录》)

【译文】Huang Cheng-fu made inquiry regarding the chapter which begins: "Which do you consider superior, yourself or Hui?"¹⁵

¹⁵ "The Master said to Tsze-kung, 'Which do you consider superior, yourself or Hui?' Tsze-kung replied, 'How dare I compare myself with Hui? Hui hears one point and knows all about a subject; I hear one point and know a second.' The Master said, 'You are not equal to him. I grant you, you are not equal to him.'" —*Analects*, Book V, Ch.8. ②

"汝与回也,孰愈"语出《论语·公冶长》,是孔子与其弟子子贡对颜回作为德行典范的探讨。如若只是进行简单的直译,该句中的人称所指容易混淆,引起误解。为了帮助读者更深入地了解引文背后的故事,更好地

---

① Henke, Frederick G. *The Philosophy of Wang Yang-ming*. London & Chicago: The Open Court Publishing Co., 1916:48.

② Henke, Frederick G. *The Philosophy of Wang Yang-ming*. London & Chicago: The Open Court Publishing Co., 1916:124.

理解下文中王阳明对子贡与颜回的评价,亨克在此提供了完整的引文原文,使读者获取更加具体的文化信息。

2. 术语释义

正如陈荣捷先生所说:"没有任何一个英文词可以和某个中文词汇画等号,除少数情况,音译只不过是回避了这一问题。正确的英文词汇不只是表达在某个特定文本中的中文概念,而且要能够运用在整个中国思想史中,虽然有时也难免有替代翻译。"[①]而文化术语既包含文化特质,也包含哲学特质,因此如何传达术语背后包含的文化内涵和哲学思想并为读者所接受是亨克面临的一大挑战。如:

【原文】自伏羲画卦,至于文王、周公,其间言《易》,如《连山》《归藏》之属,纷纷籍籍,不知其几,《易》道大乱。(《传习录·徐爱录》)

【译文】From the time when Fu Hsi drew the eight diagrams up to the time of Wen Wang and Chou Kung, portions of the *Book of Changes*, such as *Lienshan* and *Kueits'ang*, were discussed, often in a noisy, disorderly way.[21]

[21] The eight diagrams consist of eight combinations of a line and a divided line. They are said to have been copied from the back of a tortoise by the legendary monarch Fu Hsi. They were used in philosophizing and in speculating about nature.[②]

八卦是中国上古文化的深奥概念,用深邃的哲理解释自然、社会现象,是用来推演事物之间关系的工具。亨克在注释中首先描述了八卦的外在形态,帮助西方读者建构具体的形象;其次简单介绍了八卦的起源及其创造者,增添了几分神话色彩,将中华上古文化的神秘性展现给西方读者;最后介绍了八卦的用途,说它是一种从哲理的角度观察、解释自然现象的工具。此注释一方面以寥寥数语较为清晰地解释了八卦的含义;另

---

① 陈荣捷. 新儒学的术语解释与翻译. 张加才,席文,编译. 深圳大学学报(人文社会科学版),2013(6):52.

② Henke, Frederick G. *The Philosophy of Wang Yang-ming*. London & Chicago: The Open Court Publishing Co., 1916:63.

一方面也在无意中向西方读者透露出一个关键信息，即中国哲学的起源可追溯至上古时代，且一直传承至今。这个注释充分体现了厚重翻译的特征，为目标读者提供了充足的文化背景信息，避免跨文化的误解，加深读者对中国哲学的理解。

【原文】问："儒者到三更时分，扫荡胸中思虑。"（《传习录·黄直录》）

【译文】I made inquiry saying："In the third watch the Confucian scholar banishes all care from his mind."[14]

[14] The Chinese have five night watches of two hours each，from 7 P.M. to 5 A.M. "In each watch，the watchman makes five rounds beating his wooden rattle to warn off thieves，in each case with as many strokes as denote the number of the watch."（Giles，Herbert A.：*Chinese Dictionary*，Shanghai，Kelly and Walsh，1892.）①

三更为古代时间名词。古代一昼夜分十二时辰，而一夜分为五更，每更两小时。中国古代的计时制度与西方颇为不同，因此亨克在注释中较为详细地解释了中国的计时方式，并参考翟理思所著辞典对"打更"这一古代中国民间的夜间报时制度进行阐释，一方面保证了注释的正确性与权威性，另一方面为西方读者提供了背景材料，以便读者更全面地了解中西时间文化的异同。

【原文】先生曰："心即理也。天下又有心外之事、心外之理乎？"（《传习录·徐爱录》）

【译文】The Teacher said："The mind itself is the embodiment of natural law. Is there anything in the universe that exists independent of the mind?[13] Is there any law apart from the mind?"

[13] May in modern terminology best be translated "experience."②

① Henke，Frederick G. *The Philosophy of Wang Yang-ming*. London & Chicago：The Open Court Publishing Co.，1916：158.

② Henke，Frederick G. *The Philosophy of Wang Yang-ming*. London & Chicago：The Open Court Publishing Co.，1916：50.

此例中亨克在正文中将"心"译为"mind"。"mind"在西方世界更多地侧重科学认知方面,而心学中的"心"之含义蕴含丰富的哲理。王阳明晚年在《答顾东桥书》中说:"心者身之主也,而心之虚灵明觉即所谓本然之良知也,其虚灵明觉之良知应感而动者谓之意,有知而后有意,无知则无意矣,知非意之体乎?意之所用必有其物,物即事也。"由此可见,心学所讲之心,本体在于良知。亨克也意识到二者之间存在的认知差异,因此在注释中说明将其译为"经验"更符合现代术语。且不论如此翻译是否合理,此注释显然考虑到了西方读者对"心"的理解和接受问题,以意译的方式提供了另一种更易于西方读者理解和接受的翻译。

此外,考证还发现,亨克对《传习录》原文中"道"的翻译亦颇有特色。他根据不同的语境,把"道"译成"doctrine""truth"及"path"。"道"是中国哲学中非常重要的一个概念,有着丰富、独特的内涵。"道"在西方世界没有对等语,为使西方读者了解其蕴含的文化信息,亨克在译文中并没有采用中国学者所惯用的音译方式,而是灵活翻译,在不同的语境中采用不同的翻译,多方阐释心学之"道"的内涵。同时亨克借用"doctrine"和"path"这两个在西方世界带有一定宗教色彩的词语,以营造西方读者熟悉的文化语境,增加亲近感,引起西方读者对中国文化的兴趣,并从心理上更易接受阳明学。

(三)评点英译及索引

亨克所译王阳明的书信部分除了依旧添加要旨概括,更将原著编者施邦曜的评点译为英文置于书信末尾。评点虽然不是亨克原创,但其保留评点并英译的策略值得肯定,这样不仅能帮助西方读者更好地理解阳明思想,也展示了评点者对阳明学的评价,以更全面的视角展现阳明学的价值。如:

> 【原文】此书前悉知行合一之论,广譬博说,旁引曲喻,不啻开云见日。后拔本塞源之论阐明古今学术升降之因,真是将五藏八宝,悉倾以示人。读之,即昏愚亦恍然有觉。此正是先生万物一体之心,不惮详言以启后学也。当详玩勿忽。(《答顾东桥书》评点)

【译文】*Comments*—This letter at first thoroughly investigates the unity of knowledge and practice, widely illustrating and extensively discussing it. Alongside, it makes historical allusions and gives various illustrations. It does no less than dispel the clouds so that the sun can be seen. The later discussion of pulling up the roots and stopping up the source makes clear the reason of the rise and fall of ancient and present-day methods of learning. It truly exhibits the five vital things and the eight precious things which the eight genii carry in their hands, in order to display its meaning. In studying this, unenlightened and simple-minded individuals suddenly come to a realization. This is an instance in which the mind of the Teacher, which considers all things as one, is not afraid to speak in detail in order to instruct later scholars. It should be examined in detail and not neglected. ①

【原文】近时父兄之课子弟，甫句读，辄恨其不能早作文应试，俱以少年登第为第一美。举世原止办得一副富贵利达心肠，学问事功，安得不尽坏?（《寄诸用明书》评点）

【译文】*Comments*—Of late, fathers and brothers in the instruction of their sons and younger brothers are vexed, that the child is not able to write essays and take the first examinations as soon as it is able to distinguish sentences. They think that the early acquiring of the degrees of Chüjen and Chinshih is excellent in the extreme. Everybody feels only a heart-longing for gain, honor, advantage, and official promotion. How can learning and real merit fail to be completely ruined?②

---

① Henke, Frederick G. *The Philosophy of Wang Yang-ming*. London & Chicago: The Open Court Publishing Co. , 1916: 334-335.

② Henke, Frederick G. *The Philosophy of Wang Yang-ming*. London & Chicago: The Open Court Publishing Co. , 1916: 352-353.

施邦曜所编《阳明先生集要》不仅传播了阳明学,且体现了施本在评点上的重要意义及价值:建立了新的诠释体系,创新了评点内容的运用机制。① 施邦曜利用评点的方式表达自己对阳明学的理解,一方面起到诠释与阐发的作用,另一方面以自身之力为阳明学发声。同样,亨克在书信部分将施邦曜的评点内容进行英译的做法,为译本提供了更多阐释性材料,亦是欲借中国古代学者之言加深西方读者对源语文化的理解。而王阳明的书信相较于语录而言,更能直接体现其核心思想。亨克此举看似多余,实则用心良苦。作为海外译介阳明学第一人,亨克亦以自身之力为阳明学走向世界铺平道路。

亨克在译本最后特别附上 12 页的索引,包括人名、地名、核心关键词等具有独特文化内涵的词语,这也是实现译文"厚语境化"的一种手段。这些名词的索引以英文首字母为序,附上在文中出现的所有页码,方便有兴趣的读者和学者按图索骥,快速定位。试举一例:

> Propriety:
>
> > domestic,414 ff.
> >
> > mind in accord with,132 ff.
> >
> > perplexing problems of,416 ff.
> >
> > principles of,412 ff.
> >
> > relation to principles,60 ff.
> >
> > Rules of,486 ff. ②

以"Propriety"(礼)为例,索引中分别提供了关于家礼、心与礼的一致性、礼的原则、礼的目的等内容,所在页码一一标注,宛若一本小型辞典,查阅时非常便利,极具读者关照性。

---

① 张菁洲. 施邦曜评点《阳明先生集要》及其价值. 贵州文史丛刊,2016(4):15-22.

② Henke,Frederick G. *The Philosophy of Wang Yang-ming*. London & Chicago:The Open Court Publishing Co.,1916:509.

四、结　语

　　综上所述，亨克《传习录》的英译是应用厚重翻译策略的成功验证。实践证明，厚重翻译是应对翻译过程中出现的文化缺省和文化冲突，最大限度地再现源语文化和思想的有效策略。王阳明原著的语言极具汉语特色，言语层次丰富，承载着厚重的哲学和文化思想，句式灵活多样，语言简约，而译作既要准确地传递王阳明的思想，又要尽可能保留原作的风格和修辞。正如叶君健所说："一部译作有没有生命力，主要取决于译者有没有个性……能否把原作的精神表达出来，是一个最重要的问题。……我们做翻译，应该讲点辩证法，面对众多的矛盾，要抓住主要的本质的方面。"① 亨克正是抓住了翻译的本质，通过厚重翻译方法，在原作和译本之间取得了完美的平衡。其翻译路径可总结为：首先通过序言简述阳明学的核心思想，使读者留有初步印象；其次在正文中通过注释、评点翻译等手段对主题内容进行细致解说，深入浅出，娓娓道来，以符合西方读者的阅读习惯；最后辅之以详细完备的术语索引，将全书的精华进行提炼，便于读者快速定位，按图索骥。译本的"厚重性"帮助亨克在基本把握原作精神的基础之上，尽量保留原作风格，多方位营造出富含文化信息的言说语境，构建起中西方文化平等交流的桥梁，成功实现心学的首次西方行旅，并走进西方读者的精神世界，让更多西方人了解阳明学的价值所在。

　　在中国文化"走出去"的国家战略背景下，厚重翻译无疑可为中国古代文学与文化典籍的对外译介与传播提供切实可行的路径，有利于中国文化思想精髓的保存、再现、弘扬和传播，实现中西方文化的平等对话，也能够促进西方读者对中国历史文化有更全面的理解和更深切的尊重。②

---

①　转引自：许钧. 文学翻译的理论与实践——翻译对话录. 南京：译林出版社，2010：121.

②　王雪明，杨子. 典籍英译中深度翻译的类型与功能——以《中国翻译话语英译选集》（上）为例. 中国翻译，2012(3)：104.

亨克作为海外阳明学译介第一人,其《传习录》译本在 21 世纪后仍持续受到关注,一版再版。虽然不可否认亨克的译本因文化陌生等原因而造成读者理解上的问题,但也不可忽视亨克译介阳明学的历史地位和历史价值,其译本彰显的厚重翻译观为中国文化典籍走向世界提供了范本,为中国哲学在世界文化经典之林落地生根做出了重要贡献。目前对亨克及其译本的研究相当有限,本文作为初步尝试,希望能引发学界更多、更深入的研究。

(原载于《浙江大学学报(人文社会科学版)》2020 年第 3 期)

离散译者陈荣捷与《传习录》英译

刘孔喜　湖北民族大学

摘要：旅美学者陈荣捷在海外弘扬中国哲学逾半个世纪，尤其致力于中国古代哲学文献英译事业，贡献巨大。其译著既忠实保留了中国哲学的独特性、异质性，又因翻译质量高、学术性强而备受称赞。这两点特征均与他作为离散译者的文化身份有密切关系。本文以陈荣捷英译《传习录》为例，揭示其作为离散译者所具有的文化自觉意识对翻译选材、翻译策略选择的影响，以及作为离散译者所积累的文化资本优势对翻译活动的保障与促进作用。

关键词：陈荣捷，离散译者，《传习录》英译，文化自觉，文化资本

　　陈荣捷中学西传功绩之大，国内学者鲜有比肩者。[①] 哲学领域学者对其成就尤为称道，赞誉他为儒学的国际性研究做出了世界贡献。[②] 然而，因陈荣捷自旅美后在中国的学术活动极少，国内对其研究还不够充分。有限文献中研究陈荣捷翻译实践及翻译思想者所占比重较小，对他作为离散译者的研究则更罕见，而这恰恰是其翻译动因、翻译原则与翻译策略形成的重要根源。刘敬国和项东梳理了陈荣捷一生的翻译成就与翻译原则，堪称现有文献中对陈荣捷翻译活动描述讨论最为详细深入者，不过对翻译文本的外部研究涉及也较少。[③] 本文以其《传习录》英译活动为例，考

---

① 崔玉军. 陈荣捷与美国的中国哲学研究. 北京：社会科学文献出版社，2010：2.
② 周炽成. 简论陈荣捷对儒学的世界性贡献. 中国哲学史，1999(4)：99-104；陈来. 陈荣捷：中学西传的大学者. 北京日报，2017-03-06(20).
③ 刘敬国，项东. 中哲西传，一代宗师：陈荣捷先生的翻译事业. 中国翻译，2012(1)：47-50.

察陈荣捷作为离散译者的文化身份对《传习录》英译活动产生的影响。

一、陈荣捷作为离散译者的文化身份

虽然对离散译者概念的界定未能完全统一,但学界言及的"离散译者"的基本特征要素还是比较一致的。孙艺风提出的"文化离散"概念指离开自己的文化家园,在异域文化环境中憧憬并审视本土文化,在接触、体验异域他者的同时,进行文化间的沟通与杂合。① 屠国元和许雷将海外华人译者称为离散译者,有时也用华人译者这个名称。② 汪世蓉认为,"华人离散译者"就是指离开中国到世界各地居住,并从事文化翻译相关工作的群体。汪世蓉也曾提出,身处异乡但在文化观念上几乎已经被当地文化所同化者,就不能被称为跨民族思维的离散者。③

从这些要素看,陈荣捷可称作离散译者。他是美籍华人,青年时代就曾赴美国求学。自 1937 年正式去美国夏威夷大学讲学算起,陈荣捷离开祖国在美国生活、工作近 60 年,一直致力于中国哲学与文化的研究、翻译与教学工作,为中国传统文化思想在美国乃至整个英语世界的译介、传播做出了巨大贡献。陈荣捷虽长期在海外学习、生活、工作,但始终坚守中国传统文化的精神阵地,长期从事中国哲学文化翻译且影响力与贡献巨大。这些要素与学界关于离散译者概念的定义及特征描述都相符合。

当前关于离散译者的研究,基本上是与文化研究相关的视角。如刘红华和黄勤列出离散研究应包含的四个关键词:"家园"迁移、"原乡"记忆、"身份认同"和"文化翻译"(既包括传统意义上的文化翻译,也包括离散作家创作中所进行的文化翻译)。④ 也有微观视角的研究,一般关注离

① 孙艺风. 离散译者的文化使命. 中国翻译,2006(1):3-10.
② 屠国元,许雷. 译在家国之外——黄继忠《论语》英译的策略选择. 中南大学学报(社会科学版),2013(4):215-220.
③ 汪世蓉. 身份博弈与文化协调:论华人离散译者的文化译介. 中国比较文学,2017(2):103-115;汪世蓉. 漂泊与归属:论离散译者余光中的"中国情结". 社会科学家,2015(9):145-148.
④ 刘红华,黄勤. 译者聂华苓研究综述. 翻译论坛,2015(2):61-65.

散译者采取何种翻译策略进行翻译——抵抗或协调、合作。如孙艺风主要关注的就是翻译学视域内译者主体的离散性、翻译本质的文化离散性以及离散译者的异化翻译策略。不过,孙艺风并没有拘泥于针对具体译本翻译策略的微观研究,他还揭示了离散译者的文化使命:更好地协调异化与归化、异化与译文可达性之间的关系,有效地进行跨文化交流。[①] 本文首先重点分析陈荣捷作为离散译者的文化自觉意识对其翻译《传习录》的影响,其次考察陈荣捷作为离散译者所具备的文化资本对《传习录》翻译活动的促进作用。

二、离散译者陈荣捷的文化自觉意识与《传习录》英译

费孝通提出的"文化自觉"概念,首先强调对自身文化有"自知之明",明白自身文化的来历、形成过程、特色和发展趋势;其次强调文化转型的自主能力,既不赞成"复旧",也不主张"全盘西化"或"全盘他化"。[②] 该概念涉及文化继承、文化选择、文化定向、文化适应、文化发展等话题[③],对翻译活动中的翻译选材、翻译目的、翻译原则及策略、翻译批评标准等问题具有重要影响。

(一)离散译者的文化自觉意识与翻译选材

首先,离散译者的文化自觉意识会影响其翻译选材及翻译目的。罗选民和杨文地指出,就翻译而言,文化自觉的最终目的就是要在不损害中国文化精神的前提下,以最恰当的方式解读、翻译最合适的典籍作品,从而达到消解分歧、促进中外文化交流、极大地满足西方受众阅读中国典籍的需求。一是表明译者的翻译选材要偏重中国文化典籍,二是指翻译原则与翻译策略上要协调好正确传递中国文化内涵与确保目的语读者接受

---

① 孙艺风. 离散译者的文化使命. 中国翻译,2006(1):3-10.
② 费孝通. 费孝通论文化与文化自觉. 北京:群言出版社,2007:190.
③ 许明武,葛瑞红. 翻译与文化自觉. 华中科技大学学报(社会科学版),2003(4):102-105.

之间的关系。这既是离散译者的责任,也是离散译者的优势之一。①

　　陈荣捷作为旅美多年的华人译者,身处特殊文化环境中,既深谙英美异域文化,又一直坚持中华民族传统文化的自觉意识,有着明确的中国哲学理念。陈荣捷之所以能被学界称为"北美大陆的儒家拓荒者"②,是因为长期以来美国的中国哲学研究一直不太繁盛,陈荣捷在夏威夷大学任教时堪称美国高校第一位讲授中国哲学的华人学者。③ 陈荣捷曾指出,直至20世纪40年代前后,美国的大学里哲学都是不受欢迎的专业,因为即使在人文教育领域内,也始终有一种反智主义(anti-intellectualism)的因素。④ 他离开夏威夷大学赴达特茅斯学院任教初期,甚至因在哲学系没有学生而改任教于比较文学系。

　　在这样的学术环境下,陈荣捷依然坚决表示他有自己的计划⑤,其成果表明该计划就是按照他自己的学术思路,逐步研究并在英语世界推介中国哲学。在达特茅斯学院时期(约1942—1966),他活跃于涉及中国思想的学术会议与研讨班,在芝加哥、康奈尔、哥伦比亚等院校举办演讲、学术讲座甚至系列讲学等,主题涉及中国儒释道各家哲学,并且,他为能首次在美国本科生中开设常规的中国哲学与思想课程感到非常自豪。

　　美国在二战前和二战后初期都不重视中国哲学中的宋明理学(新儒学)研究。⑥ 因为美国的汉学研究本身起步就晚,而且之前深受欧洲学者影响,普遍认为中国哲学在秦汉之后没有实质性发展,故对秦汉以后直至宋明理学等关注不够。⑦ 这一点《传习录》首译者亨克也着重提到,欧美学界哲学史研究者很少了解中国自孔孟之后的哲学思想,以至于很长时间

① 罗选民,杨文地. 文化自觉与典籍英译. 外语与外语教学,2012(5):63-66.

② 吴戬. 美籍华人学者陈荣捷的船山学研究. 衡阳师范学院学报,2017(5):9-16.

③ 崔玉军. 东西方哲学家会议与中国哲学研究在美国的发展. 国外社会科学,2005(4):42-50.

④ 华霭仁. 陈荣捷(1901—1994):一份口述自传的选录. 彭国翔,译. 中国文化,1997(15/16):339.

⑤ 华霭仁. 陈荣捷(1901—1994):一份口述自传的选录. 彭国翔,译. 中国文化,1997(15/16):339.

⑥ 陈来. 陈荣捷:中学西传的大学者. 北京日报,2017-03-06(20).

⑦ 崔玉军. 陈荣捷与美国的中国哲学研究. 北京:社会科学文献出版社,2010:22.

以来,人们误以为除了"四书""五经"和老子的《道德经》,中国哲学思想乏善可陈。① 如果说在赴达特茅斯学院之前陈荣捷还只是在关注中国哲学的总体品格,尚未真正意识其历史使命,那么其后的学术生涯则实现了重要转变,学术研究自主性大大增强,研究兴趣从对整个中国哲学的介绍转移到宋明哲学发展史。陈荣捷这样做,一是对欧美学界长期怀有中国自先秦之后无哲学谬断的纠偏,另外也正是其学术使命感的不自觉萌发。②

陈荣捷为美国的中国哲学研究从先秦儒学转向宋明理学(新儒学)做出了积极的贡献,尤其在 20 世纪 60 年代以后,他努力的效果逐渐显现。经历了学术生涯早期对中国思想的泛泛介绍,陈荣捷仍感不足。他意识到,若要使中国传统文化与思想的积极精神被更多的西方学子所了解、接受,必须以中国哲学文献的翻译为手段。在其学术生涯的中期,陈荣捷开始大量翻译中国经典。自 1960 年起,陈荣捷连续 6 年为《大英百科全书》撰写中国哲学篇及儒家、道家、理学等篇。其他欧美出版的英文百科如《科利尔百科全书》(*Collier's Encyclopedia*)、《宗教百科全书》(*The Encyclopedia of Religion*)、《芬克‐瓦格纳尔新百科全书》(*Funk & Wagnalls New Encyclopedia*)等之中的中国哲学部分,几乎全由其执笔,这些其实也就是中国哲学翻译。若把陈荣捷其他一些英文版中国哲学研究论著也算作翻译的话,那他的翻译成果量大得惊人。陈荣捷自己都说过,他在英文方面的出版超过任何其他中国学者,至少在数量上是第一位。③

在丰富的英文作品中,仅 1963 年陈荣捷就一起推出了《传习录》《六祖坛经》《道德经》以及《中国哲学文献选编》(*A Source Book in Chinese Philosophy*)等四部英文编译著。这四部编译著凝聚了陈荣捷十几年的心血与努力。陈来说"《传习录》的翻译尤有意义"④,指的是这标志着陈荣捷

① Henke,Frederick G. *The Philosophy of Wang Yang-ming*. London & Chicago:The Open Court Publishing Co.,1916:xi.
② 崔玉军. 陈荣捷与美国的中国哲学研究. 北京:社会科学文献出版社,2010:2.
③ 华霭仁. 陈荣捷(1901—1994):一份口述自传的选录. 彭国翔,译. 中国文化,1997(15/16):342.
④ 陈来. 陈荣捷:中学西传的大学者. 北京日报,2017-03-06(20).

选择着手翻译宋明理学著作,改变了英语世界中国哲学资料不完备的状况。① 陈荣捷在 1972 年王阳明诞辰五百周年的纪念论文"Wang Yang-ming:Western Studies and an Annotated Bibliography"中指出,欧美的理学研究本就起步较晚,尚在萌芽之中,阳明学研究比朱子研究就更晚,欧美学人甚至未闻王守仁之名,虽 1916 年有亨克英译本《王阳明哲学》问世,但仍然落后于朱子学;直至二战以后,欧美对中国思想开始注意,对阳明学终于给予重视,其后逐渐受到关注。② 陈荣捷着力推出《传习录》全译本,为当时美国的阳明学研究增添了可靠的重量级文献,具有极重要的促进作用。作为国际朱子学研究权威,陈荣捷厚朱子却从未轻阳明,故陈来对其译本评论作"尤有意义"一说。

据陈荣捷译本译者序,他选择翻译《传习录》直接原因就是,"亨克1916 年推出的译本 *The Philosophy of Wang Yang-ming* 包含太多错误以至于没有任何作用。且译者重新编排原作结构,并无明确理由地省略了原作许多内容"③。因此,陈荣捷觉得有必要向西方学界提供一个新译本。这一翻译选材动因,直接反映了陈荣捷作为华人离散译者的文化自觉意识,他不满中国文化经典著作被误译、漏译而导致中国经典哲学思想得不到应有的诠释与传播,因此主动承担起翻译《传习录》的责任,以确保王阳明哲学能在欧美学界正确传播。④

陈荣捷作为文化离散译者所表现出的责任感无疑给世人产生了深远的影响,也得到了学界的广泛认可。他所选择翻译的中国哲学文献,从先秦儒释道到宋明理学,力争全面、连贯,在异域文化中坚持逐步传播中国传统哲学,《传习录》英译本是其中优秀代表。欧美学界誉其为"把东方哲

---

① 陈来先生给笔者回复的邮件中,简要做出如此解释,强调陈荣捷对提高英语世界的宋明理学研究之贡献。

② Chan,Wing-tsit. Wang Yang-ming:Western Studies and an Annotated Bibliography. *Philosophy East and West*,1972,22(1):75-92.

③ Chan,Wing-tsit. *Instructions for Practical Living and Other Neo-Confucian Writings by Wang Yang-ming*. New York:Columbia University Press,1963:xiii.

④ 刘孔喜,许明武.《传习录》英译史与阳明学西传. 中国翻译,2018(4):28-35.

学文化思想最为完备地介绍到西方的中国大儒"①，毫不为过。

（二）离散译者的文化自觉意识与翻译策略选择

陈荣捷英译《传习录》运用的翻译策略也深受其作为离散译者的文化自觉意识的影响。周炽成曾专门辨析陈荣捷与冯友兰两位学者的研究路径，发现冯友兰很看重中国哲学与西方哲学的共性，采取的是以西方哲学为参照系来研究中国哲学，即以西释中，也代表了20世纪大多中国学人研究中国哲学的路子；而陈荣捷则相反，他强调中国哲学的独特性，保存中国哲学与西方哲学之异。② 冯友兰也曾留学美国，在哥伦比亚大学获哲学博士学位，师从美国实用主义哲学代表人物杜威。陈荣捷在海外的经历实际要比冯友兰丰富、时间长久，然而，陈荣捷长期在西方文化背景下从事学术研究与翻译工作，并没有西化，而是更加坚持中国传统。在口述自传选录里，陈荣捷多次表达了他对祖国的热爱和对故乡的感情，直言"那儿是我的根"，并对自己在美国传播中国文化感到自豪，尽到了对祖国的责任。③ 这种"原乡"记忆和"身份认同"感在他的翻译中发挥展现，实践着一个离散译者的文化使命。

对于"身份认同"问题，陈荣捷曾说：

> 在美国有一个文化认同的问题。……当意识到我将不能回到中国时，我就决定全家要留在这儿，而既然如此，我甚至提倡融入美国这个大熔炉。我不是说要忘掉中国文化和自己的遗产。不、不，绝不是这个意思，但是我们应当认同美国这个社会。④

由此可见两点：一是陈荣捷的"文化认同"观或"身份认同"观，始终不

---

① 华霭仁. 陈荣捷（1901—1994）：一份口述自传的选录. 彭国翔，译. 中国文化，1997(15/16)：347.

② 周炽成. 从冯友兰与陈荣捷看二十世纪中国哲学研究的方法论. 中国哲学史，2005(1)：34-39.

③ 华霭仁. 陈荣捷（1901—1994）：一份口述自传的选录. 彭国翔，译. 中国文化，1997(15/16)：346.

④ 华霭仁. 陈荣捷（1901—1994）：一份口述自传的选录. 彭国翔，译. 中国文化，1997(15/16)：346.

忘坚守中华民族的根;二是他在研究、翻译中国哲学时坚持突出中国哲学的独特性与异质性,他提倡中西文化的融合交流,但不允许中国哲学被美国为代表的西方思想归化。这可从《传习录》英译中列举若干例说明。

例一,陈荣捷翻译《传习录》采用的语篇文体风格,完全忠实于原作语录体,不加任何改变调整。语录体是中国古代哲学思想表达的独特形式,特别是到了宋明理学时期,语录更是常用文体形式,除《传习录》外,还有《二程遗书》《近思录》《朱子语类》等。亨克译本仅部分保留了《传习录》语录体的文体形式,大幅度调整、改变了原作的语篇结构,将问答对话体改编成了段落式散文体。而陈荣捷《传习录》英译本则全部保留了原作的问答对话体形式,从语篇结构到内容均忠实于原作,全译文均可见"asked—said""said—said"式结构,即使在同一条语录里都有可能反复出现。这种忠实直译的模式,有助于最大限度地保存原作思想表达方式的原始性、自然性、通俗性,让译文读者尽可能感受到原作原貌,自行去理解、诠释,而不是有意增加译者个人的解读去引导译文读者。对于《传习录》中富有中国文化特色内涵的文化现象、术语、引文出处等,陈荣捷在译文中给出了丰富注释,且不影响《传习录》原作风貌的保存。

例二,对于《传习录》中的术语诠释与翻译,陈荣捷也体现出了其作为离散译者的文化自觉意识。最关键的翻译策略就是尽量突显中国哲学术语的独特性和异质性,而不是直接套用西方哲学中已有的术语。关于新儒学术语的解释与翻译,陈荣捷在多部论著里都有所讨论。陈荣捷指出,作为一个译者,他十分渴望能找到可以完全表达某个中国哲学概念的对应英文词,然而,没有任何一个英文词可以和某个中文词画上等号。针对这种情况,除了少数音译外,大部分术语的翻译必须加以解释,并且在选择翻译词汇时,必须选择符合原作者意图或者某哲学体系的特有表达。[①]陈荣捷的注释水平之高,备受欧美学界认可。例如与《传习录》同年出版的英文版《中国哲学文献选编》,全书全部条目、名称、术语、引文等均有详细注释说明,翻译质量开创了一个很高的标准,至今无人超越,长期以来

---

① 陈荣捷. 新儒学的术语解释与翻译. 张加才,席文,编译. 深圳大学学报(人文社会科学版),2013(6):52-53.

被美国高校作为中国哲学的标准教科书,对英语世界的中国哲学传习贡献巨大。① 韦政通对此也有评价,陈荣捷英译那些古典哲学文献,不只是译文而已,而是为了推阐中国哲学于欧美;为了方便读者,凡与所译之书可能相关而又必要的知识,以及能增进读者对经典的全面了解的地方,他必然详细考察并做好充分注释。②

《传习录》既是王阳明对先秦儒学的诠释,也是他自己心学思想的集中体现,有继承也有发展,因此全文包含了几乎所有先秦儒学或者说中国传统哲学中的术语,也有阳明心学特有的术语概念体系。陈荣捷在处理这种情况时采取了严格的一致性原则,即所有的术语翻译都尽可能最大限度地保持一致,包括很多格言、短语反复出现,也能做到保持前后翻译一致,偶尔才会根据语境需要有所微调。③ 他这样做,是为了保障读者阅读时知道译文中所指的是同一概念,突出强调该哲学体系的特征,不至于给阅读造成麻烦;否则非但不能澄清概念,反而会使概念模糊。④ 基于此,陈荣捷还对《传习录》原作大量术语概念及引文出处予以考证,加以注释说明。比如,陈荣捷对原作书名"传习"二字的考证。他在译者注中解释道,"传习"二字来源于《论语》第一章第四节"传不习乎?"他将"传习录"译为"Instructions for Practical Living"而不是仅仅音译为"Ch'uan-hsi Lu",就是为了突显阳明心学实际上更注重"实践性"的特征,强调将所学(老师所传授的)付诸实践,即"to transmit those doctrines which one has already learned well or put into practice himself"⑤。

概言之,陈荣捷离散译者的文化身份赋予了他传播中国传统哲学、沟通中西文化的责任,督促他有意识地选择翻译作品并采取合适的翻译策

---

① 陈来. 陈荣捷:中学西传的大学者. 北京日报,2017-03-06(20).

② 韦政通. 白鹿薪传一代宗——国外弘扬中国哲学六十年的陈荣捷先生. 读书,1995(3):131-138.

③ Chan,Wing-tsit. *Instructions for Practical Living and Other Neo-Confucian Writings by Wang Yang-ming*. New York:Columbia University Press,1963:xiv.

④ 陈荣捷. 新儒学的术语解释与翻译. 张加才,席文,译. 深圳大学学报(人文社会科学版),2013(6):52-56.

⑤ Chan,Wing-tsit. *Instructions for Practical Living and Other Neo-Confucian Writings by Wang Yang-ming*. New York:Columbia University Press,1963:xiii.

略,以保留、传递中国传统哲学的文化特色。马明蓉在综合众多学者对
"文化自觉"的探讨后,提出了"文化自觉"的三个核心问题:(1)文化自知;
(2)文化会通;(3)文化创新。① 陈荣捷在其翻译活动中能正确认识中国
传统文化的地位与价值,无疑可以说是符合了文化自知;能实现中国传统
文化与异质文化的交流沟通与对话,可以说做到了文化会通;在美国不重
视中国宋明理学的特殊时期,他坚持不懈地推动新儒学特别是朱子学与
阳明学的研究,促成了 20 世纪 70 年代后期美国对理学研究的热潮,堪称
文化创新。

三、离散译者陈荣捷的文化资本与《传习录》英译

孙艺风认为,在译者有能力教育、影响和改变自己的读者之前,拥有
在国外生活的直接体验对作为文化使者的译者大有裨益。这种优势也就
是离散译者的文化资本。② 文化资本在陈荣捷的《传习录》英译中得以充
分体现,助其实现作为离散译者的文化使命。

翻译研究借用的"资本"概念源自法国社会学家布迪厄(Pierre
Bourdieu)提出的社会学理论,指的是以物化形式或"合并的"具体形式累
积的劳动,当资本被某个人或某群人作为私人(亦即独有)财产占用时,它
能使这些人以实际或现行劳动的形式来占用社会资源。③ 简言之,"资本"
概念的重要意义就在于它构成行动者可利用的资源。④

布迪厄最为重视的是三种资本类型中的文化资本,与翻译研究的联
系相对也最紧密。文化资本是行动者对某种文化资源的占有,可进一步

---

① 马明蓉. 四重视角:离散译者的"文化自觉"//罗选民. 亚太跨学科翻译研究(第五
辑). 北京:清华大学出版社,2017:42-55.

② 孙艺风. 离散译者的文化使命. 中国翻译,2006(1):3-10.

③ Bourdieu, Pierre. The Forms of Capital. In John Richardson (ed.). *Handbook
of Theory and Research for the Sociology of Education*. New York: Greenwood,
1986:241.

④ 邢杰,张其帆. 翻译社会学核心概念:"资本"的提出及其效用. 东方翻译,2015
(3):27-31.

分为三种形态：体化或内化(embodied)文化资本，也就是长期的心理定式及行动习惯，由成长环境与教育经历决定，如内在化的语言、技能、情趣、行为和知识体系等，通过身心的外在具体表现出来；物化或客观化(objectified)文化资本，即可传递的、以实物形式体现的文化资本，如图片、书籍、辞典、工具、机器设备等；制度化(institutionalized)文化资本，即必须被区别开来的物化形式资本，如"学历"就是将原有的资产完全赋予可作担保用的可见文化资本，得到相关机构、制度的认可而合法化，如代表各种学历、学术资格的证书以及各种职业资格证书等。①

陈荣捷英译《传习录》活动中起主要作用的首先要算内化文化资本，其次是物化或客观化文化资本、制度化文化资本。因为前者涉及家庭成长环境、教育经历以及惯习等对译者语言能力、文化意识和审美偏好的影响，物化文化资本仍然要通过内化理解、消费才能产生作用，制度化文化资本与内化文化资本也是相辅相成的，译者获得的各种学术头衔、教育文凭等也会内化并具体表现出来。

陈荣捷所受的家庭教育本身虽没有直接给他带来知识上、技能上的收获，但是他的家庭不仅保障了他自幼就打下坚实的传统教育功底，也创造了让他接受先进教育、开阔眼界的机会，特别是其父亲积极支持他考入岭南学校学习，更是奠定了他走上学术生涯的重要一步。陈荣捷自幼辗转村上及镇上若干所学堂，得以接受了扎实的国学教育，7岁学完《四书》，其后是《五经》《古文评注》等，及至后来各个求学阶段，长期坚持遍读国学典籍，为他后来顺利从事中国古代哲学文献的研究和翻译积累了语言和文化资本，这种语言能力和知识体系，就内化为他的译者能力，有助于他得心应手地考证、注释中国古代哲学文献的疑难问题、引文出处。

陈荣捷《传习录》译本中大量的副文本信息即可为证。该译本仅导言就长达23页，对王阳明的生平及思想形成给予详细介绍，对各概念来源出处予以脚注。在译文正文中亦是如此，每章每节凡介绍特别的人物、概

① Bourdieu, Pierre. The Forms of Capital. In John Richardson (ed.). *Handbook of Theory and Research for the Sociology of Education*. New York: Greenwood, 1986: 243.

念,都辅以大量注释信息,或对概念观点有困惑处,必对出处予以考证,提供引文来源,让读者能较快获知必要信息并可按图索骥、自行查阅。

例如,陈荣捷译本《传习录》卷上"徐爱录"引言部分,译文正文仅 5 行,而 5 条脚注则占了整个页面的三分之二。第一条对人物徐爱的注释中详细说明其生平简历,表明文献考证来源为《王文成公全书》《明儒学案》,还以"致良知"概念为例讲到徐爱与王阳明之间的思想传承。第二条注释针对《大学》译为 *The Great Learning*,提供了三个相关英文译本的出版信息说明以供读者参考、比较,即分别为 E. R. Hughes(休中诚)、James Legge(理雅各)与 Lin Yutang(林语堂)三人的译著。第三条注释为对原文"先生与《大学》格物诸说,悉以旧本为正"中的"旧本"译为"the old text"的考证说明。一般中国读者都难理解"旧本"的确切所指,西方读者就更难理解"the old text"究竟所指为何,陈荣捷此处注释为:"Traditionally constituting a chapter of the *Book of Rites*. Its chapter order was rearranged by Ch'eng I and Chu Hsi, the order followed in both Lin's and Legge's translation, while Hughes follows the chapter order of the old text."这条脚注清楚表明了"the old text"所指为"a chapter of the *Book of Rites*",即《礼记》中的一章,英语读者根据此句信息可以继续查阅所涉译本。第四条脚注是解释"盖先儒所谓误本者也"中的"先儒"的译文"former scholars",特指"Notably Ch'eng I and Chu Hsi",即理学大家程颐与朱熹两人。第五条脚注说明程朱二人调整了《大学》的部分章节次序。①

上例列举的译文注释,代表了不同的知识信息种类。陈荣捷不仅熟知原作中所涉人物、概念的来源,还能提供相应的英文译著信息以供西方读者参阅,这是陈荣捷译本优越于亨克译本的一点,也可反映出陈荣捷作为离散译者所具备的精通两种语言及文化的优势。陈荣捷从小接受的国学教育与在美国接受的英语文化教育、在美国获得的哲学博士学位和各种学术荣誉称号等制度化资本,都成功转化为他的内化文化资本,提供这

① Chan, Wing-tsit. *Instructions for Practical Living and Other Neo-Confucian Writings by Wang Yang-ming*. New York: Columbia University Press, 1963: 3.

样丰富详细的译文注释是具体表现形式之一。

陈荣捷能做出这样丰富、详细的译文注释,除了长期的成长环境、教育经历形成的内化文化资本,还得益于他所积累的物化文化资本。他提到,他为研究工作搜集了大量的文献。还在夏威夷时,他就从北京大量购书,后来偶尔回中国也是一有机会就大量购书。只要他在某种目录里发现有关中国思想的书籍,他就会毫不犹豫地通过各种途径购买到手。此外,他在达特茅斯学院以及讲学所经历的波士顿、芝加哥、普林斯顿、华盛顿等高校的图书馆,都发现了研究所需的藏书,尤其是达特茅斯学院图书馆有非常丰富的西文藏书;哈佛图书馆与美国国会图书馆既能提供某些珍稀善本和手稿,也能查到最新资料。① 这些丰富的中西文书籍资料,就是离散译者陈荣捷所能掌握的物化文化资本,并被他理解、吸收、内化为自己的知识体系,成为内化文化资本,也即他的翻译行动中所掌握并使用的文化资源,最终为促进他的翻译能力与学术研究能力提供了保障。

其实,在陈荣捷所积累的那些内化资本、物化资本之外,他作为离散译者所处的文化场域,也为他的翻译活动创造了条件,甚至转化为他的独特文化资本。

从赴美初期起,陈荣捷就不断地接触并创造了很多有利于他从事中国哲学文献翻译的学术场域与文化场域。1937 年至 1942 年在夏威夷大学时期,陈荣捷在东方研究所和哲学系两处任教。在此期间,来自耶鲁大学的哲学家、汉学家摩尔(Charles Moore)就职夏威夷大学,任哲学系首任系主任、比较哲学教授。陈荣捷与摩尔一道在西方哲学之外开设了中国哲学、印度哲学、佛教哲学等课程,有力地推动了东西方的相互了解,也让夏威夷大学的同行们认识到,既然处在东西方之间,其任务就是介绍和推动双方的了解。② 这使得夏威夷大学不仅成为地理意义上的东西方中心,也成为东西方文化交流的中心。此后,陈荣捷还与摩尔一起努力推动

---

① 关于陈荣捷的信息均参见:华霭仁.陈荣捷(1901—1994):一份口述自传的选录.彭国翔,译.中国文化,1997(15/16):327-347.
② 华霭仁.陈荣捷(1901—1994):一份口述自传的选录.彭国翔,译.中国文化,1997(15/16):338.

组织了第一届"东西方哲学家会议"的召开,并长期担任哲学期刊《东西方哲学》(*Philosophy East and West*)的编委及编辑顾问。在达特茅斯学院期间,陈荣捷更是享受到了较好的学术环境,除了上述提到的丰富的西文书籍,他参与了丰富的学术活动,多次主持、主办、主讲与中国文明、宗教、哲学有关的演讲、研讨会与系列讲座,并得以与众多著名哲学学者交流,促进他深入研究、介绍中国哲学与中国文化。这些无疑都形成了一个个有着浓厚氛围的学术场域与文化场域,并且所有这些学术经历、头衔等不断转化为陈荣捷的文化资本,成为他译介中国哲学文献的文化资源。事实上,正是在达特茅斯学院期间多年的文化资本积累,为陈荣捷于 1963 年顺利推出《传习录》等四部中国哲学文献译著奠定了基础。

而为陈荣捷进行《传习录》英译活动提供直接赞助与文化场域的,是由美国汉学家、儒家思想史研究专家狄百瑞领导的哥伦比亚大学东方研究委员会。① 自 20 世纪 50 年代末,狄百瑞主持、策划并资助了大型翻译工程"东方经典著作译丛"(Translations from the Oriental Classics)。狄百瑞本人长期致力于促进明朝思想研究,重点关注王阳明学派。作为哥伦比亚大学东方研究委员会主席,狄百瑞在 20 世纪 60 年代初组织了"明朝思想研究研习班",也举办过明朝思想研究学术研讨会,邀请阳明学研究专家日本九州大学冈田武彦、香港中文大学唐君毅以及其当时在美国达特茅斯学院任教的陈荣捷等学者讲学,主题内容都涉及王阳明。狄百瑞还撰写了对阳明后学的研究论文,拓展了明朝研究领域,也提供了更宽阔的研究语境。陈荣捷与哥伦比亚大学合作较多,在 50 年代初期就曾多次到哥伦比亚大学做学术讲座,并于 1953 年在哥伦比亚大学出版专著 *Religious Trends in Modern China*(《现代中国宗教之趋势》)。他与狄百瑞相识也较早,于 1949 年在岭南大学相遇,之后就一直有学术上的往来,受狄百瑞之邀合编 *Sources of Chinese Tradition*(《中国传统诸源》),后来还有其他一些新儒学研究方面的合作。陈荣捷对于与哥伦比亚大学之间的合作感到很满意,故自 1964 年起一直担任哥伦比亚大学客座教授,主

---

① 刘孔喜,许明武.《传习录》英译史与阳明学西传. 中国翻译,2018(4):28-35.

讲宋明新儒学,直至去世。哥伦比亚大学东方研究委员会的宗旨就是要向西方读者传播东方传统思想与文学代表作。狄百瑞所主持的"东方经典著作译丛"推出译著逾 150 种,陈荣捷《传习录》译本是其中之一。[①] 可以说,哥伦比亚大学良好的中国宋明思想研究学术场域,也转化为陈荣捷的文化资本,是直接促进、推动他翻译《传习录》的文化资源。

四、结 语

陈荣捷作为离散译者或曰海外华人译者,充分践行文化自觉意识,一生归宗中国传统文化,在北美逾半个世纪孜孜不倦研究、讲授、翻译和传播儒家思想,向欧美学界推广中国哲学与中国文明,融通东西文化。正如他自己所说,"我是洗脑子的(I do brainwashing)"[②]。在翻译《传习录》等哲学著作时,他始终坚持保留中国哲学独特性、异质性的翻译原则和翻译策略;其译本通常翻译质量和学术价值极高,备受欧美学界认可。正是离散译者的优势助他积累了丰富的文化资本,成为保障其翻译质量的文化资源与译者能力。

(原载于《中国翻译》年 2019 第 6 期)

---

① 刘孔喜,许明武.《传习录》英译史与阳明学西传. 中国翻译,2018(4)：28-35.
② 崔玉军."我是洗脑子的"——记北美儒学宗师陈荣捷. 中华文化画报,2006(1)：44.

比较哲学视阈下陈荣捷
中国哲学典籍外译路径研究

费周瑛　*广东外语外贸大学*

辛红娟　*宁波大学*

摘要: 作为美国第一位华人哲学家,陈荣捷毕生专注于向英语世界弘扬中国哲学。他在翻译中国哲学文献时恪守"有词必释,有名必究。引句典故,悉溯其源"的原则,将自己对中国哲学的精准理解与翻译融为一体,立足比较哲学,强调处于两种异质文化的哲学是两种完全不同的体系,竭力避免用西方哲学的理论框架去理解中国哲学。本文着重探讨陈荣捷向世界传播中国哲学典籍的比较哲学路径,分析其译研结合的哲学典籍外译路径对当下中国学术话语海外构建的启示意义。

关键词: 陈荣捷,中国哲学,典籍,比较哲学

陈荣捷 1901 年 8 月 18 日出生于中国广东南部城市开平,就读广州岭南学校(今岭南大学),获学士学位。1924 年,陈荣捷赴哈佛大学攻读研究生课程,接受拉尔夫·佩里(Ralph Perry)、威廉·霍肯(William Hocking)和詹姆斯·伍兹(James Woods)等哲学名家的系统学术训练,以《庄子哲学》为毕业论文获哈佛大学哲学博士学位。1937 年,他接受夏威夷大学邀请再度赴檀香山任教,自此开始国外弘扬中国哲学之路。随后的 60 余年,陈荣捷始终专注于中国哲学经典的英译与海外弘扬事业。20 世纪 50 年代伊始,他开始担任夏威夷大学《东西方哲学》编辑和《中国哲学研究》顾问,先后被选为我国台湾"中研院"院士、美国亚洲研究与比较哲学学会会长、北美华裔社会学家协会副会长等。因其在中国哲

学传播领域的突出贡献,陈荣捷被国外汉学界尊为北美大陆"中国哲学研究的拓荒者"①和"把东方哲学文化思想最为完备地介绍到西方的中国大儒"②。

一、翻译与研究:陈荣捷中国哲学海外弘扬之道

陈荣捷将自己在国外弘扬中国哲学的历程分为四个时期,第一阶段是 1935 年至 1962 年,正值二战及二战后,也是中国典籍外译最低迷的时期,但陈荣捷仍然迎难而上,比较系统地向世界介绍中国哲学;第二阶段是 1962 年至 1972 年,也是陈荣捷进行大量翻译实践的关键阶段,译著的范围上至"四书""五经",下至宋明理学,涵盖范围之广令人叹服;第三阶段是 1972 年至 1982 年,在前两个阶段的铺垫之下,英语世界读者已经对中国哲学思想有了一定的理解基础,陈荣捷开始致力于深入研究中国哲学思想的内涵,向世界传达精妙的中国哲学思想;第四阶段为 1982 年以后,陈荣捷迎来了其学术生涯的巅峰,他在朱子学研究上所花的心血从大量的朱子学研究著作中可见一斑。③

从赴夏威夷大学讲授中国哲学和中国文明课程开始,陈荣捷毕生专注于在西方研究、弘扬中国哲学,不断发表论文、出版译著,力图还原曾遭历史阴霾遮蔽而变形的中国哲学形象。陈荣捷深谙文本翻译对于思想传播的重要性,矢志不移地开展中国古代哲学资料的英译工作。陈译中国哲学文献中产生较大反响的是明代王阳明的《传习录》和南宋朱熹、吕祖谦合编的《近思录》。1963 年,哥伦比亚大学出版社出版了陈荣捷的《传习录》新译本(*Instructions for Practical Living and Other Neo-Confucian Writings by Wang Yang-ming*),内含概论、《传习录》全篇以及涉及《大学问》和政治社会的公文 7 篇,如《南赣乡约》。4 年后,陈荣捷又出版了自己

---

① 崔玉军. 陈荣捷与美国的中国哲学研究. 北京:社会科学文献出版社,2010:215.
② 华霭仁. 陈荣捷(1901—1994):一份口述自传的选录. 彭国翔,译. 中国文化, 1997(15/16):347.
③ 韦政通. 白鹿薪传一代宗——国外弘扬中国哲学六十年的陈荣捷先生. 读书, 1995(3):135.

翻译的朱熹与吕祖谦合编的《近思录》。

虽说对儒学的研究是陈荣捷的毕生所好,但作为一名涉猎广泛的学者,他并不忽略其他的中国哲学典籍。陈荣捷的《道德经》译本原是《中国哲学文献选编》43 章中的一章,题名为《老子的自然之道》("The Natural Way of Lao Tzu")。同年印发单行本,题名为《老子之道:〈道德经〉》(*The Way of Lao Tzu:Tao-te Ching*)。在《老子的自然之道》导言中,陈荣捷曾指出《道德经》文体艰深晦涩,翻译或注释时非常难以下手。[①] 因此,学界推测,陈荣捷翻译《道德经》的初衷是为读者提供一个更全面、更能传达道家核心思想的译本。[②]

与其说陈荣捷是翻译家,不如说他是以翻译为工具进行研究的哲学家。自 20 世纪 60 年代起,陈荣捷专注于新儒学及朱熹的研究,取得了相当丰富的成果。80 年代后,陈荣捷发表了大量学术论文并出版了一系列朱子学研究成果,如《朱子门人》《朱学论集》《朱子新探索》《朱子新研究》《〈近思录〉详注集评》等。《朱学论集》和《朱子门人》两部著作标志着陈荣捷的朱子学研究进入高峰期。《朱学论集》收录陈荣捷有关朱子的研究论文,如《朱熹集新儒学之大成》《朱子之〈近思录〉》《欧美之朱子学》等专门研究朱子学的学术文章 15 篇。1988 年再版时,陈荣捷又新增了《近思录》注释五种、朱子宗教实践五条。《朱子门人》一书则对明朝戴铣《朱子实记》以来记述朱子门人的有关文献进行了全面梳理,包括朱子门人的人数、地理关系、社会背景以及学术贡献等。[③] 陈荣捷还详细分析了朱门弟子的学术成就与不足,其论证方式与写作方法充分展示了陈荣捷朱子学研究的功夫之深。而《朱子新探索》完成于 1986 年,当时陈荣捷已届 85 岁高龄,如此钻研之精神令人动容。该书以中英文两版于 1988 年正式出版。作为一部详尽介绍朱熹生平、思想以及相关人物事迹的朱子学专著,该书标志着陈荣捷的朱子学研究已达臻境。

---

① 陈荣捷. 中国哲学文献选编. 南京:江苏教育出版社,2006:137.
② 刘玲娣. 陈荣捷与《道德经》英译. 华中师范大学学报(人文社会科学版),2016(6):138.
③ 高建立. 陈荣捷与 20 世纪美国的朱子学研究. 郑州大学学报(哲学社会科学版),2013(4):33.

    陈荣捷并不独尊朱学,他对各思想流派都保持一种开放包容的态度。以道家思想为例,他曾在《中国哲学文献选编》中完整地翻译《老子》一书。同样,陈荣捷虽尊朱子但不贬阳明,除前述英文著作《中国哲学文献选编》以及《传习录》新译本外,还有中文著作《王阳明〈传习录〉详注集评》《王阳明与禅》等。此外,陈荣捷并不排斥西方哲学,也不主张儒学优于西学。[①]本着开放包容的态度,他认为二者可共存。

    同时,他还身体力行,广泛开展学术演讲,向西方世界发出中国学者的中国哲学之音。他受邀去夏威夷大学周边的社区进行了不下300场演讲,使得当地人民对中国哲学思想产生了浓厚兴趣。在达特茅斯学院任职期间他还应美国学术团体联合会(American Council of Learned Societies)之邀在史密斯学院、康奈尔大学、欧柏林学院、哥伦比亚大学、芝加哥大学等高校举行有关中国宗教的系列讲座。这些学术讲座的内容由哥伦比亚大学出版社于1953年出版,书名为《现代中国宗教之趋势》(*Religious Trends in Modern China*)。在此书中,他首次把熊十力的哲学思想介绍到了西方。[②] 1964年,陈荣捷开始担任哥伦比亚大学访问教授,和狄百瑞共同创办新儒学研讨班,定期授课,直至1991年因病行动不便而停止。新儒学研讨班致力于培养优秀的中国哲学学者,为新儒学在西方的落地生根提供一份助力。上述各类学术活动极大地推动了中国哲学思想在域外的传播。

    此外,陈荣捷还着力推动国内学术界与国际学术研究圈的交流与互动。改革开放后,中美之间的文化交流迅速发展,两国学者可以自由来往交流。1981年,陈荣捷受邀前往杭州参加宋明理学会议,在会上介绍了新儒学在美国的传播情况。次年,陈荣捷积极推动并促成了夏威夷国际朱熹会议,首创专门以朱熹为研究主题的国际学术会议,在此会议上也涌现了很多宋明理学研究的后起之秀,会议的论文集《朱熹与新儒学》对广大

---

① 周炽成. 简论陈荣捷对儒学的世界性贡献. 中国哲学史,1999(4):100.

② 韦政通. 白鹿薪传一代宗——国外弘扬中国哲学六十年的陈荣捷先生. 读书,1995(3):133.

学者来说也是研究朱熹的宝贵资料。① 此后,1987 年、1990 年、1992 年在厦门、武夷山、台北分别召开的国际朱熹会议,陈荣捷每次都应邀出席,并发表演讲。② 种种学术交流活动不仅使得国际中国哲学研究者与中国本土学者互相了解,也极大地推动了新儒学研究的进程。

二、陈荣捷英译实践的比较哲学意义

在本科学习阶段,学校里一位在芝加哥大学获哲学博士学位的教授对陈荣捷影响至深,激发了他的哲学兴趣。他开始阅读一些有关哲学的基础书籍。哈佛大学博士毕业后,陈荣捷曾短暂回到母校岭南大学教授美学、英文,1937 年起受聘于夏威夷大学,讲授中国哲学和中国文明课程。夏威夷大学是 20 世纪早期最重要的东西方文化交流的桥梁,是美国第一所开设中国哲学课程的大学,因其特殊的地理位置和当地居民的多元化民族特性,该校对东西方文化的教学和研究一直重视有加。早在 20 世纪 20 年代,华人学者李绍昌就在该校讲授中国文化。1938 年夏,在陈荣捷的促成下,夏威夷大学哲学系正式成立,热衷东方思想研究、关注印度哲学的查尔斯·摩尔为首任系主任。

1939 年 7 月 4 日,在陈荣捷、摩尔和时任夏威夷大学东方研究所所长的辛克莱尔(Gregg Sinclair)三人的共同推动下,第一届东西方哲学会议顺利召开,共有 6 位学者出席——除陈荣捷和摩尔外,还有明尼苏达州立大学的康格尔(George Conger)教授、耶鲁大学的诺索普(F. S. Northrop)教授和当时在夏威夷大学做访问教授的两位日本学者。在此次会议召开之前,西方学者普遍认为中国"秦汉之后无哲学"③,原因在于早前学者虽已翻译相当数量的中国哲学典籍传向域外,然而翻译涵盖的

---

① 崔玉军. 陈荣捷和他的朱熹研究. 中国哲学史,2003(3):102.
② 韦政通. 白鹿薪传一代宗——国外弘扬中国哲学六十年的陈荣捷先生. 读书, 1995(3):138.
③ 崔玉军. 东西方哲学家会议与中国哲学研究在美国的发展. 国外社会科学,2005 (4):44.

范围只局限于"四书""五经"，而忽视了儒家思想的另一重要阶段——宋明理学及阳明心学。本着系统性研究的初衷，陈荣捷在长达 4 周的东西方哲学会议上提交了《中国哲学史话》和《东方哲学精神》两篇长文，详细阐述了中国哲学两千多年的大致发展脉络、发展的主要阶段与特点，重点突出秦汉之后尤其是宋明新儒学在中国哲学思想发展史上的重要性，认为新儒学的历史实际上就是现代中国哲学之历史。他的观点引起了与会学者的极大关注。

诺索普在会议上论证指出，东方体现了一种"审美的连续性"，而西方体现了"静观的连续性"，将东西方的问题从文化、社会的层面提到了哲学的高度。这一比较视域的研究方法和路径，对陈荣捷极具启发性，使他深刻意识到，要在国际学术圈发出中国哲学的声音，必须在西方的话语体系中体现中国哲学的原貌，并尽量客观、平实地呈现中西方哲学之不同。早在 1942 年，陈荣捷就用英文为一部哲学辞典撰写有关中国哲学内容的250 个条目，由达戈波尔·卢恩（Dagober D. Runes）出版。1944 年，其在第一届东西方哲学会议上提交的两篇论文被收入摩尔编辑的《东西方哲学》一书，由普林斯顿大学出版社出版。1946 年，芝加哥大学宓亨利（H.F. MacNair）教授编著的英文《中国》（*China*）①一书□有陈荣捷所写的"新儒教（理学）"一章。这是战后西方叙述理学专篇之始。1957 年，陈荣捷用英文发表《新儒学对恶的问题的解决》和《新儒学与中国科技思想》，详论中国新儒学。1960 年，陈荣捷在与狄百瑞等合编的《中国传统诸源》中用 7 章的篇幅详论理学（朱子占一章），同年，《大英百科全书》增添陈荣捷贡献的《王阳明》一文和朱熹、王阳明两个词条。1963 年，陈荣捷的《中国哲学文献选编》出版，其中理学部分共有 13 章（朱子占一章）。彼时西方学界还没有研究新儒学和朱子的学者，陈荣捷堪称战后欧美朱子研究的先驱。1967 年，8 册本美国《哲学百科全书》特设中国哲学部分，由陈荣

① 宓亨利（Harley Farnsworth MacNair，1891—1947），美国圣公会教育传教士，中国和远东史学家。文中所提宓亨利编著的 *China*，1946 年由加利福尼亚大学出版社出版，陈荣捷撰写第三部《哲学与宗教》中的第十六章"新儒教（理学）"，以及第二十章"现代哲学的转向"。同时受邀参与写作的中国学者还有胡适、熊式一、王际真等。

捷编写。1969 年,作为学生通行读本的《美国百科全书》增添陈荣捷所撰《王阳明》一文。从正式执教夏威夷大学开始,整整 30 年过去了,陈荣捷以其不间断的写作、翻译、授课和演讲,让中国哲学讲中国话,成功地推动欧美学界开始倾听中国哲学的声音。

早在 16 世纪,中国典籍文本就引起了来华传教士的关注和浓厚兴趣,但在此后长达两三个世纪的时间里,由于语言的隔阂和传教士怀抱的政治意图,大多数中国典籍被当作传教士学习华文并襄助其在华传播福音书的比附文本。19 世纪末期才开始出现从哲学视角对中国经典的解读。这些跳脱了强行宗教比附的哲学解读,研究者的眼界是哲学的,但视角与价值观仍然是西方的。这些较早期的哲学家在尝试将古典中国哲学的意义传达到西方时,由于前见的影响和介入,已经不经意地让许多西方思想潜隐到对这些著作的理解和翻译中去,并且浸染了表达这些理解和认知的词汇。与西方哲学话语相比,中国古代哲学话语虽然体现较弱的推理逻辑,但却传达着丰富的情感和意志性的语用学刺激力。早期的西方译者对于中国古代文本的知识只能是通过先在的西方逻辑“过滤器”获得,采取西方中心的思维框架和读解、翻译策略。因而,当中国传统哲学话语按照西方哲学话语中使用的较严格的逻辑标准加以再组织后,前者中的修辞学意义成分即会被减弱或完全丧失其本色,而染上西方哲学话语的色。译者的西方哲学前见使得译文中出现了大量迥异于中国哲学话语的表述方式,造成了英语的逻辑性表达和中国的直观性表达之间的话语张力,也造成了相互之间语义沟通的困难。诚如比较哲学家安乐哲所言,“运用自己最熟悉的阐释概念只能彰显异国文化的某些内容,却埋没了另一部分内容。而被埋没的对我们来说才是更具有异国特质的含义”①。

李晨阳认为,不同文化传统间的比较哲学视域下的翻译,由于沟通着两个不可能完全相等的概念,只能是一种“比喻”的方法,其优点是,在翻

---

① 杨朝明. 孔子文化奖学术精粹丛书·安乐哲卷. 北京:华夏出版社,2015:29.

译哲学思想时有助于我们发展新思想。① 著名中国文论家宇文所安(Stephen Owen)的做法,在当今英美汉学界颇有代表性。宇文所安说,对于思想文本,尤其是来自中国的思想文本,翻译的优雅往往表明它对译文读者的概念习惯做了大幅度让步,中国理论究竟说了什么,从那些优雅的译文中,只能得到一个相当粗浅的印象;在中文里原本深刻精确的观点,一经译成英文,就成了支离破碎的泛泛之谈。因而,在多数情况下,宇文所安选择"表面笨拙的译文",对于重要术语的翻译皆附加拼音,以不断提醒英文读者,被翻译过来的汉语词与它的英文对译其实并不是一个意思。同时,宇文所安指出,在英文读者对异质文化之"异"的接受能力有所提高的当下,即使是对于他心目中的读者——美国高校研究中国文论的大学生和汉学界人士,这样的译文也必须进行补救,否则"译文简直不具备存在的理由",而唯一的补救之策就是注释。他总结说:"其实没有什么最佳的翻译,只有好的解说。任何翻译都对原文有所改变,而且,任何一种传统的核心概念和术语的翻译都存在这个问题;这些术语对其文明来说非常重要,它们负载着一个复杂的历史。"②

陈荣捷译介中国哲学,以儒学为主要对象,力求改变美国人对儒家思想的固有看法。为此他有两个很大的方案,其一是他翻译了很多宋代的材料,或许最有名的要数《近思录》。这是一个特别大的贡献。另一个大方案,他觉得天主教、基督教传教士的立场在欧美文化界影响太深,一般欧美的知识分子所知道的孔子或孟子不可避免地受到西方宗教背景的影响,他要改变这一状况。浸濡国学的哲学家陈荣捷对中西哲学学术语义系统有相当的把握,对中国哲学意义细节和原始中国哲学文本的修辞学魅力有深刻体悟,同时也熟谙西方哲学文本的推理逻辑,能较为出色地在英语语言文化中再现中国哲学理念。陈荣捷为其中国经典翻译设置的任务是使译文成为原文、原思想的指导性"代理",用中国话语方式解说中国

① 李晨阳. 道与西方的相遇:中西比较哲学重要问题研究(中文增订版). 北京:中国人民大学出版社,2005:7-10.
② 宇文所安. 中国文论:英译与评论. 王柏华,陶庆梅,译. 上海:上海社会科学院出版社,2002:导言15.

话语,而不是用西方话语套译中国术语,努力使英文读者在译文的提示下能够发现源语言,并与源语言的真意倾心交谈,最终使得这些印刻着不同思想体系的术语得以"自适"其身。

三、陈荣捷英译中国哲学原则与方法考

冯友兰曾说:"任何翻译的文字,说到底,只是一种解释……译文通常只能表达一种含义,而原文却可能还有其他层次的含义。"①中国传统哲学蕴含着丰富的哲学思想,大多数西方译者往往会忽视中国哲学和西方哲学之间的文化差异,在翻译中使用西方哲学和基督教术语来翻译中国哲学术语,而陈荣捷则始终尝试探索在翻译中创造真正的中国哲学术语。在毕生的翻译实践中,陈荣捷鲜少使用现成的西方哲学术语来表达中国哲学关键词,他常有意识地选用"意译 + 音译"并行的异化策略,力图在阐释中国哲学概念的时候,彰显中国哲学术语的原义。例如,对于"仁"这一儒家思想关键词,早期的西方传教士为了证明中国儒家思想和基督教教义存在一致性,将之替换为 love、benevolence、goodness、humanity 或 human heartedness 等明显承载着基督教教义的术语。为真实体现"仁"在中国哲学体系中的面貌,陈荣捷对"仁"的概念和历史进行了全面研究,认为从普遍意义上来说,"仁"代表了人内在的一种处事原则,当前没有一个英语单词可以充分表达"仁"的复杂含义,因此他译"仁"为 humanity,并使用译音 *Jen* 进行辅助表达。此举意在帮助西方读者更好地理解"仁"的含义,并强调此中国哲学术语与西方哲学表达类似意义的术语具有明显不同。另外,陈荣捷将"礼"译为 propriety,加标拼音 *Li*,"天"译为 Heaven,加标拼音 *Tien*,等等,都采用同样的翻译方法。

注释性翻译也是陈荣捷富有创造性的翻译方式之一。陈荣捷译本的可贵之处在于并非机械性的简单翻译,而是细致入微地将一切与原文有关的知识、注释以及评论写于旁边,不可谓不严谨。在翻译《近思录》原文

---

① 冯友兰. 中国哲学简史. 北京:商务印书馆,2009:23.

622 条语录的基础上,陈荣捷在开篇设置"导论篇",介绍历史背景、在中国思想史上的地位、书中各语录作者的生平和思想以及自己对《近思录》的编纂和译著经过,并选译各朝各代各国学者的评论共 600 条。另外书中还附有《近思录》选语统计表和选语来源考,甚至连后来仿造《近思录》的22 种图书书目也包含在内,①力求做到"有词必释,有名必传,有引必溯其源"②。陈荣捷在文本翻译的过程中除了进行中西哲学思想的比较,还通过参考日本等东亚国家学者的研究成果间接地进行中国和东亚国家哲学思想的比较,甚至还通过罗列不同时期的学者的评论进行了历时层面的哲学思想比较,于无形之中帮助读者构建起对中国哲学的全方位立体框架,于比较之中反思中国哲学思想的精妙。他的《传习录》新译本也广泛参考了 16 种日本学者相关著作的注释,包括佐藤一斋的《传习录栏外书》、三轮执斋的《标注传习录》、三轮执斋学生川田雄琴的《传习录笔记》、东敬治的《传习录讲义》、东正纯的《传习录参考》,以及山田准、铃木直治等人的讲义、译注等。他同时还参照了王应昌的《传习录论述参》《王阳明先生传习录论》、倪锡恩的《评注王阳明全集》、叶绍钧的《传习录点注》、于清远的《王阳明传习录注释》和但衡今的《王阳明传习录札记》。

更值得一提的是,陈荣捷编译的《中国哲学文献选编》,全书 800 多页,按年代顺序依次介绍了从上古时期到现代的 46 位中国哲学发展史上重要的哲学家,选择性地翻译了 69 篇名家著作,其中大部分文章是首次被翻译成英语。③ 该书脉络清晰地展现了中华民族上下五千年哲学思想的演变,材料翔实,注释完备,被西方学术界公认为最权威的阐释中国哲学的著作之一,④既是中国哲学思想百科全书,也是西方学者研究中国哲学的必备之书。他在"Fifty Years of Chinese Philosophy Abroad"一文中提到了他在翻译过程中遵循的七项原则:(1) 尽量参读各种经典注疏;(2) 所有的中国哲学名词必须加以解释;(3) 所有的专项名词诸如"五常"

---

① 刘敬国,项东. 中哲西传,一代宗师——陈荣捷先生的翻译事业. 中国翻译,2012(1):48.
② 陈荣捷. 拙译《近思录》引言摘要//陈荣捷. 王阳明与禅. 台北:学生书局,1984:132.
③ 崔玉军. 陈荣捷与美国的中国哲学研究. 北京:社会科学文献出版社,2010:250.
④ 周炽成. 简论陈荣捷对儒学的世界性贡献. 中国哲学史,1999(4):100.

等,都必须详举其内容;(4) 所有的引用书籍或论文,均译其意涵为英文;
(5) 所有的地名或人名,均加考证或说明;(6) 所有原典之引文,尽量追溯
其出处;(7) 对经典中若干重要的章句,均指出它在中国哲学史上的重
要性。①

本文接下来将以陈荣捷《传习录》新译本 *Instructions for Practical Living and Other Neo-Confucian Writings by Wang Yang-ming* 为例来
逐一分析此七条原则的使用情况。

【原文】

曰:"然则所谓'冲漠无朕,而万象森然已具'者,其言何如?"

曰:"是说本自好,只不善看,亦便有病痛。"

——《传习录·陆澄录》

【译文】

I said, "If so, how about the saying, 'Empty, tranquil, and without any sign, and yet all things are luxuriantly present'?"

The Teacher said, "This theory is fundamentally good. But if it is not understood correctly, there will be trouble."

Note: Ch'eng I, *I-shu*, 15:8a. Many Japanese historians of Chinese philosophy have asserted that this saying is of Buddhist origin but none has given any direct reference. Yamazaki Ansai(1618—1682), in his essay on the saying (*Zoku Yama'zaki Ansai zenshu*, pt. 2, pp. 78-86), listed all quotations of this saying and discussions on it by Neo-Confucians but did not say a word about its Buddhist origin. The *Daikanwa jiten*, the fullest dictionary of its kind so far, gives Ch'eng I, rather than any Buddhist, as its author. However, terms like "indefinite" "boundless" and "without any sign" are of Taoist origin, and as Ota Kinjo (1765—1825) has pointed out (*Gimon roku*, 1831 ed., pt. 1, p. 20b), the second half of the sentence is virtually the same as that in the *Cheng-tao ko* by Zen Master *Chen-chiao* (d. 712) of Yung-chia, in *Ching-te*

---

① Chan, Wing-tsit. Fifty Years of Chinese Philosophy Abroad. *Tsing Hua Journal of Chinese Studies*, 1985, 17(1/2): 2-3.

ch'uan-teng lu,30:11a. ①

该条注释说明了"冲漠无朕,而万象森然已具"的出处。陈荣捷在此参考了许多日本学者的研究成果。一部分日本学者认为此句出自佛教,但未提供相关证明;相关辞典认为此句出自程颐;而太田锦城在其专著《疑问录》中则指出该句出自宋代道原禅师所纂《景德传灯录》卷三十中的《证道歌》。《证道歌》是唐代高僧永嘉真觉禅师悟道后心得精华的文字记录,是一个真正悟道者的见解。此乃原则一:尽量参读各种经典注疏。

【原文】

先生曰:"……如冬至一阳生,必自一阳生,而后渐渐至于六阳,若无一阳之生,岂有六阳?阴亦然……"

——《传习录·陆澄录》

【译文】

The Teacher said,"For example,at the winter solstice the first yang grows. There must be the growth of this first yang before all the six stages of yang gradually grow. If there were not the first yang,could there be all the six? It is the same with the yin."

Notes:yang:The active cosmic force.

yin:The passive cosmic force.

the six stages of yang:The six months between December and June. ②

此句中的"阳""阴""六阳"等词是中国哲学思想中特有的名词,陈荣捷一方面采用音译的方法,另一方面则添加注释简单解释其内涵,既保留了中国哲学的精华,也拓展了西方读者进一步理解的通道。此乃原则二:所有的中国哲学名词必须加以解释。

---

① Chan,Wing-tsit. *Instructions for Practical Living and Other Neo-Confucian Writings by Wang Yang-ming*. New York:Columbia University Press,1963:27.

② Chan,Wing-tsit. *Instructions for Practical Living and Other Neo-Confucian Writings by Wang Yang-ming*. New York:Columbia University Press,1963:57.

【原文】

先生曰:"'亲民'犹如《孟子》'亲亲仁民'之谓。'亲之'即'仁之'也。'百姓不亲',舜使契为司徒,'敬敷五教',所以亲之也。"

——《传习录·徐爱录》

【译文】

The Teacher said, "The meaning of 'loving the people' is the same as in Mencius' saying, 'The superior man is affectionate to his parents and humane to all people.' To love is the same as to be humane. Because the common people did not love one another, Emperor Shun appointed Hsieh to be minister of education and to institute with great seriousness the five teachings. This was Emperor Shun's way to love the people."

Note: five teachings: For the father to be righteous, the mother to be affectionate, the older brother to be friendly, the younger brother to be respectful, and the son to be filially pious. See *Book of History*, "Canon of Shun". Cf. trans by Legge, Shoo King, p. 44. ①

五教,指五种伦理道德,即父义、母慈、兄友、弟恭、子孝。陈荣捷参考了理雅各的翻译,将"五教"一一列出。此乃原则三:所有的专项名词诸如"五常"等,都必须详举其内容。

【原文】

曰:"从游之士,闻先生之教,往往得一而遗二,见其牝牡骊黄,而弃其所谓千里者,故爱备录平时之所闻,私以示夫同志,相与考而证之,庶无负先生之教云。"

——《传习录·徐爱录》

【译文】

As to our Teacher's followers, when they heard his teachings,

---

① Chan, Wing-tsit. *Instructions for Practical Living and Other Neo-Confucian Writings by Wang Yang-ming*. New York: Columbia University Press, 1963: 6.

they often got only a third of them and missed the rest, seeing, as it were, only the sex and color of the horse while overlooking its capacity of a thousand *li*. I have therefore recorded what I have heard from him over the years, to show privately to like-minded friends, to compare notes and to correct what I have taken down, so that, I believe, we shall not do injustice to our Teacher's teachings.

Note: A *li* is about one third of a mile. The story about the horse is found in the *Huai-nan Tzu*, i2: 9a-b. According to the account there, Duke Wu (r. 659—619 B.C.) of Ch'in, on the recommendation of his minister, sent an expert in search of a steed. After three months the expert returned, saying that he had found a yellow male. When the horse came, it proved to be a black female. The duke was displeased and asked his minister about it. The minister replied, "What the expert saw was the secret of Nature. He grasped the essential factor and ignored the coarse element." The horse proved to be a horse of a thousand *li*. See Evan Morgan, trans., *Tao, the Great Luminant* (Shanghai, Kelly and Walsh, 1934), p. 119. ①

此段落内含一出自《淮南子》的典故:牝牡骊黄。秦穆公派九方皋(善相马者)去寻找千里马。3 个月后九方皋归来称已找到千里马一匹。秦穆公问他是什么样的马,他说:"雄的黄马。"派人去牵来后发现是雌的黑马。原来九方皋相马只关注马的神情而忽略马的毛色和雌雄。事实证明此马确乃千里马。此典故的寓意为要抓住事物的本质,不可依据表面现象而妄下论断。徐爱用此典故来表达自己对王阳明受到世人非议的不满。陈荣捷在此注释中不仅还原了此典故,还对中国的计量单位"里"进行了解释,并说明该译文参考了 1934 年莫安仁(Evan Morgan)翻译的 *Tao, the Great Luminant*: *Essays from Huai Nan Tzu*(《道,伟大的明灯:〈淮南子〉节选》)。此乃原则四:所有的引用书籍或论文,均译其意涵

① Chan, Wing-tsit. *Instructions for Practical Living and Other Neo-Confucian Writings by Wang Yang-ming*. New York: Columbia University Press, 1963: 5.

为英文。

【原文】

子莘曰:"正直之鬼不须怕,恐邪鬼不管人善恶,故未免怕?"

——《传习录·陆澄录》

【译文】

Ma Tzu-hsin said,"One need not be afraid of upright spirits. I am afraid,however,that evil spirits pay no attention to whether a man has done right or wrong. Consequently one cannot but be afraid."

Note:Ma Tzu-hsin:This was his courtesy name. His private name was Ming-heng. He obtained a "presented scholar" degree in 1517 and became a censor in 1524. As he came from Fukien,he was instrumental in the spread of Wang's doctrines in that part of China. ①

子莘名为马明衡,字子莘,1517 年中进士,1524 年官至御史。因其来自福建,阳明学得以在福建广泛传播。陈荣捷并不是简单地介绍人物的生卒年,而是会点出其人在历史上的地位及贡献。此乃原则五:所有的地名或人名,均加考证或说明。

【原文】

问:"宁静存心时,可为'未发之中'否?"

先生曰:"今人存心,只定得气。当其宁静时,亦只是气宁静、不可以为未发之中。"

——《传习录·陆澄录》

【译文】

I asked, "When one's mind is preserved in peace and tranquility,can it be called the state of equilibrium before one's feelings are aroused?"

---

①   Chan,Wing-tsit. *Instructions for Practical Living and Other Neo-Confucian Writings by Wang Yang-ming*. New York:Columbia University Press,1963:36.

The Teacher said, "Nowadays when people preserve their mind, only their vital force is calm. When they are peaceful and tranquil, it is only their vital force that is peaceful and tranquil. That cannot be considered as the state of equilibrium before feelings are aroused."

Note: A quotation from *Doctrine of the Mean*, ch. 1.①

"未发之中"出自《中庸》:"喜怒哀乐之未发之中。"意为喜怒哀乐尚在内心,没有表现出来。这只是其中一例,整个译本中凡是有引自其他典籍的,陈荣捷均一一注释其出处,若存在争议的亦会将已有的几种出处罗列出来供读者参考。此乃原则六:所有原典之引文,尽量追溯其出处。

【原文】

曰仁云:"心犹镜也。圣人心如明镜。常人心如昏镜。近世格物之说,如以镜照物,照上用功。不知镜尚昏在,何能照? 先生之格物,如磨镜而使之明。磨上用功。明了后亦未尝废照。"

——《传习录·陆澄录》

【译文】

Hsu Ai said, "The mind is like a mirror. The sage's mind is like a clear mirror, whereas that of the ordinary person is like a dull mirror. The theory of the investigation of things in recent times says that it works like a mirror reflecting things and the effort is to be directed toward the [passive] role of reflecting. They don't realize that the mirror is still dull. How can it reflect? The investigation of things in our Teacher's theory is like polishing the mirror to make it clear. The effort is to be directed toward the [active] role of polishing. When the mirror is clear, it does not

---

① Chan, Wing-tsit. *Instructions for Practical Living and Other Neo-Confucian Writings by Wang Yang-ming*. New York: Columbia University Press, 1963: 30.

cease to reflect."

　　Note：It is interesting to note that this is the only independent saying by a disciple of Wang's in the whole book. ①

　　若非陈荣捷在此指出此段是《传习录》中唯一独立的出自王阳明弟子的语录，大多数人并不会注意到这个细节。由此也可见徐爱不负"王门颜回"之称。此乃原则七：对经典中若干重要的章句，均指出它在中国哲学史上的重要性。

　　若说译本主体部分已然充分体现陈荣捷学术之严谨，那么译本的结尾部分更是体现了陈荣捷学术之严谨。结尾首先介绍了《传习录》的"前世今生"——此前已有译本、译本优缺点，以及国外相关的研究成果。接下来是该译本所参考的中日学者研究成果清单。再接下来是一份词汇表，按照字母 A—Z 排列，罗列了正文中出现的具有中国哲学特色的核心词汇，包括人名、书名以及关键词，并在右侧配上对应的中国书法字体的中文。如此精细的辅助文本，明显具有如下三方面的读者关照：其一，方便读者随时快速找到相应的词或词语的中文写法；其二，提醒读者这些英文字母下所蕴含的汉字之博大精深；其三，不用印刷体而用软笔书法体标注中文也是为了让读者能够从中体会到汉字之美，从而体会到中国哲学之精妙。译本最后还有索引部分，陈荣捷将译本中出现次数较多且对表达核心思想比较重要的词或词语一一罗列，附上该词或词语在译本中所在的所有页码，便于读者及研究者按图索骥，快速定位。

　　以上《传习录》译本中的注释多侧重解释性阐述，而在其他典籍文献的翻译中，陈荣捷还时常会添加评论性阐述，以呈现不同思想之间的比较与碰撞。

【原文】

　　"君子上达，小人下达。"

——《论语 · 宪问》

---

① 　Chan，Wing-tsit. *Instructions for Practical Living and Other Neo-Confucian Writings by Wang Yang-ming*. New York：Columbia University Press，1963：45.

【译文】

Chan：" The superior man understands the higher things [moral principles]；the inferior man understands the lower things [profit]. "

Note 149：This is the general interpretation，based on Huang K'an and commonly accepted before the Sung times. According to Ho Yen，higher things mean the fundamentals and the lower things mean secondary things. Chu Hsi，consistent with his own philosophy，interpreted the word to not to mean to understand but to reach，and said that the superior man reaches the higher level because he follows the Principle of Nature while the inferior man reaches the lower level because he is carried away by selfish human desires. Cf. below：14：37. ①

此注释为西方读者解释了不同的人对"达"的理解。陈荣捷指出这只是基于"达"的普遍意义而给出的翻译，随后给出了具体章节数建议读者深入了解。

【原文】

"或曰：'以德报怨，何如?'子曰：'何以报德? 以直报怨，以德报德。'"

——《论语·宪问》

【译文】

Chan："Someone said，'What do you think of repaying hatred with virtue?' Confucius said，'In that case what are you going to repay virtue with? Rather，repay hatred with uprightness and repay virtue with virtue. '"

Commentary："The word for uprightness，chih，is not to be understood as severity or justice，which would imply repaying evil with evil. The idea of repaying hatred with virtue is also found in the *Lao Tzu*，ch. 63，and some have therefore theorized that the questioner was a Taoist or that the saying was

---

① Chan，Wing-tsit. *A Source Book in Chinese Philosophy*. Princeton：Princeton University Press，1963：42.

a prevalent one at the time. In any case, by uprightness Confucianists mean absolute impartiality, taking guidance from what is right instead of one's personal preference, however admirable. Obviously this does not satisfy followers of the Christian doctrine of loving one's enemy."①

在此评论中,陈荣捷指出道家的"道""德"之含义与儒家不同。道家之"德"是以德报怨,恩怨情仇化解为上;儒家之德是以直报怨,以德报德,凡事要分清是非对错。

作为美国第一位华人哲学家,陈荣捷毕生专注于向英语世界弘扬中国哲学,恪守"有词必释,有名必究。引句典故,悉溯其源"的原则;他将自己对中国哲学的理解与翻译融为一体,强调处于两种异质文化的哲学是两种完全不同的体系,避免用西方哲学的理论框架去理解中国哲学,竭力让中国哲学说中国话,对美国研究中国哲学的学者产生了巨大影响,开启了对中国哲学研究的比较哲学模式。陈荣捷作为"西方中国哲学领域中的资深学者和联结中西学界的最关键人物"②,无疑打开了中国典籍外译的新篇章。他在翻译过程中始终明确作为译者的多重身份,于中国哲学在西方前景不太乐观之时以独特的翻译方法走出了一条中国哲学典籍外译之路。在比较哲学视阈下,陈荣捷并未一味寻求中英文的完全对等,而是用最通俗的语言辅以最翔实的注释向世界传达最精妙的中国哲学。更为重要的是,陈荣捷在翻译事业上所表现出来的沉静务实、格高致远的匠人精神值得所有后继者学习。学术工作者们应以陈荣捷的这种译研结合的典籍外译之路为鉴,发扬新时代的匠人精神,把中国哲学推向世界。

（原载于《上海翻译》2017 年第 5 期）

---

① Chan, Wing-tsit. *A Source Book in Chinese Philosophy*. Princeton: Princeton University Press, 1963: 42.
② 崔玉军. 东西方哲学家会议与中国哲学研究在美国的发展. 国外社会科学,2005 (4): 47.

陈荣捷《传习录》英译的转喻视角研究

辛红娟　宁波大学

费周瑛　广东外语外贸大学

摘要:玛丽亚·提莫泽克(Maria Tymoczko)提出翻译即转喻,认为转喻式的翻译活动是再创造的过程,译者应依据客观环境选择相应的翻译手法,服务于相应的翻译目的。本文拟从宏观与微观两个层面探讨陈荣捷《传习录》英译本在语言、文化上的转喻特点。论文指出,陈荣捷英译《传习录》时直视中西文化差异,通过转喻式术语置换,在文本中呈现中西哲学话语体系的差异,属于典型的比较哲学意义上的文本翻译,对于构建中国海外学术话语体系具有启示意义。

关键词:陈荣捷,《传习录》,翻译,转喻

　　《传习录》由王门弟子徐爱与钱德洪等编辑,是王阳明问答语录和论学书信的简集,该书全面涵盖王阳明思想,体现了其授课方法和语言艺术,被视作阳明学派的"教典"。作为儒家哲学著作的代表和研究阳明心学的重要资料,《传习录》日益受到国内外广大学者的关注。但其译本至今仅有两种版本。其一为美国传教士亨克的译本 *The Philosophy of Wang Yang-ming*(《王阳明哲学》,1916),然因语言障碍和文化隔阂造成的困难,该译本存在不少错误,且遣词造句繁杂冗长。另一译本出自北美大陆"中国哲学研究的拓荒者"陈荣捷。1960 年,狄百瑞主持哥伦比亚大学"东方经典著作译丛"项目,由陈荣捷承译朱熹、吕祖谦合著的《近思录》与王阳明的《传习录》。1963 年,哥伦比亚大学出版社推出陈荣捷的《传习

录》英文译本 *Instructions for Practical Living and Other Neo-Confucian Writings by Wang Yang-ming*，内含概论、《传习录》全篇、《大学问》和涉及政治社会的公文 7 篇，如《南赣乡约》，成为当时西方学者了解和研究阳明思想的基本材料之一。

陈荣捷《传习录》译本出版以后，引起了各方对阳明学的注意，但鲜有涉及译本的深入研究，这也是本文撰写之缘起。施友忠曾在该译本的书评中指出，这是他在中国哲学领域所见过的最佳译本，用词精准且可读性强。他认为，陈荣捷为那些渴望拥有中国哲学第一手资料的西方学者提供了极大的便利。① 韦政通认为，陈氏翻译"不只是译文而已，为了推阐中国哲学于欧美，为了方便读者，凡与所译之书可能相关而又必要的知识，以及能增进读者对经典全面了解者，无不悉备"②。以上研究对于陈荣捷的《传习录》译本均着墨不多，为深入理解上述论者观点，本文拟立足文本细读，以翻译转喻为视角，力图呈现陈荣捷译文之美、之典范，以期为当下中国学术话语海外构建提供一些启示。

一、翻译转喻之于文化译介

与翻译相关的语言层面的转喻可以分为两种情况，即传统研究意义上语言转喻的翻译和认知机制下翻译过程中形成的跨语言转喻。传统研究意义上的隐喻和转喻是两种修辞手段，前者把未知的事物转换成已知的术语进行表达，而后者则用事物的一个部分或一个因子来代表其整体。近几十年来，随着认知研究的快速发展，语言学领域的学者们在隐喻和转喻的研究上也踏出了突破性的一步。罗曼·雅各布逊（Roman Jakobson）借助对失语症的实证研究，从认知角度指出隐喻和转喻是人类

---

① Shih，Vincent Y. C. Book Review：*Instructions for Practical Living and Other Neo-Confucian Writings by Wang Yang-ming*，trans. Wing-tsit Chan，*A Source Book in Chinese Philosophy* by Wing-tsit Chan. *Philosophy East and West*，1965，15(3/4)：293.

② 韦政通. 白鹿薪传一代宗——国外弘扬中国哲学六十年的陈荣捷先生. 读书，1995(3)：133.

思维的两大基本模式。① 而转喻应用于"邻近"和"凸显"的关系，是在相接近或相关联的不同认知领域中，一个凸显事物替代另一事物，如部分与整体、容器与其功能或内容之间的替代关系。② 乔治·莱考夫和马克·约翰逊（George Lakoff & Mark Johnson）在其著作《我们赖以生存的隐喻》中首次对转喻本质进行了探索，并指出转喻主要具有指代功能，同时还具有强化理解的作用。③

真正将翻译与转喻联系起来的学者是提莫泽克。她是描写翻译研究学派的重要代表人物之一，侧重于翻译的文化研究，在其著作《后殖民语境中的翻译——爱尔兰早期文学英译》（1999）中创造性地将此种二分法应用于翻译研究，并特别强调翻译的转喻性质。长久以来，翻译主要被概念化为词汇层面的涉及不同语言之间语法结构、文化标记及文学形式的选择和替换过程。④ 提莫泽克指出，随着翻译研究中文化转向的出现，如此单层面的理解已不足以解释更多的翻译现象，因此翻译的另一方面特性——转喻性质应当得到重视，即翻译的联系和创造功能。比如，乔治·斯坦纳（George Steiner）研究翻译与其他活动之间的关系；安德烈·勒菲弗尔（André Lefevere）探讨翻译与其他形式的改写以及文学批评之间的关系；伊塔马·埃文-佐哈尔（Itamar Even-Zohar）试图寻找翻译文学在多元系统中与其他文学成分的关系；还有部分翻译理论家则集中研究政治、经济、文学及意识形态对翻译活动的影响。⑤ 提莫泽克认为，转喻式的

---

① Jakobson，Roman. Two Aspects of Language and Two Types of Aphasic Disturbances. In Roman Jakobson and Morris Halle（eds.）. *Fundamentals of Language*. S-Gravenhage：Mouton & Co.，1956：55-82.

② 赵艳芳. 认知语言学概论. 上海：上海外语教育出版社，2001：116.

③ Lakoff，George，and Mark Johnson. *Metaphors We Live By*. Chicago：University of Chicago Press，1980：36.

④ Tymoczko，Maria. *Translation in a Postcolonial Context：Early Irish Literature in English Translation*. Shanghai：Shanghai Foreign Language Education Press，2004：279.

⑤ Tymoczko，Maria. *Translation in a Postcolonial Context：Early Irish Literature in English Translation*. Shanghai：Shanghai Foreign Language Education Press，2004：281.

翻译活动并不能单纯地以直译意译或异化归化论处,而是一个改写的过程。在一个文化、语言多样性的环境中,译文不仅仅是一种文本,更是一次行动,翻译的客观环境与翻译的文本同等重要,译者可以依据客观环境选择相应的翻译手法,服务于相应的翻译目的。①

翻译的转喻性还体现出局部性。提莫泽克认为,翻译作为局部活动,通过突出显示特定片段或部分,或允许原文本的特定属性来支配并代表整个原始文本来代表原文本,最终呈现完整的文化内涵。同时译文本既被视作源语文化的代表,又作为译入语文学系统的一部分,对译入语文化进行转喻式编码。② 这既是向传统翻译理论发起挑战,也是对后者的一种完善和延伸。提莫泽克发现,爱尔兰文学译者在反抗文化殖民的过程中,并未一味地突出本民族文化特点,相反,他们在抵制与顺应、反抗与迎合中寻求平衡点,以一种语言、文化杂合的形式,部分地展示爱尔兰特色的文学文化特点。③ 而翻译的转喻特性也证明,一味地追求译入语与源语在语言和文化上的对等并不可取。事实上,对等法是西方语言如英、法、德、意、西互译时常用的译法。根据计算机统计,西方语言约有90%的词汇有对等词,因此互译时可采用对等法。而汉语只有约50%的词汇和西方语言有对等词,因此并不可能在词汇文化内涵上达到完全对等,更遑论高艺术性文本。高艺术性文本具有很强的抗译性,尤其是涉及意识形态话题的文本,在不同的文化语境中,翻译都有不同程度的操纵,以适应译入语文化读者的接受心理。④ 简而言之,无论是文本层面还是文化层面,翻译过程中不可避免地存在增添和损失两种"异质",因此译者应当做出取舍,

---

① Tymoczko,Maria. *Translation in a Postcolonial Context*:*Early Irish Literature in English Translation*. Shanghai:Shanghai Foreign Language Education Press,2004:296.

② Tymoczko,Maria. *Translation in a Postcolonial Context*:*Early Irish Literature in English Translation*. Shanghai:Shanghai Foreign Language Education Press,2004:282.

③ 赵颖. 吴经熊《道德经》译介的转喻视角分析. 上海翻译,2016(3):56.

④ 李小川. 文化翻译中的转喻功能. 外国语文,2012(3):99.

力求最大限度地传达原文所蕴含的最基本、最核心的文化思想。① 2000
年 4 月,在曼彻斯特举行的翻译研究模式研讨会上,提莫泽克提出"显微
镜"与"望远镜"观点,认为微观层面的语言学研究如同借助显微镜,宏观
层面的文化研究如同借助望远镜,二者可以相辅相成。② 显然"翻译转喻"
视角恰如望远镜一般,将翻译置于文化的宏大背景之下进行探索研究,这
为研究各种文化背景下的翻译活动提供了宝贵的参考价值。

　　中国有着丰厚的文化历史积淀,而哲学典籍作为世界多样性的重要
一分子,早在 16 世纪就引起西方世界的关注。但语言的隔阂和价值观的
差异,致使西方译者对中国古代文本的知识大多采取西方中心的思维框
架和解读、翻译策略。在此境域下,陈荣捷依旧坚持用中国话语方式解说
中国话语,并在 1963 年推出《传习录》新译本。此时正值二战后中国典籍
外译最低迷的时期,亨克作为西方首位王阳明研究者,虽已对王阳明著作
进行了研究和翻译,但因其译本的局限性,阳明思想未能在西方世界得到
广泛传播。而陈荣捷迎难而上,以《传习录》新译本打开了阳明心学进入
西方世界的大门,最终借此推翻了中国"秦汉之后无哲学"的谬论。除此
之外,陈荣捷对《传习录》的译介打破了以往典籍外译"以西释中"的固有
模式,以最为简单朴实的语言来表达最为博大精深的阳明思想,正式将
《传习录》推向西方世界,让西方读者得以重新认识阳明思想,逐步理解并
欣赏中国哲学,为其接受并认同中国哲学打下了坚实基础。鉴于此,本文
将重点研究陈荣捷《传习录》译本在文本及文化层面的转喻特点。

二、《传习录》译文文本的转喻特点

　　《传习录》是阳明学派的启蒙典籍,集中反映王阳明的心性之学,旨在
呼唤人的本体意识,着重强调个体本身的价值和自我人性的修养。而阳

---

① Tymoczko,Maria. *Translation in a Postcolonial Context*:*Early Irish Literature
  in English Translation*. Shanghai:Shanghai Foreign Language Education Press,
  2004:49.
② 林克难. 文化翻译研究的一部力作. 外语教学与研究,2001(2):157.

明学真正受到西方世界关注始于 1960 年前后,当时西方世界比较关注知行合一说以及与基督教教义相类似的关于爱和善良的内心体验。两次世界大战的惨烈和血腥严重打击了西方人自以为是、唯我独尊的文化观和价值观,使他们开始从东方哲学去寻找新的智慧。① 但大部分西方学者仍是以艺术鉴赏式的旁观模式研究阳明学,并未触及其核心内涵,而陈荣捷将西方世界的儒学研究带入了新阶段。1960 年,陈荣捷在与狄百瑞等合编的《中国传统诸源》(*Sources of Chinese Tradition*)中用 7 章的篇幅详论理学(朱子占一章)。同年,《大英百科全书》(*Encyclopedia Britannica*)增添了陈荣捷贡献的《王阳明》一文与朱熹和王阳明两个词条。1963 年,陈荣捷的《中国哲学文献选编》(*A Source Book in Chinese Philosophy*)出版,其中理学部分共有 13 章(朱子占一章)。彼时,西方学界还没有研究新儒学和朱子的学者,陈荣捷堪称战后欧美朱子研究的先驱。1967 年,8册本美国《哲学百科全书》(*Encyclopedia of Philosophy*)特设中国哲学部分,由陈荣捷编写。1969 年,作为学生通行读本的《美国百科全书》(*Encyclopedia Americana*)增添陈荣捷撰写的《王阳明》一文。而陈荣捷的《传习录》新译本出版后更是引起了广大西方学者的注意,译本所呈现的转喻性特点最大限度地保留了中国典籍文化的特点。由此可见,陈荣捷为其中国经典翻译设置的任务是使译文成为原文、原思想的指导性“代理”,秉持既让中国哲学说中国话,又不会让英文读者如见天书,并努力使英文读者在译文的提示下能够发现源语言,并与源语言的真意倾心交谈,最终使得这些印刻着不同思想体系的术语得以“自适”其身。

中国哲学是一种生活哲学,一种指向行动的哲学,一种培养人格的哲学。而阳明心学在旧时中国正如黑夜中的一盏明灯,唤醒良知,也照亮社会。如此,阳明心学问世以后很快就与朱熹思想平分秋色。著名国学大师钱穆在分析此现象时指出,心学是“人人与知与能,简易明白,直捷无弊”②的,所以,其流传度既广又深,引起思想解放的浪潮。而包含阳明学主要思想的《传习录》开创了心学语录体散文的先河,行文短小简约,不重

---

① 余怀彦. 良知之道——王阳明的五百年. 北京:中国友谊出版公司,2016:256.
② 钱穆. 阳明学述要. 北京:九州出版社,2015:116.

文采，不讲求篇章结构，也不讲求段落、内容间的联系，非常符合汉语偏重意合的特性。① 而英语重形合，语句各成分的相互结合常用适当的连接词语或各种语言连接手段，以表示其结构关系，因此，将《传习录》译为英语时不得不利用词汇手段或句法手段进行形式上的完善，易造成译文词句烦琐冗长。以下便以《传习录》仅有的亨克译本和陈荣捷译本两个英译版本为例，对比分析陈荣捷如何在翻译转喻理论指导下进行翻译实践。

（1）过去未来事，思之何益？

——《传习录·陆澄录》

（1a） What advantage is there in considering either that which is past or that which has not taken place?②

（1b） What is the use of thinking of the past and future events?③

越是学问精深者，表述其学问的语言越平实，把高深的道理转化成口语化、大众化的语言。此处原文非常简洁，结构简单。亨克将其译成一个由关系代词引导的从句，因此译文不如原文简洁。此外，原文具有反问的强调语气，亨克的译文更偏向于疑问语气，且如此长句缺乏如格言一般的警醒意味。而陈荣捷利用简单的句式，既简洁有力，贴合目标语读者的语言习惯，亦符合对话式语录体通俗易懂的特色，从而使目标语读者能够与源语读者获得同样的阅读体验。

（2）在文蔚须有取于惟浚之言而后尽，在惟浚又须有取于文蔚之言而后明。

——《传习录·答聂文蔚》

（2a） In what you have said，a little should be appropriated

① 华建新.《传习录》的文学价值初探. 宁波大学学报（人文科学版），2011(1)：43-47.
② Henke，Frederick G. *The Philosophy of Wang Yang-ming*. London & Chicago：The Open Court Publishing Co.，1916：103.
③ Chan，Wing-tsit. *Instructions for Practical Living and Other Neo-Confucian Writings by Wang Yang-ming*. New York：Columbia University Press，1963：53.

from Wei-chün, and then your exposition would be exhaustive; and in what Wei-chün has said, a little should be appropriated from yours, and then it would be clear. ①

(2b) On your part, you need to take in his words before yours can be fully stated, and on his part he needs to take in your words before his can be made clear. ②

亨克将原文译为两个小句,而陈荣捷则选择将原文译为由连词"and"连接而成的独立句子。两种译法都使用对比手法来实现"形式对等",但从简洁的角度来说,陈译更加凝练有力、逻辑清晰。虽然对外传播本国文化的最佳方式就是将文化典籍原汁原味地输送出去,但从读者观照的层面来说,译者也不得不考虑译本的可读性。陈荣捷并不是一味地寻求中英文的完全对等,而是尽量使用英语中现成的用法习惯,形式上更适合西方读者阅读和理解。

(3) 此诚毫厘千里之谬者,不容于辩。

——《传习录·答顾东桥书》

(3a) This error, both small and great, I can clearly discriminate. ③

(3b) This is a matter in which if an infinitesimal mistake is made in the beginning it will lead to an infinite at the end, and the statement should not be left unrefuted. ④

"毫厘千里"是"差之毫厘,谬以千里"的缩写,《现代汉语词典》给出如下解释:"开始相差得很小,结果会造成很大的错误。强调不能有一点儿

---

① Henke, Frederick G. *The Philosophy of Wang Yang-ming*. London & Chicago: The Open Court Publishing Co., 1916: 444.

② Chan, Wing-tsit. *Instructions for Practical Living and Other Neo-Confucian Writings by Wang Yang-ming*. New York: Columbia University Press, 1963: 179.

③ Henke, Frederick G. *The Philosophy of Wang Yang-ming*. London & Chicago: The Open Court Publishing Co., 1916: 308.

④ Chan, Wing-tsit. *Instructions for Practical Living and Other Neo-Confucian Writings by Wang Yang-ming*. New York: Columbia University Press, 1963: 102.

差错。"①毫厘是中国古代计量单位,极言数量之小,有比喻之义。亨克采用字面翻译,将"毫厘"与"千里"简单译为"小"和"大"来修饰主语"错误",而原文中"毫厘千里"指代错误的后果,并不是修饰语,所以亨克的翻译存在一定的局限性,而陈译本在避免烦冗的前提下,并未拘泥于对"毫厘千里"原意的逐字翻译,而是以常见的词汇、简单的句式以及清晰的逻辑详细解释原文的深层含义,如此读者可以更正确、更到位地理解原文。

从以上例子可以看出,为树立《传习录》世界经典的形象,以及激发西方读者阅之以虔诚、尊重之态,陈荣捷尝试通过营造西方读者熟悉的言说语境,来介绍作为中国哲学思想精髓的儒家典籍,建构《传习录》的世界经典地位。然而这并不意味着陈荣捷会舍弃《传习录》作为个体的独特性,周边文本——注释的使用更是体现出陈荣捷力求突出《传习录》作为中国古代经典的独特性。他在"Fifty Years of Chinese Philosophy Abroad"一文中提到了他在翻译过程中遵循的七项原则:(1)尽量参读各种经典注疏;(2)所有的中国哲学名词必须加以解释;(3)所有的专项名词诸如"五常"等,都必须详举其内容;(4)所有的引用书籍或论文,均译其意涵为英文;(5)所有的地名或人名,均加考证或说明;(6)所有原典之引文,尽量追溯其出处;(7)对经典中若干重要的章句,均指出它在中国哲学史上的重要性。② 以下便举隅一二。

> (4)曰:"然则所谓'冲漠无朕,而万象森然已具'者,其言何如?"
> 曰:"是说本自好,只不善看,亦便有病痛。"
>
> ——《传习录·陆澄录》

> (4) I said,"If so, how about the saying,'Empty, tranquil, and without any sign, and yet all things are luxuriantly present'?"
> The Teacher said,"This theory is fundamentally good. But if it is not understood correctly, there will be trouble."

---

① 中国社会科学院语言研究所词典编辑室. 现代汉语词典. 7版. 北京:商务印书馆,2016:134.

② Chan,Wing-tsit. Fifty Years of Chinese Philosophy Abroad. *Tsing Hua Journal of Chinese Studies*,1985,17(1/2):2-3.

Note: Ch'eng I, *I-shu*, 15:8a. Many Japanese historians of Chinese philosophy have asserted that this saying is of Buddhist origin but none has given any direct reference. Yamazaki Ansai (1618—1682), in his essay on the saying (*Zoku Yama'zaki Ansai zenshu*, pt. 2, pp. 78-86), listed all quotations of this saying and discussions on it by Neo-Confucians but did not say a word about its Buddhist origin. The *Daikanwa jiten*, the fullest dictionary of its kind so far, gives Ch'eng I, rather than any Buddhist, as its author. However, terms like "indefinite" "boundless" and "without any sign" are of Taoist origin, and as Ota Kinjo (1765—1825) has pointed out (*Gimon roku*, 1831 ed., pt. 1, p. 20b), the second half of the sentence is virtually the same as that in the *Cheng-tao ko* by Zen Master Chen-chiao (d. 712) of Yung-chia, in *Ching-te ch'uan-teng lu*, 30: 11a. ①

该条注释说明了"冲漠无朕,而万象森然已具"的出处。陈荣捷在此参考了诸多日本学者的研究成果。一部分日本学者认为此句出自佛教,但未提供相关证明;相关辞典认为此句出自程颐;而太田锦城(1765—1825)在其专著《疑问录》中指出该句出自宋代道原禅师所纂《景德传灯录》卷三十中的《证道歌》。《证道歌》是唐代高僧永嘉真觉禅师悟道后心得精华的文字记录,是一个真正悟道者的见解。进行如此详细的出处说明,一方面展现了中国哲学各体系之间的互动交流,另一方面也表现出一种批判性思维。这也是西方世界向来欣赏推崇的学术态度,由此也让西方读者一睹中国学者的学术风采。

(5) 先生曰:"……如冬至一阳生,必自一阳生,而后渐渐至于六阳,若无一阳之生,岂有六阳? 阴亦然……"

——《传习录·陆澄录》

(5) The Teacher said, "For example, at the winter solstice the first yang grows. There must be the growth of this first yang before all the six stages of yang gradually grow. If there were not

---

① Chan, Wing-tsit. *Instructions for Practical Living and Other Neo-Confucian Writings by Wang Yang-ming*. New York: Columbia University Press, 1963: 27.

the first yang, could there be all the six? It is the same with the yin."

Notes：yang：The active cosmic force.

yin：The passive cosmic force.

the six stages of yang：The six months between December and June. ①

此句中的"阳""阴""六阳"等词是中国哲学思想中特有的名词,如"阴""阳"指天地间化生万物的二气。陈荣捷一方面采用音译的方法使西方读者意识到其在中国哲学思想中的重要地位,避免理解上的偏差;另一方面则添加注释简单解释其内涵,且以"宇宙之力"作解,既保留中国哲学的精华,亦贴近西方宇宙爆炸学说,拓展了西方读者进一步理解的通道。

另外,陈荣捷的《传习录》新译本既广泛参考了日本学者的注释,同时还参照了王应昌的《传习录论述参》《王阳明先生传习录论》、倪锡恩的《评注王阳明全集》、叶绍钧的《传习录点注》、于清远的《王阳明传习录注释》和但衡今的《王阳明传习录札记》。这些注释不仅是用于解释原文含义的工具,更极大地保留了原文所代表的文化特质,同时又向西方读者准确传达了这些特质,可谓一举多得。

儒家经典作为文化典籍中不可忽视的部分,对它们的翻译始于明末清初的传教士。面对当时儒家思想统治下的中国,传教士们认识到只有深入了解儒家思想,才能更好地利用儒家思想传播基督教教义,并试图找到一条两种截然不同的思想共存的道路。虽然天主教在华传教屡屡受挫,但传教士们为儒学西传打开了大门。在 20 世纪三四十年代,"两脚踏东西文化"的林语堂向西方世界介绍儒家、道家,风靡一时。林语堂具有较深的国学功底,对中国哲学的理解也胜于传教士,但在哲理、义理阐释方面仍有欠缺。从 50 年代起,美国各高校在哥伦比亚大学狄百瑞的倡导下,推行人文通识教育。陈荣捷的典籍翻译,正好顺应了当时的时代潮流。他强调,若要真正理解中国哲学的内涵,必须从哲学原著入手,因此,全面系统地翻译中国哲学原著成为当时亟待解决的问题。陈荣捷的最大

---

① Chan，Wing-tsit. *Instructions for Practical Living and Other Neo-Confucian Writings by Wang Yang-ming*. New York：Columbia University Press，1963：57.

贡献,简单地说,就是把中国哲学全面地、系统地、卓有成效地推介给西方。他的翻译极大地拓展了宋明理学著作的译本范围,引起了美国哲学界和汉学界的高度关注。狄百瑞亦在陈译本的前言中指出,王阳明思想在中国哲学史上的地位决定了他注定处于学术争论的中心,他的核心思想——"心即理""知行合一"以及"致良知",已深深扎根于日本和朝鲜(韩国),现在西方读者应当做出选择,是继续把王阳明看作中国的圣人还是当作良知之师。① 如此,为了将哲学思想更好地传播出去,易理解、考虑读者、贴合西方言说语境是陈荣捷在英译实践中必然要考虑的问题。

三、《传习录》译文文化语境构建的转喻特点

提莫泽克指出,当主流文化的读者对边缘文化作品的转喻特征缺乏了解时,就很难把这些作品整合进他们所认可的经典之中。② 因此,在翻译过程中译者不得不做出选择,恰当处理文化差异导致的原文与译文不对等现象。陈荣捷的译本为我们提供了不少上佳范例。

心学虽普遍被认为是儒学的延伸,但从王阳明的人生轨迹可以看出,心学绝不单单只有儒家,它是王阳明糅合了儒家、道家以及佛家的学说。"心学"中的"心"最主要的是"道心"。王阳明说:"道无不中,一于道心而不息,是谓'允执厥中'矣。"(《重修山阴县学记》)"心学"恪守"道心"这一原点,其最主要的任务是对"人心"的纠偏,使之符合"道心"的要求,也就是"天理"的要求。"天理"是什么?"天理"实际上就是"真理、原理、规律"等在人心的投射。这些东西在没有投射到人心之时,中国古代有一个字可以对这些描述进行统摄,这个字就是"道"。"道"投射于人心就是"天理",孤立于人心的存在状态就是"道"。可以说,王阳明在《传习录》中对"道"的言说比较典型地体现了中国哲学的整体论,是中国传统哲学的整

---

① Chan, Wing-tsit. *Instructions for Practical Living and Other Neo-Confucian Writings by Wang Yang-ming*. New York: Columbia University Press, 1963: x.

② Tymoczko, Maria. *Translation in a Postcolonial Context: Early Irish Literature in English Translation*. Shanghai: Shanghai Foreign Language Education Press, 2004: 48.

体概念。这里,我们援引几处关于"道"的论述及两个译本对心学之"道"的跨语际界说。

(6) 道一而已,古人论道往往不同。

——《传习录·陆澄录》

(6a) Though there is but this one doctrine, yet the doctrinal discussions of the ancients were frequently not alike.[1]

(6b) The Way is one. In discussing it the ancients of ten disagreed.[2]

(7) 道无方体,不可执著。

——《传习录·陆澄录》

(7a) Truth (the path) has no form; it cannot be grasped or felt.[3]

(7b) The Way has neither spatial restriction nor physical form, and it cannot be pinned down to any particular.[4]

(8) 问"志于道"一章。

——《传习录·黄修易录》

(8a) I made inquiry regarding the chapter which treats of fixing the will on the path of duty.[5]

(8b) I inquired about the chapter in the *Analects* on "Setting

---

[1] Henke, Frederick G. *The Philosophy of Wang Yang-ming*. London & Chicago: The Open Court Publishing Co., 1916: 95.

[2] Chan, Wing-tsit. *Instructions for Practical Living and Other Neo-Confucian Writings by Wang Yang-ming*. New York: Columbia University Press, 1963: 46.

[3] Henke, Frederick G. *The Philosophy of Wang Yang-ming*. London & Chicago: The Open Court Publishing Co., 1916: 95.

[4] Chan, Wing-tsit. *Instructions for Practical Living and Other Neo-Confucian Writings by Wang Yang-ming*. New York: Columbia University Press, 1963: 46.

[5] Henke, Frederick G. *The Philosophy of Wang Yang-ming*. London & Chicago: The Open Court Publishing Co., 1916: 160.

your will on the Way."①

亨克在不同的语境中分别将"道"具体化地翻译成"doctrine""truth"和"path"等,这些语词尝试从各个不同侧面理解中国之"道"、阳明心学之"道"、《传习录》之"道",体现出译者亨克对于中国哲学阐释的努力,但其具体化的做法在呈现的同时,也阻塞了读者对含宏万汇的中国之"道"的理解与领悟。可以说,亨克译文中呈现的东西远不及其所遮蔽的原文中"道"的意涵。译者出于民族思维习惯、语法约束和对读者接受的考虑等方面的因素,在翻译中使言说者现身的做法,因其"显",反而造成了审美的"隔",在展开"道"的某一视角的同时,却把别的视角隐藏了起来。言说者的现身和"道"的"显"填塞了文本的阅读审美空间,阻滞了文本与读者的对话,用海德格尔(Martin Heidegger, 1889—1976)的话说,存在在展示自己、进行揭示的同时,也是在遮蔽。汉语文本的智慧之"道"因为隐而显,隐并非神秘或隐秘的"隐",而是不断地展现事物之"隐";英语译文中的智慧话语则因为显而隐,这一"显"就是存在而遮蔽的状态。

从本源的意义上看,中国哲学之"道",词源上带有动名词性、过程性和能动性,"道"字在中国哲学中,涵盖道(road)、路(path)、方式(way)、方法(method)、言说(to put into words)、解释(to explain)、教导(teachings)、道义(doctrines)、技艺(art)等多重意义,是一个概念群。对中国哲学之"道"的理解,必须将其放在中国儒道哲学的大背景下展开。这一点,陈荣捷无疑有着得天独厚的优势,他对中国儒道哲学有着完整的理解,加之多年翻译、研习《道德经》的经历,使得他在翻译《传习录》时能够有整体的投射观。因此,陈荣捷将"道"一以贯之地翻译为"the Way";而这一语词印记不仅较为完整地趋近中国儒家之道、道家之道,也比较契合先于《传习录》进入西方世界的《论语》《道德经》等中国典籍在英语世界基本固定下来的"道"之形象,能够使西方读者在研读《传习录》之"道"时产生基本整体、相近的跨语际投射。"道"之概念初入西方世界之时,多被

---

① Chan, Wing-tsit. *Instructions for Practical Living and Other Neo-Confucian Writings by Wang Yang-ming*. New York: Columbia University Press, 1963: 207.

传教士译为具有浓厚基督教色彩的"上帝""天主"之意,可谓是文化上的强行比附。后来,在哲学家参与的中国典籍翻译中,多采取将中国之"道"与西方哲学勾连的做法,比如将其译为"meaning""nature""reason""the great everlasting infinite First Cause"等,但这些过于具体化的做法,并没有能够解释中国哲学、中国智慧,反而让中国哲学呈现出不中不西的尴尬面目。直到 20 世纪 30 年代,随着西方汉学家对中国文化了解的全面与深入,中国之"道"逐渐被固定成一个较具整体况味的"Way"。该词不仅改变了早期基督教传教士的强行比附,而且在某些层面与汉语中的"道"有暗合之处。① 同时,《约翰福音》14:6 中,耶稣说:"我就是道路、真理、生命;若不借着我,没有人能到父那里去。"(Jesus answered, "I am the way and the truth and the life. No one comes to the Father except through me.")由此看来,在西方人眼中所谓的天道即上帝的意志,是上帝为凡人指明的通向神圣的"道"。所以,"Way"也就带上了崇高和神圣的色彩,仍是基于基督教的认知前景,只是表面上比译为"God"或"Creator"少了些神的意味,究其实质,仍是宗教性的置换和指涉。陈荣捷选择此种译法旨在尽可能靠近中国文化内核的同时,缩短西方读者与译文文化蕴藉之间的距离,营造熟悉的转喻式文化关联,让读者能够意识到两种异质文化间亦存在着共性,并非全然互相排斥。

(9)如今仕者,有由科,有由贡,有由传奉,一般做到大官。

——《传习录·陆澄录》

(9a) It may be compared to officials of the present day, some of whom have become high officials through examinations, some through offerings, some through the promulgation of service rendered or through similar means. ②

(9b) It is like the ways of becoming an official today. Some attain positions through civil service examinations, some through

---

① 辛红娟. 中国之"道"在英语世界的阐释与翻译. 对外传播,2016(2):57.

② Henke, Frederick G. *The Philosophy of Wang Yang-ming*. London & Chicago: The Open Court Publishing Co., 1916:89.

recommendations by local officials, and some through connections with palace officials. ①

原文涉及中国古代特有的科举、入仕方面的文化,"科"指科举入仕,"贡"指乡里推荐,"传奉"指继承前辈爵位、大官荫庇,因此无论是从教育制度上还是从政治制度上,要在西方文化里找到相对应的用词是不现实的。亨克只是简单地将科举译为"examination",且将"贡"误解为"供品",译者尚且没有彻底理解,更不必企望读者充分理解并接受。而陈荣捷的译文则很好地将古代与现代的制度联系起来,发挥翻译的联想与创造功能,体现了文化之间一定程度的相似互通性。

(10) 曰:"从游之士,闻先生之教,往往得一而遗二,见其牝牡骊黄,而弃其所谓千里者,故爱备录平时之所闻,私以示夫同志,相与考而证之,庶无负先生之教云。"

——《传习录·徐爱录》

(10) As to our Teacher's followers, when they heard his teachings, they of ten got only a third of them and missed the rest, seeing, as it were, only the sex and color of the horse while overlooking its capacity of a thousand *li*. I have therefore recorded what I have heard from him over the years, to show privately to like-minded friends, to compare notes and to correct what I have taken down, so that, I believe, we shall not do injustice to our Teacher's teachings.

Note: A *li* is about one third of a mile. The story about the horse is found in the *Huai-nan Tzu*, i2: 9a-b. According to the account there, Duke Wu (r. 659—619 B.C.) of Ch'in, on the recommendation of his minister, sent an expert in search of a steed. After three months the expert returned, saying that he had found a yellow male. When the horse came, it proved to be a black female. The duke was displeased and asked his minister about it. The minister

---

① Chan, Wing-tsit. *Instructions for Practical Living and Other Neo-Confucian Writings by Wang Yang-ming*. New York: Columbia University Press, 1963: 41.

replied，"What the expert saw was the secret of Nature. He grasped the essential factor and ignored the coarse element." The horse proved to be a horse of a thousand *li*. See Evan Morgan，trans.，*Tao，the Great Luminant* (Shanghai，Kelly and Walsh，1934)，p. 119.①

此段落内含一个出自《淮南子》的典故：牝牡骊黄。秦穆公派九方皋（善相马者）去寻找千里马。3个月后九方皋归来，称已找到一匹千里马。秦穆公问他是什么样的马，他说："雄的黄马。"派人去牵来后发现是雌的黑马。原来九方皋相马只关注马的神情而忽略马的毛色和雌雄，但事实却证明他相的马确属千里马。此典故的寓意为要抓住事物的本质，不可依据表面现象而妄下论断。徐爱用此典故来表达自己对王阳明受世人非议的不满。陈荣捷在此注释不仅还原了文中所含典故，还对中国的计量单位"里"进行了解释，并说明该译文参考了1934年莫安仁翻译的 *Tao，the Great Luminant：Essays from Huai Nan Tzu*（《道，伟大的明灯：〈淮南子〉节选》）。在正式译文中陈荣捷用简短的一句话就概括了这个典故，且整个因果逻辑关系一目了然，既表现了中国哲学善用典故作比的特点，又不破坏英语中注重形合、逻辑推理的本质，可以说浸濡国学的哲学家陈荣捷对中西哲学学术语义系统有相当的把握，对中国哲学意义细节和原始中国哲学文本的修辞学魅力有深刻体悟，同时也熟谙西方哲学文本的推理逻辑，能较为出色地在英语语言文化中再现中国哲学理念，较为成功地实现文化语境构建上的翻译转喻。

除此之外，陈荣捷还采用威妥玛式音译来表示《传习录》中的核心关键词、人名、地名等。威妥玛式音译可以归为一种陌生化翻译策略，陈荣捷采取此种译介方式的目的是便于西方读者理解，同时保留中国文化的特色，尤其是具有中国特色的词汇的内涵。这一点在《传习录》译本的结尾部分得到了很好的体现。结尾部分列有一个词汇表，按照字母 A—Z 排列，罗列了正文中出现的具有中国哲学特色的核心词汇，包括人名、书名以及关键词，这些都是以威妥玛式音译呈现的，并在右侧配上对应的中

---

① Chan，Wing-tsit. *Instructions for Practical Living and Other Neo-Confucian Writings by Wang Yang-ming*. New York：Columbia University Press，1963：5.

国书法字体的中文。紧接着是该译本所参考的中日学者的研究成果清单。如此做法可谓多管齐下:其一,方便读者随时快速找到相应词或词语的汉语写法;其二,提醒读者这些英文字母下所蕴含的汉字之博大精深;其三,特地采用软笔书法体标注中文,读者能够从中体会到汉字之美,从而体会到中国哲学之精妙。译本的结尾还有索引部分,陈荣捷将译本中出现频率较高且对表达核心思想较为重要的词或词语一一罗列,随后附上该词或词语在译本中所在的所有页码,便于读者及研究者按图索骥,快速定位。

事实上,在第一次东西方哲学家会议召开之前,西方学者普遍认为中国"秦汉之后无哲学",原因在于早前学者虽已翻译相当数量的中国哲学典籍并传向域外,然而翻译涵盖的范围只局限于"四书""五经",而忽视了儒家思想的另一重要阶段——宋明理学及阳明心学。而且,一般欧美的知识分子所知道的孔子或孟子不可避免地受到西方宗教背景的影响,对王阳明的心学思想更是难以理解,他们甚至把王阳明的思想看作神秘主义或宗教主义。[①] 而作为哲学家的陈荣捷与他们最大的区别就在于他并不把东西方文化混为一谈,既不愿让中国哲学思想被西方的思维方式误解,也不鼓吹中国哲学优于西方哲学,而是以相通性的介绍为依托,在比较之中强调两种异质文化的差异,正面直视这种差异,并用他独到的转喻视角来解读这种差异,缓和文化冲击,让西方读者愿意并主动开始理解、欣赏中国文化,并为接受认同中国文化奠定基础。

阳明学流传至今已五百年有余,经过历史风雨的洗涤,在当今社会愈发显示出它的宝贵价值。陈荣捷为阳明心学在西方世界的传播贡献了极为重要的力量,且其比较哲学视角的研究方法为当下中国文化"走出去"提供了重要的参考价值。在中国文化"走出去"已经成为新时代最重要的命题之时,许钧指出,要通过"文化译介",助推中国文化"走出去",甚至要改变对中译外重视不足的现状。[②] 然而,我们也需谨记,"中国文学、文化'走出去'绝非字句之间、文本之间的语言置换,而是一种使命、一种责任,

---

① 余怀彦. 良知之道——王阳明的五百年. 北京:中国友谊出版公司,2016:257.
② 许钧. 文化译介助推中华文化"走出去". 人民日报,2017-08-09(07).

是中华民族面向世界的生命托付，是中华民族与世界关于生存的对话"①，关乎中国学术话语体系的海外构建。而陈荣捷作为哲学家和翻译家，在充分研究和理解原文本的基础上，利用自己熟悉中西思维方式和阅读习惯的优势，用最平实的语言向西方传达最精妙的思想，既保留中国特色，又确保可读性和可理解性，可谓转喻式翻译的典范，为学术工作者向世界传达中国哲学开辟了新道路，有力地推动了中国哲学在世界文化经典之林落地生根，对于构建中国海外学术话语体系具有启示意义。

（原载于《国际汉学》2019 年第 2 期）

---

① 辛红娟,等. 杨宪益翻译研究. 南京:南京大学出版社,2018：321.

典籍英译中的语用充实

——以陈荣捷《传习录》（上）英译本为例

刘响慧　赣南师范大学

摘要：从语用学角度看，翻译是一个动态的过程，语际翻译是一场跨文化交际，语言、语境、交际者都是重要考量因素。典籍英译处于一个跨越时空的历时语境中，语言的语用演变和语义流变造成的信息空缺和信息断点不可避免，实践中应进行语用充实，以期最大限度地实现语用等效。以陈荣捷的《传习录》（上）英译本为例，语用充实类型有篇内衔接型、互文关照型、心理满足型、社交需要型。语用充实为典籍英译的实践和研究提供了新视角。

关键词：典籍英译，《传习录》，王阳明，语用充实，语境补缺

一、引　言

中国典籍外译是中华文化"走出去"工程中浩大的一部分。目前，很多典籍在语言层面上已经"走出去"了，但是否"走进去"了却值得翻译学人深思，目前也受到学界关注。既要在语言上让目的语读者顺畅阅读，又要在文化上让他们欣然接受，对于典籍翻译来说，语用学视角不啻为一个良好的选择，因为语用学强调对交际信息的正确理解（或推导），以及信息传递方式和形式的得体性、适宜性。①

语用翻译是指从语用学的角度探讨翻译实践问题，即运用语用学理

---

① 　冉永平．翻译中的信息空缺、语境补缺及语用充实．外国语，2006（6）：58.

论去解决翻译操作中所涉及的理解与重构、语用与文化因素在译文中的处理方法、原作语用意义(pragmatic force)的传达及其在译作中的得失等方面的问题。① 翻译是一个动态的过程,涉及多个主体:源语作者、译者和译语读者等,因此,语际翻译无疑是一场跨文化交际,语言、语境、交际者都是重要考量因素。一部好的译作能让他者文化读者体验到交际的成功。然而,英汉语处于互为异质文化当中,且语言本身也是文化的一部分,翻译过程中难免会出现信息缺失和信息不对称等问题,译者须在众多语境假设中选取最可能的那一种对源语进行信息补缺,然后从译语读者的角度,对译语进行语用充实与顺应,即选择最恰当的译语形式来实现源语和译语之间的最佳关联。②

目前,语用翻译中涉及语用充实的研究较集中于应用文本及一般文学文本的翻译研究,而于典籍英译中的语用充实研究,学界很少涉及。其中,李成团以古典诗歌为例探讨了诗歌翻译中的语境补缺和语用充实问题③;张琼论述了语用充实视角下古典医学著作《伤寒论》中的反义同词现象及翻译策略④。由此可见,这一研究视角亟待挖掘。本文借由 20 世纪60 年代的一部译作——陈荣捷《传习录》(上)英译本——来剖析典籍英译中的语用充实现象及其语用效果,以期能为典籍英译的翻译实践和研究提供一定的语用学思路和方向。

二、典籍英译的语用维度

从内在的根基来看,典籍英译的语用维度有语用学的顺应论和关联论支持;从外在的形式来看,它主要表现为基于语境补缺的语用充实。这二者共同决定了典籍英译中语用充实的可行性。

---

① 莫爱屏. 翻译研究的语用学路径. 中国外语,2011(3):88.
② 刘朝阳,莫爱屏. 论旅游文本翻译中的语用充实. 浙江外国语学院学报,2015(6):2.
③ 李成团. 诗歌翻译的语用视角:语境补缺与语用充实. 外语教学理论与实践,2010(2):77-82.
④ 张琼. 语用充实视角下《伤寒论》反义同词现象及翻译策略论析. 中国中医基础医学杂志,2014(12):1704-1707.

（一）语用充实的理论基础

语用学的顺应论和关联论为典籍英译的语用学研究视角提供了理论上的支持。陈吉荣指出这两种理论背景也是语用充实的理论基础。[①] 耶夫·维索尔伦（Jef Verschueren）的语言顺应论从认知、社会和文化的综合功能视角对语言现象及其运用的行为方式进行了描述和阐释，认为使用语言的过程就是在不同意识程度下为适应交际需要进行语言选择的过程。语言所具有的变异性（variability）、商讨性（negotiability）和顺应性（adaptability）使得语言使用者在语言使用过程中能够做出选择。翻译作为一种语言使用的特殊情况，在翻译中，译者可以进行语言选择，这种灵活的原则和策略反映了翻译的语言具有变异性、商讨性和顺应性。丹·斯坡伯和戴尔德·威尔逊（Dan Sperber & Deirdre Wilson）提出的关联理论认为，人们在交际过程中总是根据话语之间关联的信息来理解说话人的意图，其中一个重要的交际原则便是最佳关联性（optimal relevance），即任何明示性交际行为都意味着交际行为所传递的假设具有最佳关联性，亦即如果听话人付出最小的处理努力就能获得足够的语境效果，说话人的刺激信号就具有最佳关联性。[②] 关联理论所观照的交际、认知、推理等也是翻译过程中不可或缺的重要环节。

中国典籍范围比较广，体裁包括古典散文、古典诗歌、古典戏剧等。不管哪种文体，典籍所用古代汉语与现代汉语往往相差甚远。处于历时语境中，语言的语用演变和语义流变不可避免，翻译过程中需要译者预先对典籍进行语内翻译，然后再用目的语进行转换，其间又需要对两种语境即源语语境和目的语语境进行合理推导和假设，并选择最贴切的词语表达出来，以实现译文所能达到的最佳效果。因此，从翻译的整个过程来看，涉及两套解码和编码环节，即解码（古汉语）——编码（现代汉语）——解码（现代汉语）——编码（英语）。在这一过程中，依据语言的变异性、商

---

① 陈吉荣. 试论翻译中的语用充实. 外语研究，2015（4）：77.

② Sperber，Dan and Deirdre Wilson. *Relevance：Communication and Cognition*. Oxford：Blackwell Publishers Ltd.，2001：38.

讨性和顺应性原则，译者要进行语言选择、认知、判断、推理等思维过程，语言顺应论的内涵在此体现得淋漓尽致。从典籍英译的目的来看，其最重要目的是传播中国文化，促进中国文化与世界其他文化的交流，因此，翻译的核心目的是让目的语读者能顺利理解译文语义，并成功领悟到源语文化内涵。为达到翻译目的，译者需对典籍话语中不甚明了的语境进行推理，推理越成功，话语之间的内在关联就越清楚明晰。译者再将自己推理的信息通过译文传递给目的语读者，目的语读者付出相对较小的努力就可以正确理解原文传递出来的信息。这便是最佳关联理论在翻译中的实际效用，翻译也即在语用维度上实现了语用等效。

（二）语用充实的表现基础

语用充实主要基于语境补缺的必要性，其目的是实现语用等效。翻译的语用等效包括语用语言等效和社交语用等效。语用语言等效要求译者不拘泥于文本的语言形式，强调用目的语中最自然、最贴切、具有相同或相似意义的语言将内容表达出来，以求自然对等即意义上的对等；社交语用等效则要求译者在具体的文化语境中准确理解原作，并充分考虑目的语受众的心理因素，根据目的语的文化习惯制作译文，从而达到交际意义上的等效。要实现语用等效，往往需要在翻译过程中对语用语言信息和社交语用信息进行加工，这两道"工序"便是"语境补缺"和"语用充实"。冉永平指出，翻译的语用维度主要体现在对源语信息的"语境补缺"以及对译语的"语用充实"；语境补缺就是交际信息的语用充实与顺应。[①] 而语用充实是作为交际主体的听话人根据语境条件对目标话语进行不同程度的语用加工。[②] 基于此，本文认为，翻译中的语用充实是指译者根据语境条件对目的语进行的语用加工。

正如其他类型文本的翻译一样，典籍英译也具有交际活动的主要特征，需要对源语信息进行"语境补缺"，对译语信息进行"语用充实"。汉语本身是象思维语言，意合特点显著，某些句子成分常常缺省，形式逻辑的

① 冉永平. 翻译中的信息空缺、语境补缺及语用充实. 外国语，2006（6）：59-60.
② 冉永平. 词汇语用学及语用充实. 外语教学与研究，2005（5）：345.

严谨性不如英语。这些特点在古汉语中表现尤甚,因此,"语境补缺"和"语用充实"便尤为重要。当然,作为跨文化的交流方式,翻译的真正目的不仅仅在于让目的语读者获取信息,更重要的是如何获取信息。信息的表达方式决定着受众的接纳度,因此,译者要考虑信息接受者也即目的语读者的接受心理。可以说,典籍翻译不仅是一般语言选择的过程,更是一种语言转换活动中多维度且较为复杂的选择顺应过程。有鉴于此,下文将择取一部比较成功的典籍翻译案例——哲学典籍《传习录》(上)的陈荣捷英译本作为范例来探讨语用充实的实现。

三、语用充实的实现类型

《传习录》的编撰始于 1512 年,成书于 1572 年,分为上、中、下三卷。陈荣捷英译本为 *Instructions for Practical Living*,收录在 *Instructions for Practical Living and Other Neo-Confucian Writings by Wang Yang-ming*①(以下简称"《传习录》陈译本")一书中,于 1963 年出版。因此可以说,这两部作品的问世相隔了 4 个世纪,文本所处语境截然不同。因为王阳明与弟子的问答主要收录在《传习录》(上)中,且其主要哲学思想也在这一部分得到了集中体现,故本文只取这一部分的译文进行例析。

翻译就是通过对语境的分析,找出原文与语境之间的最佳关联,从而取得理解原文的语境效果。② 维索尔伦在顺应论中把语境分为语言语境和交际语境。③ 因此,典籍英译中的语境补缺就是对这两种语境的语用充实与顺应。如前所述,"语境补缺"是对源语信息进行加工,之后则落实在"语用充实"之上,因此,"语境补缺"是看不见的思维过程,"语用充实"是手段也是结果,能呈现给读者的也是语用充实过的语言。

---

① Chan，Wing-tsit. *Instructions for Practical Living and Other Neo-Confucian Writings by Wang Yang-ming*. New York：Columbia University Press，1963.
② 莫爱屏. 语用与翻译. 北京：高等教育出版社,2010：153.
③ Verschueren，Jef. *Understanding Pragmatics*. London：Arnold；New York：Oxford University Press，1999：75.

（一）语言语境的语用充实

根据维索尔伦的语言顺应理论，语言语境具有语境衔接性、互为语境性和序列性。① 结合《传习录》的文体特点，本文认为，在《传习录》陈译本中，语言语境信息充实主要有两种类型：篇内衔接型和互文关照型。

1. 篇内衔接型

篇内衔接型语用充实指翻译时利用连词、前指、自指、逻辑关系、省略、数目、对比、比较、重复、代替和结构相似等方式对语言进行语用加工，以实现译文的语篇语义关联。鉴于古汉语精炼短小的特点，篇内衔接型语用充实在典籍英译中非常普遍，也是必不可少的，有的甚至对译文的传境达意起着关键的作用。在《传习录》陈译本中，译者主要通过增加概括性词语和连接性词语、抽象词具体化和模糊意义明晰化等手段，使译语篇内衔接自然、语义连贯、行文流畅，更重要的是，使王阳明的哲学思想能以具有逻辑性的英文在他者文化中呈现出来。例如：

（1）【原文】爱昨晚思"格物"的"物"字即是"事"字，皆从心上说。②

【译文】Last night I came to the conclusion that the word "thing"（wu）in the phrase "the investigation of things"（ko-wu）has the same meaning as the word "event"（shih），both referring to the mind. ③

（2）【原文】此便是太古之治，非后世可及。④

【译文】This is the peace and order of great antiquity，not to be

---

① Verschueren，Jef. *Understanding Pragmatics*. London：Arnold；New York：Oxford University Press，1999：104-108.

② 王守仁. 王阳明全集. 北京：中国书店，2015：35.

③ Chan，Wing-tsit. *Instructions for Practical Living and Other Neo-Confucian Writings by Wang Yang-ming*. New York：Columbia University Press，1963：14.

④ 王守仁. 王阳明全集. 北京：中国书店，2015：38.

matched by later ages. ①

(3)【原文】"日间工夫,觉纷扰则静坐,觉懒看书则且看书,是亦因病而药。"②

【译文】[The Teacher said,]"If during the day one feels work becoming annoying, one should sit in meditation. But if one feels lazy and not inclined to read, then he should go ahead and read. To do this is like applying medicine according to the disease."③

(4)【原文】爱曰:"伊川亦云:'传是案,经是断。'如书弑某君、伐某国,若不明其事,恐亦难断。"

先生曰:"伊川此言,恐亦是相沿世儒之说,未得圣人作经之意……"④

【译文】I said, "Ch'eng I said, 'The commentary contains cases. The Classic contains judgments.' For example, in the *Spring and Autumn Annals* it is recorded that so-and-so murdered his ruler or such-and-such a feudal lord invaded such-and-such a state. It would be difficult to judge unless the facts supplied by the commentary are known."

The Teacher said, "I-Ch'uan probably repeated what famous but mediocre scholars had said; he did not appreciate Confucius' purpose in writing the *Spring and Autumn Annals*..."⑤

在例(1)的译文中,译者增加了概括性词语"the conclusion",然后用

---

① Chan, Wing-tsit. *Instructions for Practical Living and Other Neo-Confucian Writings by Wang Yang-ming*. New York: Columbia University Press, 1963: 22.

② 王守仁. 王阳明全集. 北京:中国书店,2015: 39.

③ Chan, Wing-tsit. *Instructions for Practical Living and Other Neo-Confucian Writings by Wang Yang-ming*. New York: Columbia University Press, 1963: 26.

④ 王守仁. 王阳明全集. 北京:中国书店,2015: 37.

⑤ Chan, Wing-tsit. *Instructions for Practical Living and Other Neo-Confucian Writings by Wang Yang-ming*. New York: Columbia University Press, 1963: 20.

一个同位语从句把句子连成一句话,使得句子结构层次分明,语义连贯,读者由此能迅速捋顺句子关系。例(2)原文中的"太古之治"属于一个比较笼统的描述,含义模糊,即使中文读者不借助上下文也难以就句子本身判断出其具体含义。此处为王阳明与弟子讲解孔子为什么删除《六经》一事时所提到的古人提倡文风简练,践行去繁就简,世风因此而淳朴向上。译文顺应语境,把抽象概念"太古之治"具体化为"peace and order of great antiquity",既在语义上忠实于原文,又能让读者付出最小的处理努力而理解译文,原文与译文之间实现了最佳关联,从而达到了语用等效。例(3)中的语用充实体现为增加连词 but 和介词 like。原文的小句子之间没有连接词,三层语义关系的衔接全靠语序和标点符号来体现。译文用 but 一词把"觉纷扰则静坐"与"觉懒看书则且看书"之间暗含的转折关系标记出来了,用 like 把前二者描述的两种修身养性的方法与对症下药之间的关系明晰化,三层语义关系由此而逻辑清楚,原文与译文语境最佳关联得以实现。例(4)原文中"书""圣人"和"经"均属于模糊指代,如果不做语用收缩的加工处理,则交际主体之间无法达到互知与互明,交际会出现语用失效。而译文均对笼统指代做了明晰化处理,依语境分别译为 the *Spring and Autumn Annals*、Confucius 等,给译文读者创设了一个清楚的语境。

2. 互文关照型

互文关照型语用充实是指对原文中出现的互文指涉内容进行语用加工处理以使译文内容显义。典籍中的互文性比较强,尤其是在哲学典籍中。《传习录》包含了王阳明的主要哲学思想,但他的思想主要体现在给弟子讲经、解经的过程中,弟子由此记录而成,是故内容包含大量儒学经典、圣人贤哲的名字和典故。这些特色文化信息是英语里的断点,在英语世界语境里属于语境空缺,翻译时如果处理不好这些互文指涉信息,便容易造成语用失效。陈荣捷翻译《传习录》时在美国达特茅斯学院任教,身处旅居多年的英语世界,陈荣捷深谙读者的认知接受状况,因此,为了达到语用等效,他的译文在处理互文指涉信息时显得非常谨慎,语用充实俯拾皆是,而主要的语用充实手段是增加脚注以填充信息断点。比如:

(5)【原文】"然则所谓'冲漠无朕,而万象森然已具者',其言如何?"①

【译文】"If so, how about the saying, 'Empty, tranquil, and without any sign, and yet all things are luxuriantly present'?"②

(6)【原文】"许鲁斋谓儒者以治生为先之说,亦误人。"③

【译文】[The Teacher said,] "Hsü Lu-chai's [Hsü Heng, 1209—1281] theory that the first thing a scholar should do is to secure a livelihood is harmful."④

在以上两例中,译者在译文中都加了比较长的脚注。例(5)是学生陆澄咨询先生王阳明关于"冲漠无朕,而万象森然已具者"的看法。译文除了用 empty 等词对抽象语境做了具体化处理外,还对引言"冲漠无朕,而万象森然已具者"增加了长达 11 行的脚注,对日本学者关于此句话出处的说法进行了说明,并提出了自己的疑问和看法。例(6)对人名许鲁斋(即许衡)也增加了脚注进行说明,并指出可参考的书籍,读者如果感兴趣还可以进一步阅读参考书籍。类似的语境补缺可谓详细全面。

原文中还有许多引经据典的话语,并提及许多圣贤和明君,比如尧、舜、禹、周文王、周武王等,译文对这些英语世界的信息空缺都加了脚注以补充说明,也有少数地方直接在文内注释以明示上下文语境。

(二)社交语境的语用充实

社交语境信息是指语言使用者、物理世界、心理世界和社交世界等因素。⑤ 涉及这些因素的信息称为社交语用信息,受到不同文化的制约。译

① 王守仁. 王阳明全集. 北京:中国书店,2015:40.

② Chan, Wing-tsit. *Instructions for Practical Living and Other Neo-Confucian Writings by Wang Yang-ming*. New York: Columbia University Press, 1963:27.

③ 王守仁. 王阳明全集. 北京:中国书店,2015:47.

④ Chan, Wing-tsit. *Instructions for Practical Living and Other Neo-Confucian Writings by Wang Yang-ming*. New York: Columbia University Press, 1963:44.

⑤ 李成团. 诗歌翻译的语用视角:语境补缺与语用充实. 外语教学理论与实践,2010 (2):78.

文是在异质文化中生成的,必然存在源语文化与目的语文化之间的语用冲突。由此说来,翻译是一种涉及语码转换与跨文化信息传递的语用行为,因为不同的语言与文化各有自己特定的社交规范与规约,也即存在社交语用差异。① 为了避免语用冲突,翻译时应当对语言进行语用充实。典籍文本的哲学叙事主要涉及一些比较抽象的概念,文本内的社交话语不多,但翻译本身是一场跨文化交际,因此,也存在社交语境信息的加工处理。本文认为,在《传习录》陈译本中,主要有心理满足型语用充实和社交需要型语用充实。

1. 心理满足型

心理满足型语用充实指在翻译过程中对涉及主体心理世界的个性、情绪、愿望和意图等认知和情感方面的因素进行语用加工以满足目的语读者的心理期待。在交际中,交际一方选择语言的过程,正是顺应自己和交际另一方的心理世界的一个动态过程。② 哲学典籍的社交语用目的主要是审读客体世界、宣扬审美方式和教化大众。因此,译者在翻译过程中应把握原文作者的情感世界和心理世界,尽量顺应和充实交际三方即源语作者、读者及译者自己的心理世界,再选择适当的语言对心理世界有可能出现的断点进行语境补缺,使目标读者的阅读期待得到满足。本文例(2)中把"太古之治"译成"peace and order of great antiquity",其实也是一种心理世界的语用充实。再如:

(7)【原文】只是有个头脑,只是就此心去人欲、存天理上讲求。③

【译文】The main thing is for the mind to make an effort to get rid of selfish human desires and preserve the Principle of Nature. ④

---

① 冉永平. 翻译中的信息空缺、语境补缺及语用充实. 外国语,2006(6):61.
② 李成团. 诗歌翻译的语用视角:语境补缺与语用充实. 外语教学理论与实践,2010(2):79.
③ 王守仁. 王阳明全集. 北京:中国书店,2015:32.
④ Chan,Wing-tsit. *Instructions for Practical Living and Other Neo-Confucian Writings by Wang Yang-ming*. New York:Columbia University Press,1963:7.

(8)【原文】其时全是醇庞朴素,略无文采的气象。①

【译文】Nevertheless we can imagine that at that time life was perfectly pure, lofty, simple, and plain, without any air of being ornamental. ②

例(7)中的"去人欲、存天理"在《传习录》中是高频词,如果处理不到位,将会对中国哲学文化形象产生消极影响。陈荣捷没有把"去人欲"直接译为"to get rid of human desires",而是译为"to get rid of selfish human desires",准确地把握了原文的心理语境,同时也顺应了中国的哲学语境。如若不然,英语世界的读者将会误以为中国哲学思想不考虑人性,连基本的"人欲"都不允许存在。例(8)中的原文看似带有贬义,实则是褒义。此处也是赞扬太古之治,纯净、朴实,译文用副词 perfectly 加一系列褒义形容词表示赞扬的态度,把原文积极的心理语境明晰化,顺应了原文文化,实现了最佳关联,达到了语用等效。

2. 社交需要型

社交需要型语用充实指翻译过程中因为社交场合、社会环境、社会规范等因素的需要而对译文进行语用加工以实现跨文化交际的成功。尤金·奈达(Eugene Nida)指出,一般情况下译者顺应社交文化差异而做出的调整,比顺应语言差异所做出的调整重要得多。③《传习录》陈译本中的社交需要型语用充实主要体现在哲学文化术语和专有名词的翻译中。哲学文化术语的翻译本就是翻译界的一个难点。作为民族思想基因的文化术语,它们带有深刻的"生活世界"(lifeworld)烙印,体现了特定的民族文化传统、认知思维以及核心价值,文化异质性鲜明,其翻译实践更具挑战

---

① 王守仁. 王阳明全集. 北京:中国书店,2015:38.
② Chan, Wing-tsit. *Instructions for Practical Living and Other Neo-Confucian Writings by Wang Yang-ming*. New York: Columbia University Press, 1963: 21-22.
③ Nida, Eugene A. *Language and Culture: Contexts in Translating*. Shanghai: Shanghai Foreign Language Education Press, 2002.

性。① 译者作为两种文化之间的协调者,在翻译时既要照顾源语文化,又要关照译语文化以及读者的认知心理。陈荣捷对哲学文化术语的处理灵活多变,各种方法适时而用,如意译(天理——the Principle of Nature)、直译(知行合一——the unity of knowledge and action)等。所有方法中一个比较鲜明的特色是,大量使用"英语 + 威妥玛拼音"的语用充实方法,顺应了两种文化的社交语境,比如本文例(1)中的"格物""物"和"事"分别译为"the investigation of things(ko-wu)""thing(wu)"和"event (shih)"。

专有名词也极具民族文化特色,其中人名的翻译主要使用与名字对应的拼音。但中国古人除了有名字以外,还有字、号,有的还有别号,别号是名和字以外的称号。古时人们为了尊重别人,一般不直呼其名,也不称其字,而称其别名。然而英语世界对人名的称谓并没有如此复杂的社交语境,不同称谓也基本不凸显社交语用的不同。《传习录》陈译本对名字的翻译也使用了语用充实策略,例如:

(9)【原文】爱问文中子、韩退之。②

【译文】I asked about Wang T'ung(Wen-chung Tzu,584—617) and Han Yü(768—824).③

"文中子"和"韩退之"是王通和韩愈的道号或字号,徐爱为了表达对两人的尊重,没有直呼其名,而是遵循社交规约使用了道号。但现代世界的普通读者对两人道号/字号的熟知程度不如名字,因此,译文没有用对应的拼音译为 Weng Zhongzi 和 Han Tuizhi,而是使用大家比较熟悉的名字,利用名字加文内注解和文外脚注作为译文,遵从社交需要和读者的认知心理。此外,古人通常为了尊敬对方而自称名字,有时表示自己谦卑时也称自己名。英语世界并没有这一社交文化。《传习录》(二)是以问答

---

① 魏向清. 从"中华思想文化术语"英译看文化术语翻译的实践理性及其有效性原则. 外语研究,2018(3):66.

② 王守仁. 王阳明全集. 北京:中国书店,2015:36.

③ Chan,Wing-tsit. *Instructions for Practical Living and Other Neo-Confucian Writings by Wang Yang-ming*. New York:Columbia University Press,1963:17.

的方式呈现王阳明主要思想的,因此,文中遍及"爱问""澄问"等表达,而这些表达是徐爱和陆澄等的自称,如果直接翻译为"Hsü Ai asked"和"Lu Ch'eng asked",势必会让译语读者误认为是第三方记录的王阳明语录,从而造成语用失效。为了顺应两种文化社交语境,译文统统使用了"I asked"翻译此类话语。

四、结　语

典籍英译并非简单的单向文化输出或输入,而是文化互动、文化交流。语用翻译观的实质在于实现语用等效,从学理上来说对指导典籍英译的实践活动是可行的,因为翻译就是实现源语和译语之间的语用语言等效和社交语用等效。

《传习录》陈译本为典籍翻译尤其是哲学典籍翻译的语用视角提供了很好的参照,译文中成功的语境补缺和语用充实案例进一步说明了语用关联和语用顺应对翻译的适应性。当然,本文只例析了比较成功的语用充实现象,过度的和不恰当的语用充实也会造成语用失效或语用失误,限于篇幅,笔者将另文撰述,也期待学界同仁共同探讨。

（原载于《江南大学学报（人文社会科学版）》2019 年第 2 期）

附 录

西方阳明学研究英文文献总览
Bibliography of English Language Works
on Wang Yang-ming and His School of
the Learning of Mind

George L. Israel Middle Georgia State University

Allsen, Thomas B. "Current Ming Bibliography in Western Languages."
   Ming Studies 1 (1975): 60-65.

Anesaki, Masaharu. Book Review: *The Philosophy of Wang Yang-ming* by
   Frederick Goodrich Henke, *The American Journal of Theology* 22.4
   (1918): 594-600.

Angle, Stephen C. "A Fresh Look at Knowledge and Action: Wang Yang-
   ming in Comparative Perspective." *Journal of Chinese Philosophy* 33.2
   (2006): 287-298.

Angle, Stephen C. *Sagehood: The Contemporary Significance of Neo-Confucian
   Philosophy*. New York: Cambridge University Press, 2002.

Angle, Stephen C. "Wang Yang-ming as a Virtue Ethicist." In *Dao Companion
   to Neo-Confucian Philosophy*, 315-335. Ed. John Makeham. London & New
   York: Springer, 2010.

Angle, Stephen C., and Justin Tiwald. *Neo-Confucianism: A Philosophical
   Introduction*. Cambridge: Polity Press, 2017.

Angle, Stephen C., and Michael Slote. *Virtue Ethics and Confucianism*.
   New York & London: Routledge, 2013.

Araki, Kengo. "Confucianism and Buddhism in the Late Ming." In *The

Unfolding of Neo-Confucianism, 39-66. Ed. William Theodore de Bary. New York: Columbia University Press, 1970.

Armstrong, Robert Cornell. *Light from the East: Studies in Japanese Confucianism*. New York: Gordon Press, 1974.

Bartosch, David. "Explicit and Implicit Aspects of Confucian Education." *Asian Studies* 5. 2 (2017): 87-112.

Bays, Daniel. *A New History of Christianity in China*. Chichester: Wiley-Blackwell, 2012.

Benesch, Oleg. "Wang Yangming and Bushidō: Japanese Nativization and its Influences in Modern China." *Journal of Chinese Philosophy* 36. 3 (2009): 439-454.

Berling, Judith. *The Syncretic Religion of Lin Chao'en*. New York: Columbia University Press, 1980.

Berthrong, John. *All Under Heaven: Transforming Paradigms in Confucian-Christian Dialogue*. Albany, NY: State University of New York Press, 1994.

Berthrong, John. "From Xunzi to Boston Confucianism." *Journal of Chinese Philosophy* 30. 3/4 (Sept. 2003): 433-450.

Betty, L. Stafford. "*Liang-chih*: Key to Wang Yang-ming's Ethical Monism." *Journal of Chinese Philosophy* 7. 2 (1980): 115-129.

Billioud, Sébastien. *Thinking Through Confucian Modernity: A Study of Mou Zongsan's Moral Metaphysics*. Leiden: Brill, 2012.

Billioud, Sébastien, and Joe Theraval. *The Sage and the People: The Confucian Revival in China*. Oxford: Oxford University Press, 2015.

Black, Alison. *Man and Nature in the Philosophical Thought of Wang Fu-Chih*. Seattle: University of Washington Press, 1989.

Bloom, Irene. *Knowledge Painfully Acquired: The K'un chih chi of Lo Ch'in-shun*. New York: Columbia University Press, 1987.

Bloom, Irene. "Wing-tsit Chan, 1901—1994 Excerpts from an Oral Autobiography." *China Review International* 2. 2 (1995): 327-347.

Bol, Peter K. *Neo-Confucianism in History*. Cambridge, MA: Harvard University Press, 2008.

Boulger, Demetrius Charles. *A History of China*, vol. 1. London: W. H. Allen, 1881.

Bresciani, Umberto. *Reinventing Confucianism: The New Confucian Movement*. Taipei: Taipei Ricci Institute, 2001.

Bresciani, Umberto. *Wang Yangming: An Essential Biography*. Gaeta: Passerino Editore, 2016.

Brière, O. *Fifty Years of Chinese Philosophy, 1898—1950*. Trans. Lawrence G. Thompson. New York: Macmillan, 1956.

Brook, Timothy. *The Confusions of Pleasure: Commerce and Culture in Ming China*. Berkeley: University of California Press, 1998.

Brook, Timothy. "What Happens when Wang Yang-ming Crosses the Border?" In *The Chinese State at the Borders*, 74-90. Ed. Diana Lary. Vancouver: UBC Press, 2007.

Brown, Roger H. "A Confucian Nationalist for Modern Japan: Yasuoka Masahiro, the Nation-State, and Moral Self-Cultivation, 1898—1983." PhD Diss., University of Southern California, 2004.

Bruya, Brian. "Emotion, Desire, and Numismatic Experience in Rene Descartes, Zhu Xi, and Wang Yangming." *Ming Qing Yanjiu* (2001): 45-75.

Bruya, Brian. "The Tacit Rejection of Multiculturalism in American Philosophy PhD Programs: The Case of Chinese Philosophy." *Dao: A Journal of Comparative Philosophy* 14.3 (2015): 369-389.

Busch, Heinrich. "The Tung-lin Academy and its Political and Philosophical Significance." *Monumenta Serica* 14.1 (1949): 1-163.

Cady, Lyman V. "Wang Yang-ming's Doctrine of Intuitive Knowledge." *The Monist* 38.2 (1928): 263-291.

Cady, Lyman V. *Wang Yang-ming's "Intuitive Knowledge": A Study*. Peiping: California College in China, 1936.

Carus, Paul. 1902. *Chinese Philosophy: An Exposition of the Main Characteristic Features of Chinese Thought*. Chicago: The Open Court Publishing Co., 1902.

Chai, Shaojin. "Enlightened Compassion and Global Governance with Chinese Characteristics: Oneness, Care, and Cosmopolitanism in the Political Philosophy of Wang Yangming (1472—1529)." PhD Diss., University of Notre Dame, 2014.

Chan, Albert. *The Glory and Fall of the Ming Dynasty*. Norman, OK: University of Oklahoma Press, 1982.

Chan, Jonathan K. L., and Sumner B. Twiss. "Wang Yang-ming's Ethics of War." In *Chinese Just War Ethics: Origins, Development, Dissent*, 153-178. Ed. Ping-Cheung Lo and Sumner B. Twiss. London and New York: Routledge, 2015.

Chan, N. Serina. *The Thought of Mou Zongsan*. Leiden: Brill, 2011.

Chan, Wing-Cheuk. "How Is Absolute Wisdom Possible? Wang Yangming and Buddhism." In *Wisdom in China and the West: Chinese Philosophical Studies*, 329-344. Ed. Vincent Shen and Willard Oxtoby. Washington, D.C.: The Council for Research in Values and Philosophy, 2004.

Chan, Wing-tsit. "Biography of Wang Yang-ming." In *Dictionary of Ming Biography, 1368—1644*, 1408-1416. Ed. L. Carrington Goodrich and Chaoying Fang. New York: Columbia University Press, 1976.

Chan, Wing-tsit. "Chan Jo-shui's Influence on Wang Yang-ming." *Philosophy East and West* 23.1/2 (1973): 9-30.

Chan, Wing-tsit. "The Ch'eng-Chu School of the Early Ming." In *Self and Society in Ming Thought*, 29-53. Ed. William Theodore de Bary. New York: Columbia University Press, 1970.

Chan, Wing-tsit. "How Buddhistic Is Wang Yang-ming." *Philosophy East and West* 12.3 (Oct. 1962): 203-216.

Chan, Wing-tsit. Book Review: *Wang Yang-ming, Idealist Philosopher of*

Sixteenth-Century China by Carsun Chang. *Journal of the American Oriental Society* 82. 3 (1962): 458-459.

Chan, Wing-tsit. *A Source Book in Chinese Philosophy*. Princeton: Princeton University Press, 1963.

Chan, Wing-tsit. "Wang Yang-ming: A Biography." *Philosophy East and West* 12. 1 (1972): 63-74.

Chan, Wing-tsit. "Wang Yang-ming: Western Studies and an Annotated Bibliography." *Philosophy East and West* 22. 1 (1972): 75-92.

Chang, Carsun. *The Development of Neo-Confucian Thought*, vol. 1. New York: Bookman Associates, 1957.

Chang, Carsun. *The Development of Neo-Confucian Thought*, vol. 2. New York: Bookman Associates, 1962.

Chang, Carsun. *Wang Yang-ming, Idealist Philosopher of Sixteenth-Century China*. New York: St. John's University Press, 1962.

Chang, Carsun. "Wang Yang-ming's Philosophy." *Philosophy East and West* 5. 1 (1955): 3-18.

Chang, Chung-yuan. "The Essential Source of Identity in Wang Lung-chi's Philosophy." *Philosophy East and West* 23. 1/2 (Jan.-Apr. 1973): 31-48.

Chang, Peter T. C. *Bishop Joseph Butler and Wang Yangming: A Comparative Study of Their Moral Vision and View of Conscience*. Bern: Peter Lang, 2014.

Chang, Peter T. C. "A Comparative Study of Bishop Butler's and Wang Yang-ming's Conception of Conscience." PhD Diss., Harvard Divinity School, 2011.

Chang, Tzu-li. "Personal Identity, Moral Agency, and *Liang-zhi*: A Comparative Study of Korsgaard and Wang Yangming." *Comparative Philosophy* 6. 1 (2015): 3-23.

Chang, Tzu-li. "Re-exploring Wang Yangming's Theory of *Liangzhi*: Translation, Transliteration, and Interpretation." *Philosophy East and West* 66. 4 (Oct. 2016): 1196-2017.

Chang, Yü-ch'uan. "Wang Shou-jen as a Statesman." *Chinese Social and*

Political Science Review 23. 1—4 (1939—1940): 30-99, 155-252, 319-374, 473-517.

Chang, Yü-ch'uan. *Wang Shou-jen as a Statesman*. Peking: The Chinese Social and Political Science Association, 1946.

Chen, Lisheng. "Research on the Issue of 'Evil' in Wang Yangming's Thought." *Frontiers of Philosophy in China* 2. 2 (Apr. 2002): 172-187.

Chen, Xunwu. "Mind and Epistemic Constructivism: Wang Yangming and Kant." *Asian Philosophy* 29. 2 (2019): 89-105.

Chen, Yong. *Confucianism as Religion: Controversies and Consequences*. Leiden: Brill, 2013.

Cheng, Chung-ying. "Consistency and the Meaning of the Four Sentence Teaching in the *Ming-ju hsueh-an*." *Philosophy East and West* 29. 3 (1979): 275-294.

Cheng, Chung-ying. "Practical Learning in Yen Yuan, Chu Hsi, and Wang Yang-ming." In *Principle and Practicality: Essays in Neo-Confucianism and Practical Learning*, 37-68. Ed. William Theodore de Bary and Irene Bloom. New York: Columbia University Press, 1979.

Cheng, Chung-ying. "Unity and Creativity in Wang Yang-ming's Philosophy of Mind." *Philosophy East and West* 23. 1/2 (1973): 49-72.

Cheng, Yu-yin. "The Taizhou School (*Taizhou xuepai*) and the Popularization of *Liangzhi* (Innate Knowledge)." *Ming Studies* 60 (2009): 45-65.

Chi, Wan-hsien. "The Notion of Practicality in Wang Yang-ming's Thought." PhD Diss., University of Pennsylvania, 2001.

Ch'ien, Edward T. *Chiao Hung and the Restructuring of Neo-Confucianism in the Late Ming*. New York: Columbia University Press, 1986.

Chin, Ann-ping. "Chan Kan-ch'uan and the Continuing Neo-Confucian Discourse on Mind and Principle." PhD Diss., Columbia University, 1984.

Ching, Julia. "To Acquire Wisdom: The 'Way' of Wang Yang-ming." PhD Diss., Australian National University, 1971.

Ching, Julia. *To Acquire Wisdom: The Way of Wang Yang-ming*. New

York: Columbia University Press, 1976.

Ching, Julia. "All in One: The Culmination of the Thought of Wang Yang-ming (1472—1529)." *Oriens Extremus* 20. 2 (1973): 137-159.

Ching, Julia. "'Authentic Selfhood': Wang Yang-ming and Heidegger." *The Monist* 16. 1 (1978): 3-27.

Ching, Julia. "Beyond Good and Evil: The Culmination of the Thought of Wang Yang-ming (1472—1529)." *Numen* 20. 2 (1973): 125-134.

Ching, Julia. *The Butterfly Healing: A Life Between East and West*. Maryknoll, NY: Orbis Books, 1998.

Ching, Julia. *Confucianism and Christianity: A Comparative Study*. Tokyo: Kodansha, 1977.

Ching, Julia, trans. *The Philosophical Letters of Wang Yang-ming*. Canberra: Australian National University Press, 1971.

Ching, Julia. "The *Records of the Ming Philosophers*: An Introduction." *Oriens Extremus* 23 (1976): 191-211.

Ching, Julia. *The Records of Ming Scholars*. Honolulu: University of Hawai'i Press, 1987.

Ching, Julia. "Some Notes on the 'Wang Yang-ming Controversy'." *Journal of the Oriental Society of Australia* 9 (1972—1973): 14-20.

Ching, Julia. "Truth and Ideology: The Confucian Way and Its Transmission." *Journal of the History of Ideas* 35 (1974): 371-378.

Chou, Hsiang-kuang. "The Significance of Wang Yang-ming." *Chinese Culture* 3. 3 (1961): 26-36.

Chung, Paul S. "Interpretation as Conflict and Creativity: Retrieval of Wang Yangming." In *The Hermeneutical Self and an Ethical Difference: Intercivilizational Engagement*, 230-247. Ed. Paul S. Chung. Cambridge: James Clarke & Co., 2012.

Chow, Kai-wing. *Publishing, Culture, and Power in Early Modern China*. Stanford: Stanford University Press, 2004.

Chow, Kai-wing. *The Rise of Confucian Ritualism in Late Imperial China:*

Ethics, *Classics*, *and Lineage Discourse*. Stanford: Stanford University Press, 1994.

Chu, Hung-lam. "The Debate over Recognition of Wang Yang-Ming." *Harvard Journal of Asiatic Studies* 48. 1 (Jun. 1988): 47-70.

Chu, Hung-lam. "The 'Colby Collection' of Rare Chinese Books." *The Gest Library Journal* 1. 1 (1986): 7-10.

Chu, Hung-lam. "Huang Zuo's Meeting with Wang Yangming and the Debate over the Unity of Knowledge and Action." *Ming Studies* 35. 1 (Jul. 1995): 53-73.

Chung, Edward Y. J. *The Great Testament of Wang Yangming Neo-Confucianism in Korea : The Chonŏn (Testament) of Chŏng Chedu (Hagok)*. Lanham: Lexington Books, 2020.

Chung, So-yi. "Korean Yangming Learning." In *Dao Companion to Korean Confucian Philosophy*, 253-281. Ed. Young-chan Ro. Dordrecht: Springer, 2019.

Chow, Joseph Kuang-su. "Detachment in the Philosophy of Wang Yang-ming: The Concept of 'Liang-Chih'." PhD Diss., Drew University, 1981.

Chow, Kai-wing. *Publishing*, *Culture*, *and Power in Early Modern China*. Stanford: Stanford University Press, 2004.

Chow, Kai-wing. *The Rise of Confucian Ritualism in Late Imperial China : Ethics*, *Classics*, *and Lineage Discourse*. Stanford: Stanford University Press, 1994.

Cleary, J. C. *Worldly Wisdom : Confucian Teachings of the Ming Dynasty*. Boston: Shambhala, 1991.

Cocks, Samuel. "Wang Yang-ming, Moral Promise, and Environmental Ethics." *Dialogue and UniversalismE* 3. 1 (2012): 70-81.

Cocks, Samuel. "Wang Yang-ming on Spontaneous Action, Mind as Mirror, and Personal Depth." *Journal of Chinese Philosophy* 42. 3/4 (Sept.-Dec. 2015): 342-358.

Creel, H. G. *Chinese Thought from Confucius to Mao Tse-tung*. Chicago:

University of Chicago Press, 1953.

Cua, A. S. "Between Commitment and Realization: Wang Yang-ming's Vision of the Universe as a Moral Community." *Philosophy East and West* 43. 4 (Oct. 1993): 611-647.

Cua, Antonio S. *The Unity of Knowledge and Action: A Study in Wang Yang-ming's Moral Psychology*. Honolulu: University of Hawai'i Press, 1982.

Dardess, John W. *Ming China, 1368—1644: A Concise History of a Resilient Empire*. Lanham: Rowman and Littlefield, 2012.

Dardess, John W. *A Ming Society: T'ai-ho County, Kiangsi, in the Fourteenth to Seventeenth Centuries*. Berkeley: University of California Press, 1997.

Day, William. "*Zhenzhi* and Acknowledgment in Wang Yang-ming and Stanley Cavell." *Journal of Chinese Philosophy* 39. 2(Jun. 2012): 174-191.

de Bary, William Theodore. "Individualism and Humanitarianism in Late Ming Thought." In *Self and Society in Ming Thought*, 145-248. Ed. William Theodore de Bary. New York: Columbia University Press, 1970.

de Bary, William Theodore. "The Ming Project and Ming Thought." *Ming Studies* 2. 1 (1976): 19-25.

de Bary, William Theodore. *Neo-Confucian Orthodoxy and the Learning of the Mind-and-Heart*. New York: Columbia University Press, 1981.

de Bary, William Theodore. *Sources of Chinese Tradition*, vol. 1. New York: Columbia University Press, 1999.

Deng, Aimin. "Wang Yang-ming's Idealist Pantheistic Worldview." *Contemporary Chinese Thought* 17. 4 (1986): 35-83.

Dening, Walter. "Confucian Philosophy in Japan: Reviews of Dr. Inoue Tetsujiro's Three Volumes on This Philosophy." *Transactions of the Asiatic Society in Japan* 36. 2 (1908): 101-152.

Dilworth, David A. *Philosophy in a World Perspective: A Comparative Hermeneutic of the Major Theories*. New Haven: Yale University Press, 1989.

Dimberg, Ronald G. "The Life and Thought of Ho Hsin-yin, 1517—1579:

The Sage and Society, A Sixteenth Century View." PhD Diss., Columbia University, 1970.

Dimberg, Ronald G. *The Sage and Society: The Life and Thought of Ho Hsin-yin*. Honolulu: University of Hawai'i Press, 1974.

Dong, Minglai. "Correcting Things as Correcting Feelings: A Phenomenological Study of Wang Yang-ming's Doctrine of *Ge-Wu*." *Comparative Philosophy* 10.1 (2019): 18-37.

Dong, Minglai. "To the Effort Itself: A Phenomenological Study of Wang Yang-ming's Theory of Moral Effort." PhD Diss., Duquesne University, 2018.

Dong, Ping. "The Eight Virtues of *Liangzhi*: An Analysis of the Fundamental Characteristics of Wang Yangming's Central Doctrine." Trans. George L. Israel. *Journal of World Philosophies* 5.2 (2020): 73-93.

Elman, Benjamin. *From Philosophy to Philology: Intellectual and Social Aspects of Change in Late Imperial China*. Cambridge, MA: Harvard University Press, 1984.

Erkes, Eduard. "Alfred Forke." *Artibus Asiae* 9.1-3 (1946): 148-149.

Fang, Thomé. "The Essence of Wang Yang-ming's Philosophy in a Historical Perspective." *Philosophy East and West* 23.1/2 (1973): 73-90.

Farmer, Edward L. "News of the Field." *Ming Studies* 1 (Fall 1975): 1-13.

"Fifty Years of the Department of Philosophy, University of Hawai'i." *Philosophy East and West* 38.3 (1988): 224-230.

Foss, Theodore N. "A Jesuit Encyclopedia for China: A Guide to Jean-Baptiste du Halde's *Description géographique, historique, chronologique, politique, et physique de l'empire de la Chine et de la Tartarie chinoise* (1735)." PhD Diss., University of Chicago, 1979.

Frisina, Warren G. "Are Knowledge and Action Really One Thing? —A Study of Wang Yang-ming's Doctrine of Mind." *Philosophy East and West* 39.4 (Oct. 1989): 419-447.

Frisina, Warren G. *The Unity of Knowledge and Action: Toward a*

Nonrepresentational Theory of Action. Albany, NY: State University of New York Press, 2002.

Fröhlich, Thomas. *Confucian Philosophy and the Challenge of Modernity*. Leiden: Brill, 2017.

Fröhlich, Thomas. "'Philosophy' Reconsidered: The Theological Accentuation in Tang Junyi's Modern Confucianism." In *Concepts of Philosophy in Asia and the Islamic World*, 394-427. Ed. Raji C. Steineck, Ralph Weber, Elena Louisa Lange, and Robert H. Gassmann. Leiden: Brill, 2018.

Fung, Yu-lan. *A History of Chinese Philosophy*. Trans. Derk Bodde. 2 vols. Princeton: Princeton University Press, 1976.

Fung, Yu-lan. *A Short History of Chinese Philosophy*. Ed. Derke Bodde. New York: The Free Press, 1948.

Gernet, Jacques. *China and the Christian Impact: A Conflict of Cultures*. Trans. Janet Lloyd. New York: Cambridge University Press, 1985.

Gernet, Jacques. *A History of Chinese Civilization*. Trans. J. L. Foster and Charles Harmon. New York: Cambridge University Press, 1982.

Giles, Herbert A. *A Chinese Biographical Dictionary*. Shanghai: Kelly and Walsh, 1898.

Giles, Herbert A. *Confucianism and Its Rivals: Lectures Delivered in the University Hall of Dr. Williams's Library*. London: Williams and Norgate, 1915.

Goodrich, L. Carrington, and Chaoying Fang, eds. *Dictionary of Ming Biography*. 2 vols. New York: Columbia University Press, 1976.

Gregor, James A., and Maria Hsia. "Wang Yang-ming and the Ideology of Sun Yat-sen." *The Review of Politics* 42. 3 (Jul. 1980): 388-404.

Gützlaff, Karl Friedrich August. *A Sketch of Chinese History, Ancient and Modern*, 2 vols. London: Smith and Elder & Co., 1834.

Hall, Joshua M. "Nerve/Nurses of the Cosmic Doctor: Wang Yang-ming on Self-Awareness as World Awareness." *Asian Philosophy* 26. 2 (2016):

149-165.

Hammond, Kenneth J., and Jeffrey L. Richey. *The Sage Returns: Confucian Revival in Contemporary China*. Albany, NY: State University of New York Press, 2015.

Handler-Spitz, Rivi, Pauline C. Lee, and Haun Saussy, eds. *The Objectionable Li Zhi: Fiction, Criticism, and Dissent in Late Ming China*. Seattle: University of Washington Press, 2020.

Handlin, Joanna F. *Action in Late Ming Thought: The Reorientation of Lü K'un and Other Scholar-Officials*. Berkeley: University of California Press, 1983.

Harris, Eirik Lang. "Manifesto on Behalf of Chinese Culture Respectfully Announced to the People of the World: Our Joint Understanding of Sinological Study and Chinese Culture with Respect to the Future Prospects of World Culture." Accessed October 3, 2020. https://www. hackettpublishing. com/mou_zongsan_manifesto.

Hart, Roger. *Imagined Civilizations: China, the West, and Their First Encounter*. Baltimore: Johns Hopkins University Press, 2013.

Hastings, James, ed. *Encyclopedia of Religion and Ethics*, vol. 1. New York: Charles Scribner's Sons, 1908.

Hauf, Kandice. "'Goodness Unbound': Wang Yang-ming and the Redrawing of the Boundary of Confucianism." In *Imagining Boundaries: Changing Confucian Doctrines, Texts, and Hermeneutics*, 121-146. Ed. Kai-wing Chow, On-cho Ng, and John B. Henderson. Albany, NY: State University of New York Press, 1999.

Heijdra, Martin J. "Ming History: Three Hundred Years of History Still Searching for Recognition." In *A Scholarly Review of Chinese Studies in North America*, 79-98. Ed. Zhang Haihui et al. Ann Arbor, MI: Association for Asian Studies, 2013.

Henderson, Harold. *Catalyst for Controversy: Paul Carus of Open Court*. Carbondale, IL: Southern Illinois University Press, 1993.

Henderson, John B. *The Development and Decline of Chinese Cosmology*. New York: Columbia University Press, 1984.

Henke, Frederick G. *The Philosophy of Wang Yang-ming*. London & Chicago: The Open Court Publishing Co., 1916.

Henke, Frederick G. "A Study in the Life and Philosophy of Wang Yang-ming." *Journal of the North China Branch of the Royal Asiatic Society* 44 (1913): 46-63.

Henke, Frederick G. "Wang Yang-ming, a Chinese Idealist." *The Monist* 24.1 (1914): 17-34.

Ho, Norman P. "Natural Law in Chinese Legal Thought: The Philosophical System of Wang Yang-ming." *Yonsei Law Journal* 8.1/2 (2017): 1-30.

Hon, Tze-ki, and Kristin Stapleton. *Confucianism for the Contemporary World: Global Order, Political Plurality, and Social Action*. Albany, NY: State University of New York Press, 2017.

Hong, Seok Hwan. "Ultimate Human Transformation: *Liang-chih* in Wang Yang-ming and the Imago Dei in John Calvin." PhD Diss., Boston University, 2002.

Huang, Chin-shing. *Philosophy, Philology, and Politics in Eighteenth-Century China: Li Fu and the Lu-Wang School under the Ching*. Cambridge: Cambridge University Press, 1995.

Huang, Chun-chieh. *Taiwan in Transformation, 1895—2005*. New Brunswick: Transaction Publisher, 2007.

Huang, Siu-chi. *Essentials of Neo-Confucianism: Eight Major Philosophers of the Song and Ming Periods*. London: Greenwood Press, 1991.

Huang, Yong. "Confucianism: Confucian Environmental Virtue Ethics [Focusing on Wang Yang-ming]." In *Routledge Handbook of Religion and Ecology*, 52-59. Ed. Willis Jenkins, Mary Evelyn Tucker, and John Grim. New York: Routledge, 2016.

Huang, Yong. "'Empathy with Devils': What We Can Learn from Wang Yangming." In *Moral and Intellectual Virtues in Western and Chinese*

Philosophy, 214-234. Ed. Chienkuo Mi, Michael Slote, and Ernest Sosa. New York: Routledge, 2016.

Huang, Yong. "Is Wang Yang-ming's Notion of Innate Moral Knowledge [*liangzhi*] Tenable?." In *Confucian Ethics in Retrospect and Prospect*, 149-169. Ed. Vincent Shen and Kwong-loi Shun. Washington, D. C.: The Council for Research in Values and Philosophy, 2008.

Huang, Yong. "Knowing-that, Knowing-how, or Knowing-to: Wang Yang-ming's Conception of Moral Knowledge." *Journal of Philosophical Research* 42 (2017): 65-94.

Huang, Yong. "Moral Luck and Moral Responsibility: Wang Yang-ming on the Confucian Problem of Evil." In *Why Traditional Chinese Philosophy Still Matters*, 68-82. Ed. Gu Mingdong. New York: Routledge, 2018.

Huang, Yong. "A Neo-Confucian Conception of Wisdom: Wang Yang-ming on the Innate Moral Knowledge (liangzhi)." *Journal of Chinese Philosophy* 33. 3 (Sept. 2006): 393-408.

Hucker, Charles O. *China's Imperial Past: An Introduction to Chinese History and Culture*. Stanford: Stanford University Press, 1975.

Hui, Wang. *Translating Chinese Classics in a Colonial Context: James Legge and His Two Versions of the Zhongyong*. New York: Peter Lang, 2008.

Idema, Wilt L. "Dutch Sinology: Past, Present, and Future." In *Europe Studies China: Papers from an International Conference on the History of European Sinology*, 88-93. Ed. Ming Wilson and John Cayley. London: Han-Shan Tang Books.

Ihlan, Amy. "Wang Yang-ming: A Philosopher of Practical Action." *Journal of Chinese Philosophy* 20. 4 (Dec. 1993): 451-463.

Iki, Hiroyuki. "Wang Yang-ming's Doctrine of Innate Knowledge of the Good." *Philosophy East and West* 11. 1/2 (1961): 27-44.

Isomae, Jun'ichi. *Religious Discourse in Modern Japan: Religion, State, and Shinto*. Leiden: Brill, 2014.

Israel, George L. "Discovering Wang Yang-ming: Scholarship in Europe and

North America, ca. 1600—1950." *Monumenta Serica* 66. 2 (Nov. 2018): 357-389.

Israel, George L. *Doing Good and Ridding Evil in Ming China: The Political Career of Wang Yang-ming*. Leiden: Brill, 2014

Israel, George L. "On the Margins of the Grand Unity: Empire, Violence, and Ethnicity in the Virtue Ethics and Political Practice of Wang Yang-ming (1472—1529)." PhD Diss., University of Illinois at Urbana-Champaign, 2008.

Israel, George L. "The Renaissance of Wang Yang-ming Studies in the People's Republic of China." *Philosophy East and West* 66. 3 (Jul. 2019): 1001-1019.

Israel, George L. "The Transformation of the Wang Yang-ming Scholarship in the West, ca. 1960—1980: A Historical Essay." *Asian Philosophy* 28. 2 (Apr. 2018): 135-156.

Israel, George L. "Wang Yang-ming in Beijing, 1510—1512: 'If I do not awaken others, who will do so?." *Journal of Chinese History* 1. 1 (Jan. 2017): 59-91.

Israel, George L. "Wang Yang-ming in Chuzhou and Nanjing, 1513—1516: 'I have only two words to say: "Be truthful."' In *The Ming World*, 322-342. Ed. Kenneth Swope. New York: Routledge, 2019.

Israel, Larry. "The Prince and the Sage: Concerning Wang Yang-ming's 'Effortless' Suppression of the Ning Princely Establishment." *Late Imperial China* 29. 2 (2008): 68-128.

Israel, Larry. "To Accommodate or Subjugate: Wang Yang-ming's Settlement of Conflict in Guangxi in Light of Ming Political and Strategic Culture." *Ming Studies* 60 (Nov. 2009): 4-44.

Ivanhoe, Philip J. *Confucian Moral Self-Cultivation*. Indianapolis: Hackett Publishing, 2000.

Ivanhoe, Philip J. *Ethics in the Confucian Tradition: The Thought of Mencius and Wang Yang-ming*. Atlanta: Scholar's Press, 1990.

Ivanhoe, Philip J. "'Existentialism' in the School of Wang Yang-ming." In *Chinese Language, Thought, and Culture: Nivison and His Critics*, 250-264. Ed. Philip J. Ivanhoe. Chicago: The Open Court Publishing Co., 1996.

Ivanhoe, Philip J. "McDowell, Wang Yang-ming, and Mengzi's Contributions to Understanding Moral Perception." *Dao: A Journal of Comparative Philosophy* 10.3 (Sept. 2011): 273-290.

Ivanhoe, Philip J. "Mencius in the Ming Dynasty: The Moral Philosophy of Wang Yang-ming." PhD Diss., Stanford University, 1987.

Ivanhoe, Philip J. *Oneness: East Asian Conceptions of Virtue, Happiness, and How We Are All Connected*. Oxford: Oxford University Press. 2017.

Ivanhoe, Philip J. *Readings from the Lu-Wang School of Neo-Confucianism*. Indianapolis: Hackett Publishing, 2009.

Ivanhoe, Philip J. *Three Streams: Confucian Reflections on the Moral Heart-Mind in China, Korea, and Japan*. Oxford: Oxford University Press. 2016.

Ivanhoe, Philip J. "Virtue Ethics and the Chinese Confucian Tradition." In *Virtue Ethics and Confucianism*, 28-46. Ed. Stephen C. Angle and Michael Slote. New York & London: Routledge, 2013.

Jennings, J. Nelson. "Transition in Taishō: From Uemura Masahisa to Takakura Tokutarō." *The Japan Christian Review* 63 (1997): 47-67.

Jiang, Paul Yun-ming. *The Search for Mind: Chen P'ai-sha, Philosopher, Poet*. Singapore: Singapore University Press, 1980.

Jung, Hwa Yol. "Jen: An Existential and Phenomenological Problem of Intersubjectivity." *Philosophy East and West* 16.3/4 (1966): 169-188.

Jung, Hwa Yol. "The Unity of Knowledge and Action: A Postscript to Wang Yang-ming's Existential Phenomenology." *Journal of Chinese Studies* 3 (1986): 19-38.

Jung, Hwa Yol. "Wang Yang-ming and Existential Phenomenology." *International Philosophical Quarterly* 5 (1965): 621-636.

Jung, Hwa Yol. "Wang Yang-ming and the Way of World Philosophy." *Dao: A Journal of Comparative Philosophy* 12. 4 (2013): 461-487.

Keenan, Barry C. *Neo-Confucian Self-Cultivation*. Honolulu: University of Hawai'i Press, 2011.

Kelleher, M. Theresa. *The Journal of Wu Yubi: The Path to Sagehood*. Indianapolis: Hackett Publishing, 2013.

Kim, Heup Young. "Christianity's View of Confucianism: An East Asian Theology of Religions." In *Religions View Religions: Explorations in Pursuit of Understanding*, 265-282. Ed. Jerald D. Gort, Henry Janesen, and Hendrik M. Vroom. Amsterdam: Rodopi, 2006.

Kim, Heup Young. "Liang-chi and Humanitas Christi: An Encounter of Wang Yang-ming and Karl Barth." *Korea Journal of Systematic Theology* 4 (2001): 130-188.

Kim, Heup Young. "Sanctification and Self-Cultivation: A Study of Karl Barth and Neo-Confucianism (Wang Yang-ming)." PhD Diss., Graduate Theological Union, 1992.

Kim, Heup Young. *A Theology of Dao*. New York: Orbis Books. 2017.

Kim, Heup Young. *Wang Yang-ming and Karl Barth: A Confucian-Christian Dialogue*. Lanham: University Press of America, 1996.

Kim, Youngmin. "Political Unity in Neo-Confucianism: The Debate Between Wang Yangming and Zhan Ruoshui." *Philosophy East and West* 62. 2 (Apr. 2012): 246-263.

Kim, Youngmin. "Rethinking the Self's Relation to the World in the Mid-Ming: Four Responses to Cheng-Zhu Learning." *Ming Studies* 44. 1 (Jan. 2000): 13-47.

Knox, George. "A Japanese Philosopher." *Transactions of the Asiatic Society of Japan* 20 (1893): 10-15.

Koh, Khee Heong. *A Northern Alternative: Xue Xuan (1389—1464) and the Hedong School*. Cambridge, MA: Harvard University Asia Center, 2011.

LaFleur, William. "Heart/Mind's Purity vs. Utilitarianism: Mencius, Wang Yang-ming, and Nishida Kitaro." In *Polishing the Chinese Mirror: Essays in Honor of Henry Rosemont Jr.*, 228-244. Ed. Martha Chandler and Ronnie Littlejohn. New York: Global Scholarly Publications, 2007.

Lee, Hsin-yi. "The Moral Philosophies of H. Richard Niebuhr and Wang Yang-ming." PhD Diss., Claremont Graduate University, 2007.

Lee, Jig-chuen. "Wang Yang-ming, Chu Hsi, and the Investigation of Things." *Philosophy East and West* 37.1 (Jan. 1987): 24-35.

Lee, Jig-chuen. "Wang Yang-ming, Mencius, and Internalism." *Journal of Chinese Philosophy* 12.1 (1985): 63-74.

Lee, Junghwan. "Wang Yangming Thought as Cultural Capital: The Case of Yongkang County." *Late Imperial China* 28.2 (Mar. 2008): 41-80.

Lee, Ming-huei. "Wang Yangming's Philosophy and Modern Theories of Democracy: A Reconstructive Interpretation." *Dao: A Journal of Comparative Philosophy* 7.3 (Sept. 2008): 283-294.

Lee, Pauline C., Rivi Handler-Spitz, and Haun Saussy, eds. *The Objectionable Li Zhi: Fiction, Criticism, and Dissent in Late Ming China*. Seattle: University of Washington Press, 2020.

Leung, Cecile. *Étienne Fourmont (1683—1745): Oriental and Chinese Languages in Eighteenth-Century France*. Louvain: Leuven University Press, 2002.

Liang, Ch'i-ch'ao. *Intellectual Trends in the Ch'ing Period*. Trans. Immanuel C. Y. Hsu. Cambridge, MA: Harvard University Press, 1959.

Liang, Hongsheng. "Motivations for, and Consequences of, Village and Lineage Development by Jiangxi Scholars of the Wang Yang-ming School: The Case of Liukeng." *Chinese Studies in History* 35.1 (2001): 61-95.

Lidèn, Johanna. "The Taizhou Movement: Being Mindful in Sixteenth-Century China." PhD Diss., Stockholm University, 2018.

Liu, Jeeloo. "Lu Xiangshan and Wang Yang-ming's Doctrine of Mind is

Principle." In *Neo-Confucianism: Metaphysics, Mind, and Morality*, 139-156. Hoboken, NJ: Wiley, 2017.

Liu, Jeeloo. "Wang Yang-ming's Intuitionist Model of Innate Moral Sense and Moral Reflexivisim." In *Neo-Confucianism: Metaphysics, Mind, and Morality*, 245-264. Hoboken, NJ: Wiley, 2017.

Liu, Lydia. *Translingual Practice: Literature, National Culture, and Translated Modernity—China, 1900—1937*. Stanford: Stanford University Press, 1995.

Liu, Shu-hsien. "Confucianism as a World Philosophy: A Response to Neville's Boston Confucianism from a Neo-Confucian Perspective." *Journal of Ecumenical Studies* 40. 1/2 (2003): 59-73.

Liu, Shu-hsien. "How Idealistic is Wang Yang-ming." *Journal of Chinese Philosophy* 10. 2 (Jun. 1983): 147-168.

Liu, Shu-hsien. "Neo-Confucianism (II): From Lu Jiu-yuan to Wang Yang-ming." In *The Routledge History of Chinese Philosophy*, 396-428. Ed. Bo Mou. New York: Routledge, 2008.

Liu, Shu-hsien. "On Chu Hsi as an Important Source for the Development of the Philosophy of Wang Yang-ming." *Journal of Chinese Philosophy* 11. 1 (Mar. 1984): 83-107.

Liu, Yu. *Harmonious Disagreement: Matteo Ricci and His Closest Chinese Friends*. New York: Peter Lang, 2015.

Liu, Shu-hsien. "On the Final Views of Wang Yang-ming." *Journal of Chinese Philosophy* 25. 3 (1998): 345-360.

Lü, Miaw-fen. "Practice as Knowledge: Yang-ming Learning and Chiang-hui in Sixteenth-Century China." PhD Diss. , UCLA, 1997.

Lu, Yinghua. "The *a Priori* Value and Feeling in Max Scheler and Wang Yang-ming." *Asian Philosophy* 24. 3 (2014): 197-211.

Lu, Yinghua. "The Heart Has Its Own Order: The Phenomenology of Value and Feeling in Confucian Philosophy." PhD Diss. , Southern Illinois University, 2014.

Lu, Yinghua. "Pure Knowing (*liang zhi*) as Moral Feeling and Moral Cognition:

Wang Yangming's Phenomenology of Approval and Disapproval." *Asian Philosophy* 27.4 (2017): 309-323.

Lu, Yinghua. "Wang Yang-ming's Theory of the Unity of Knowledge and Action Revisited: An Investigation from the Perspective of Moral Emotion." *Philosophy East and West*, 69.1 (Jan. 2019): 197-214.

Lundbaek, Knud. "The Image of Neo-Confucianism in *Confucius Sinarum Philosophus*." *Journal of the History of Ideas* 44.1 (Jan.—Mar. 1983): 19-30.

Macgowan, John. *A History of China: From the Earliest Days down to the Present*. London: Kegan Paul, Trench, Trübner and Co. Ltd., 1897.

Makeham, John. *New Confucianism: A Critical Examination*. New York: Palgrave Macmillan, 2003.

Mayeda, Graham. "The Wisdom Behind the Law: The Implications of Yangming Philosophy for the Law." In *Wisdom in China and the West: Chinese Philosophical Studies*, 197-214. Ed. Vincent Shen and Willard Oxtoby. Washington, D.C.: The Council for Research in Values and Philosophy, 2004.

Mayers, William Frederick. *The Chinese Reader's Manual*. Shanghai: American Presbyterian Mission Press, 1874.

McMorran, Ian. "Late Ming Criticism of Wang Yang-ming: The Case of Wang Fu-Chih." *Philosophy East and West* 23.1/2 (Jan.-Apr. 1973): 91-102.

Meadows, Thomas Taylor. *The Chinese and Their Rebellions: Viewed in Connection with Their National Philosophy, Ethics, Legislation, and Administration*. London: Smith, Elder, and Co., 1856.

Meskill, John. *Academies in Ming China*. Monographs of the Association for Asian Studies. Tucson: University of Arizona Press, 1982.

Mote, Frederick. *Imperial China 900—1800*. Cambridge, MA: Harvard University Press, 2000.

Mote, Frederick. "The Limits of Intellectual History." *Ming Studies* 19

(1984): 17-25.

Mou Tsung-san. "The Immediate Successor of Wang Yang-ming: Wang Lung-hsi and His Theory of ssu-wu." *Philosophy East and West* 23. 1/2 (1973): 103-120.

Mullins, Mark R. *Christianity Made in Japan: A Study of Indigenous Movements*. Honolulu: University of Hawai'i Press, 2000.

Mungello, David E. "Confucianism in the Enlightenment: Antagonism and Collaboration Between the Jesuits and Philosophers." In *China and Europe: Images and Influences in the Sixteenth to Eighteenth Centuries*, 99-127. Ed. Thomas H. C. Lee. Hong Kong: The Chinese University of Hong Kong Press, 1991.

Mungello, David E. *Leibniz and Confucianism: The Search for an Accord*. Honolulu: The University of Hawai'i Press, 1977.

Murch, Jerom. *Memoir of Robert Hibbert, Esquire, Founder of the Hibbert Trust, with a Sketch of Its History by Sir Jerom Murch*. Bath: William Lewis, 1874.

Myers, Constance. "Paul Carus and *The Open Court*: The History of a Journal." *Midcontinent American Studies Journal* 5. 2 (Fall 1964): 57-68.

Neville, Robert C. *Boston Confucianism: Portable Tradition in the Late-Modern World*. Albany, NY: State University of New York Press, 2000.

Neville, Robert C. "Wang Yang-ming and John Dewey on the Ontological Question." *Journal of Chinese Philosophy* 12. 3 (Sept. 1985): 283-295.

Ng, On-Cho. *Cheng-Zhu Confucianism in the Early Qing: Li Guangdi (1642—1718) and Qing Learning*. Albany, NY: State University of New York Press, 2001.

Ng, William. "T'ang Chun-I on Transcendence: Foundations of a New-Confucian Religious Humanism." *Monumenta Serica* 46 (1998): 291-322.

Nitobe, Inazo. *Bushido: The Soul of Japan*. Philadelphia: The Leeds and Biddle Co.; Tokyo: Shokabo, 1900.

Nivison, David S. "Moral Decision in Wang Yang-ming: The Problem of Chinese Existentialism." In *The Ways of Confucianism: Investigations in Chinese Philosophy*, 233-248. Chicago: The Open Court Publishing Co., 1996.

Nivison, David S. "The Philosophy of Wang Yang-ming." In *The Ways of Confucianism: Investigations in Chinese Philosophy*, 217-231. Chicago: The Open Court Publishing Co., 1996.

Nivison, David S. "The Problem of 'Knowledge' and 'Action' in Chinese Thought since Wang Yang-ming." In *Studies in Chinese Thought*, 112-145. Ed. Arthur F. Wright. Chicago: University of Chicago Press, 1953.

Nivison, David S. Book Review: *The Philosophy of Wang Yang-ming* by Frederick Goodrich Henke. *Journal of the American Oriental Society* 84.4 (1964): 436-442.

Noordam, Barend. "The Soldier as Sage: Qi Jiguang (1528—1588) and the Neo-Confucianization of the Military in Sixteenth-Century China." PhD Diss., Leiden University, 2018.

Ogyū, Shigehiro. "The Construction of 'Modern Yōmeigaku' in Meiji Japan and Its Impact on China." Trans., with an introduction, by Barry D. Steben. *East Asian History* 20 (December 2000): 83-120.

Okada, Takehiko. "The Chu Hsi and Wang Yang-Ming Schools at the End of the Ming and Tokugawa Period." *Philosophy East and West* 23.1/2 (1973): 139-162.

Okada, Takehiko. "Wang Chi and the Rise of Existentialism." In *Self and Society in Ming Thought*, 121-144. Ed. William Theodore de Bary. New York: Columbia University Press, 1970.

Ōshima, Akira. "Japanese Studies on Neo-Confucianism." *Acta Asiatica* 52 (Mar. 1987): 86-109.

Peng, Guoxiang. "Contemporary Chinese Studies of Wang Yang-ming and His Followers in Mainland of China." *Dao: A Journal of Comparative Philosophy* 2.2 (2003): 311-329.

Peterson, Willard J. *Bitter Gourd: Fang I-chih and the Impetus for Political Change*. New Haven: Yale University Press, 1979.

Pfister, Lauren. "A Philosophical-Biographical Profile of Chung-ying Cheng." In *The Imperative of Understanding: Chinese Philosophy, Comparative Philosophy, and Onto-Hermeneutics*, 61-72. Ed. On-Cho Ng. New York: Global Scholarly Publications, 2008.

Reinsch, Paul S. *Intellectual and Political Currents of the Far East*. Boston: Houghton Mifflin, 1911.

Ricci, Matteo. *The True Meaning of the Lord of Heaven*. Rev. ed. Thierry Meynard, S. J. Trans. Douglas Lancashire and Peter Hu Kuo-chen, S. J. Boston: Institute of Jesuit Sources, 2016.

Romano, Carlin. "Chinese Philosophy Lifts off in America." *Chronicle of Higher Education* 60. 4 (2013): b6-b9.

Rosker, Jana. *The Rebirth of the Moral Self: The Second Generation of Modern Confucians and their Modernization Discourses*. Honolulu: University of Hawai'i Press, 2016.

Sciban, Lloyd. "Essential Characteristics of Moral Decision in Wang Yang-ming's Philosophy." *Journal of Chinese Philosophy* 25. 1 (Mar. 1998): 51-73.

Sciban, Lloyd. "Wang Yang-ming on Moral Decision." PhD Diss. , University of Toronto, 1994.

Scott, James Brown. "The Chinese Social and Political Science Association." *American Journal of International Law* 10 (Apr. 1916): 375-378.

Shen, Vincent. "Introduction: In Memory of and in Dialogue with Antonio Cua." *Journal of Chinese Philosophy* 35. 4 (2008): 3-8.

Shi, Changyu. "Wang Yang-ming's Neo-Confucian School of Mind and the Growth of the Ancient Chinese Popular Novel." *Frontiers of Literary Studies in China* 3. 2 (2009): 195-217.

Shi, Weimin. "The Quest for Ethical Truth: Wang Yang-ming on the Unity of Knowing and Acting."*Comparative Philosophy* 8. 2 (2017): 46-64.

Shin, Leo K. "The Last Campaigns of Wang Yangming." *T'oung Pao* 92. 1-3 (2006): 101-128.

Shun, Kwong-Loi. "Wang Yang-ming on Self-Cultivation in the *Daxue*." *Journal of Chinese Philosophy* 38. supplement (2011): 96-113.

Smith, John. "Some Pragmatic Tendencies in the Thought of Wang Yang-ming." *Journal of Chinese Philosophy* 13. 2 (Jun. 1986): 167-183.

Soothill, William E. *The Three Religions of China: Lectures Delivered at Oxford*. London: Hodder and Stoughton, 1913.

Standaert, Nicholas, ed. *Handbook of Christianity in China, Volume 1: 635—1800*. Leiden: Brill, 2001.

Standaert, Nicholas. *Yang Tingyun: Confucian and Christian in Late Ming China*. Leiden: Brill, 1988.

Steben, Barry D. "Nakae Tojū and the Birth of Wang Yang-ming Learning in Japan." *Monumenta Serica* 46. 1 (1998): 233-263.

Sun, Anna Xiao Dong. *Confucianism as a World Religion: Contested Histories and Contemporary Realities*. Princeton: Princeton University Press. 2013.

Suzuki, D. T. *A Brief History of Early Chinese Philosophy*. London: Probsthain. 1914.

Tang, Chün-i. "The Criticism of Wang Yang-ming's Teachings as Raised by His Contemporaries." *Philosophy East and West* 23. 1/2 (Jan.-Apr. 1973): 163-186.

Tang, Chün-i. "The Development of the Concept of Moral Mind from Wang Yang-ming to Wang Chi." In *Self and Society in Ming Thought*, 93-120. Ed. William Theodore de Bary. New York: Columbia University Press, 1970.

Tanner, Harold M. *China: A History*, 2 vols. Indianapolis: Hackett Publishing, 2010.

Taylor, Rodney. *The Confucian Way of Contemplation: Okada Takehiko and the Tradition of Quiet-Sitting*. Columbia: University of South

Carolina Press, 1988.

Taylor, Rodney. *The Religious Dimensions of Confucianism*. Albany, NY: State University of New York Press, 1990.

Tschanz, Dietrich. "Doctoral Dissertations on Ming Topics, 1980—Present." *Ming Studies* 38. 1 (1997): 86-112.

Tschanz, Dietrich. "Ming Dissertations: An Update." *Ming Studies* 40 (1998): 111-116.

Tschanz, Dietrich. "Ming Dissertations: An Update." *Ming Studies* 43 (2000): 10-15.

Tu, Weiming. *Centrality and Commonality: An Essay on Chung-yung*. Albany, NY: State University of New York Press, 1976.

Tu, Weiming. *Centrality and Commonality: An Essay on Confucian Religiousness*. Albany, NY: State University of New York Press, 1989.

Tu, Weiming. *Confucian Thought: Selfhood as Creative Transformation*. Albany, NY: State University of New York Press, 1985.

Tu, Weiming. *Humanity and Self-Cultivation: Essays in Confucian Thought*. Berkeley: Asian Humanities Press, 1979.

Tu, Weiming. *Neo-Confucian Thought in Action: Wang Yang-ming's Youth (1472—1509)*. Berkeley: University of California Press, 1976.

Tu, Weiming. "The Quest for Self-Realization: A Study of Wang Yang-ming's Formative Years, 1472—1509." PhD Diss. , Harvard University Press, 1968.

Tu, Weiming. "Subjectivity and Ontological Reality: An Interpretation of Wang Yang-ming's Mode of Thinking." *Philosophy East and West* 23. 1/2 (1973): 187-205.

Tu, Weiming. "Wang Yang-ming's Youth: A Personal Reflection on My Method of Research." *Ming Studies* 1 (1976): 11-18.

Weber, Ralph. "A Bibliography on 'Chinese Philosophy' in Europe." *Journal of Chinese Philosophy* 38. 3/4 (2015): 397-418.

Wang, Hui. *Translating Chinese Classics in a Colonial Context: James Legge* and His Two Versions of the Zhongyong. New York: Peter Lang, 2008.

Wang, Yang-ming. Instructions for Practical Living and Other Neo-Confucian Writings. Trans. Wing-tsit Chan. New York: Columbia University Press, 1963.

Watters, Thomas. A Guide to the Tablets in a Temple of Confucius. Shanghai: American Presbyterian Mission Press, 1879.

Wieger, Leo. A History of the Religious Beliefs and Philosophical Opinions in China from the Beginning to the Present Time. Trans. Edward Chalmers Werner. Xian County, Hebei: Hsien-hsien Press, 1927.

Wienpahl, Paul. "Spinoza and Wang Yang-ming." Religious Studies 5.1 (1969): 19-27.

Wienpahl, Paul. "Wang Yang-ming and Meditation." Journal of Chinese Philosophy 1.2 (1974): 199-227.

Williams, Samuel Wells. The Middle Kingdom: A Survey of the Geography, Government, Education, Social Life, Arts, Religion, & c., of the Chinese Empire and Its Inhabitants, vol. 1. New York & London: Wiley and Putnam, 1848.

Williams, Samuel Wells. The Middle Kingdom: A Survey of the Geography, Government, Literature, Social Life, Arts, and History of the Chinese Empire and Its Inhabitants, vol. 2. London: W. H. Allen & Co., 1883.

Williamson, Raymond. An Introduction to Hegel's Philosophy of Religion. Albany, NY: State University of New York Press, 1984.

Wills, John E. Mountains of Fame: Portraits in Chinese History. Princeton: Princeton University Press, 1996.

Wilson, Ming, and John Cayley, eds. Europe Studies China: Papers from an International Conference on the History of European Sinology. London: Han-Shan Tang Books, 1995.

Wu, Wennan. "Li Zhi in English-Language Scholarship." Journal of East-West Thought 9.4 (2019): 75-88.

Wright, Arthur F. "Introduction." In Studies in Chinese Thought, 1-19.

Ed. Arthur F. Wright. Chicago: University of Chicago Press, 1953.

Yamasaki, Beatrice. "Opening Remarks." *Philosophy East and West* 23. 1/2 (1973): 7-8.

Yamauchi, T. "Wang Yang-ming, 1472—1528." In *Key Thinkers on the Environment*, 32-36. Ed. Joy A. Palmer Cooper and David E. Cooper. London: Routledge, 2017.

Yang, Guorong. "Wang Yangming's Moral Philosophy: Innate Consciousness and Virtue." *Journal of Chinese Philosophy* 37. 1 (2010): 62-75.

Yang, James Z. "Life is Education and Unity of Knowledge and Action: Tao Xingzhi's Transformation of the Educational Philosophies of John Dewey and Wang Yangming." *Journal of Philosophy and History of Education* 67. 1 (2007): 65-84.

Yang, Xiaomei. "How to Make Sense of the Claim 'True Knowledge Is What Constitutes Action': A New Interpretation of Wang Yang-ming's Doctrine of Unity of Knowledge and Action." *Dao: A Journal of Comparative Philosophy* 8. 2 (Jun. 2009): 173-188.

Yao, Xinzhong. *An Introduction to Confucianism*. Cambridge: Cambridge University Press, 2000.

Yao, Xinzhong. "Philosophy of Learning in Wang Yangming and Francis Bacon." *Journal of Chinese Philosophy* 40. 3/4 (September 2013): 417-435.

Yen, Kia-Lok. Book Review: *The Philosophy of Wang Yang-ming* by Frederick Goodrich Henke. *International Journal of Ethics* 27. 2 (Jan. 1917): 241-244.

Yu, Jiangxia. "The Moral Development in Stoic *oikeiōsis* and Wang Yang-ming's '*wan wu yi ti*'." *Asian Philosophy* 27. 2 (2017): 150-173.

Yü, Ying-shih. "The Intellectual World of Chiao Hung Revisited." *Ming Studies* 25 (1988): 24-66.

Yü, Ying-shih. "Reorientation of Confucian Social Thought in the Age of Wang Yang-ming." In *Chinese History and Culture: Sixth Century B. C. E. to Seventeenth Century*, 273-320. Ed. Yü Ying-shih, Josephine Chiu-

Duke, and Michael S. Duke. New York: Columbia University Press, 2016.

Zhang, Haihui et al., eds. *A Scholarly Review of Chinese Studies in North America*. Ann Arbor: Association for Asian Studies, 2013.

Zhang, Xuezhi. *History of Chinese Philosophy in the Ming Dynasty*. Singapore: Springer, 2021.

Zhang, Xuezhi, and Min Wu. "From Life State to Ecological Consciousness: On Wang Yangming's 'Natural Principles of Order within the Realm of *Liangzhi*'." *Frontiers of Philosophy in China* 1.2 (Jun. 2006): 222-236.

Zheng, Zemian. "An Alternative Way of Confucian Sincerity: Wang Yangming's 'Unity of Knowing and Doing' as a Response to Zhu Xi's Puzzle of Self-Deception." *Philosophy East and West* 68.4 (Oct. 2018): 1345-1368.

Zundorfer, Harriet T. "The State of Ming Studies in Europe: Current Trends and Recent Publications." *Ming Studies* 64 (2011): 1-6.

中華譯學館·中华翻译研究文库

许　钧◎总主编

第一辑

中国文学译介与传播研究(卷一)　许　钧　李国平　主编
中国文学译介与传播研究(卷二)　许　钧　李国平　主编
中国文学译介与传播研究(卷三)　冯全功　卢巧丹　主编
译道与文心——论译品文录　许　钧　著
翻译与翻译研究——许钧教授访谈录　许　钧　等著
《红楼梦》翻译研究散论　冯全功　著
跨越文化边界:中国现当代小说在英语世界的译介与接受　卢巧丹　著
全球化背景下翻译伦理模式研究　申连云　著
西儒经注中的经义重构——理雅各《关雎》注疏话语研究　胡美馨　著

第二辑

译翁译话　杨武能　著
译道无疆　金圣华　著
重写翻译史　谢天振　主编
谈译论学录　许　钧　著
基于"大中华文库"的中国典籍英译翻译策略研究　王　宏　等著
欣顿与山水诗的生态话语性　陈　琳　著
批评与阐释——许钧翻译与研究评论集　许　多　主编
中国翻译硕士教育研究　穆　雷　著
中国文学四大名著译介与传播研究　许　多　冯全功　主编
文学翻译策略探索——基于《简·爱》六个汉译本的个案研究　袁　榕　著
传播学视域下的茶文化典籍英译研究　龙明慧　著

第五辑

翻译与文学论稿　许　钧　著

翻译选择与翻译出版　李景端　著

翻译教育论　仲伟合　著

翻译基本问题探索:关于翻译与翻译研究的对谈　刘云虹　许　钧　著

翻译研究基本问题:回顾与反思　冯全功　著

翻译修辞学与国家对外话语传播　陈小慰　著

跨学科视角下的应用翻译研究　张慧玉　著

中国网络翻译批评研究　王一多　著

中国特色话语翻译与传播研究　吴　赟　编著

异域"心"声:阳明学在西方的译介与传播研究　辛红娟　费周瑛　主编

翻译文学经典的影响与接受——傅译《约翰·克利斯朵夫》研究
　　（修订本）　宋学智　著

图书在版编目(CIP)数据

　　异域"心"声:阳明学在西方的译介与传播研究 /
辛红娟,费周瑛主编. —杭州:浙江大学出版社,
2022.10
　　(中华翻译研究文库 / 许钧总主编)
　　ISBN 978-7-308-23108-4

　　Ⅰ.①异… Ⅱ.①辛…②费… Ⅲ.①王守仁(1472—
1528)—哲学思想—翻译—研究②王守仁(1472—1528)—
哲学思想—传播—研究 Ⅳ.①B248.25

　　中国版本图书馆 CIP 数据核字(2022)第 179022 号

馆學譯華中　真吾题

异域"心"声:阳明学在西方的译介与传播研究

辛红娟　　费周瑛　主编

出 品 人	褚超孚
丛书策划	陈　洁　包灵灵
责任编辑	张颖琪
责任校对	陆雅娟
封面设计	程　晨
出版发行	浙江大学出版社
	(杭州市天目山路 148 号　邮政编码 310007)
	(网址:http://www.zjupress.com)
排　　版	浙江时代出版服务有限公司
印　　刷	杭州高腾印务有限公司
开　　本	710mm×1000mm　1/16
印　　张	24
字　　数	419 千
版 印 次	2022 年 10 月第 1 版　2022 年 10 月第 1 次印刷
书　　号	ISBN 978-7-308-23108-4
定　　价	88.00 元